GEGENSCHUSS

Illetschko, Peter (Hg.)

GEGENSCHUSS
16 REGISSEURE AUS ÖSTERREICH

MIT FOTOS VON ROBERT NEWALD

WESPENNEST-Film herausgegeben von Gustav Ernst

Die Deutsche Bibliothek – CIP-Einheitsaufnahme

Illetschko, Peter (Hg.): Gegenschuß.
Wien: WESPENNEST 1995
ISBN 3-85458-506-3

WESPENNEST-Film herausgegeben von Gustav Ernst
Dieser Band entstand in Zusammenarbeit mit dem Verband der Filmregisseure
Österreichs und mit finanzieller Unterstützung des Österreichischen Filminstituts.

Lektorat: Karin Jahn
Graphisches Konzept: Maria-Anna Friedl
Titelbild: Privatfoto, Sammlung Friedl
Fotos: Robert Newald

Medieninhaber: © WESPENNEST
Graphische Gestaltung und Produktion: Design + Satz Studio Pany GesmbH
Herstellung: rema-print
Verlags- und Herstellungsort: Wien
Printed in Austria
ISBN 3-85458-506-3

INHALT

Vorbemerkung 7

Heinrich Mis über Houchang Allahyari
Für mich war zuerst der Film 11

Claus Philipp über Martin Arnold
Tanz mit Fundstücken 25

Drehli Robnik über Florian Flicker
Leben im Licht 41

Peter Illetschko über Peter Ily Huemer
Ein Drifter zwischen zwei Welten 59

Michael Omasta über Egon Humer
Die Kamera in Augenhöhe 73

Peter Tscherkassky über Mara Mattuschka
Mimi Minus oder Die angewandte Chaosforschung 95

Stefan Grissemann über Wolfgang Murnberger
Verschmelzendes Fleisch, geöffnetes Herz 117

Birgit Flos über Manfred Neuwirth
Vertrauen in die Kraft des Optischen. Der Bildermacher 141

Elisabeth Büttner / Christian Dewald über Astrid Ofner
Indirektes Plädoyer für ein unzeitgemäßes Kino 157

Sonja Schachinger über Wolfram Paulus
Wenn du eine Botschaft hast, schick ein Telegramm 173

Christa Blümlinger über Ursula Pürrer
Schi-zu, das wilde Medien-Tier 193

Alexander Ivanceanu über Goran Rebić
Erzählungen vom Rande der Welt 211

Robert Weixlbaumer über Johannes Rosenberger
Die Hacke im Gugelhupf 225

Constantin Wulff über Ulrich Seidl
Eine Welt ohne Mitleid 241

Andreas Ungerböck über Götz Spielmann
Dieses gar nicht so naive Verlangen 257

Bert Rebhandl über Peter Zach
Wahrheit in falschen Tönen 275

Die Autoren 290

VORBEMERKUNG

Ein Befund am Krankenbett des österreichischen Films lautet: Es gibt keinen Diskurs zwischen den Protagonisten der Szene. Beschwerdeführer sind vor allem Regisseure und Kritiker, die nicht selten die Verursacher der von ihnen beklagten Situation waren. Dieses Buch ist als Ansatz einer Gegendarstellung zu verstehen: eine Bestandsaufnahme der Gesprächsbereitschaft zwischen Praktikern und Theoretikern. Der Leser darf sich dabei getrost als Kameramann einer klassischen Schuß-Gegenschuß-Szene fühlen: Die erste Einstellung (vom Fotografen Robert Newald) zeigt die Person des Filmemachers oder der Filmemacherin. Nach einer kurzen Darstellung von Werk und Leben wird in einem Interview alles besprochen, was den handelnden Personen wichtig erschien: die persönliche künstlerische Situation, Filmgeschichte, Ziele und nicht zuletzt die heimische Filmszene. Der Kritiker bleibt dabei dort, wo er hin gehört: im Hintergrund.

Robert Newald bat die Regisseure, ihn an wichtige Orte und Plätze ihres Lebens zu führen, um dann dort ihre Porträts zu schießen: So kam es, daß Houchang Allahyari im Gefängnis, wo er als Psychiater arbeitet, fotografiert wurde, Astrid Ofner auf der Straße vor ihrer Dachwohnung in der Einsiedlergasse, Manfred Neuwirth am Donaukanal, Wolfgang Murnberger an jenem Ort, wo er die Schlußeinstellung von *Himmel und Hölle* drehte, Peter Ily Huemer am Bahnhof Meidling, wo er einst viele Stunden wartend verbracht hatte, Egon Humer beim Westbahnhof, Peter Zach im Scheunenviertel im Osten von Berlin, Florian Flicker im Haus des Meeres, Wolfram Paulus im Wiener Lokal *Panigl,* Mara Mattuschka, Johannes Rosenberger und Martin Arnold zu Hause. Man sieht Ulrich Seidl im Kaffeehaus *Aida* am Praterstern, Goran Rebić im Café *Turek,* Götz Spielmann am Busbahnhof Südtirolerplatz und Ursula Pürrer mit Krone an der Nußdorfer Wehr. Herausgekommen ist nicht nur ein Panoptikum der heimischen Filmszene, sondern auch ein Bild dessen, was Österreich für diese Regisseure bedeutet oder auch nicht bedeutet.

Der Herausgeber

Danksagung
Ohne die Kooperationsbereitschaft der Autoren und Regisseure wäre dieses Buch nicht zustande gekommen. Dank gebührt auch dem Verlag und Karin Jahn, Robert Newald für die schönste Idee, die man für Porträtfotos haben konnte, Alexander Horwath, Gottfried Schlemmer, Thomas Kussin und vor allem Andrea Hurton.

Heinrich Mis

FÜR MICH WAR ZUERST DER FILM
Houchang Allahyari und seine Filme

Ein junges Paar schmust im hohen Gras einer verwahrlosten Wiese, zu nahe an einer Stadtautobahn, um noch Au zu sein. Irgendwo spielen Kinder. Ein Bub beobachtet das Paar. Die beiden sind erst belustigt, dann befremdet. Der Junge stört. Der Mann schubst das Kind. Es läuft weg, kommt zurück, mit einigen anderen Kindern. Herzige Gesichter. Die Spannung löst sich. Spielerisch läßt sich das Liebespaar an Bäume binden, ein Hauch von Räuber und Gendarm. Die Kinder ziehen sich zurück.

Das Paar stellt fest: Es ist gefesselt, kommt nicht mehr weg. Die Kinder, etwas abseits, sitzen im Kreis, beraten, kommen zurück, sind noch unentschlossen. Der Bub, ihr Anführer vielleicht, ist entschlossen. Er hat Macht, die Unsicherheit der Gefesselten macht ihn stärker, ihre Angst noch mehr. Die Kinder greifen nach Steinen. Sie werfen. Sie steinigen. Schlußtitel.

Das war eine Filmpremiere. Ein gepflegter älterer Herr geht mit dem Stock auf den Regisseur los, der sich am Tabu der kindlichen Unschuld vergriffen hat, in einem kleinen experimentellen Schwarzweißfilm ohne Dialog.

1994, zehn Jahre danach; Regisseur Houchang Allahyari dreht mit Leon Askin, Dolores Schmidinger und Hanno Pöschl einen staatlich geförderten Spielfilm in Farbe, *Höhenangst*. Der Außenseiter, Quereinsteiger, Wahlösterreicher mit dem weichen Akzent hat den Geruch des versponnenen Amateurs, des Nebenberufsfilmers verloren. Er ist etabliert. Seine Filme haben ihre Spröde verloren, ohne glatt geworden zu sein.

Er hat eine Filmtrilogie zu Verbrechen und Strafvollzug in diesem Land geliefert, bestehend aus einer psychiatrischen Studie, *Borderline,* einer Anklage der Sinnlosigkeit und Kontraproduktivität des Einsperrens, *Fleischwolf,* und ein feinsinniges Drama über die gesellschaftliche Stigmatisierung eines Haftentlassenen, *Höhenangst*.

Daß einer, der seit 1976 Gefängnisinsassen therapiert, dazu etwas zu sagen hat, ist nicht verwunderlich. Das er das mit Spielfilmen sagt, schon eher. Und daß bei Themen wie diesen nicht die fatale Peinlichkeit von »Gut gemeint ist schlecht gemacht« auftritt, scheidet den bemühten Philanthropen vom ernstzunehmenden Filmemacher, vom – im guten Sinne – Geschichtenerzähler. Nur vordergründig erscheint da als Widerspruch, daß der ernste Houchang Allahyari eine der auch an den Kinokassen erfolgreichsten Filmkomödien gemacht hat: *I love Vienna.* Stil-, sprach- und milieusicher in zwei Welten, Wiener Vorstadt und Emigrantenkreise, fordert und fördert der Film beim Publikum so einfache und doch so schwer vermittelbare Tugenden wie Toleranz, Nächstenliebe, Einfühlsamkeit und Großmut, ohne missionarisch und vor allem ohne bierernst zu werden oder gar bei der Liebesgeschichte zwischen dem Zuwanderer aus Persien und der Wiener Hoteliersgattin in Kitsch zu verfallen.

Allahyari kann mit dem kathartischen Effekt des Lachens ebenso umgehen wie mit dessen dramaturgischem Nutzen: Das ist ein rares Talent, das sich in *Borderline* und *Fleischwolf* andeutet, in *I love Vienna* im großen Stil erprobt wird und in *Höhenangst* das ansonsten zu niederschmetternde Schicksal eines jungen Haftentlassenen erst emotionell konsumabel und deshalb nicht nur interessant, sondern berührend, erzürnend und packend macht.

Weiter zurück liegt Allahyaris widersprüchlichstes Werk, der von ihm mit Krediten finanzierte Film *Pasolini inszeniert seinen Tod.*

Dieser Versuch eines avantgardistischen Monumentalwerks mit einfachsten Mitteln wurde von der Kritik meist arg zerzaust, wohl auch, weil kein Film wie dieser jemals zuvor zu sehen gewesen war. Filmtheoretische Diskurse nach Pasolini wechseln mit eigenwillig versponnenen Bildern einer Allahyarischen Kunstwelt, einem Denkmal für den Meister, gesetzt von seinem Bewunderer.

Houchang Allahyari ist profunder Kenner des filmischen, literarischen und malerischen Gesamtwerkes von Pier Paolo Pasolini. Zumindest eine Gemeinsamkeit des persischen Filmemachers und Psychiaters aus Wien mit dem großen Freidenker und Reibebaum einer ganzen Intellektuellengeneration ist beider Beharrlichkeit, fast Sturheit, beim Verfolgen eines Ziels.

Eine Garantie für Respekt und Anerkennung, Prestige und solides Einkommen für den Sohn aus gutem Teheraner Haus war in den Augen des Vaters ein Doktorat der Medizin an der Wiener Universität, dort, wo selbst der Schah sich einst behandeln ließ. Houchang Allahyari wollte Film- und Theaterwissenschaften studieren. Der gehorsame Sohn inskribierte Medizin, einer von vielen Umwegen auf dem Weg zum ersten Film.

Im Kino lief *Freud*, eine filmische Entgleisung von John Huston. Der Streit um das Drehbuch von Jean Paul Sartre ist Filmgeschichte. Montgomery Clift gab den Doktor Freud, und im Publikum entsetzte sich der Medizinstudent Houchang Allahyari über Hollywood.

Ein schlechter Film regte zu guter Berufswahl an. Allahyari beschloß, Psychiater und Neurologe zu werden. Der Vater war inzwischen verstorben, der Sohn finanzierte sein Studium durch Fabrikjobs. Noch ein Umweg zum Film. Mit der Justizreform unter Christian Broda und Bruno Kreisky zogen

Psychiater und Therapeuten in einige österreichische Gefängnisse. Obwohl Allahyari damals wie heute Einsperren und Therapie für einen unlösbaren Widerspruch hält, zog er mit. Mittlerweile ist er Leiter der gefängnistherapeutischen Station in der Sonderstrafanstalt Favoriten in Wien, ein Anhänger großzügigen Freigangs als wesentliche Voraussetzung für Resozialisierung und Freund und Vertrauter von Generationen von ehemaligen und Immer-noch-Strafgefangenen.

Der Bundesbeamte eröffnete eine Praxis und legte die Erlöse nicht gerade gewinnbringend in seinen ersten Filmen an, scheel beäugt von der heimischen Filmgemeinde: ein persischer Psychiater, der kein Haus in Döbling hat, dafür aber Schulden beim Kopierwerk. Stur wie Pasolini drehte der Arzt weiter, kämpfte beharrlich um Öffentlichkeit, zwang Filmkritiker, neben ihm im Kino zu sitzen und sich langen Diskussionen zu stellen. Und das so lange, bis er nicht mehr als der besessen-hartnäckige Arzt mit dem Spleen für Film wahrgenommen wurde, sondern als potenter Filmemacher, der nebenher einen bürgerlichen Beruf ausübt.

Gespräch mit Houchang Allahyari

»Pasolini inszeniert seinen Tod«, »Borderline« und der Kurzfilm »Thing 84« sind klassische Autorenfilme, bei ihren jüngeren Filmen haben Sie Drehbücher anderer Autoren verfilmt. Ist das für Sie die Abkehr vom Autorenfilm?

Nein, das war auch damals eine kollektive Arbeit, es ist nur anders vor sich gegangen. Anfangs waren die Drehbücher und Ideen von mir. Später ist als Autor mein Sohn dazu gekommen, dann Reinhard Jud. Ich sehe das nicht so sehr als Veränderung, eher als Entwicklung meiner Arbeitsweise.

Ich wäre aber trotzdem auch jetzt in der Lage, Filme zu machen, wie *Thing 84* oder *Pasolini*. Nur weil ich einmal einen Film gemacht habe mit soundsoviel Millionen, muß der nächste Film nicht mit noch mehr Millionen gemacht werden. Ich mache immer noch Filme, weil es mir Spaß macht. Es kann auch wieder vorkommen, daß ich die Kamera selbst in die Hand nehme. So wie Pasolini sagt, auch im *Pasolini*-Film, entweder nehme ich eine Pistole und erschieße die Leute oder nehme die Kamera und mache einen Film. Und bevor ich Leute erschieße, nehme ich meine eigene Kamera in die Hand, mache einen Film und verzichte auf das ganze Drumherum.

Selbstverständlich bin ich der erste Zuschauer. Ich möchte den Film so machen, daß ich selbst ins Kino ginge, daß ich zur Kasse gehe und Geld dafür zahle. Dann gefällt mir auch mein Film. Ich bin von Anfang an so vorgegangen, auch beim *Pasolini*-Film, da würde ich auch jetzt noch Geld zahlen, um mir den Film im Kino anzusehen.

Anfangs, als ich Filme mit meinem eigenen Geld gemacht habe, ist mir nichts anderes übriggeblieben als mit Amateuren zu arbeiten. Ich war nicht in der Lage, Schauspieler zu engagieren. Dabei habe ich gelernt, professionelle mit Amateurschauspielern zusammenzubringen. Auch jetzt noch, bei den letzten Filmen, gibt es neben professionellen Schauspielern immer noch Amateure, wobei beide voneinander sehr viel lernen, auch wenn es sehr schwierig ist und manchmal gar nicht funktioniert.

Zu den Drehbüchern und Reinhard Jud. Wieviel Anteil haben Sie an den Drehbüchern?

I love Vienna ist so entstanden: Reinhard ist zu mir gekommen, ich habe ihm die Story erzählt, er hat das Drehbuch geschrieben. Als ich angefangen habe zu drehen, hat sich sehr vieles geändert. Als ich Reinhard den Film gezeigt habe, hat er gesagt, er wäre völlig einverstanden, auch mit den vielen Änderungen, weil sich der Sinn der Sache nicht geändert hat. Manche Schauspieler sind nicht in der Lage, das zu spielen, was im Buch steht. Kein Drehbuch ist von Goethe, so daß ich sage, jedes Wort muß textgetreu kommen. Wenn ich sehe, daß es nicht funktioniert, ändere ich. Mit den Autoren, mit denen ich bis jetzt zu tun gehabt habe, gab es deswegen keine Schwierigkeiten, nicht mit Reinhard Jud und nicht mit Walter Wippersberg. Obwohl, nachdem die Filme fertig waren, habe ich mir jedesmal gedacht:»Um Gottes Willen, was wird er sagen, ich habe doch so viel geändert«. Aber dann haben sie mich umarmt und gesagt, das wäre fabelhaft.

Apropos Wippersberg: Diese beiden aktuellen Fernsehspiele, »Opernball« und »Unterweger«, die unter enormen Zeitdruck entstanden, mit »fremden« Drehbüchern, als Auftragsarbeiten für den ORF, waren das Pflichtübungen oder befriedigt auch das Ihre Lust aufs Filmemachen?

Beim ersten Film, *Ein Tag vor dem Opernball*, da hatte ich Zeit, mich auseinanderzusetzen. Die Story hat mir auf Anhieb gefallen, die Dialoge von Walter Wippersberg waren authentisch, noch dazu hat der Film meiner Philosophie und meiner politischen Einstellung entsprochen. Das war der eigentliche Grund, diesen Film zu machen. Dann habe ich gesehen, welch wahnsinniger Streß das ist, in der kurzen Zeit, einer Woche, alles zu drehen. Ich hatte schwerste Migräne, konnte kaum schlafen, war reizbar und einfach fix und fertig. Das Endergebnis hat mir dann doch Spaß gemacht. Nach *Opernball* kam *Unterweger*. Den Film wollte ich machen – aus Ehrgeiz oder besser: Ich wollte einfach nicht, daß diesen Film jemand anderer macht. Ich hatte Angst, daß dieses heikle Thema falsch behandelt würde. Ich hielt mich für den Berufenen. Das hat sich als Fehler herausgestellt. Es war nur harte Arbeit für mich, aber ohne Befriedigung. Ich bin an Erfahrung reicher geworden durch diese zwei Arbeiten, aber ich möchte das auf keinen Fall noch einmal machen. Jetzt weiß ich: Wenn mir ein Buch von einem anderen gut gefällt, wenn ich mich damit identifizieren kann, kann ich das auch verfilmen. Zum Beispiel wurde mir ein Drehbuch über Alban Berg angeboten. Ich sollte die Regie machen. Ich kann das einfach nicht. Das ist wahnsinnig schwierig für mich. Ich brauch' ein, zwei Jahre für Recherchen, um in diese Zeit, diese Menschen, überhaupt reinzukommen. Ich kenne zwar die Biographie und die Musik von Alban Berg, aber das genügt mir nicht. Ich kann mich nicht mit Alban Berg identifizieren. Da hab' ich Schwierigkeiten.

Sie haben ein sehr sensibles Verständnis für die Nuancen der österreichischen Sprache, meist ein großes Problem für die Authentizität österreichischer Filme. Sind Sie selbst »verösterreichert«? Wie definieren Sie sich?

Ich bin sicher Iraner. Das kann ich nicht leugnen. Die ersten achtzehn Lebensjahre kann man nicht vergessen. Ich fühle mich sehr an meine Tradition und an meine persische Mentalität gebunden. Aber andererseits könnte ich auch nirgendwo in der Welt leben außer in Österreich. Mit Österreichern komme ich sehr gut aus, ob es meine Patienten sind, Filmleute oder mein Freundeskreis. Meine besten Freunde hier sind Österreicher und nicht Perser.

Wann kam für Sie die Entscheidung, hierzubleiben und nach dem Studium nicht in den Iran zurückzugehen?

Das war nach zehn oder fünfzehn Jahren, das war nicht sofort. Ich hatte immer wieder Tendenzen, zurück nach Persien zu gehen. Nachdem ich aber hier verheiratet war, die Kinder da waren, habe ich es zunehmend interessanter und auch lustiger gefunden, mich mit Politik in Österreich zu befassen, als mit der in meinem Land. Österreich ist mir immer wichtiger geworden.

Im »Opernball«-Fernsehfilm geht es auch um die Verbürgerlichung von Achtundsechzigern, um Anpassung, den Verlust politischer Ideale Ihrer Generation. Ist das auch Ihre Geschichte?

Nein, aber ich habe diese Zeiten erlebt und miterlebt. Ich habe mit Leuten aus der SPÖ diskutiert und gesprochen und frage mich, was die dort verloren haben. Da gibt es oft mehr als Anpassung. Das hat mir gut gefallen bei Wippersberg, diese Veränderung seit 1968. Da ist einfach eine Veränderung da. Diese Veränderung von Menschen seit der Ära Kreisky, so fand ich, war in diesem Drehbuch gut sichtbar. Ich selbst gehöre zu keiner Partei. Ich bin mir immer nur als aktiver Beobachter vorgekommen. Ich habe Kreisky sehr verehrt. Aber ich war immer Beobachter, nie politisch aktiv. Meine Aktivität war und ist mein Job als Psychiater und später als Filmemacher.

Wie kommen Sie mit der Kritik zurecht? Sie arbeiten jahrelang an einem Film, nehmen wir »Borderline«, der sehr gemischte Kritiken bekam, ein Film, an dem offensichtlich auch Ihr Herzblut hängt, und dann lesen Sie zwanzig Zeitungszeilen Vernichtung ...

Ich glaube, es ist gelogen, wenn jemand sagt, es macht mir nichts aus, und die Leute können schreiben, was sie wollen. Ich lege sehr viel Wert darauf, daß über meine Filme geschrieben wird. Kritik ist für mich sehr wichtig. Aber es kommt darauf an, wer kritisiert und wie weit ich mich wirklich ärgere. Wenn eine Arbeit, ein Film fertig ist, ist es wie mit einem Kind. Vor allem am Anfang ist Kritik schlimm, mit der Zeit wird es besser. Ich reagiere sehr emotionell, und ich bin froh, daß ich mit den Kritikern nicht sofort zusammenkomme, weil dann das Temperament mit mir durchginge. So gesehen bin ich froh, daß ich nicht gleich jedem Kritiker begegne. Ich brauche etwas Zeit, dann mache ich mir Gedanken, setze mich auseinander. Es hat Kritiken gegeben, die mir bei meinen Filmen auch geholfen haben, obwohl ich mich geärgert habe. Es gab freilich Kritiken, die mit zwei, drei Sätzen meine Filme abgetan haben, aber es gab auch welche, die sich wirklich seitenlang damit auseinandergesetzt haben. Auch wenn das Endergebnis negativ war, hat es mir ein gutes Gefühl gegeben. Mein Film hat etwas bewirkt, darauf kommt es mir an.

Sie sagen, Filme sind wie Kinder. Wie verfolgen Sie das Leben Ihrer Filme? Gehen Sie mit sich selber kritisch um? Oder sind Sie auch nach Jahren so verliebt in Ihr eigenes Werk, daß Sie nicht selbstkritisch sein können?

Während des Drehens gehe ich sehr kritisch mit mir um. Da bin ich manchmal absolut unzufrieden. Vor allem mit dem Zeitdruck. Bei mir hat jeder Film mehrere Entwicklungsstadien. Da ist das Drehbuch, das zwei Jahre dauert und immer wieder verbessert und verbessert und geändert und geändert wird, bis man es fertig hat. Wenn dann die Dreharbeiten beginnen und die Schauspieler da sind, beginnt für mich wieder ein völlig neuer Prozeß: die Veränderung des Drehbuchs. Ich habe immer gerne Leute um mich, die mit der Arbeit kritisch umgehen, die Sache kritisch betrachten. Beim Film gibt es zwei Kategorien von Menschen: die, die diskutieren und richtig mitmachen, und die anderen, die sagen, ich kriege mein Geld, mir ist egal, was dabei rauskommt. Das spüre ich, das geht mir auf die Nerven. Denn für mich ist Film nicht Arbeit, mit der ich mein Geld verdiene. Ich verdiene mein Geld woanders. Wenn ich einen Film mache, ganz egal ob das Endergebnis gut oder schlecht ist, bin ich hundertprozentig dabei. Das weiß ich von mir. Ich mache das nicht nur nebenbei. Ich will mit Menschen arbeiten, die meine Arbeit kontrollieren, kritisch mit der Arbeit umgehen, das finde ich sehr gut. Einer davon ist mein Kameramann (Helmut Pirnat). Bei meinen beiden letzten Filmen *(I love Vienna, Höhenangst)* ist die Kamera der Story untergeordnet. Es kostet aber viel Zeit, um alles vorher mit ihm, dem Kameramann, zu diskutieren. Dann erst fangen wir an zu drehen. Es gibt immer wieder auch Leute, die nur kleine Funktionen beim Film haben, aber die Sache dennoch sehr kritisch betrachten. Klarerweise hat man immer Angst, mit dem Regisseur zu diskutieren. Ich finde das völlig falsch. Ich versuche immer in so einer Art Gruppentherapie vorzugehen, in die alle mit einbezogen werden. Ich sage nicht:»Bitte, das ist mein Film, und ich bin allein verantwortlich«. Es sind alle, die dabei sind, wirklich verantwortlich. In der Filmbranche ist bekannt, daß der Allahyari nicht autoritär genug ist. Aber ich pfeife drauf. Meine Autorität beginnt dann, wenn die Produktion unter Zeitdruck kommt. Am Set geht es nicht mehr, daß jeder seine Meinung äußert. Geredet werden muß vorher. Das sage ich auch. Ich bin bereit, auch nach dem Film, mich hinzusetzen und zu diskutieren und zu diskutieren. So gesehen suche ich schon während meiner Arbeit Kritik. Und wie gesagt, wenn die Kritiken frisch sind, wenn der Film jung ist, tut es viel mehr weh als später, dann ist man selbst nicht mehr so verliebt in sein eigenes Werk. Ich glaube und hoffe, man ist später selbst etwas objektiver. Wenn das Kind schon erwachsen ist, dann kann man mit ihm objektiver umgehen. Deswegen lese ich Kritiken nach zwei, drei Jahren wieder. Manchmal sehe ich die Dinge dann selbst auch ganz anders.

Film als Gruppentherapie, das klingt sehr sozialromantisch.

Nein. Wenn ich Gruppentherapie sage, sehe ich nicht mich als Therapeuten und die anderen als Patienten. Ich finde, da bin ich auch drin als Patient, oder alle sind Therapeuten. Was gibt mir das Recht, mit jemanden Therapie zu machen, während ich einen Film mache, um Gottes Willen. Ich denke nicht daran. Ich bin froh, das ich wegkomme von der Therapie, und ich möchte nur die Menschen in meiner Umgebung kennenlernen. Ich möchte, daß wir voreinander nicht Angst haben, wenn wir anfangen zu arbeiten. Bei Leon Askin habe ich anfangs das Gefühl gehabt, ich habe vielleicht Angst vor ihm und er auch vor mir. Wir hatten viele Diskussionen, es hat sich alles abgebaut, und es ist dann ganz einfach vor sich gegangen. Ich wollte nicht, daß er Texte sagt, die im Drehbuch stehen. Ich wollte, daß er das improvisiert, was ich ihm erzähle. Das hat er dann auch so gemacht. Alles, was man in *Höhenangst* von Leon Askin sieht, ist improvisiert, kein Wort davon steht im Buch.

Ihr Beruf und Ihre konkrete Aufgabe in der Sonderstrafanstalt sind ein Resultat der Strafrechtsreform. Drei Ihrer Filme beschäftigen sich mit Kriminalität, Resozialisierung und sind letztendlich Statements zur Gesellschaftspolitik.

Ja, da kämpfe ich, aber sehr konkret, nicht allgemein politisch. Ich habe versucht, dort, wo ich arbeite, etwas zu verändern, und ich will mit meiner Arbeit als Filmemacher Veränderungen versuchen, indem ich eine Story erzähle.

Die Rückkehr nach »I love Vienna« zu »Höhenangst«, zu den Problemen eines Haftentlassenen, hat mich etwas überrascht. Brauchen Sie die filmische Beschäftigung mit diesen Themen als Katharsis, zum Abbau von Spannungen?

Nein, das glaube ich wirklich nicht. Die Spannungen sind derzeit nicht so groß für mich, daß ich die Kreativität als Kompensation brauche. Ich sehe das eher als Bedürfnis, als eine Ergänzung. Du hast eine Arbeit begonnen und du willst sie ergänzen, beenden. Vielleicht ist das hochgestochen, aber für mich sind diese Filme eine Trilogie, aber sicher keine Eigentherapie. Ich kann nicht sagen, daß ich derzeit in großer Spannung bin. Wenn man sehr lang dabei ist, wird auch diese Arbeit in irgendeiner Art und Weise Routine, leider. Ich kann nicht sagen, daß das Filmemachen für einen Psychiater eine Art kreativer Ausgleich ist. Bei mir stimmt das sicher nicht. Für mich war zuerst der Film, danach kam die Psychiatrie.

Wenn es nur Entweder-Oder gäbe, was würden Sie wählen: Film oder Psychiatrie?

Ich brauche nicht nachzudenken, natürlich Film, weil es einfach für mich ohne Film nicht geht. Ich bin kein Weltverbesserer, kein besessener Psychiater, der die Welt mit Filmen therapieren will. Im Alter von sechs Jahren wollte ich meinen ersten Film machen, da hatte ich von Psychiatrie keine Ahnung, aber eine Ahnung vom Film. Ich habe mit Siebzehn versucht, ein Buch zu schreiben über Film, eine statistische Arbeit über amerikanischen Film. Ich bin nach Wien gekommen, um Film und Theaterwissenschaft zu studieren. Es wäre falsch zu sagen, jetzt gehe ich nicht diesen Weg, weil eine moralische Verantwortung als Psychiater da ist. Ich bin ein Mann, der Psychiater ist, und ein Mann, der Filme macht, um den Leuten etwas zu zeigen.

Die Möglichkeiten, in Österreich Filme zu machen, sind begrenzt. Ohne Förderung geht es kaum, und es gibt viele unterbeschäftigte Filmemacher. Jetzt kommt da ein Psychiater mit abgesicherter Existenz und nascht am kleinen Kuchen mit. Wie begegnen Sie Konkurrenz und, wenn es sie gibt, Eifersucht?

Es hat mich nie jemand direkt damit konfrontiert. Aber ich glaube schon, daß solche Gedanken auftauchen können. Wenn ich so viel verdiente, daß ich von meinem eigenen Geld Filme machen könnte, dann würde ich auch nicht um Subventionen ansuchen. Meine Finanzen liegen offen, ich habe keine Villen, nichts Großartiges. Ich habe zwei Filme von meinem eigenen Geld gemacht und habe noch immer Schulden. Als Bundesbeamter und mit einer Kassenpraxis im 5. Bezirk kann man keine Bäume ausreißen und sicher keine Filme machen. Ich möchte nur Rechte haben wie jeder andere: Ein Buch schreiben, vorlegen und auf Antwort warten.

Man hat es mir auch nicht besonders leicht gemacht mit meinem Buch *Höhenangst*. Ich habe nach *I love Vienna* zweieinhalb Jahre gebraucht, um durchzukommen. Immer wieder wurden die Bücher abgelehnt. Und ich habe es immer wieder versucht. Aber nachdem mir dieses Buch, dieser Film, ein wirkliches Bedürfnis war, habe ich nie aufgegeben und das Buch x-mal umgeschrieben.

Sie sagten, Sie wären kein Weltverbesserer.
Sind Sie ein Geschichtenerzähler?

Ja, ich möchte Geschichten erzählen. Aber es muß eine Geschichte sein, die mich bewegt. Sie muß mich persönlich bewegen. Dann weiß ich, daß ich was zu sagen habe. Aber ich gehe nicht unmittelbar so vor, daß ich eine Geschichte erzählen will, um unbedingt irgend etwas zu ändern.

»Kino ist ein Mittel, um die Realität darzustellen – Du kannst im Film eine ganze Welt konsumieren«, das ist ein Zitat aus Ihrem Film »Pasolini inszeniert seinen Tod«. Sie haben danach vier Kinofilme und zwei Fernsehspiele gemacht. Wie verhält es sich jetzt mit der Realität im Kino für Sie?

Für mich ist Kino keine Wirklichkeit. Für mich ist Kino immer noch Phantasie. Aber ich glaube, in der Phantasie kann man sehr viel Wirklichkeit finden. Das widerspricht sich nur scheinbar. Ich gehe auch meist spontan, mit Phantasie und emotionell vor. Manchmal möchte ich am liebsten das Drehbuch zu Hause lassen und an Ort und Stelle schauen, was passiert. Manchmal nehme ich den Leuten das Drehbuch weg. Leon Askin, zum Beispiel, war anfangs sehr verwundert, als ich sagte, bitte laß das, was du zu Hause gelesen hast, weg, jetzt reden wir miteinander, und jetzt sag mir, wie du das bringen kannst. Er hat sich schnell daran gewöhnt und fand es gut, so zu arbeiten. Wenn man emotionell vorgeht, kann man nicht alles genau vorherbestimmen.

Was war Ihre Beziehung zu Pasolini? Was machte für Sie die Faszination aus?

Sehr viel. Pasolini hab ich wirklich sehr bewundert. Die Narrenfreiheit, die er sich genommen hat, hat mich am meisten beeindruckt. Um diese Freiheit habe ich ihn beneidet. Ich habe mich nie frei gefühlt. Ich habe zuerst seine Filme gesehen, dann seine Schriften und Gedichte gelesen. Dann habe ich mich mit allem befaßt, mit seiner Malerei, seiner Lebensgeschichte, der seiner Mutter, seines Vaters und mit seiner politischen Arbeit, mit seinen Widersprüchen. Vor allem haben mich seine Schriften beeindruckt, seine Arbeiten über Scheintoleranz. Pasolini war für mich wirklich wie Gott. Obwohl mir nicht alle seine Filme hundertprozentig gefallen haben.

Ich habe immer auch Probleme mit seinen Filme gehabt. Aber ihn als Person habe ich immer bewundert. Ich habe auch sein Leben genau verfolgt, und nach seinem letzten Film hab ich mir gedacht, der kann da nicht mehr leben. Der Zwang zum Kommerziellen hat ihn umgebracht. Ich habe *120 Tage von Sodom* gesehen und gewußt, daß ein Mensch total am Ende ist. Er hat seinen Tod wirklich inszeniert, weil nichts anderes mehr möglich war. Mir hat immer sehr gut gefallen, wie er mit Lyrik und Politik umgegangen ist. Mich hat seine Widersprüchlichkeit fasziniert, daß er sich das Recht genommen hat, nicht einseitig zu sein.

Haben Sie jemals eine Begegnung gesucht?

Ich habe zwei Begegnungen mit ihm gehabt, das war einmal kurz in Meran, und dann, als er in Isfahan *1001 Nacht* gemacht hat. Aber ganz kurz.

Wenn Sie kommerziell sagen, ziehen Sie so ein bißchen die Augenbraue hoch. Was ist so schandbar am Kommerziellen?

Absolut nichts. Es kommt auch darauf an, wie man das Wort kommerziell versteht. Wenn man es so versteht, daß man einen Film macht und die Leute ins Kino gehen, das ist für mich ok. Ich verstehe aber auch unter kommerziell, daß jemand bewußt vorhat, einen Film zu machen, der viel Geld bringt. Da ist dann wirklich mehr der Geldgeber dahinter. Das ist aber etwas anderes. Ich habe absolut nichts gegen kommerzielle Filme im ersteren Sinn. Wenn man die Entwicklung bei mir sieht, da wird es auch kommerzieller. Ich meine das durchaus positiv. Ich hätte auch nichts dagegen, daß meine Filme Geld bringen. Nur haben sie das noch nicht gebracht.

Sehen Sie das nicht als Verrat an dem jungen Avantgardefilmer Houchang Allahyari?

Absolut nicht. Nein. Warum soll das ein Verrat sein? Film ist für mich viel, es kommt darauf an, wie weit es mich interessiert und beeindruckt, ob das ein Avantgarde-, ein Experimental- oder ein Kommerzfilm ist, ist mir dann wirklich gleich. Wenn jemand mit meinen Emotionen spielen kann, dann ist ihm etwas gelungen. Ich finde, es ist besser, man hat keine Bezeichnung.

»Thing 84« lief als Avantgardefilm. War das für Sie eine bewußte Vorstufe zum Kinospielfilm, wollten Sie damals aus der Experimentalecke herauskommen?

Nein, ich habe den Film gemacht, weil ich diesen Film machen wollte. Aber ich wollte damals schon eine Geschichte erzählen, in welcher Form auch immer. Die Story stammt total von mir, und ich erinnere mich, die Story nie aufgeschrieben zu haben. Ich habe nur Notizen gemacht und mit dem Kameramann versucht, die Szenen zu bearbeiten. So sind wir vorgegangen.

Ich bin kein Drehbuchautor. Eigentlich ärgert mich, daß immer ein Drehbuch vorhanden sein soll, um einen Film zu machen. *Thing 84* und auch andere Filme sind ohne Buch entstanden. Da waren die Bilder in meiner Vorstellung, ich habe Notizen gemacht und die Bilder mit dem Kameramann besprochen. Wenn kein Dialog da ist, was willst du schreiben? Wir sind losgezogen und haben den Film gemacht.

Da spricht eine gewisse Trauer aus Ihnen, daß es diese Desperado-Aktionen bei größeren Filmen wie »Höhenangst« einfach nicht gibt.

Das stimmt nicht. Ich bedaure ja nicht, Spielfilme zu machen. Ich kann ja jederzeit wieder so arbeiten wie früher. Ich hatte damals ja gar keine andere Möglichkeit. Ich hätte mich niemals getraut, um eine Subvention anzusuchen. Selbstverständlich wäre es mir viel lieber gewesen, auch damals mit Förderung zu arbeiten und nicht alles aus der eigenen Tasche zu zahlen, Schulden zu machen und die Leute zu vergewaltigen. Das hält man auch nicht ewig durch. Das ist, genau betrachtet, nicht angenehm gewesen. Jetzt habe ich andere Mög-

HOUCHANG ALLAHYARI

lichkeiten. Hätte ich die nicht, ich würde nicht aufgeben. Ich glaube nicht, daß man verhindern kann, daß ich Filme mache. Man könnte Förderungen verhindern. Aber Filme werde ich immer machen, in welcher Form auch immer.

Houchang Allahyari

geboren 1941 in Teheran, Psychiater, Filmemacher.

Filme: 1981 »I Like to Be in America« (Kurzfilm); 1982 »Trotz alledem« (Kurzfilm); 1984 »Thing 84« (Kurzfilm); 1985 »Pasolini inszeniert seinen Tod«; 1988 »Borderline«; 1990 »Fleischwolf«; 1991 »I Love Vienna«; 1992 »Und morgen der Opernball« (TV), »Der Tag, an dem sie Jack Unterweger fingen« (TV); 1994 »Höhenangst«.

Claus Philipp

TANZ MIT FUNDSTÜCKEN
Martin Arnold und seine Filme

1. Ein Mann schickt sich auf der Leinwand an, seine Wohnung zu betreten. Er ist – die Cineasten im Zuschauerraum haben sich bereits darüber informiert; doch denen, die nur schauen wollen, ist es egal – eigentlich ein aufrechter Polizist aus Chicago. Gewöhnlich braucht er, wenn die Projektion funktioniert, nicht länger als dreißig Sekunden, um die Tür hinter sich zu schließen, seine Frau, die schon auf ihn wartet, zu küssen und mit ihr in die Küche zum Abendessen zu verschwinden. Diesmal aber ist alles anders. Als habe Jerry Lewis Pate für diese eine spezielle Heimkehr gestanden, entbrennt ein zäher Kampf mit der Tür, die den Helden immer wieder aus dem Raum, aus dem Bild, zu drängen scheint. Erst als das rettende Fauteuil erreicht ist, kommt so etwas wie verschämt elegantes Innehalten auf. Heftiges Rubbeln an der Sofalehne, ein kleines Tänzchen in Ehren, und die nüchterne Hermetik einer austauschbaren Übergangsszene aus einem US-B-Picture der frühen fünfziger Jahre (Joseph M. Newmans *The Human Jungle,* 1954) bricht auf und wird zum flirrenden Kabinettstück sexueller Magnetismen. Material aus Hollywood, ein österreichisches Experiment, ein internationaler Festivalerfolg; kurz: *pièce touchée,* ein Film von Martin Arnold.

Drei Jahre später *passage à l'acte.* Wieder Hollywood. Diesmal erkennbar: Gregory Peck. Das Szenario ist ein alltägliches Kinofamilienfrühstück Anfang der sechziger Jahre, aber das morgendliche Idyll wird hier von Arnold gar nicht mehr erst angespielt. Eine stotternde Tonspur und spastische Körper kommen gleich zur dröhnenden Sache. Es regiert ein zermürbender, lärmender Kleinkrieg. Ist der traditionelle Erzählfluß erst einmal gebrochen, dann gibt die Geschichte kaputtes Geschirr, das sie selbst längst im Verborgenen zertrümmert hat, preis. Peck, sowohl im Originalfilm (*To Kill A Mockingbird,* 1962) als auch im Privatleben Verkörperung moralischer Integrität, läßt alle Haltung fahren. Seinen jähen despotischen Anwandlungen sind alle Familienmitglieder bis zur Selbstverleugnung untergeordnet.

Mutter, rechts von ihm, eine Marionette, manipuliert mithilfe diverser, unsichtbarer, seidener Fäden; der Sohn scheint kaum fähig, aus dem väterlichen Schatten heraus ins Freie, aus dem Bildkader hinaus (in ein eigenes Leben) zu treten; die Tochter ist trotz laut schepperndem Protest dazu verurteilt, das vorläufig zumindest schwächste Glied in einer gut eingespielten Befehlskette zu sein. Die Verfehlungen des Vaters sind die Altlasten der Kinder. Das Milchglas der Tochter kommuniziert mit einer Teetasse in der Hand der Mutter. Wer den Löffel früher abgibt, wird hier nicht geklärt werden. »Hurry up!«, plärrt der Bub. Und die Eltern blicken stumm um den ganzen Tisch herum. »I'm trying to!«, quiekt das Mädchen. Soll sie vorher noch die Tischplatte mit einer Gabel zerstückeln? The Art of Noise: Klare Sätze verwischen zu onomatopoetischen Hallbewegungen. Lärm, der von außen kommt, interpretiert die Geschichte mit. Ein Familienepos als 12 minütiger Clip. Kleine Gesten als große Geschichten, offen, schmerzhaft und absurd wie eine frisch aufgerissene Wunde.

2. Found Footage, das ist gefundenes Zelluloid, Filmmaterial, in das sich, so Arnold, »bereits andere Erzähler, andere Beobachter, andere Blicke, andere Traditionen eingeschrieben haben«, auf dem bereits andere Geschichten erzählt wurden. Ihr Aufbrauchdatum spricht weniger aus den Beschädigungen des Materials selbst, als aus beschränkenden Konventionen, aus denen heraus sie unser Heute nur noch versehrt zu erreichen vermögen. Man denke nur an den Zapruder-Film, das einzige Dokument von Kennedys Ermordung in Dallas: Daß die Arbeit mit solchen Gebrauchtkadern, das Stöbern in alten filmischen Räumen derzeit international auch künstlerisch geradezu in voller Blüte steht, diese Tatsache hat Martin Arnold als Obmann des Avantgarde-Vertriebs »Sixpack Film« gemeinsam mit Peter Tscherkassky und Brigitta Burger-Utzer in großen Retrospektiven dem Wiener Publikum – auch als Nährboden für seine eigenen Arbeiten – mehrfach präsentiert.

In seinem Fall sind es insgesamt kaum mehr als zwei Minuten Originalmaterial, das sich in den letzten drei Jahren zu zwei Kurzfilmen ausgewachsen hat. *pièce touchée* (1991) ist gerade 16 Minuten lang, *passage à l'acte* noch kürzer: 12 Minuten. Viel länger wäre die Anhäufung von Preisen, mit denen der Filmemacher für dieses schmale Œuvre bedacht wurde; die Vorlesung von Rezensionen und theoretischen Texten, die diese 28 Minuten provoziert haben. Die amerikanische Filmtheoretikerin Maureen Turim etwa bemüht Roland Barthes, wenn sie beginnt, *pièce touchée* als »an Encounter with the image« zu beschreiben.[1] Und der US-Filmpublizist Scott MacDonald schwärmt im Vorspann zu einem Interview: »No one in recent years has combined motion study and magic with more ingenuity than Austrian Martin Arnold.«[2]

Magic: Es ist ein sehr wirkungsvoller Zauber, den Arnold da aufbaut. In der Tat ist selbst dem ungeschulten Betrachter das vielleicht Auffälligste die gänzliche Unangestrengtheit und Dynamik, mit der diese Filme einen in ihre pulsierende Textur hineinziehen, ohne von vornherein so etwas wie Anspruch oder Botschaft anzumelden. So zeitaufwendig Arnolds Arbeit mit einem Optical Printer und so komplex die damit einhergehende Transformation der erzählten Bewegungen/bewegten Erzählungen auch ist: Aus dem Endresultat spricht niemals vordergründiger, eitler Selbstzweck, der das Ego eines manipulierenden Bearbeiters in den Vordergrund rücken könnte. *pièce touchée* und *passage à l'acte* sind eine Augen- und Ohrenfreude, wie die tänzelnden Bewegungen eines Discjockeys, der einer Schallplatte auf dem vor ihm montierten Laufwerk wieder und wieder dieselbe kurze Sequenz entlockt. Diese Filme sind denkbar weit entfernt von der schwülen Marodezza, der Todessehnsucht vieler Found-Footage-Arbeiten eines Bruce Conner etwa oder eines Phil Solomon.

Ihr Erfolg könnte, ein wenig vereinfachend gesagt, weniger in ihrer kalkulierten Zerlegung filmischer Erzähl- und Bewegungsmuster liegen, als vielmehr in einem vitalen sinnlichen Erleben, das mit diesen hochmusikalischen, rhythmischen Arbeiten auf der Leinwand Einzug hält. Sie sind (ohne einer Abwertung das Wort zu reden) Einstiegs-Drogen. Sie packen den Betrachter beim (alles andere als niederen) Bedürfnis nach Abwechslung. Erst dann zerschlagen sie ihm die Träume, die er im Kino der Fünfziger bzw. im sie heute reproduzierenden TV geträumt haben mag. Erst durch die Hintertür der Repetition, die immer Hundertstelsekunden in einen – sagen wir – »Erkennnungs«-effekt hineinreicht, demonstrieren sie mithilfe welcher Codices diese Träume gestrickt wurden.

Erst dann, nach dem Sinnestaumel wird dem Kinogeher bewußt, wie sehr das Medium mit all seinen mechanischen Simulationsapparaturen zu manipulieren vermag. Dabei manipulieren Arnolds Filme gleichzeitig selbst. Sie versinnbildlichen und versinnlichen, was vorher nur in trockener, strukturalistischer Kopfarbeit vermittelbar schien. Sie erzählen vom Vertrauen, das wir der Maschine geschenkt haben. Und sie zeigen, daß dieses Vertrauen sehr schnell benutzt werden kann.

3. Martin Arnolds Verhältnis zu seinen Filmen ist ein im wortwörtlichen Sinn handgreifliches. Mehrfach abfotografierte Einzelkader fügt er nach sehr kompliziert anmutenden Partituren aneinander und führt sie sich am Schneidetisch in einem sehr organischen, sinnlichen Aufbauprozeß immer wieder selbst vor Augen. Es scheint aufschlußreich, diese langwierige Arbeitsweise mit dem »Verhalten« von Arnolds Protagonisten zu vergleichen: So wie sich der Filmemacher erst langsam in seinen Stoff, den Text, den er gewissermaßen überschreibt, einarbeiten, einleben muß, scheinen auch die Charaktere von *pièce touchée* und *passage à l'acte* sich ihren Auf- und Abtritten äußerst zögerlich

zu nähern. Fast möchte man die Kämpfe des Herrn Inspektor mit der Eingangstür am Beginn von *pièce touchée* als Selbstzweck deuten: Nur nicht zu schnell eintreten! Die kleine Differenz nämlich, richtig eingesetzt, macht große Unterschiede. Erst mit zunehmender Beweglichkeit auch der Kamera scheint so etwas wie Freude und Lust an der Bewegung, am Tanz zwischen den Zeilen, zwischen den Bildern, aufzukommen.

Man wird – ebenfalls in einem sehr handgreiflichen Sinne – an das *Marionettentheater* des Heinrich von Kleist erinnert. »Jede Bewegung«, sagt bei ihm der Erzähler, »hätte einen Schwerpunkt«; es wäre genug, diesen, in dem Inneren der Figur, zu regieren; die Glieder, welche nichts als Pendel wären, folgten, ohne irgend ein Zutun, auf mechanische Weise von selbst. Der Erzähler setzt hinzu, »daß diese Bewegung sehr einfach wäre«; daß jedesmal, wenn der Schwerpunkt in einer »graden Linie« (Anm.: hier der Film im Projektor) bewegt wird, die Glieder schon »Kurven« beschrieben; und daß oft auf eine bloß zufällige Weise erschüttert, das Ganze schon in eine Art von rhythmische Bewegung käme, die dem Tanz ähnlich wäre. Aber bei Martin Arnold tanzen nicht nur die Körper. Er versetzt auch die Räume in Schwingungen, schafft eine Gleichwertigkeit zwischen ihnen und den Personen, die in ihnen agieren. Darin, wie sie dem Apparat Kino zunutze gemacht werden können, nimmt er sie, und erfindet ihnen nicht nur Schwächen, sondern auch Schönheiten hinzu. Der zarte Schleudergang etwa, den das Wohnzimmer in *pièce touchée* durchmacht, ist mindestens so schrecklich schön wie ein Saxophon-Solo von John Zorn. Aber lassen wir den Filmemacher selbst erzählen.

Gespräch mit Martin Arnold

Den Ausgangspunkt für Ihre letzten beiden Filme, »pièce touchée« und »passage à l'acte«, bildet gefundenes Material, »Found Footage«. Wenn Sie Ihre Arbeit mit bereits existierenden kinematographischen »Erzählungen« auf einen Nenner bringen müßten, wo würden Sie da ansetzen?

Mir gefällt der Begriff der „Einschreibung" sehr gut. Alle menschlichen Darstellungs- und Repräsentationsformen, angefangen von der Höhlenmalerei über Tätowierungen bis hin zu den neuen Medien sind Textsysteme: malerisches, filmisches, schriftliches Schreiben. Und Found-Footage-Filme, das sind – eleganter ausgedrückt – Filme, in die sich andere bereits eingeschrieben haben. Derjenige, der dieses vorgefundene Material bearbeitet, schreibt sich wiederum in Traditionen ein, mit denen er ja auch aufgewachsen ist: Sei es im Rückgriff auf persönliche Erinnerungen, auf Familienfilme beispielsweise, oder – wie in meinem Fall – im Umgang mit mehr oder weniger prominenten Produkten des kommerziellen US-Kinos.

Ist es nicht eher so, daß Sie die Tradition benützen, um einen eigenen Text zu schreiben?

Ich schreibe mich ein. Der traditionellen Schreibweise stehe ich aufgeschlossen gegenüber, mit einer Art von reflexiver Erinnerungsfreude. Das heißt: Ich analysiere die Schreibweise des klassischen Hollywood-Kinos sehr genau, um sie nachher spielerisch zu brechen. Und über diese Brechung kommt das hinein, was ich das »Ausgegrenzte«, das »Fremde«, nennen würde. Ich bringe Elemente in die Filmszenen, die bei der ersten Einschreibung heftigst vermieden wurden. Wiederholte Abfolgen von Schuß und Gegenschuß, die in Sekundenbruchteilen ablaufen, sprengen das System, führen es ein wenig ad absurdum. Das kohärente Raumgefühl, das in Vermeidung von Achsensprüngen vermittelt wird, geht verloren. All die sexuellen Konnotationen etwa, die in *pièce touchée* mitschwingen, oder die – wenn man so will – psychoanalytischen Anklänge in *passage à l'acte* sind genau das, was in den »Originaltexten« nicht vorkommt.

»pièce touchée« war diesbezüglich der erste Versuch. Wie sind Sie auf das Material für den Film gestoßen?

Ich bin förmlich darübergestolpert. Ein Freund hat mir einen computergesteuerten Projektor vorgeführt, den er selbst konstruiert hat und mit dem man Bildfrequenzen extrem verlangsamen oder beschleunigen kann, Standbilder einzeln abrufen kann, et cetera. Damals hatte er zufällig gerade einen ganzen Spielfilm zur Hand – *The Human Jungle* eben –, und wir haben uns da eine Szene angeschaut, wo das Ehepaar in der Küche ist und der Mann sich mit einem Messer ein Brot streicht: das ganze bei einer Frequenz von zwei Bildern pro Sekunde. Die Bewegungen waren also extrem verlangsamt. Wir sind ohne jeden narrativen Kontext mitten in das Geschehen eingestiegen und haben immer gerätselt, was jetzt passieren wird. Der Mann hat sehr bedrohlich gewirkt mit dem riesigen Küchenmesser. Wird er die Frau killen? Nein, er streicht sich nur ein Brot und ist ein braver Gatte. Diese neue Spannung hat mich wahnsinnig fasziniert, und ich habe halt mit diesem Film, den mir mein Freund dann zur Verfügung gestellt hat, probiert, meine Optical-Printer-Versuche zu machen.

Was war nun der experimentelle Ansatz?

Anfangs lag er mehr oder minder in einer Spielerei, die mit Scratching vergleichbar war. Ich konnte mit dem Optical Printer Unordnung in den zeitlichen Ablauf bringen. Das war der Grundgedanke: Das Gefüge des klassischen Kinos zu stören, sich so in die Tradition einzuschreiben, daß deren Bedeutungen aufbrechen.

... oder weitergedacht werden.

Ja. Die Geschlechterrollen in *pièce touchée* kommen gewissermaßen ins Wanken. Und die tolerante Familie kommt bei *passage à l'acte* ins Schleudern. Erst später bin ich draufgekommen, daß die Störung zu einer Transformation werden kann, daß ich die filmischen Texte nicht nur attackieren, sondern auch umschreiben kann. Ich kann Inhalte anklingen lassen, die im Original nicht transportiert oder ausgeklammert wurden. In der Darstellung der Ehe in den fünfziger Jahren fehlen beispielsweise reibungsgeladene Bewegungen. Man sieht nicht, wie sie ficken, und man sieht auch keine Gewalttätigkeiten. Das wird ausgegrenzt. Auf allen Ebenen, auch auf der kinematographischen, werden mögliche Bewegungen eliminiert, ausgegrenzt.

Ich versuche, die ausgegrenzten Bewegungen im Umschreiben, im Neuschreiben nachträglich einzuschreiben. Der Spielfilm zeigt Bewegung nie als das, was sie eigentlich ist: Differenz zwischen zwei Bildern. Er zeigt auch keine willkürlichen Bewegungsfragmente. *Adebar* von Kubelka etwa: Der segmentiert willkürlich. Sein Schnitt gehorcht nicht der menschlichen Bewegung, sondern schneidet in sie rein. Im Spielfilm sind Bewegungen zielgerichtet und meistens brauchen sie ein Objekt. Jemand macht ein Tür auf, weil er irgendwo hinein will. In *pièce touchée* werden diese Bewegungen überflutet, mit Gesten und Gebärden, Ticks und Symptomen. Genau die schaffen aber auch die Stimmung.

Welche Funktion erfüllt ein Optical Printer?

Man kann damit von einem Filmstreifen jedes Bild einzeln abfotografieren. Es ist wie eine Kopiermaschine (in diesem Fall mit einem Linsensystem), bei der zwei Filme parallel laufen. Früher hat man das Gerät vor allem beim Trickfilm eingesetzt, und es gibt da natürlich unterschiedlichste Perfektionsebenen. Ich verwendete ein sehr primitives Modell: In der Bildbühne von einem Fotovergrößerer habe ich mir zwei Stifte einbauen lassen, die genau in die Perforationslöcher eines Films reingehen. Von unten wird das beleuchtet, und oben ist eine Bolex-Kamera auf einem Stativ befestigt, mit einer Nahlinse, die das Einzelbild formatfüllend abfotografiert. Bei *pièce touchée* habe ich durchgehend so gearbeitet, 148.000 Einzelbilder und über eineinhalb Jahre lang, aber das führte gegen Ende zunehmend zu Problemen, weil die Perforation bei soviel Handarbeit ziemlich ausleiert. Bei *passage à l'acte* bediente ich mich daher zumindest in der Abschlußphase einer professionelleren Apparatur in einem ordentlichen Studio.

Welche Arten von »Schriftsystemen« analysieren Sie auf dem Filmstreifen?

Das sind zum einen die Spuren der Kamera: Kader, Bildfenster, geschrieben von einer Maschine. Der Raum, der in den einzelnen Kadern abgebildet ist, ist nicht kubistisch aufgesplittert, nicht expressiv verzerrt, sondern zentralperspektivisch: auch eine Spur der Maschine. Was ich noch sehe: Spuren von Objekten und Figuren, die sich zum Zeitpunkt der Aufnahme bei ausreichender Beleuchtung vor der Kamera befunden haben. Und ich sehe von einem Kader zum nächsten Differenzen in der räumlichen Anordnung. Eine Hand – einmal weiter links, dann weiter rechts. Wenn ich den Film laufen lasse, entsteht aus diesen Differenzen Bewegung. Die Bewegung findet überall statt, in mannigfachen Ausformungen: Bewegungen von Licht, von Personen, von beweglichen Objekten, Bewegungen der Brennweite, des Schnitts. Das geht soweit, daß ich sagen kann: Film ist ein Schreiben mit Bewegung. Oder, wenn ich etwas analytischer auf die Kader zurückkomme: mit Bewegungs-Partikeln. Und die Kamera ist quasi die Maschine, die diese Partikel, diese Bausteine produziert. Oder besser: Sie produziert in rascher zeitlicher Abfolge einzelne Bilder, um damit Bewegung zu reproduzieren. Mit dem Optical Printer, mit dem ich gegen die Maschine Kamera arbeite, kann ich diese Bausteine nun zu neuer Bewegung formieren. So kann ich die ursprünglichen Bewegungen aufbrechen.

Denunzieren?

Ja, auch das. Neuanordnen. Alles, was man im Kino sieht, sind Bewegungen. Man kommt aus dem Kino heraus und hat eine Story im Kopf, weil man Bewegungen semantisch beladen und als Handlungen gelesen hat; weil man diese Handlungen irgendwie verknüpft hat zu Situationen und diese Situationen dann in eine kausale Abfolge gebracht hat. Beim Erlernen des filmischen Handwerks geht es für gewöhnlich nie darum, diese Bewegungen bzw. Bewegungsmöglichkeiten zu erforschen, sondern es läuft darauf hinaus, bestimmte Abfolgen zu eliminieren. Die Bewegung muß einer bestimmten Ordnung gehorchen. Sie »muß in Ordnung sein«.

Was machen Sie genau mit den Einzelbildern?

Die Störung des Ordnungsgefüges könnte man auch so darstellen: Man schreibt dem Projektor ein Symptom ein. Der Projektor ist ja dazu gebaut, 24 Bilder pro Sekunde kontinuierlich nach vorne durchlaufen zu lassen. Und bei mir sieht es aber so aus: kontinuierlicher Vor- und Rücklauf. Etwa vorwärts von Kader 1 bis Kader 10, sukzessive zurück (9,8,7,6,5,4,3) zu Kader 2. Vorwärts bis Kader 11; zurück bis 3; bis 12 – und so weiter, eine ansteigende Wellenbewegung. Abrupte

Rücksprünge würden gleichsam einen ständigen Filmriß simulieren. Das Symptom, das hier visualisiert würde, bezöge sich völlig auf die Maschine. Die Bewegungen der Schauspieler und die Bildinhalte, die ganze repräsentative Ebene ginge unter, hinter die der Maschine. Und von der strukturalistischen Verherrlichung des Apparatus wollte ich mich abgrenzen. Bei der Variante hingegen, für die ich mich entschieden habe, greift das Symptom, das den Projektor erfaßt, über auf die Schauspieler. Sie bekommen einen Tick. Sie stottern, sie hinken, oder wie auch immer.

Wobei anzumerken wäre: Bei *pièce touchée* laufe ich wirklich kontinuierlich vor und zurück. Bei *passage à l'acte* lasse ich beim Rücklauf jeden zweiten Kader aus. Das ist deswegen so gekommen, damit ich den Ton sinnvoll zurückfahren kann. Ich lasse ihn jeweils um die Sekundenbruchteile, die das Bild zurückfährt, länger stehen. Das sind aber so geringe Intervalle, daß sie fast in der üblichen Synchronizitätstoleranz liegen.

Gibt es bei diesem Verfahren so etwas wie choreographische Schwierigkeiten?

Sobald zwei Personen im Raum sind, kann man Kommunikation, ein soziales Band vermitteln: Man kann sie zueinander oder gegeneinander zucken lassen. Bei mehreren Figuren wird es schwierig. Da herrscht immer die Gefahr, daß zwei oder drei sehr gut interagieren und der Rest ist zu vergessen. Problematisch ist auch die Geschwindigkeit. Sehr schnelle Bewegungen sind schwer zu gestalten, weil der Rücklauf da immer sehr maschinell wirkt. Da muß ich dann immer in sehr geringen Intervallen vor- und zurückfahren

Sie halten alle Manipulationen in umfänglichen Aufzeichnungen schriftlich fest. Haben Sie diese Partitur, wenn Sie mit dem Optical Printer kopieren, schon geschrieben?

Nur teilweise, denn das ist auch der Punkt, an dem ich die Bilder analysiere, mich ins Material hineinarbeite. Ich kann mir nach ersten Versuchen zwar meist schon denken, was passieren wird – aber nur in einem sehr globalen Sinn. Oft habe ich »Thesen« vorformuliert, denen eine abfotografierte Szene widersprochen hat. Da muß ich dann meine Erwartungen korrigieren, neue Vorstellungen entwerfen, wieder eine Partitur schreiben, wieder am Material abtesten, ob das funktioniert, und so weiter. Man lernt aus den Abfällen sehr viel. Nicht selten kann ich überraschende Unfälle und die aus ihnen resultierenden Erkenntnisse neu in das Konzept einarbeiten.

Dabei habe ich aber den Vorteil, daß ich nicht chronologisch am Film arbeite. Ich beginne nicht bei einem »Anfang«, sondern arbeite wild: Weil ich jede Szene wieder und wieder zurückholen und analysieren kann. Diese kontinuierliche Überarbeitung zwingt mich dazu, die ganze Passage innerhalb von über einem Jahr mehrere Tausend Male anzusehen. Aber mir ist das ganz wichtig: Weil ich es als Künstler brauche, mit dem, in dem Material, das ich bearbeite, zu leben.

Ändern sich da auch die Interpretationen?

Im Kopf habe ich wohl ein gewisses Gundkonzept davon, was da transponiert werden soll und wie, aber das wird im Verlauf der Arbeit dichter.

Das erinnert ein wenig an Textproduktion mit dem Computer. Was würde sich mit einer besseren Apparatur an Ihren Texten ändern?

Ich erwäge zur Zeit, nächstes Mal eine Videokamera als Skizzenblock zu gebrauchen. Das spart Zeit. Wie auch eine computerisierte Apparatur den Arbeitsprozeß extrem beschleunigen würde. Aber die wäre dann so aufwendig, daß schon vom Budget her Zeitdruck entstünde. Dann würde ich patzen, und da bin ich wieder zu penibel dafür.

War die Materialsuche für »passage à l'acte« von ähnlicher Spontaneität wie für »pièce touchée«?

Sie war ungleich schwieriger. Anfangs hatte ich mich ein wenig im *Human Jungle* festgefahren. Ich wollte wieder etwa Prosaisches, Archetypisches wie die zwei Eheleute bei *pièce touchée*, aber das war da nicht mehr zu finden. Ich habe dann sehr viel im Fernsehen herumgesucht. Schwarzweiß und ...

Warum Schwarzweiß?

Für mich ist es einfach mit dem klassischen Hollywood-Kino verbunden. Außerdem wollte ich den Film auch *pièce touchée* zur Seite stellen.

Gibt es da einen Unterschied in der Zugangsweise, wenn man zufällig auf das Material stößt oder wenn man es bewußt ausgewählt hat? Geht man dann berechnender mit dem Material um?

Das glaube ich nicht. In beiden Fällen war es ein sehr eigener Arbeitsprozeß. Der Rahmen von *pièce touchée* war Bildgestaltung. Es gibt zwar einen untermalenden Ton, aber der ist sehr einfach konstruiert, eine durchlaufende Schleife, die mit der Komplexität des Bildes gar nicht mithalten kann und soll. Im zweiten Fall lag der Fokus darauf, etwas mit dem Ton zu machen, ihn synchron mit dem Bild mitlaufen zu lassen. Automatisch gibt es hier längere Zeiteinheiten, weil man den Ton in 24stel-Sekunden-Einheiten nicht sinnvoll montieren kann. Jeder

Ton wird da zu einem Piepston, was dem ganzen eher einen sarkastischen Charakter verleiht: Woody Woodpecker im Schnelldurchlauf. Ich bin dann draufgekommen, daß für meine Intention Familienszenen sehr gut sind, weil da sehr viel Bewegung im Bild ist, und vor allem andauernd Geräusche. Die Kinder sind permanent irgendwo am Werken. Es gab also kaum Überschneidungen. In beiden Fällen war es jedoch ein langsames Einarbeiten, bei dem ich mit zunehmender Übung dichtere Ergebnisse erzielen konnte. Und das Ausgangsmaterial in *pièce touchée* war viel geschlossener: eine Einstellung, ein Auftritt. Die Szene geht zügig voran, knappe 18 Sekunden lang: Der Typ küßt seine Frau und dann ab. Das war für eine Bearbeitung ohne Ton sehr günstig. Wenn die Leute nämlich zuviel miteinander reden, dann ist das Geschehen extrem verlangsamt. Davon abgesehen geht es auch darum, was sie reden: Ein Monolog über Verbrecherjagd in Chicago, das ist isoliert nicht das Wahre.

Was hat Sie, rückblickend gesehen, an dieser Form des Vor- und Rücklaufs anfangs vor allem fasziniert?

Die sinnliche Wirkung. Man wackelt da selbst mit. Es ist eine körperliche Angelegenheit. Sie vermittelt die Kraft, die Kunst haben kann, jenseits der repräsentativen Ebene. Es wird etwas dargestellt, das eigentlich nicht darstellbar ist. Wenn man sich in der Malerei etwa einen Frauenakt von Matisse ansieht, wo die Frau auf einmal einen grünen Körper hat, ohne daß irgendwo eine Lichtquelle wäre, die grünes Licht aussendet, dann ist das etwas, das nicht mehr zur repräsentativen Ebene gehört. Man sieht zwar weibliche Umrißlinien, aber es ist noch eine andere Szene drinnen, die man nicht mehr mit der Logik der ursprünglichen Darstellung vereinbaren kann.

Lyotard spricht davon, daß man jedes Kunstwerk auf einer Skala einordnen kann zwischen Repräsentation und dem Primärprozeß – der freien Farbe, die dem Gegenstand nicht mehr folgt, oder der deformierten Umrißlinie, die vom Körper, den sie darstellt, abweicht. Dieser Primärprozeß, glaube ich, schlummert auch in meinen Filmen, in ihrer Rhythmik, die mitreißt. In Amerika haben sie gesagt: »Very visceral«. Die Eingeweide, irgendwie. Das zweite Element war die direkte Einwirkung auf die Repräsentation. Mit all dieser sinnlichen Kraft einwirken auf die Form der Darstellung. Nie abstrakt werden, nie irgendein striktes mathematisches Konzept exekutieren, sondern genaue Beobachtung der Bewegungen: Was machen die Leute, wo herrscht Bewegung, wie kann ich diese Bewegung segmentieren, wie kann ich sie umschreiben. Wenn der Bub in *passage à l'acte* aufstampft, als er das Zimmer betritt: Im Original stampft er nicht auf. Hinter einer heilen Oberfläche lauert der Trieb, der Frust, die Hölle.

Teilen Sie diesen Frust?

Ich kann jeden Frust und jede Lust dieser Erde teilen.

Vollziehen Sie ihn für sich selbst nach?

Das ist schwer zu beantworten.

Na, es gibt den Drübersteher, der meint: Seht mal, die inszenieren hier ihre Idylle, sind aber in Wahrheit totale Krüppel. Und es gibt die Position: Ich bin Bestandteil dieser Idylle, teile aber auch den Frust, der dahinter lauert.

Ja klar. Aber ich demontiere ja keine individuellen Schicksale, sondern Leitbilder, Repräsentanten einer hundertfachen Produktion von Ehe- und Familiendarstellungen. Für mich ist es schon so, daß in der Familie irrsinnig viel über dich entschieden wird. Manche Probleme, die ich jetzt habe, oder die bei Bekannten auftreten –, das geht messerscharf auf die Kindheit zurück.

Aber ich bin auch von der medialen Verbreitung dieser Scheiße betroffen. Und auch vor der gibt es kein Entrinnen. Es gibt ein ganz gutes Wittgenstein-Zitat: Daß das Bild, das einen gefangen hält, in der Sprache liegt. Darum hält es einen ein Leben lang gefangen, weil man aus der Sprache nicht heraus kann. Und das ist bei den Bilderwelten im wörtlichen Sinn genauso. Die Aufgabe von Kunst ist, glaube ich, das Rütteln an Schreibweisen und das Ausprobieren von Alternativen. Sich den Eintopf nicht gefallen zu lassen, auf den man fixiert ist.

Man könnte sagen: Sie versuchen aus dem Minimum ein Optimum herauszuholen. Daß Sie Gesten, die bereits angelegt sind, verstärken: etwa in der Sequenz im Original, wo der Herr Gemahl das Sofa streichelt.

Aber er streichelt im Original nicht! Das ist ein wichtiges Mißverständnis. Erst indem ich ihn mit den Einzelbildern an dieser Stelle hängen lasse, kommt es zum Streicheln.

Sie würden nicht sagen, daß dieses Streicheln zumindest in der Körpersprache rudimentär angelegt ist?

Nein, er nimmt einfach seine Hand von der Fauteuillehne. Ich habe es bereits im Ansatz erwähnt: Ich würde meine Art, Filme zu machen, überhaupt als »Kino der Symptome« bezeichnen. Die psychoanalytische Erklärung der Symptome – Ticks (bildlich) und Stottern auf der Tonebene – ist, daß hinter der tatsächlichen Äußerung eine versteckte, die die Psyche verdrängen will, steckt. Rudimente einer anderen Handlung lauern hinter dem vollzogenen Geschehen.

Gibt es Ausdrucksmöglichkeiten auf anderen Gebieten, die Sie mit Ihrer Vorgangsweise vergleichen würden?

Ein gutes Beispiel sind die Rapper. Die nehmen Fremdmaterial und verwenden es einfach in einem anderen Kontext. Oder das, was John Zorn macht: diese Crossover-Partien. Auf andere musikalische Schreibweisen hören und schauen: Was ist dahinter? Wie kann man das kontrastieren? Das Einschreiben in die Tradition halte ich für eine der wesentlichsten Tendenzen in der Kunst der achtziger und frühen neunziger Jahre überhaupt. Dieses dekonstruktivistische Element, wenn man so will, ist einfach überall präsent. Und ich persönlich freue mich immer, wenn ich das Gefühl habe, daß der Experimentalfilm ein bißchen mitkommt mit der Zeit. Weil ich den Eindruck habe, daß die meistens immer noch in den sechziger Jahren leben.

Was käme heraus, wenn man Ihre Filme nochmals sampelt?

Das wäre super. Aber es klingt vielleicht vermessen, wenn ich sage: Ähnliches. Es gibt ein paar entscheidende Sachen, grundlegende Ticks, die sich kaum ändern.

Wenn einer Martin Arnold sampelt, dann ist das schön, weil das dann nicht Geschichte mit Ziel ist. Ich habe ein großes Problem mit der essentialistischen Haltung der sechziger Jahre, die das Ziel der Geschichte immer in die Gegenwart verlegt. Wenn Kubelka etwa sagt, er hätte den filmischsten Film gemacht, und damit *Arnulf Rainer* meint, dann ist eigentlich schon die ganze Gattung abgeschlossen und hinfällig. Aber indem man so ein Netzprojekt installiert, indem man die Geschichte immer wieder umschreibt, ist die Sache offen und man hat dann noch allerhand zu tun. Und indem man einzelne Filmgeschichten umschreibt, schreibt man auch ein Stück Filmgeschichte um.

Sie grenzen sich immer sehr entschieden von den Avantgardisten der Sechziger ab. Hängt das nicht auch damit zusammen, daß sich die Filmavantgarde, wie ihre musikalischen Pendants, weitgehend aus dem Underground entfernt hat?

Sicher, das ganze System ist heute viel durchlässiger geworden. Kurt Kren und seine Freunde haben es damals fast leichter gehabt mit ihren Protesten, weil klar war, wer der Feind ist. Das ist heute sehr verschwommen. Aber ich bediene mich nach wie vor einer Bildsprache, die nicht dem Mainstream unterzuordnen ist. Und von daher leiste ich, glaube ich, ebenso einen ideologischen Beitrag, auch wenn ich ohne Polit-Messages auskomme. Ich glaube, im Gegensatz zu den Emanzipationskonzepten, die in den Sechzigern noch sehr stark an einen Glauben an einen wie auch immer gearteten Fortschritt gekoppelt waren, geht es zumindest in der Kunst heute eher um eine ästhetische Psychoanalyse: um eine Befragung der Traditionen, der Leitbilder und der ideologischen Muster. Es geht nicht mehr darum, was sein soll, sondern darum, was ist und war.

Das ist nicht einfach, weil man es hier mit einem ziemlich dichten Geflecht zu tun hat. Siehe Cindy Sherman, die klassische Bilder nachstellt und dann selbst als Mann und Frau in klassischen Rollen der Porträtmalerei posiert, in unterschiedlicher Verkleidung. Hier werden Differenzen herausgearbeitet, wird das dargestellt, was ursprünglich nicht dargestellt wurde. Das ist ideologische Arbeit, und mit der habe ich sicher auch zu tun.

Sie würden sich also nicht einer gewissen Schule zuordnen?
Nein.

Es ist piratische Aneignung dessen, was einem gerade in den Weg kommt ...
Genau. Dabei gibt es natürlich gewisse Wissensdispositive und Ausdrucksformen, die in einer Zeit drinnen sind. Die Sechziger beispielsweise: Es ist kein Zufall, wenn Ken Jacobs mit der Kamera in das Filmkorn hineingeht und Umberto Eco gerade eine Theorie der filmischen Bedeutungsvermittlung formuliert, die bei der Körnung ansetzt. Aber das ist im Rückblick halt immer leichter zu sehen.

Gibt es Vorbilder für Sie?
Ich habe mir das immer so herausgepickt. Vom Umgang mit dem Material und von der Lehrtätigkeit her war's aber sicher Kubelka. Mit 18 war ich ein schwerer Fan von ihm und hätte jedem die Augen ausgekratzt, der auch nur irgendetwas gegen ihn sagt. Sein Kernsatz »Film is not movement, it's a projection of stills« geht auch genau in die Richtung des Optical Printer. Irgendein Kanadier hat *pièce touchée* in Deutschland gesehen, war schwer begeistert und hat gemeint, das hat sicher der Kubelka unter einem Pseudonym gemacht, damit er sieht, ob er noch ankommt.

Könnten Sie sich vorstellen, eine Geschichte, die nicht in der Hollywood-Tradition erzählt ist, umzuschreiben?
Natürlich könnte man das auch mit einem Avantgarde-Film machen. Aber ich habe prinzipiell sehr großen Respekt vor Leuten, die versuchen, etwas Eigenständiges zu machen. Mir geht es eher darum, den Mainstream zu attackieren.

MARTIN ARNOLD

Sehr oft hört man von Ihnen Sätze wie »Ich geh' eh nie ins Kino«. Da überraschen derart theoretisierende Ausführungen. Gab es da den Moment, wo Ihnen klargeworden ist, Sie stoßen da wirklich in etwas »Philosophisches« rein?

Bei *pièce touchée* war es wirklich so: Erst als der Film fertig war, hab' ich mich gefragt, was ich da überhaupt getan habe und wie ich das verbalisieren soll. Mit welchen Begrifflichkeiten ich da heran gehen soll. Das hindert mich aber nicht bei der Arbeit am neuen Film. Ich mache in der Hauptsache das, was ich filmisch geil finde – mehr oder minder. Und ich freue mich einfach, wenn sie zucken, oder wenn ein Schnitt gut ist. Im Nachhinein wird es dann sicher wieder eine Phase geben, wo ich nachlesen werde.

Es gibt natürlich auch immer Anläße, Interviews zum Beispiel, die ich verwenden muß, um mir was zu überlegen. Es wäre sinnlos, Ihnen dasselbe zu erzählen, wie dem Scott MacDonald. So beschleunigt sich der Prozeß des Nachdenkens. Ich finde diese Tradition, wie sie in Amerika sehr gebräuchlich ist, gut: über die Arbeit zu reden und auch daraus Anstöße zu gewinnen. Außerdem will ich was verdienen auch und muß den Leuten irgendwas erzählen. Sonst gibt mir keiner ein Geld.

Anmerkungen

1 »Avantgardefilm. Österreich. 1950 bis heute.« Hg. von Alexander Horwath, Lisl Ponger und Gottfried Schlemmer. Wespennest. Wien 1995.

2 Aus »Film Quarerly« 48/1, 1994, S. 2–11.

Martin Arnold

geboren 1959 in Wien, Studium der Kunstgeschichte und Psychologie. Einer der Gründer des einzigen österreichischen Experimentalfilm-Vertriebs »Sixpack-Film«. Zahlreiche Festivaleinladungen für »pièce touchée« und »passage à l'acte«.

Filme: 1985 »O.T.-1«; 1986 »O.T.-2«; 1989 »pièce touchée«; 1993 »passage à l'acte«; »Life Wastes Andy Hardy« (in progress).

Spots: 1993 »Jesus Walking On Screen«; 1994 »Remise«; »Brain Again«.

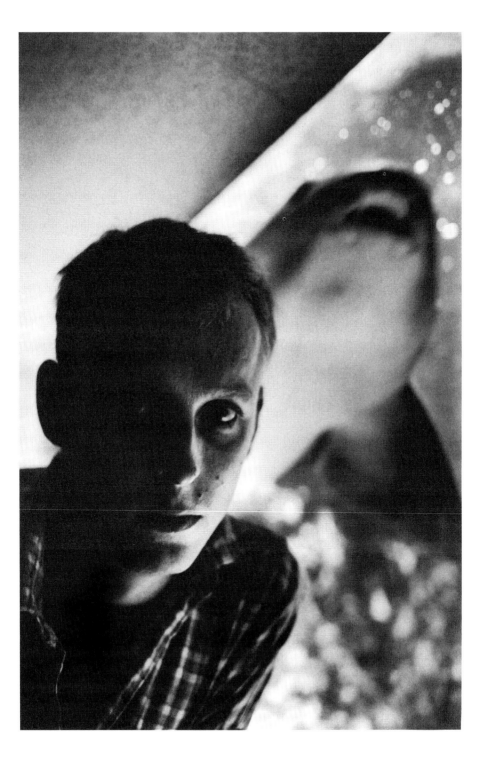

Drehli Robnik

LEBEN IM LICHT
Florian Flicker und seine Filme

Was geschieht, wenn Licht auf eine empfindliche Oberfläche fällt? Ganz allgemein: Etwas wird sichtbar. Ein Bild entsteht. Es kommt zu Verteilungen von Hell und Dunkel, und das Bild beinhaltet auch Zonen, auf die kein Licht fällt, die im Schatten liegen.

Als Möglichkeitsbedingung aller Lichtbilder ist dieser Vorgang kaum spezifisch für die Filmarbeit von Florian Flicker, die unvereinbar scheinende Sparten umfaßt: experimentellen Kurzfilm, abendfüllenden Genre-Spielfilm, Expanded Cinema. Doch die Entstehung von Bildern durch Lichtwirkung ist in Flickers heterogenen Filmen oft mehr als nur eine technische Voraussetzung, und meist ist die filmisch entworfene Welt vorrangig eine Wahrnehmungswelt, für die der Umgang mit dem Licht und dem, was es sichtbar macht oder verbirgt, kennzeichnender ist als eine bestimmte Erzählweise oder Art der Figurenkonstruktion.

So können die Licht- und Sichtverhältnisse z.b. für Diskurs- oder Machtverhältnisse unmittelbar entscheidend werden; etwa in der Live-Version von *Das Attentat – Denn Sie Wissen Nicht Was Sie Tun Sollen*, Flickers erstem Spielfilm (1989), den die Gruppe *Pension Export* 1989/90 einigemale in Verbindung mit Live-Musik, Theaterszenen und Mehrfachprojektionen zur Aufführung brachte. Vor Filmbeginn richtete Flicker über ein Bühnenmikrophon eine langweilige Begrüßungsansprache an das Saalpublikum. Als er vom Mikrophon wegging, setzte seine Stimme ihren auf Tonband gebannten Monolog fort.

Dieser Playback-Gag beruhte unter anderem darauf, daß Flickers (nicht) sprechender Mund nicht deutlich zu sehen war. Zugleich machte er etwas sichtbar (und hörbar): etwa, wie langweilig Begrüßungsansprachen sind, und daß sie – in einem Repertoire stereotyper Phrasen – immer schon gesprochen sind, noch bevor sie an ein Ohr dringen; oder wie sehr Film unsere natürliche Wahrnehmung durch eine unsichere, manipulierbare Wahrnehmung ersetzt. Jedenfalls kippte das Verhältnis zwischen Publikum und Sprecher schlagartig um, entlang der Grenze zwischen Sichtbarkeit und Unsichtbarkeit, die als Differential einer kommunikativen Situation fungiert.

In Flickers Science-fiction-Film *Halbe Welt* (1993) ist die Lebensweise einer ganzen Gesellschaft durch Lichtverhältnisse bestimmt, die die Welt in zwei Hälften teilen: In einer Großstadt, die sich vor tödlicher Sonnenstrahlung in ein Leben bei Nacht und hinter schützenden Mauern zurückgezogen hat, wacht der Luna-Konzern über sein Monopol auf Produktion und Vertrieb von Bildern der freien Natur, die der Bevölkerung als Ersatz für vergangene Sonnenfreuden dienen: sterile, vorfabrizierte Urlaubserlebnisse auf Video und Virtual Reality-Programme mit Freizeitidyllen. Wieder ist Film ein Medium der Täuschung; in diesem Fall eines täuschend ähnlichen Surrogats, das ein kaltes Luna-Licht erzeugt, um die tagschlafenden Konsumenten über den Verlust des heißen Lichts zu trösten.

Doch auch eine radikal andere Art der Täuschung wird in der Schattenzone der *Halben Welt* betrieben. Auf das offizielle Verteilungssystem antworten einige Protagonisten der lose verknüpften Erzählung mit Schwarzmarkthandel, auf den wohltemperierten Dusel der Bilderindustrie mit unkontrollierten Lichträuschen, auf die Makropolitik der originalgetreuen Abbildung mit Mikrostrategien des Trugbildes: Urlaubspostkarten werden in U-Bahn-Passagen wie Drogen gedealt, Sonnensüchtige delirieren tagsüber im Freien, und ein geheimes Computerlabor fungiert als Fälscherwerkstatt, von der aus sabotierte Versionen der Luna-VR-Programme in Umlauf gebracht werden. Bereits im *Attentat* machten einige exemplarische Szenen den Schattenbereich zum Ort der Unterwerfung durch Unterhaltung wie auch der Sabotage: Den Blick auf die Lichtbilder von Mainstream-Spielfilmen gerichtet und im Dunkel der Zuschauerränge sitzend verübte die Filmheldin ihre Bombenanschläge auf Kinosäle der Mega-Film-Kette.

Flickers Spielfilme skizzieren neue Formen von gesellschaftlichen Kämpfen, die um die Aneignung und Nutzung von Lichtbildern geführt werden: anhand der oft nebulosen Selbstreflexion des Mediums im *Attentat*, mehr noch anhand der Typologie von systemkonformen und abweichenden Weisen des Schauens in *Halbe Welt*. Dieser ursprünglich als Dokumentarfilm konzipierte Streifen ist Flickers bislang am stärksten auf verfolgbare Erzählabläufe und schwungvolle Action abzielender Film. Dennoch bleibt er einem Anliegen verpflichtet, das der Regisseur mit »Soziologie« oder »Dokumentation eines Lebensgefühls« beschreibt, und in dessen Rahmen auch sein – durchaus romantisierendes – Faible für Home Movies und Urlaubsfilme bedeutsam ist. »Kodak-Chrome makes you think all the world is a sunny day!« heißt es in einer von Simon and Garfunkel komponierten Ode an eine Farbfilm-Marke, die Flicker live und höchstpersönlich im Rahmen der Live-Version des *Attentats* intonierte, während auf der Leinwand ein bunter Super-8-Familienfilm eine Weihnachtsbescherung zeigte.

Die Kontraste der alltäglichen Welt schärfer hervortreten zu lassen und Aspekte des sozialen Lebens sichtbar zu machen, die dem freien Auge entgehen, diese – meist vernachlässigte – Möglichkeit des filmischen Lichtbildes nützen Home Movies allemal: Dezentral und ohne geplante Absicht archivieren sie rituelles oder spontanes, zwanghaftes oder zärtliches Gruppenverhalten und holen eine Welt von Interaktionen ans Licht des Projektors (oder an die Abtaster des Videorecorders), die das industrielle Kino der Unsichtbarkeit und dem Vergessen preisgibt. Zitathaft ist Amateuer-Material in Flickers Spielfilme eingewoben, die sich ihrerseits (auch) darum bemühen, Alltagspartikel von Cliquen und Mikro-Milieus aufzuzeichnen: Wie leben Leute unter diesen und jenen Bedingungen – etwa wenn sie das Sonnenlicht meiden müssen oder wenn sie nicht wissen, was sie tun sollen? Dieser Gestus tritt auch an Flickers frühen Super-8-Kurzfilmen zutage, die (abseits ihrer zum Teil »persönlichen«, schwer verstehbaren Bedeutungselemente) oft en passant eine Wohnungssituation oder einen Weg durch die Stadt festhalten bzw. als Erinnerungsrelikt einen Ausflug ins Grüne überdauern, ohne dabei jemals im strengen Sinn dokumentarisch zu sein.

Zwei dieser Kurzfilme verleihen dieser Speicherung sozialen Alltags auf Lichtbildern eine zusätzliche Wendung, indem sie das Sichtbargemachte in eigentümliche Beziehungen zum gesprochenen Wort setzen und vom Verhalten im Raum zu Wahrnehmungs- und Denkakten übergehen. Die kleine Spielszene in *Kopf an Kopf – Tete à Tete* (1988) zeigt nicht nur einen aktuellen Moment von Kommunikation, sondern gleichzeitig auch das virtuelle Repertoire, dem er entspringt wie eine Erinnerung dem Gedächtnis. Sie ist die Parodie einer typischen, schon in unzähligen Filmen gesehenen Beziehungskistensituation und ihrer Phraseologie. Ein junger Mann und eine junge Frau debattieren über ihre gescheiterte Liebe, und ihr Dialog folgt der hartnäckigsten Gewohnheit, die das Kino bei der Inszenierung von verbaler Kommunikation angenommen hat: Schuß und Gegenschuß, Mann und Frau, eine sichtbare Figur auf der Leinwand und eine unsichtbare im Off, in der jeweils nächsten Einstellung – ein Bild in zwei Hälften.

Aber etwas stört das vertraute Diskurs-Idyll und verhindert die Projektion, die sonst im Schuß-Gegenschuß Sprecher und Hörer einander begegnen läßt. Dort, wohin die sichtbare Figur schaut und spricht, wohin die Zuschauer den abwesenden anderen projizieren sollen, sitzt kein anderer, sondern derselbe: Beide Einstellungen zeigen denselben Schauspieler in verschiedenen Kostümen, der playback zu den »vor«-synchronisierten Stimmen eines Mannes und einer Frau spricht. Bei Flickers Eröffnungsrede zur Live-Version des *Attentats* gab es kein sprechendes Ich, hier gibt es kein hörendes Du, und in beiden Fällen ist das Gesprochene schon vor der Sprechsituation aufgezeichnet. Kommunikation findet statt, obwohl oder gerade weil alles immer schon gesagt ist.

FLORIAN FLICKER

In *Kopf an Kopf* ist ein Verfahren angedeutet, das andere Flicker-Filme prägnanter formulieren: Der parodistische Rekurs auf eine Konvention – Dialog in Schuß-Gegenschuß – unterwirft diese zugleich einem Test (so wie das Lichtbild des Films seinerseits Probeentnahme an realen Ereignissen ist). Was immer schon gesehen und gesagt worden ist, wird einem Haltbarkeitstest unterzogen, so auch in *Berliner Skizzen* (1986), wo die experimentell zu klärende Frage lautet: Hält die Konvention, oder läßt sich noch etwas anderes sagen? Wieder wird das Alltäglich-Vertraute parodistisch wiederverwendet, diesmal in Form von Found Footage, nämlich eines auf dem Flohmarkt gekauften Films namens *Berliner Skizzen,* der ebensolche versammelt: einen Zug, einen Flughafen, ein Freibad, etc. – zur Wiederverwendung bestimmte Aufnahmen für Amateurfilmer (ähnlich einem Tonträger mit vorfabrizierten Geräuscheffekten). Und wieder konstruiert der Film eine psychische und kinematographische Projektionssituation, führt einen projektiven Test anhand einer Filmprojektion durch: Zu sehen sind erst ein zum Found Footage gehörendes Schriftinsert mit deskriptiven Kurztiteln für die einzelnen Aufnahmen und dann ebendiese Bildfolge: ein Zug, ein Flughafen, ein Freibad etc. Flicker führt sie zwei Freunden vor, die aufgefordert sind, ihm spontan zu sagen, was sie sehen. Zu hören sind die Stimme des Regisseurs, der beharrlich die »korrekten« Titelvorgaben wiederholt, und die Stimmen der beiden Betrachter, die unter Zögern und Gelächter ihre abweichenden, kuriosen Interpretationen des zu Sehenden dagegensetzen. Eine Art Rohrschachtest, bei dem nicht das Unerkennbare und Formlose, sondern das Übervertraute und Wohlgeformte gedeutet und die Fähigkeit, sichtbare Lichtprojektionen mit sagbaren Projektionen von Inhalten zu versehen, getestet wird.

Seit diesen frühen Filmen hat Flicker – ein passionierter Autodidakt, der am meisten durchs Ausprobieren gelernt hat – weitere spielerische Tests durchgeführt, so etwa zur Unterschiedlichkeit der Kinorezeption in vorderen und hinteren Sitzreihen (anläßlich des Multivisions-Vortrags *Ratschläge für den Filmfreund*, 1991). Und viele Lichtbilder sind seit damals projiziert worden, in immer komplexeren Anordnungen und mit immer intensiveren Wirkungen: von den Mehrfachprojektionen verschiedenster Filmmaterialien bei der Live-Version des *Attentats,* bei der Bühnenschauspieler und -musiker mit den Abläufen auf der Leinwand interagieren, bis zu *Komposition ohne Ton* (1990): Eine Live-Band spielt nach einer Filmprojektion, die Animationsgraphik von Musikinstrumenten mit rasch wechselnden Markierungen dient als Notenblatt – zwei klare Fälle von Expanded Cinema; letzterer ist laut Flicker auch ein Test zur Reaktionszeit des Menschen. In *Halbe Welt* schließlich sind die Menschen und ihre Stadt selbst zur Leinwand, zur empfindlichen Oberfläche für ein Licht geworden, das sich zum einen in heftigen psychischen und physischen Bewegungen, zum anderen in extremen Bildern auswirkt: Mit Sucht oder Flucht, mit ziellosem Streunen oder schlichtem Sterben reagieren die Figuren auf die Sonnenstrahlen. Deren Licht bleibt gegenüber der sozialen Ordnung ebenso bestimmend und unintegrierbar wie seine erhabenen, durch Mehrfachkopie unerträglich kontraststarken Bilder gegenüber der Ordnung der Filmerzählung.

Bleibt schließlich *Die Filmdisco,* ein Vergnügen, dem Flicker und Freunde seit 1989 frönen, und in dem die beleuchteten Aspekte seiner Arbeit unter dem Rhythmus der Dancefloor-Beschallung zu einem heterogenen Expanded Cinema-Furioso gebündelt werden. Bis zu siebzig zentral gesteuerte Projektoren bewerfen zum Teil bewegliche oder transparente Leinwände und tanzende Menschen mit Lichtbildern verschiedener Stile, Systeme und Formate. In der *Zentralen Audiovisuellen Konferenz,* kurz: *ZAK,* wie *Die Filmdisco* neuerdings heißt, konferieren Projektionisten und DJs, Experten in Sachen Bild und Ton, ohne Worte. Sie testen die wechselseitige Reaktionsfähigkeit ihrer Programme und die Reaktionen der Tanzenden auf die Überforderung ihres Wahrnehmungsapparats durch optisch-akustischen Dauerbeschuß. Jedes der rasend montierten, unregelmäßig wechselnden und einander überlagernden Lichtbilder – sei es Found Footage oder hausgemacht, dokumentarisches Fragment oder Spielfilmausschnitt, Gesicht eines Stars oder geometrisches Ornament – dient der Einrichtung einer bewohnbaren Wahrnehmungswelt. In dieser Welt bestimmt Tanz den Alltag, Rausch das Verhalten und zielloses Streunen das Lebensgefühl. Ihre einzige permanente Bewohnerin, die projizierte Silhouette einer animierten und animierenden Tänzerin, trägt einen aus dem lateinischen »lux, lucis« abgeleiteten Kosenamen: *Lucy,* so leicht wie das Licht.

Gespräch mit Florian Flicker

Beginnen wir bei Ihrer jüngsten Arbeit, dem Spielfilm »Halbe Welt«. Ich habe gehört, daß er ursprünglich als Dokumentarfilm geplant war.
Das erste Drehbuch hat *Gute Nacht – Ein Dokumentarfilm über eine fiktive Situation* geheißen. Wim Wenders hat diesen Ausdruck in anderem Zusammenhang verwendet. Ein Ausschnitt aus unserer tatsächlichen Welt unter der fiktiven Voraussetzung, daß man nur nachts rauskann, weil die Sonne tödlich wirkt. Das geht durch den ganzen Alltag: vom Büroleben unter künstlichem Licht bis zu Zentren, wo alles in einem ist, wo du also in Gängen von der Wohnung aus alles erreichst – den Supermarkt, das Kino, das Fitness-Center,

wo dann womöglich auch noch das Solarium ist, etc., mit allem, was es da in unserer Welt jetzt schon gibt. Diese dokumentarische Grundidee ist im Spielfilm leider nur mehr ansatzweise vorhanden.

»Halbe Welt« scheint vieles von seiner Lesbarkeit den vertrauten Science-Fiction-Elementen zu verdanken; z. B. dem allmächtigen Konzern ...

Der Ausgangspunkt war eine Stadt, die in der Nacht lebt und tagsüber schläft. Es hätte genausogut ein Vampirfilm werden können ... Near Dark. Der Luna-Konzern ist natürlich ein Element aus der klassischen Science-fiction. Der wesentliche Grund, warum der in dem Film ist, ist aber, daß er die Konflikte, die von außen kommen, erzeugt, und es entsteht eine gewisse Spielhandlung, vor allem was Action betrifft – Verfolgungsjagden, viele lustige Dinge. Inhaltlich hat das aber auch einen realen Bezug zu unserer Welt: Luna hat das Monopol auf die Vergangenheit und auf die Naturbilder und macht ein Geschäft daraus. Das ist etwas, was bei uns auch schon passiert, in der Tourismusindustrie ... gerade als Österreicher weiß man da eh sehr gut Bescheid.

Ist »Halbe Welt« ein politischer Film? Ich meine, im klassischen Sinn einer Erzählung vom Kampf gegen die politische Macht?

Es geht eigentlich nur um wirtschaftliche Macht. Die Regierung wird ja nie angesprochen. Ich nehme eigentlich an, daß das politische System in *Halbe Welt* noch unser altes System ist – oder schon das vereinte Europa ... Es gibt da manchmal Mißverständnisse: die Luna-Leute haben ja, ganz sachlich gesagt, nix dagegen, wenn jemand tagsüber draußen ist und sich umbringt. Das ist ihnen wurscht. Die haben nur was dagegen, wenn jemand ihr Monopol auf Naturbilder unterläuft.

Sind Sie glücklich damit, wenn man »Halbe Welt« einen »grünen« Film nennt?

Nein. Mir ging es eher darum, zu zeigen: Okay, so ist es, und wie würden die Leute in so einer Welt leben? Also diese Welt, die da auf uns zukommt, so zu akzeptieren wie sie ist oder sein wird; was das im kleinen Kreis soziologisch zur Folge hat; also in einem Modell oder in einer Utopie zu zeigen, inwiefern sich, wenn die Leute nur mehr im Dunkeln oder bei künstlicher Beleuchtung unterwegs sind, ihre Gefühle und ihre Kommunikation reduzieren. Ich möchte mich nicht im politischen Sinn größer machen als der Film ist. Wissen Sie, ich könnte nicht sagen: »Das ist ein politischer Film.« Dazu ist die politische Aussage einfach zuviel Metapher. Worum es in dem Film aber schon geht, ist die

Dekadenz unserer westlichen Zivilisation. Auch der japanischen Zivilisation – die ist ja genauso westlich, von der anderen Seite gesehen. Diese Dekadenz zu zeigen und wohin sie führt, weil man nicht glauben kann, daß das irgendjemandem Spaß macht. Die machen sich irrsinnige Gedanken, wie sie in der Halle schifahren oder surfen können, und auf der anderen Seite der Welt verhungern die Leut' – sprichwörtlich. Und diesen Gedanken kann man als politisch oder einfach als gesellschaftliche Beobachtung bezeichnen.

In »Halbe Welt« sind fast alle Darsteller unter vierzig. Warum? Weil sie mit befreundeten Gleichaltrigen arbeiten wollten, oder gibt es da auch einen symbolischen Aspekt?

Halbe Welt war das erste Projekt, bei dem ich alle Beteiligten – bis auf den Andi Haller – durch den Film erst kennengelernt habe. Das war ein krasser Unterschied zu den vorigen Projekten, die aus Freundschaften heraus entstanden sind. Es ist natürlich schade, daß in *Halbe Welt* keine älteren Personen vorkommen. Es gibt sie im Drehbuch, und es gab zwei wichtige Szenen, die aber leider beim Schneiden rausgefallen sind. Wichtig wäre gewesen: Wie geht's den Leuten, die die Sonne noch als etwas Positives erlebt haben? Wie haben die den Sprung geschafft? Aber die Szenen haben nicht funktioniert, wahrscheinlich aus dem Grund, weil ... weiß nicht, ich tu mir wahrscheinlich leichter, mit Leuten aus der gleichen Generation zu arbeiten und deren Welt zu sehen und das zu begreifen, was die begreifen würden.

Woher kommen die Kunstsprachen mit umgestelltem Satzbau und die Dialekte der Figuren?

Das liegt einerseits daran, daß dieser Film überall spielt – es sind kaum Wien-Merkmale zu sehen. Ein Konzept war, in mehreren europäischen Städten zu drehen und so zu tun, als wären die alle zusammengewachsen: dieser EU-Gedanke, jetzt einmal ganz wertfrei. Und in dieser riesigen Stadt muß es verschiedene Akzente und Kulturen geben. Aber im wesentlichen ging's mir um die Distanz zwischen den Figuren: Da die sehr wenig miteinander reden – im Sinn von »wirklich sich was sagen«; die kommunizieren ja sehr sachlich – , wollte ich jeder Figur eine andere Sprache geben, so als könnten sie sich nicht verstehen. So hat jeder Schauspieler seine eigene Sprache entwickelt; wobei das zum Teil reale Akzente sind, zum Teil Kunstsprachen. Das gefällt mir gut, weil auch eine gewisse Musikalität in der Sprache entsteht: Jeder hat seine eigene Melodie.

Ich habe in Sachen Figuren einen etwas schwierig formulierbaren Einwand. Ich sag' einmal nur: Szene-Milieu. Die Bar ...

Ich weiß nicht. Ich verstehe diese Aversion nicht ganz, die seltsamerweise immer nur von Kritikern kommt. Da scheinen die österreichischen Kritiker ein bißchen allergisch zu sein. Ganz egal: Wenn da eine abgefuckte Werkstatt zu sehen ist, heißt es sofort »Szene-Milieu!«. Sobald eine Bar im Film auftaucht, ist das Szene-Milieu. Und das verstehe ich nicht ganz. Das ist keine real existierende Bar. Das ist eine Bar mit Leuten zwischen dreißig und siebzig. Ich glaube, Sie sehen da mehr Milieu, als tatsächlich zu sehen ist.

Ich frag's einmal so: In den ersten Einstellungen kommen Arbeiter vor, die in der Nacht etwas schweißen. Wäre es denkbar gewesen, einen von denen als Figur zu zentrieren?

Generell ist es für mich so, daß man sich Leute als Vorbilder für Figuren nimmt, die man real gut kennt – um sie schreiben zu können. Es gibt ja auch ganz schlechte Filme, wo ein Intellektueller glaubt, das Leben eines Maurers beschreiben zu können.

»Halbe Welt« kommt mir zum Teil vor wie eine Typologie verschiedener Arten des Schauens und von Blick-Apparaturen. Hat es dafür ein Programm gegeben?

Nein. Es war nur von Anfang an klar, daß *Halbe Welt* ein optischer Film sein und sehr von den Bildern leben sollte. *Halbe Welt* ist eine Anhäufung von Polaroids, von Anekdoten und Momentaufnahmen, zum Teil auch in dieser Polaroid-Qualität, von den monochromen Farben her. Wobei der Kameramann Jerzy Palacz da sehr viel eingebracht hat; ich habe ihm einfach gesagt, er soll machen, machen, machen.

Es gibt in Ihren Filmen immer wieder Verbeugungen vor dem Amateurfilm, den Urlaubsfilmen und Home Movies, z.B. einen Super-8-Film in Repros Labor in »Halbe Welt« ...

Dieser Urlaubsfilm aus *Halbe Welt* ist vom Flohmarkt, also Found Footage, gekauft um zwanzig Schilling. Ich habe immer wieder befürchtet, daß da jetzt jemand kommt und sagt: »He, das sind meine Kinder!« oder: »He, das ist mein Film! Sie haben kein Recht, den zu zeigen!« Dann wäre es juristisch möglich, daß die entweder viel Geld verlangen oder den Film rausschneiden lassen. Und schon nach der ersten Vorführung von *Halbe Welt* kommt eine Frau auf mich zu und fragt mich, wie ihre Kinder in den Film da gelangt sind. Reiner Zufall. Das war deren Familienfilm von vor zwanzig Jahren. *Halbe Welt* hat ihr sehr gut gefallen, sie war sehr zufrieden, sehr belustigt. Sie hat dann natürlich das Super-8-Original zurückgekriegt und hat ihre Kinder in den Film geschickt, die inzwischen dreißig sind. Und auf den Amateurfilm steh ich allgemein sehr, weil Super-8 ein sehr verbreitetes Medium ist. Da muß man schon eine Verbeugung machen vor sovielen Metern Filmmaterial, die da rausgehaut worden sind ... Bei unseren *Ratschlägen für den Filmfreund* haben Renoldner und ich das ja auch erörtert: Der Amateurfilm ist die weitest verbreitete Filmgattung, an der die meisten Leute arbeiten und die das größte Publikum hat. Er ist auch filmisch sehr interessant, weil es quer durch die Schichten und Länder scheinbar *eine* Filmsprache gibt, die alle a priori oder automatisch verwenden; Gustav Deutsch hat das sehr interessant aufgearbeitet. Aber vor allem interessiert mich an Familienfilmen der Blick in die Intimsphäre. Wir haben einmal einen gehabt vom Gletscherschifahren. Da haben alle plötzlich einen roten Kopf, irrsinnigen Sonnenbrand. Und dann hat man mitgekriegt, daß der eine heimlich mit der flirtet, aber mit jener verheiratet ist. Es ist so ein voyeuristischer Blick in eine reale Situation, wo man viel mitkriegt, was zwischen den Leuten passiert und was sie sich verheimlichen. Das ist sehr ergreifend an gefundenen Flohmarktfilmen: wie die Menschen sich behandeln, wie der Vater die Kinder ins Bild rückt oder die Mutter peinlich berührt lächelt und die Haare zurechtmacht – die Umgangsformen, die Zwänge, die Beziehungen. Das ist immer ein Spiegel, bezogen auf eine Person, die man natürlich nicht kennt, die sich aber – bildlich gesprochen – vor einem auszieht. Ohne daß die das weiß. Die weiß ja nicht, daß ich das zwanzig Jahre später sehe.

Könnte man sagen, daß einige Ihrer frühen Super-8-Kurzfilme Familien- und Urlaubsfilme sind?

Oja! Aber sehr moderne. *Tourneja* ist natürlich ein Urlaubsfilm, ein Andenken an etwas. *Colors Farben Couleurs* oder *Landscape* sind bei Nachmittagsausflügen entstanden. Im weitesten Sinn kann man *Das Attentat* auch als Familienfilm bezeichnen, weil da eine Clique zu sehen ist.

Was bedeutet für Sie »Hollywood-Film«?

Hollywood-Filme saugen einen ein und spucken einen wieder aus. Man nimmt wenig mit nach Hause. Das ist für mich als Zuschauer manchmal ganz gut, weil man da zwei Stunden woanders und ein bißchen entspannter ist. Aber mir taugt es mehr, wenn man aus dem Kino rausgeht und ein anderer ist, wenn man in dem Film noch weiterlebt. Nicht weil man in einer Phantasie weiterlebt, sondern weil man seine eigene Realität mit der gesehenen Realität verknüpfen kann.

Gibt es in Ihrer Arbeit Dinge, die aus einer Abgrenzung heraus entstehen?

Nein. Das ist immer situationsbezogen. Bei *Halbe Welt* war die Hoffnung da, daß der bewußte Verzicht auf eine klassische Erzähldramaturgie dadurch wettgemacht wird, daß eigentlich eine Idee die andere jagt. Daß die Leute in dem Film drinnen sind, nicht weil sie so irrsinnig am Schicksal einer Figur interessiert sind, sondern eher, weil ihnen eine Szene gefällt – optisch oder emotional –, und weil sie die Hoffnung haben, daß da noch mehr kommt.

Was war für Sie »Pension Export«, und warum gibt es diese Gruppenarbeit heute nicht mehr?

Es gibt sie nicht mehr, weil sich die Mitglieder sehr spezialisiert haben. Ich glaube auch, daß das etwas mit dem Alter und den Erfahrungen in der Gruppenarbeit zu tun hat. Die einzelnen Richtungen lassen sich nur noch an speziellen Eckpunkten kombinieren. So etwas wie *Ratschläge für den Filmfreund* ... wenn der Tom mitmacht, dann machen wir das in zehn Jahren noch. Dann wird's ja immer interessanter, je mehr man sich spezialisiert hat. Oder es haben sich Kleingruppen wie *ZAK – Die Filmdisco* mit dem Pepi Öttl daraus entwickelt. *Pension Export* war damals wichtig, um Musik, A-Cappella-Gruppen, Kurzfilme, Expanded Cinema, Dia- und Modeschauen oder Gedichte an ein Publikum zu bringen, indem man alles zusammen präsentiert; so etwas wie eine Spielwiese, auf der man viel ausprobieren konnte. Da haben sich die Ideen kanalisiert und sind hinausgegangen; da haben wir exportiert, aus dieser vorübergehenden Unterkunft namens Pension, in der es fixe Bewohner und Gäste gab.

Hat der Name mehr mit »Smart Export«[1] oder mit Valie Export zu tun?

Weder noch.

Eine Frage, die »Halbe Welt« und Ihren 16mm-Spielfilmerstling »Das Attentat« gleichermaßen betrifft: Was bedeutet für Sie die Stadt als Lebensumgebung?

Daß da viele verschiedene Menschen aufeinandertreffen, was am Land nur durch die Touristen passiert. Stadt ist unfreiwillige Ansammlung von Verschiedenartigem, ein Zusammenleben-Müssen und Konfrontiert-Sein mit etwas, was man vielleicht gar nicht vor der Haustür haben will.

Wie ist es zu den vielen in einer Einstellung gedrehten Szenen im »Attentat« gekommen?

Ich habe damals so wenig Ahnung vom Film gehabt. Ich hab nicht gewußt, was ein Zwischenschnitt ist. Die langen Einstellungen sind eigentlich aus dem Nichtwissen darüber entstanden, wie Film funktioniert. Manchmal schaffe ich es, den Dilettantismus in diesem Film, auch den schauspielerischen, humoristisch zu sehen. Manchmal ist es mir sehr peinlich. Obwohl: Man kann dann diesen Dilettantismus und diese Naivität fast als Stilmittel betrachten.

Wie hat Ihre Regiearbeit und Schauspielführung ausgesehen?

Es hat wenig Schauspielführung gegeben, weil ich ziemlich eingespannt war und selber gespielt habe. Ich war froh, wenn eine Szene im Kasten war. Wir haben auch ein sehr kleines Drehverhältnis gehabt: ein, zwei Takes, und das war's. Die Regieanweisung war meistens nicht, das möglichst realistisch zu bringen, sondern schon sehr überzeichnet, wobei es aber schlußendlich zu wenig überzeichnet war. Vieles finden die Leute nicht lustig; die Grenze zur Realität war einfach zu knapp.

In Ihren beiden Spielfilmen gibt es das Motiv der Sabotage gegen einen Konzern im audiovisuellen Medienverbund. Ist da ein Verhältnis zwischen Mainstream- und alternativem Kino mitgedacht?

Das ist mir kein bewußtes Anliegen. *Das Attentat* war in der Spielfilmversion ein beinharter Problemfilm und eine – leider nur sehr intellektuelle – Auseinandersetzung mit dem Phänomen Film. Es gibt Sequenzen, wo ich als Schauspieler den Spielfilm kritisiere, ganz grundsätzlich, was der Film uns da vorspielt, was gar nicht real existiert. Das hat mich damals interessiert. Das fängt an bei Platons Höhlengleichnis, was Kino ist, was es uns vorspielt und daß es selbst nur Schatten ist, und daß uns das Kino auch moralische Werte diktiert. Oder sagen wir, das Mainstream-Kino, und dahin geht auch die Kritik. Das hat auch was Moralisierendes; das hab ich eher rauszulassen versucht.

Mir ging es eher um das psychologische Phänomen, warum ein Zelluloidstreifen Gefühle vermitteln oder aussenden kann – eine wirklich ganz naive Fragestellung. Das war das Thema von dem Film. Ich glaube auch, daß *Das Attentat* für uns sehr viel aufgeworfen hat, was für einen Außenstehenden nicht erkenntlich war. Das war vielleicht etwas, was ich beim *Attentat* gelernt und dann bei *Halbe Welt* umgesetzt habe: daß man's den Leuten ziemlich dick auf die Nase reiben muß. Für mich ist aber im nachhinein der Film *Das Attentat* nicht so wichtig wie seine Live-Version. Ursprünglich war er nur als Live-Version geplant. Der Spielfilm war quasi nur eine Reserve, falls die Leute sich vor der Uraufführung zerstreiten.

Was ist für Sie Expanded Cinema?

Das heißt, den Film nicht nur auf das Monopol der Leinwand zu beschränken, sondern die Aufführung selbst mit anderen Medien zu kombinieren – mit der Live-Aktion, oder mit der Musik wie bei *Komposition ohne Ton.*

Es gab da für mich ein Projekt 1986 in Salzburg, die *Kaleidoskopische Sinnesoper,* ein abendfüllendes Spektakel, für das wir in den Medien aufgerufen haben, die Leute sollten uns siebenminütige Szenen schicken – wir haben das »minimals« genannt –, die wir dann auf der Bühne realisieren würden. Das konnten Kurzfilme mit Live-Aktion sein, Kompositionen, Choreographie, Theaterstücke. Und alles, was da gekommen ist, haben wir zusammen mit eigenen Sachen aneinandergereiht und einen Abend lang gebracht. Das war eine Performance nach sehr strengen Richtlinien, die uns wildfremde Leute zugeschickt haben, und es war schon sehr viel an Projektion dabei, inklusive beweglichen Leinwänden: z.B. auf einer Schaukel, mit der die Leinwand immer nur für einen Moment in den Projektionsstrahl schwingt.

Bei der *Attentat*-Aufführung im Künstlerhaus ist die Leinwand zu Beginn plötzlich in der Mitte aufgegangen wie ein Theatervorhang, und dahinter wurde der Bühnenraum sichtbar, hinter dem wieder eine Leinwand war. Die kam dann während der Explosion am Schluß direkt auf das Publikum zu, sodaß die dann unter einer schrägen Decke einen Meter über ihren Köpfen gesessen sind.

Könnten Split-Screen-Verfahren oder Mehrfachprojektionen bei einem Spielfilm ein adäquater Ersatz für Live-Aufführungen und Expanded Cinema sein?
Ich glaube nicht. Was ich da bisher gesehen habe, sind technische Spielereien, die dich eigentlich aus dem jeweiligen Film raushauen; die also nicht die Dramaturgie unterstützen. Für mich als Zuschauer hat das nicht den Effekt, einen Spielfilm sinnlicher zu machen.

Halten Sie das Konzept von »Komposition ohne Ton«[2] für weiterführbar?
Ja. Das ist ein Langzeitprojekt: einen abenfüllenden Film nach diesem Prinzip zu machen, nicht nur mit Musik, sondern auch mit Dialogszenen. *Komposition ohne Ton* ist sowohl Expanded Cinema als auch eine Studie zur Reaktionszeit des menschlichen Wesens.

Das sind Begriffe, die in Ihren Ausführungen manchmal auftauchen: »Halbe Welt« als mikrosoziologische Studie, der Assoziationstest in »Berliner Skizzen«, einem Ihrer frühen Super-8-Filme ...
Berliner Skizzen ist ein Found-Footage-Film mit vorfabrizierten Aufnahmen für Urlaubsfilme in der Art einer Platte mit Geräuscheffekten. Auf der Tonspur

hört man drei Personen, die den Film zum erstenmal sehen und ihn assoziativ kommentieren. Ihnen wurde vorher die Aufgabe gestellt: Sag mir, was du siehst. Das Ergebnis erinnert an Rohrschach-Tests, obwohl da ganz banale Dinge zu sehen sind. Ich habe auch einmal in Hamburg eine soziologisch sehr interessante Studie gemacht: Ich bin mit der Super-8-Kamera in der Hand durch die Stadt gegangen und habe Leute interviewt. Ich habe gesagt, ich bin arbeitslos, und die Frage war: Wie würden Sie mich aufmuntern? Es geht vielleicht darum, das Weltfremde an der wissenschaftlichen Herangehensweise mit dem ganz Natürlichen und Realen in Beziehung zu bringen. Da kommen wir direkt zu *Ratschläge für den Filmfreund*. Das war ein wissenschaftlicher Vortrag, um Laien wie auch Experten Aspekte des Films, des Mediums und der Technik, näherzubringen. Es gab auch Tests mit dem Publikum in puncto Lichtgeschwindigkeit: Gibt es Unterschiede in der Rezeption zwischen der ersten und der letzten Sitzreihe? Das Wichtige an den *Ratschlägen* war, den Leuten die Distanz zur hohen Kunst des Filmemachens zu nehmen. Das finde ich ganz wichtig: daß viel mehr Leute anfangen, Filme zu machen. Ich glaube, da schlummert noch einiges an Talenten ...

Bleiben wir gleich bei Ihren frühen Super-8-Kurzfilmen.
Worin sehen Sie die Qualitäten dieser Filme?

Flicker Film, mein erster Film, dauert sieben Minuten, und diese Geschichte von einem, der Liebeskummer hat und sich immer eingeengter fühlt und sich umbringt, walzen Tausende klassische Spielfilme auf eineinhalb Stunden aus. Diese Super-8-Filme haben eine Idee, und die bringen sie auf den Punkt oder auch nicht, je nachdem, und machen nicht viel Bahö[3] drum. Und sie sind dann zugegebenermaßen manchmal sehr persönlich, also kaum lesbar.

Wäre es Ihnen lieber gewesen, wenn die Lesbarkeit größer
gewesen wäre?

Nein, nein. Das ist schon okay. Die Filme sind super, so wie sie sind. Bis auf *Kopf an Kopf*[4], den würde ich gerne noch einmal drehen, ein bißchen ausgebaut und technisch feiner gemacht. Aber dann gibt's immer die Frage: Warum soll ich den noch einmal drehen, den gibt's ja schon; nur um mir selber auf die Schulter zu klopfen?

Kann man überhaupt von diesen rund zehn Filmen in einem
Atemzug reden? Ist das eine homogene Sache?

Ja. Sie haben sozusagen eine Farbe. Aber natürlich ist *Kopf an Kopf* etwas anderes als der *Flicker Film,* weil es schon eine sehr »seriöse« Art ist, Filme zu machen – im Vergleich zu diesem »Scheiß mir nix, und wenn's euch nicht gefällt, ist es mir auch wurscht!« bei *Flicker Film* oder *Auch ich kann Scheiße präsentieren.* Da gibt es schon eine Entwicklung. Bei *Kopf an Kopf* brauchte es erstmals andere Leute, die mitarbeiten; das war schon »Wir machen jetzt auf Spielfilm«. Das war mir schon bewußt. Insofern war das ein Schritt.

Hat die weit verbreitete Polarisierung zwischen Experimentalfilm und Spielfilm für Sie je eine Rolle gespielt?

Oja, schon. Das Problem mit den Experimentalfilmen ist, daß sie kein Publikum haben. Und das war unter anderem ein Grund, mit abendfüllenden Spielfilmen anzufangen; weil man da wenigstens die Chance hat, daß sich Leute ins Kino setzen.

Und Sie haben keinerlei Anti-Mainstream-, Anti-Erzählkino-Haltungen?

Nein. Ich hasse eher Filme, wo ich den Prospekt zum Film lesen muß, damit ich verstehe, was er mir sagen wollte. Das ist absurd.

Wie sehen Sie den Weg von der jeweiligen Idee zum wahrnehmbaren Resultat bei Ihren Super-8-Filmen?

Lebenslauf z. B. war ziemlich schwierig zu machen, weil ich die Idee schon sehr lange im Kopf gehabt und mir gedacht habe: »Sowas Banales, sowas Blödes, sowas Simples.« Sowas dann auch noch zu machen, war eher ein Energieaufwand. Das war eine Überwindung, das dann wirklich zu drehen, wenn du den Film schon mehr oder weniger vor dir hast. Anders ist es bei den Filmen, die ich die persönlicheren nennen würde, wo man mehr oder weniger ziellos durch die Stadt oder mit sich selber filmt und wo erst am Schneidetisch bzw. im Wohnzimmer eine Geschichte entsteht, die dann mehr oder weniger lesbar ist. Das sind zwei völlig verschiedene Herangehensweisen.

Wie ist das, wenn der Film ohne nachträgliche Montage in der Kamera entsteht? Was gewinnt man da, was verliert man da?

Man gewinnt Zeit, weil der Film von der Entwicklung zurückkommt und fertig ist. Es geht um ein Vertrauen auf das Material oder um ein gefühlsmäßiges Vertrauen auf sich selbst und darauf, die Vernunft ausschalten zu können.

Sind Ihre gestalterischen Freiheiten seit damals geringer geworden?

Sie meinen, daß ich damals noch so spielerisch war und seitdem so seriös und auf ein großes Ding konzentriert bin? Aber das liegt in der Natur der Sache, wenn du einen Spielfilm drehen willst: Die eigene Ausdauer wird mehr beansprucht. Dadurch, daß ich selber das Drehbuch schreibe und z. B. *Halbe Welt* bis kurz vor Drehbeginn, bis wir eine Produktionsfirma gefunden haben, selbst in der Hand gehabt habe, war da nichts von Einschränkung zu spüren.

Welche Fähigkeiten waren bei der Herstellung Ihrer Super-8-Filme gefragt?

Die Fähigkeit war der Schritt, die Kamera in die Hand zu nehmen und das jetzt zu drehen.

Und was galt es zu vermeiden?

... Die Kunst.

Wie wichtig war oder ist es Ihnen, daß Ihre Filme lustig sind?

Das ist eine Definitionsfrage von »lustig«. Bei *Halbe Welt* war es nicht so wichtig, wirklich Lachen im Kino zu hören. Lustigkeit im Sinne von Schenkelklopfen, das wollte ich nie, auch bei den Super-8-Filmen nicht.

Über was für Filme lachen Sie?

Einer meiner Lieblingsfilme ist *Tote tragen keine Karos*. Und ich würde sehr gerne Komödien machen, aber das ist sehr schwierig.

Seit »Kopf an Kopf«, spätestens aber seit »Attentat« und »Halbe Welt« erzählen Ihre Filme Geschichten. Welche Möglichkeiten bringt das und welche Einschränkungen?

Es gibt die Vorstellung, daß man in einer gewissen Logik bleiben muß, wenn man Geschichten erzählt: daß z.B. diese Figur nur dieses und jenes machen kann, etc. Ich finde, daß das nicht stimmt, und ich kapiere jetzt erst langsam, daß in Geschichten wie auch oft im Leben Figuren einfach unlogisch agieren, und das macht gute Geschichten aus. Mir geht es bei Projekten darum, daß sie mich berühren; und daß ich den Film nicht schon beim Drehbuchschreiben abgehakt vor mir sehe. Sondern daß es Elemente gibt, von denen ich nicht weiß, wie ich die zusammenbringen soll – und das betrifft nicht die Technik. Also etwas zu machen, von dem man nicht weiß, ob es funktioniert.

Kommen wir noch zu ein paar allgemeinen Fragen. Was sagt Ihnen die Satzfolge »Lebenslauf ... Ich kann nicht ... Es geht immer weiter ... Es geht alles so schnell ... weiter, weiter ... hopp, hopp!«[5]

Naja ... das ist ganz gut. Sagt Ihnen das nichts?

FLORIAN FLICKER

1986 »Lebenslauf«, 1994 »Halbe Welt«... Geht alles so schnell?

Nein. Es könnte viel schneller gehen.

Und wo soll's hingehen? Oder: Soll's wo hingehen?

Nein. Nein.

Und wodurch entstehen die Übergänge zwischen Abschnitten in Ihrer Arbeit?

Wie soll man das formulieren? Irgendwann ist ein Stillstand erreicht, wo's dann noch stunden- oder jahrelang auf derselben Ebene weitergehen kann, wo die Entwicklung absehbar wird. Das ist so wie »Einmal Schuster g'lernt, immer Schuster.« Das ist fad.

Werden Ihre Filme immer besser?

Sie werden immer anders.

Ohne daß das wertend gemeint wäre, sage ich jetzt einmal: Sie haben kein Programm. Ist das gut oder fehlt es Ihnen manchmal?

Ich würde das eher als Offenheit sehen. Und, verstehen Sie, Sie reden ja nicht mit einem vierzigjährigen Regisseur, der schon weiß, in was für eine Richtung es geht. Ganz im Gegenteil; das wäre ja schlimm. »Kein Programm« heißt ja auch keine Scheuklappen haben, sondern sich für viel zu interessieren und das dann zu einem Ganzen zusammenzusetzen. Ich hole mir z. B. eine Optik aus dem Genre Einzelbildfilm. Oder ich hole mir Szenenmöglichkeiten aus dem Expanded Cinema für einen Spielfilm.

Wäre es heute für Sie denkbar, wieder Filme in der Art Ihrer frühen Super-8-Filme zu machen?

Oja. Die Super-8-Sachen, die ich jetzt mache, kommen alle in *ZAK – Die Filmdisco* rein. Insofern mache ich das eh noch, eben nicht als Kurzfilme, sondern als Projektionen für Parties. Was mir auch mehr Spaß macht, weil es mehr Leute sehen, und es ist lustiger, das so zu projizieren als in einem Kino, wo dann die Cineasten und die hirnwixenden Avantgardekünstler drinnensitzen.

Dann sind Sie sozusagen in der glücklichen Situation, mit einem Hintern auf mehreren Kirtagen gleichzeitig tanzen zu können: Spielfilme und experimentelle Arbeiten. Und es widerspricht sich nicht?

Nein, wieso sollte es? Es ist völlig anderes Arbeiten. Das Spielfilmmachen ist eine ziemliche Geduldsache und ein ziemlicher Krampf, weil's so lange dauert, Drehbuchschreiben, Geld ..., und ZAK geht ziemlich spontan, zwei, drei Wochen Vorbereitung, und dann passiert das.

Die von mir aus letzte Frage: Wie sehen Sie Ihr Verhältnis zur österreichischen Filmkultur?
Eigentlich möchte ich gar nicht drüber nachdenken. Und diese Frage zu ignorieren ist auch ein Statement.

Anmerkungen

1 Eine österreichische Billig-Zigarettenmarke.

2 Ein zweiminütiger Animationsfilm zeigt Musikinstrumente mit rasch wechselnden Markierungen, die einer Live-Band als Vorgabe für ihr simultanes Spiel dienen.

3 Wienerisch für: Aufhebens.

4 »Kopf an Kopf« (Tete à Tete) ist einer von Flickers letzten Super 8-Kurzfilmen. In einer Schuß-Gegenschuß-Abfolge spielt derselbe Darsteller sowohl die männliche als auch die weibliche Hälfte eines Ex-Liebespärchens, das mit nachsynchronisierten Männer- und Frauenstimmen einen parodistisch überzeichneten Beziehungskisten-Dialog führt.

5 Der Film zeigt in einer langen Einstellung laufende Füße aus der Sicht des Läufers (Flicker), dessen keuchende Off-Stimme über das rasende Tempo seines Lebenslaufs lamentiert.

6 Ein Zitat aus dem von Flicker gesprochenen Off-Monolog in »Lebenslauf«.

Florian Flicker

geboren 1965, Oberösterreicher. 1985 Mitglied der »Kaleidoskopischen Sinnesoper« in Salzburg. 1985–88 Mitglied der Gruppe »Keine Einigung« in Hamburg. Dort erste Kurzfilme auf Super 8. 1989 Gründungsmitglied der »Pension Export« in Wien. Im Rahmen dieser Gruppe diverse Expanded Cinema-Projekte, u. a.: »Das Attentat – Denn Sie Wissen Nicht Was Sie Tun Sollen« (Spielfilm und Live-Version), »Die Frühlingsrolle« (periodisches Live-Magazin), »Ratschläge für den Filmfreund« (Vortragsreihe) und »ZAK – Die Filmdisco«. 1993 Kino-Spielfilm »Halbe Welt«; in Vorbereitung: »Attwenger« (gemeinsam mit Wolfgang Murnberger).

Florian Flicker lebt und arbeitet in Wien.

Peter Illetschko

EIN DRIFTER ZWISCHEN ZWEI WELTEN
Peter Ily Huemer und seine Filme

»*Als der sechzehnjährige Karl Roßmann (...) in dem schon langsam gewordenen Schiff in den Hafen von New York einfuhr, erblickte er die schon längst beobachtete Statue der Freiheitsgöttin wie in einem plötzlich stärker gewordenen Sonnenlicht. Ihr Arm mit dem Schwert ragte wie neuerdings empor, und um ihre Gestalt wehten die freien Lüfte. So hoch! sagte er sich.*«

(Franz Kafka, *Amerika*)

1

Manchmal ist der Weg von einer Stadt wie Wien bis nach New York nicht so weit, wie man eigentlich glauben könnte: Peter Ily Huemer faßt eines Nachts im Jahr 1980 in einer Straßenbahn den Entschluß, nach New York zu fahren. Für ein paar Wochen zunächst einmal. Zum Kennenlernen, wie er später einmal sagt, um einmal etwas anderes zu sehen, als das »in sich verfallende Europa mit seinen kleinlichen Vorstellungen von Kultur und Leben«.

Daß daraus acht Jahre werden, liegt wohl an dieser Stadt, in der, wie im einleitenden Zitat aus einem Buch, das Peter Ily Huemer immer fasziniert hat, beschrieben, alles »So hoch!«, so weit, so vielfältig erscheint für einen Europäer: die Häuser, die Menschen, die Kultur-Szene. Da alles so weit und vielfältig ist, sind auch Begriffe wie Theater, Musik und Film für das Verständnis eines Europäers weit gefaßt: Es gibt kein hermetisches Schaffen, Theaterleute benützen Film als ein Darstellungsmittel, Musiker drehen Super-8-Videos, Filmemacher drehen Musikvideos.

So lernt Peter Ily Huemer, der Ende der siebziger Jahre Mitglied der aggressiven Wiener Selbsterfahrungs-Theatergruppe a.m.o.k. war, über die New Yorker Underground-Theaterszene (wo er vor allem in der »Performing Garage« auftrat und Regie führte) auch die Film- und Musikszene der Stadt kennen. Er trifft auf ihre Protagonisten wie Richard Hell und Arto Lindsay und dreht für letzteren das Musikvideo *More Envy!*. Auf den Schutthalden von Queens macht er seinen ersten eigenen Film: das skurrile Science-Fiction-Video *The Impossible Mission* (1984).

Bis 1986 bleibt er auch noch dem Theater treu: Er spielt Peter Handkes *Kaspar*, inszeniert Ödön von Horvaths *Don Juan kommt aus dem Krieg* und Oscar Kokoschkas *Mörder, Hoffnung der Frauen*. All diese Arbeiten sind auch als eine versuchte Annäherung an den zurückgelassenen, alten Kontinent zu verstehen: In der Ferne wird das Interesse für die Kultur in Europa wiedererweckt und geht sogar so weit, daß Huemer und die Freunde aus New York Kokoschkas Stück bei den Wiener Festwochen aufführen.

Huemer wendet sich daraufhin immer mehr dem Film zu. Mit wenig Geld und einem ramponierten Auto dreht er den nachtschwarzen Thriller *Kiss Daddy Good Night* (1987) und erhält dafür durchwegs gute Kritiken – unter anderem in der »New York Times«. Huemer bereist die Festivals, wird nach Saarbrücken zum Festival des jungen deutschsprachigen Films eingeladen. Schon ist das nächste Buch in seinem Kopf gereift: *Dead Flowers,* der nächste Film, wird ein Ausflug ins Reich des Übersinnlichen, die Gratwanderung eines Einzelgängers zwischen Leben und Tod, Dieseits und Jenseits.

Es wird bis 1991 dauern, bis der Film endlich realisiert werden kann. 1992 wird er bei der »Berlinale« gezeigt und von der österreichischen Presse vernichtend kritisiert. Und da sich das heimische Publikum alles einreden läßt, will es den Film auch nicht sehen. *Dead Flowers* wird ein klassischer Flop.

2

Die noch sehr kurze Lebensgeschichte Peter Ily Huemers ist vielleicht eine Erklärung dafür, warum er mit Behörden einerseits und der österreichischen Mentalität andererseits immer Probleme hat. Wer sein Weltbild in New York formen durfte, fühlt sich beim Ansuchen um staatliche Filmförderung wie eine andere Kafka-Figur – Herr K. in *Der Prozeß* – und scheitert mitunter wie dieser an der Entwirrung des geistigen Labyrinths, in das sich der Bittsteller begeben muß. Letztes Beispiel: Das neue Projekt *Die Liebe eines Ganoven,* ein, wie Huemer verspricht,»kleiner, schmutziger Krimi« sollte vom ORF co-finanziert werden, der nach einer prinzipiellen Einigung plötzlich doch noch ablehnt: Es gebe schon genug Krimis. Da es aber auch positive Überraschungen in der österreichischen Bürokratie gibt, bewilligte schließlich die neue ORF-Führung unter Gerhard Zeiler das Projekt endgültig. Peter Ily Huemer soll dem Vernehmen nach aus der Zeitung davon erfahren haben.

Logische Konsequenz: Wer die Diskussionsbereitschaft der großstädtischen Underground-Szene *(Kiss Daddy Good Night* wurde zuerst im kleinen Kreis diskutiert, ehe die eigentliche Arbeit begann) genossen hat, wird über die Kommunikationsunfähigkeit der heimischen Szene frustriert sein.»Hier kann ich kaum mit jemand über Film reden«, schon gar nicht über seine eigenen, über seine Ziele, seine künstlerischen Ansprüche, seine Zweifel an der Durchführbarkeit der Projekte.

Peter Ily Huemer ist einer der Regisseure, die am deutlichsten einen konstruktiven Diskurs zwischen Filmemachern, Geldgebern und Rezipienten fordern. Ein Forum in Gestalt einer Filmzeitschrift wäre schön, mehr Platz für Analysen in den Tageszeitungen, mehr Respekt vor den heimischen Regisseuren – überhaupt vor kreativen Menschen, die einen Beitrag zur Kultur leisten.

3

Ganz ähnlich, nämlich kommunizierend, verfährt Peter Ily Huemer bei seinen Filmen: Er geht in Diskurs mit idealen Erzählrhythmen und Figuren, den zwei wichtigsten Elementen seiner durchaus handgreiflichen, im besten Sinn nicht kunstverständigen Filmgestaltung. Anders gesagt: Er studiert die Filme von Nicholas Ray und die Kriminalromane von Jim Thompson, ehe er sich an *Kiss Daddy Good Night* heran traut. Nicht, weil er abschauen oder als Autor seiner Filmgeschichten gar abschreiben will: Er saugt die filmische und die erzählerische Meisterschaft in Kraft, Energie und Tempo auf, vernetzt sie zu einem Gerüst in seinem Kopf, um es über jede Idee für einn Film legen zu können.

Kiss Daddy Good Night, die Geschichte einer jungen Frau (Uma Thruman), die sich von Männern einladen läßt, um sie zum Dank zu schröpfen, scheint dabei dem Thompson'schen Erzählkosmos noch sehr verwandt, die Moral – oder besser: Unmoral – Lauras nicht unähnlich jener der umherirrenden, ihren Träumen und Wunschvorstellungen nachjagenden Menschen in den Zeilen des amerikanischen Krimiautors. Deshalb wurde *Kiss Daddy Good Night* von vielen Kritikern als neuartiger Noir-Thriller, ja sogar als ein Nachfolger von Chandler, Hammett und anderen Krimiklassikern gefeiert.

In *Dead Flowers* geht Huemer noch einen Schritt weiter: Alex, ein Kammerjäger (und damit könnte man die dritte Assoziation zu Kafka anstellen), driftet nicht in die Gesetzlosigkeit ab, er wandert wie ein Wiener Orpheus durch das Totenreich, um eine Frau zu finden, die ihm der Chef (Mara Mattuschka) genommen hat. Die Träume sind nicht mehr so real, so greifbar wie in *Kiss Daddy Good Night. Dead Flowers* ist damit auch der kompliziertere Film und wurde in Österreich mißverstanden, als ein qualitativer Abstieg nach *Kiss Daddy Good Night* bezeichnet. Verständlich, daß Peter Ily Huemer sich nun Zeit läßt, ein neues Projekt zu verwirklichen: Drei Bücher liegen jedenfalls bereit. Neben dem Kriminalfilm *Die Liebe eines kleinen Ganoven,* der Thriller *Die dritte Braut* und die Hans-Orsolics-Biografie *Liebling der Nation.* Welches Projekt zuerst verwirklicht wird, erscheint ungewiß. Sicher ist nur, daß Huemer, der zur Zeit wieder intensiv zwischen Wien und New York hin- und herpendelt, nach Amerika gehen wird, wenn er hier keine Geldgeber finden sollte.

Gespräch mit Peter Ily Huemer

Sie werden in diesem Buch als ein Filmregisseur aus Österreich vorgestellt. Kennen Sie so etwas wie heimatliche Verbundenheit?

Bedingt. Privat wahrscheinlich mehr. Als Autor und Regisseur werde ich aber immer dort arbeiten, wo man mich läßt. Wo ich Arbeitsbedingungen vorfinde, die mir gewisse Freiheiten erlauben. Ob das nun in New York, in Wien oder anderswo ist.

»Kiss Daddy Good Night« entstand ja mit wenig Budget in New York, »Dead Flowers« mit staatlicher Finanzierung in Wien. Wo war denn die Arbeit angenehmer?

In New York. Es gab weniger Bürokratie. Die Arbeit an *Kiss Daddy Good Night* war wilder, aufregender, vielleicht mitunter unsicherer, aber in jedem Fall spannender als in Österreich. Hier gibt es zwar die staatliche Filmförderung, ohne die es hierzulande keine Filme gäbe, deren Strukturen es dem Filmemacher aber oft schwer macht, seine Ideen kreativ umzusetzen.

Eine paradoxe Situation. Das heißt, daß die Bürokratie den künstlerischen Schaffensprozeß ermöglicht und gleichzeitig behindert. Können Sie Beispiele nennen?

Die Filmförderung ist eine Art Paradoxon. Sie steckt voller guter Absichten, in der Praxis erweist sie sich aber gerne als Hydra, als klassische staatliche und bürokratische Anstalt – wie man sich halt sowas vorstellt. Unpersönlich, amtshandelnd, undurchsichtig. Bei mir war es so, daß mein Drehbuch zwei Jahre auf Eis lag, bevor man sich plötzlich entschloß, es zu produzieren. Warum man es erst nicht und dann doch produziert hat, weiß ich bis heute nicht. Jedenfalls kann einen diese jahrelange Wartestellung ganz schön lähmen.

Da könnte man einwenden: Die Filmförderung funktioniert eben nach streng wirtschaftlichen Gesichtspunkten. Jede Investition, und als solche wird wohl die staatliche Finanzierung der Filmkunst bezeichnet, ist an Bedingungen geknüpft. Andernfalls wäre sie ja keine Investition, sondern ein Geschenk.

Das wird immer vorgeschoben. Ich wundere mich oft über die realitätsfremden Vorstellungen, die hier vertreten werden. In Wahrheit, auch wenn man das nicht gerne hört, gab es in den letzten zehn Jahren vielleicht drei Filme, die ihre Herstellungskosten wieder eingespielt haben. Wenn man also vorgibt, zu investieren, dann wird denkbar schlecht investiert. Dabei sollte doch, wenn man schon von Investitionen spricht, in eine lebendige Filmszene in Österreich investiert werden. Erfolge wie *Müller's Büro* sind nicht das Maß aller Dinge und werden auch weiterhin die Ausnahme bleiben.

Wer vertritt denn diese realitätsfremden Vorstellungen?

Neben den Gremien, die über die Filmfinanzierung entscheiden, sind es vor allem die Produzenten. Nicht alle, aber doch sehr viele. Die quatschen viel, obwohl sie wenig oder nichts zu sagen haben. Das stehen sie wieder ganz im Gegensatz zu ihren amerikanischen Kollegen, die sehr kompetent sind, aber eindeutig weniger Worte über ihre Arbeit verlieren.

Ein hartes Urteil ...

Österreichs Produzenten sind sehr geschäftstüchtig – das heißt sie haben gelernt, aus den hiesigen Produktionsbedingungen ein Maximum an Profit herauszuschlagen und das oft mit erstaunlicher Raffinesse. Daß dabei buchhalterisches Geschick mehr gefragt ist als ein Gespür für Stoffe und Inhalte, scheint kaum jemanden zu stören. Von einer Liebe zum Film will ich erst gar nicht reden.

Was kann ein Produzent also machen, um Ihren Anforderungen zu entsprechen?

Er muß nicht meinen Anforderungen entsprechen. Er sollte nur niemand in den Rücken fallen, sollte in jeder Situation zu seinem Regisseur, zu seinem Team und zu seinem jeweiligen Projekt stehen. Diese Identifikation, für mich eine der fundamentalsten Aufgaben eines Produzenten, findet hier nur in den seltensten Fällen statt. Filmemachen ist in erster Linie Teamarbeit – und der Produzent ist Teil dieses Teams, nicht irgendein Kommissar zur Verwaltung von Förderungsgeldern.

Was verstehen Sie unter Teamarbeit? Kommt diese Sehnsucht nach der Arbeit in der Gruppe vielleicht von Ihrer Zeit als Mitglied der berüchtigten, anarchistischen Theatergruppe a.m.o.k.?

Vielleicht. a.m.o.k. heißt ja »Arbeitsgruppe motorische Kommunikation«. Trotzdem: Die Arbeitsweisen beim Theater und beim Film sind zu unterschiedlich.

Ich glaube, daß man Teamwork im Kino auch als Zuschauer wahrnimmt. Filme sind sensible Produkte, die mehr einfangen als die unmittelbaren Geschehnisse, die man auf der Leinwand sieht. Man spürt, wie gut oder wie beschissen es bei den Dreharbeiten gelaufen ist. Zu einer gelungenen Teamarbeit gehören für mich: die gemeinsame Wellenlänge, Vertrauen, konzentriertes

Arbeiten, inhaltliche und formale Auseinandersetzung, Diskussionen etc. etc.

Welch eine romantische Vorstellung!

Dort, wo diese Romantik einigermaßen intakt ist, werden heute die schönsten Filme gemacht – bei Kusturica zum Beispiel, bei Leos Carax, Ferrara, Kaurismäki, Tarrantino. Wahrscheinlich auch bei Scorcese.

Ich zweifle noch immer daran, daß man allen Filmen ansieht, ob dem Produktionsteam die Arbeit Spaß gemacht hat.

Nicht allen. Nur den kleinen Filmen. Es geht auch nicht so sehr um Spaß – es geht um Vertrauen und Auseinandersetzung.

Ich glaube, man müßte Mainstream-Produktionen ausklammern. Die können nämlich jedweden Ärger am Set durch technischen Aufwand wettmachen – und der kann dem Zuschauer wiederum sehr viel Spaß machen.

Wie gesagt – nur den kleinen Filmen wie sie in Österreich in der Regel gemacht werden. Natürlich kann man mit 60 Millionen Dollar Budget einiges wettmachen, aber von diesen Budgets sind wir, wie man weiß, ein kleines Stückchen entfernt. Ein Zuckerbäcker verdient hierzulande mehr Geld als ein Filmregisseur. Die Frage nach dem Verdienst stellt sich also gar nicht. Man macht in Österreich keine Filme, um reich zu werden. Was bleibt ist das Shakespear'sche Credo:»The fun is in the doing«. Wenn einem in Österreich die Freude am Filmemachen abhanden kommt, bleibt wenig übrig, das als Motivation noch in Frage käme.

Jean-Luc Godard hat einmal gesagt:»Was die große Durchschlagskraft des amerikanischen Films wirklich erklärte, ist die Tatsache, daß er wirklich auf Teamwork basierte.« Würden sie Ihre Auffassung von Filmarbeit als»amerikanisch« bezeichnen?

Natürlich bin ich von der amerikanischen Filmkultur beeinflußt. Wer ist das nicht? Konkret glaube ich, daß besonders meine Auffassung von Filmschauspiel in New York geprägt wurde – was sich, so glaube ich, in meiner Arbeit mit Schauspielern niederschlägt und dadurch auch meine Geschichten beeinflußt.

Wie arbeiten Sie mit Schauspielern?

Ich verlange sehr konzentrierte, genaue Arbeit. Gleichzeitig bilde ich mir ein, viel von den Problemen der Schauspieler zu verstehen. Meine Aufgabe ist es, den Schauspieler an die Rolle heranzuführen und die diversen Hindernisse, die sich in vielfacher Natur dem offenen Spiel bzw. der glaubwürdigen Darstellung in den Weg stellen, zu beseitigen und den Schauspieler zur ermutigen, da durchzugehen – und zwar bis an den Punkt, wo er von sich etwas preisgibt. Etwas preisgibt, das über das Belanglose, das Alltägliche hinausgeht.

Was genau gibt er preis?

Man gibt als Filmschauspieler etwas von seiner Persönlichkeit preis, und man teilt dieses emotionale Moment mit einem Zuschauer. Wenn man Probleme damit hat, und es ist oft erstaunlich wieviele Theaterschauspieler damit Probleme haben, sollte man die Finger vom Film lassen. Im Theater kann man mit Tricks und Manierismen, manche bezeichnen es auch als »Handwerk«, vieles vertuschen. Auf der anderen Seite stehen Leute wie Robert De Niro, die immer viel von sich preisgeben. Er schafft es, zu sich selbst ehrlich zu sein und seine Persönlichkeitsmerkmale mit den Erfordernissen des zu spielenden Charakters zu verbinden. Die Ehrlichkeit zu sich selbst und die Erfordernisse eines Charakters sind zwei Pole, die bei De Niro oft sehr weit voneinander entfernt liegen. Das ermöglicht ihm, die unterschiedlichsten Rollen zu bewältigen, und macht ihn zum Charakterdarsteller. Bei Robert Mitchum liegen diese Pole sehr eng beisammen. Das macht ihn zum Typ. Zwischen der Figur und seiner Persönlichkeit gibt es kaum Unterschiede. Mitchum ist deshalb nicht schlechter und nicht besser als De Niro, er wird nur häufiger die gleichen oder ähnliche Rollen spielen.

Gibt es in Österreich Filmschauspieler, die diese Verbindung eingehen?

In Österreich gibt es überhaupt keine Filmschauspieler. Es gibt kein Bewußtsein dafür. Meist wird im Film Theater gespielt, und dabei beläßt man es dann Und die wenigen »Typen« die es gibt, spielen sich meist in kürzester Zeit an den Rand der Selbstpersiflage – entweder weil man ihnen keine Herausforderungen mehr gibt oder weil sie keine mehr annehmen wollen.

Man muß also den Filmschauspieler entdecken?

Vielleicht. Eines der Hauptprobleme ist sicherlich die Tatsache, daß man als Schauspieler in Österreich vom Film nicht leben kann. Man ist gezwungen, ans Theater zu gehen, eine Kunstform also, die hierzulande zehnmal so reich und zehnmal mehr anerkannt ist. Für die Theaterstars sind die Filmleute doch arme Würsteln – also was soll man sich von denen viel sagen lassen. Man muß zu anderen Methoden greifen. Fassbinder hat das mit seinem Antitheater vorexerziert. Immerhin hat er es geschafft, aus einer kleinen Clique unbekannter Laiendarsteller große Namen des europäischen Films zu machen.

Aber jemanden wie Hanna Schygulla zu entdecken, kann wohl noch nicht genug sein?

Was ist genug? Es ist ein Anfang. Er hat mit damals unbekannten Darstellern gute Filme gemacht. Immerhin ist Hanna Schygulla heute eine der wenigen international bekannten deutschen Schauspielerinnen.

Als Uma Thurman am Cover des Magazins »Interview« war, hat ein Freund zu mir gesagt: »Hier sieht man wieder einmal, wen Peter Ily Huemer da entdeckt hat.«
Fühlen Sie sich als Entdecker einer Schauspielerin, die schon längst in den siebten Star-Himmel eingezogen ist, weil sie in »Kiss Daddy Good Night« ihre erste Rolle spielte?

Nein. Sie hat damals als Nobody in einem kleinen Film gespielt, dem vielfach erst Bedeutung begemessen wurde, nachdem sie mit Stephen Frears' *Gefährliche Liebschaften* groß herausgekommen ist.

In Deutschland etwa kam Ihr Film erst danach in den Verleih.

Eben. Es besteht kein Grund zur Eitelkeit.

Vermutlich werden Sie weder eitel noch melancholisch, wenn Sie an diese Zeit denken?

Nein. Dazu besteht kein Grund. Es hat Spaß gemacht, mit Uma zu arbeiten, mit ihr spät nachts durch Williamsburg, eine der schlimmsten Gegenden in New York, zu laufen, um sie für eine bestimmte Szene »außer Atem« zu bringen. Ansonsten habe ich nach wie vor einen guten Draht zur New Yorker Szene, und irgendwann möchte ich dort auch wieder arbeiten.

Wie sind Sie eigentlich in diese Szene geraten?

Zunächst habe ich mit meiner Reise nach New York schlagartig ein großes Interesse für das Kino entwickelt. Das forderte die Stadt von mir ein. Danach fand ich Anschluß an die New Yorker Avantgardetheater-Szene und damit auch an die New Yorker Independent-Szene. Da gab es viele Berührungspunkte.

Woher kam dann konkret der endgültige Anstoß, es einmal selbst mit Film zu probieren?

Von den Leuten, die mit Super-8-Kameras durch die Stadt liefen und ganz irre Dinge, meist am Rande der Legalität, machten. Wenn man in einem Krankenhaus drehen wollte, schlich man sich einfach ein und drehte unauffällig, bis irgendein Wächter kam und einen davonjagte. Das waren Musiker wie John

Lurie, Arto Lindsay, Lydia Lunch und nicht zuletzt auch Filmemacher wie Amos Poe, Eric Mitchell und Richard Kerm.

Wieso hat Sie gerade ein Musiker wie Arto Lindsay zum Filmen gebracht?

Die Szene war durch Clubs wie Dancerteria, Area oder Pyramid sehr eng beisammen. All diese Clubs waren Musik-, aber auch Filmclubs. Im Anschluß an die Vorführung meines ersten Kurzfilms *The Impossible Mission* in der Dancerteria spielten *A Certain Ratio*. So lief das dauernd, und so kam es zu diesen Überschneidungen. Musiker wie John Lurie und Richard Hell spielten plötzlich Hauptrollen bei Jarmusch und Seidelman.

In der Zeit ihres New-York-Aufenthalts galt ja Amos Poe als einer der wichtigsten Vertreter der Independent-Film-Szene. Viele Kritiker behaupten auch, »Kiss Daddy Good Night« sei von ihm stark beeinflußt worden. Stimmt das?

Das ist mir unbegreiflich. Seine Filme sehen doch vollkommen anders aus. Ich wurde aber, nebenbei gesagt, mit vielen Regisseuren verglichen, mit denen ich herzlich wenig zu tun habe.

Welche waren das?

Ich weiß nicht mehr. Fuller kam oft vor, sogar Godard. Es ist, glaube ich, auch nicht wichtig.

Gibt es demnach keinen Regisseur, dessen Arbeit Sie beeinflußt hat?

Ganz am Anfang, bevor ich überhaupt eine Kamera in die Hand genommen habe, war es Nicholas Ray. Im Public Theatre in New York lief gerade eine Retrospektive seiner Filme. Ich bin jeden Tag hingepilgert, und danach kamen diese langen Heimwege nach Brooklyn, wo ich damals wohnte. Diese Heimwege in der U-Bahn, mit den Ray-Filmen noch frisch im Kopf, waren für mich der Anfang des Films. Ich war mir plötzlich bewußt, welchen Eindruck seine Filme in mir hinterließen. Nicholas Ray war für mich ein Vertreter des Kinos – des reinen Kinos. Das war kein literarisches, intellektuelles oder essayistisches Kino, sondern einfach »nur« Kino. Er hat – sehr unprätentiös, glaube ich – die Form des Erzählkinos »an sich« zu seiner Kunst erkoren, nicht die Form des Kinos benutzt, um eine andere Kunstform besser umsetzen zu können.

Welche Bedeutung hatte der amerikanische Krimiautor Jim Thompson für Sie? Auf der Plakatwerbung für »Kiss Daddy Good Night« stand ein

Zitat von ihm: »Just because I put temptation in front of people, it don't mean they got to pick it up.«

Jim Thompsons Geschichten werden durch den fatalen Fanatismus seiner Figuren angetrieben. Meist stehen sie am Rande der Gesellschaft und haben sich, um überleben zu können, irgendwie arrangiert. Dennoch werden sie von ihren Sehnsüchten immer wieder eingeholt. Und in der Offenbarung dieser Sehnsüchte spielt die Versuchung eine wichtige Rolle. Daß Thompsons Figuren den Versuchungen erliegen und moralische Grenzen überschreiten, liegt in ihrer Natur.

Gibt es eine bestimmte Figur in den Büchern von Jim Thompson, die Ihnen in diesem Zusammenhang im Gedächtnis geblieben ist? Wenn man zum Beispiel die Spielerfiguren aus Thompsons Roman »The Grifters« betrachtet, oder das Gaunerpärchen in »Getaway«, könnten sich auch Verbindungen zu Laura in »Kiss Daddy Good Night« und zu Alex in »Dead Flowers« ergeben? Die von Ihnen erwähnte Getriebenheit, ein Leben am Rande der Gesellschaft, das Überschreiten von moralischen Grenzen ...

Es gibt keine direkte Verbindung von Thompsons Figuren zu Laura oder Alex. Meine Figuren kommen aus einer mir bekannten Umwelt, die ich meinen Geschichten zu eigen mache. Bei Laura dachte ich an ein Mädchen, das ich damals in New York kannte, Alex habe ich einmal in der Schnellbahn gesehen. Ich arbeite nicht mit literarischen Codes und Vorbildern. Da aber sowohl Thompsons Romane wie der Typ in der Schnellbahn in mir zusammenfließen, bzw. bei mir was auslösen, gibt es wahrscheinlich sowas wie eine indirekte Verbindung. Ich glaube, Leute wie Nicholas Ray und Jim Thompson haben mir geholfen, *meine* Geschichten erzählen zu können. Nicht mehr und nicht weniger.

Die Getriebenheit ihrer Filmfiguren ist ja auch ohne Kenntnis dieser Vorbilder augenfällig. Können Sie Vergleiche zwischen Laura in »Kiss Daddy Good Night« und Alex in »Dead Flowers« ziehen? Zeichnen Sie diese Charaktere nach autobiografischen Mustern?

Natürlich kommt auch viel von mir in diesen Typen zum Vorschein. Das liegt daran, daß ich als Autor nicht von meinen persönlichen Erfahrungswerten abstrahieren will. Ich denke, das ist bei den meisten Autoren so – auch wenn sie Indianergeschichten schreiben. Eine gewisse Paralellität zwischen den Charakteren Laura und Alex ist daher unbewußt, obwohl es sie sicher gibt. Sie sind beide Drifter ...

... am Rande der Gesellschaft. Dieses Wort drückt wirklich Ihre

unermüdliche Suche nach Inhalten aus. Kann man auch Parallelen zu drei Drehbüchern ziehen, die Sie in den letzten Monaten am stärksten beschäftigt haben. Die Hans-Orsolics-Biografie »Liebling der Nation«, der kleine Krimi »Die Liebe eines Ganoven« und der Thriller »Die dritte Frau«?

Also, das würde wirklich zu weit gehen. Bestimmte Parallelen kann man immer ziehen. Mag sein, daß auch Orsolics die Thompson'schen Charakterzüge hat, aber deshalb kann man nicht alle in eine Schublade geben. Orsolics ist ein völlig anderer Typ als Laura.

Was genau ist »Liebling der Nation«? Die Geschichte eines Verlierers?

Hans Orsolics war ein enorm talentierter Boxer, der nach den Sternen gegriffen hat. Für mich ist er ein Held, selbstverständlich ein tragischer Held. Orsolics war kein jammernder, larmoyanter Mensch, wie wir ihn im österreischischen Film sehr oft zu sehen bekommen. Seine Lebensgeschichte erscheint mir wie ein klassisches Drama – und ich habe auch versucht, es so zu schreiben. Er hat verloren, aber er hat mit enormen Mut gekämpft – nicht nur im Ring, auch im Leben. Dieser Kampf gegen alle, die ihn verlieren sehen *wollten,* die scheinbar so besorgten Medien zum Beispiel, dieser Kampf hatte etwas Heroisches. Ich erinnere mich übrigens nach Jahren selten an das Ende eines Films. Das eigentliche Schlußbild verschwimmt. Viel länger erinnere ich mich an die Auseinandersetzung, die die Identität des Filmes ausmacht.

Trotzdem: Das Bild eines Verlierers zu zerschlagen, zu erneuern und ihn schließlich als Held zu zeichnen, scheint mir doch ein schwieriges Unterfangen zu sein.

Held ist ja nicht nur der, der am Ende als strahlender Sieger dasteht. Sind Mozart und Bela Lugosi Verlierer, nur weil man sie am Ende ihres Lebens irgendwo verscharrt hat? Orsolics hat ein Leben lang gegen eine Gesellschaft gekämpft, die ihn schon als Buben stigmatisiert hat. Mit untauglichen Mitteln, wie jeder weiß. Dennoch erzählt seine Geschichte viel über gesellschaftliche Strukturen, damals wie heute.

Glauben Sie, daß in Österreich ein Bedarf nach solchen Geschichten besteht?

Kino-Geschichten über Persönlichkeiten der jüngeren Vergangenheit gibt es im österreichischen Film kaum. Dramatisierte Zeitgeschichte anhand konkreter Figuren oder so etwas Mondänes wie ein Boxerdrama, das existiert bei uns schon überhaupt nicht. Ob das Publikum sowas sehen will, kann ich schwer beurteilen. Aber ich hoffe natürlich, daß es ein guter Film wird, und Bedarf nach guten Filmen besteht immer.

»Dead Flowers« war in Österreich der klassische Flop. Oft wurde behauptet, weil er ein zutiefst österreichisches Thema – die Gratwanderung eines Wiener Orpheus zwischen Leben und Totenreich – etwas abseitig behandelte.

Obwohl diese Grenzüberschreitung ein Thema von *Dead Flowers* ist, paßt der Film in keine Schublade mit der Aufschrift »morbid«. *Dead Flowers* hat versucht, ohne Todessymbolik, ohne Surrealismus auszukommen und das Thema anders, sehr verhalten und wie ein flippiges Märchen zu erzählen. Tat's und mußte erkennen, daß ich mich neben jede gängige Kritikerschublade gesetzt hatte und plötzlich schrecklich nackt und verwundbar war. Ein relativ stiller Film wie *Dead Flowers* kann aber nur mit Hilfe der Kritiker sein Publikum finden. Gelegentlich fragt mich einer der wenigen, die damals den dornigen Weg ins Kino fanden, wieso der Film eigentlich derartig schlecht rezensiert wurde, und bis heute weiß ich darauf keine wirkliche Antwort. Er war wohl »anders«, hat aber sein »Anders«-Sein für viele nicht deutlich genug definiert.

Haben Sie sich danach gedacht: Hätte ich mich doch an die österreichischen Verhältnisse besser angepaßt, der Film wäre besser gelaufen?

Mag sein. Für mich war der Film sehr österreichisch, ohne sich aber viel um die österreichischen »Verhältnisse« zu kümmern. Es gibt zwei Sujets, die in Österreich funktionieren: der Betroffenheitsfilm bei den Kritikern, der Blödelfilm beim Publikum. *Dead Flowers* ist keines von beiden. Insofern habe ich mich nicht sehr gut angepaßt. Außerdem entspricht »Anpassen« nicht unbedingt meiner Auffassung vom Filmemachen.

Mit »Die dritte Frau« oder »Die Liebe Eines Ganoven« versuchen Sie sich in hierzulande ebenfalls unüblichen Genres. Ahnen Sie, daß es wieder Probleme geben wird?

Die Liebe eines Ganoven sollte von Niki Lists Cult-Film gemeinsam mit dem ORF produziert werden. Nach diversen mündliche Zusagen kam im Dezember, kurz nach der ORF-Reform, die Absage.

Mit welcher Begründung?

Mir wurde gesagt, man wolle keine Krimis finanzieren. Krimis gäbe es schon genug.

So viel Wankelmütigkeit fördert auch nicht gerade die Seßhaftigkeit. Werden Sie wieder eigene Wege gehen und Filme in New York drehen?

Reizen würde es mich schon, »drüben« wieder etwas zu drehen.

Nun verstehe ich, was es mit Ihrer bedingten Heimatverbundenheit auf sich hat. Fühlen Sie sich manchmal als Drifter zwischen zwei Welten?

Ich fühle mich nicht nur so, ich bin es.

Peter Ily Huemer

geboren 1959 in Wien; Ende der siebziger Jahre Mitglied und Regisseur der Theatergruppe a.m.o.k.; 1980 Reise nach New York.

Filme: 1984 »The Impossible Mission«, 1987 »Kiss Daddy Good Night«, 1991 »Dead Flowers«.

Michael Omasta

DIE KAMERA IN AUGENHÖHE
Egon Humer und seine Filme

Er schätze es nicht besonders, hat Egon Humer in Gesprächen wiederholt betont, der gegenwärtig produktivste unter den österreichischen Dokumentaristen genannt oder mit irgendeinem anderen Superlativ sonst versehen zu werden. Seiner Arbeit sei das nicht förderlich, eher im Gegenteil: Von den Medien zu einer Person des öffentlichen Interesses erklärt zu werden, könne ihn nur behindern.

Programmatisch kündet der Titel eines seiner Fernsehfeatures davon, daß es in Humers Filmen um etwas ganz anderes geht, als darum, sich zu assekurieren. Die »Risikogesellschaft« ist Ort und Thema seines Werks, nicht das Zeitalter scheinbarer Sicherheit. Doch macht es wenig Sinn, den Begriff des Autors nach seiner kritischen Dekonstruktion im Bereich des Spielfilms nunmehr auf einen Dokumentaristen anwenden zu wollen. Die Vielfalt der Fragen, die Humer in seinem Werk aufwirft, aber nicht immer zu beantworten vorgibt, legt den Schluß nahe, das Trennende seiner Arbeiten sei gleichzeitig eine ihrer wesentlichen Gemeinsamkeiten. Jeder Film, egal ob fürs Fernsehen oder für das Kino konzipiert, ist ein Eigenes, was das Sujet und seine Formulierung betrifft.

Allen Arbeiten obliegt, was man, etwas altmodisch, Egon Humers Sorgfaltspflicht nennen könnte. Die Kamera in Augenhöhe, das mag banal, nach Klassizismus klingen, bezeichnet aber nach wie vor eine Qualität, nicht nur im rein handwerklichen, sondern auch moralischen Sinn. Setzt ein Dokumentarist die Kamera unterhalb oder gar über dem Bildmittelpunkt an, so hat das unweigerlich eine Verzerrung der Perspektive zur Folge. Dies kann der Sache, der Erforschung eines Gegenstandes und seiner phänomenologischer Zeichen, nur abträglich sein. Statt dessen setzt Humer bei der Suche nach der »narrativen« Instanz eines Films die gestalterischen Mittel bevorzugt als etwas den vorgefaßten Bildern Konträres ein. Natürlich ist es nicht mehr der Filmemacher selbst, der sich vor – oder als Off-Erzähler hinter – der Kamera in das Geschehen einbringt. Humer bedient sich kontemporärer Erzählstrategien, bricht sozusagen nur in der dritten Person den objektivierenden Abglanz der dokumentarischen Bilder auf: etwa mit Zwischentiteln *(Schuld und Gedächtnis)*, der Konfrontation oppositioneller Blickpositionen *(Der Tunnel)*, rigider Strukturierung *(Burn Out)* oder dem Einsatz höchst diversen Materials *(Postadresse: 2640 Schlöglmühl)*.

Film und Fernsehen sind Humer mehr als Mittel zum Zweck. Sie dienen ihm nicht nur als Medium der Darstellung, sondern auch als Forschungsmittel. Wenn Jean-Luc Godard dem Fernsehen schon vor Jahren vorgeworfen hat, es verstünde nicht einmal das zu machen, worin seine Existenzberechtigung läge, direkte Bilder, dann kritisierte er damit, daß alle diese von Kameras gelenkten Blicke nur zweidimensionale Abziehbilder produzieren, die überdies noch von einem Firnis unbewußter Inszenierung überzogen sind. Gewiß ist es kein Zufall, daß erstens der Filmstudent Egon Humer Monsieur Godard zu seinen erklärten Vorbildern zählte und daß zweitens der Dokumentarist Egon Humer pro domo spricht, wenn er heute pragmatisch anmerkt, es könne nicht länger als Qualitätskriterium für die Filmarbeit gelten, »sich dem Fernsehen zu verweigern«.

Widersprüchlichkeiten in den Text eines Films gleich miteinzubauen, Brüche zuzulassen, beides sind Momente, die Humer in seinen Arbeiten nicht zuzudecken versucht, sondern wissentlich noch hervorhebt. Das führt den Dokumentarismus zwangsläufig an das Ende der Didaktik, ein Umstand, der in der Vergangenheit des öfteren die Kritik an einzelnen Filmen geradezu provoziert hat. Die mitunter heftig geführten Diskussionen, die beispielsweise auf den Kinoeinsatz von *Schuld und Gedächtnis* oder *Running Wild* folgten, machen einmal mehr die vielen Defizite in der Auseinandersetzung mit dem österreichischen Dokumentarfilm offensichtlich. An eine Struktur und Sprache, die nicht länger der einer Schulfunksendung entsprechen, wird man sich wohl erst noch gewöhnen müssen.

Jeder neue Film Egon Humers gleicht einer Suche. Sich auf unbekanntem Terrain zurechtzufinden, das mag Ausgangspunkt insbesondere von *Running Wild* und *The Bands* gewesen sein, zwei Arbeiten, die sich sehr unterschiedlichen Aspekten urbaner Subkultur widmen. Mit großer Entschiedenheit fordern beide Filme ihre eigenen Bilder ein, sollen den Kopf freimachen von den immergleichen Images, die das Fernsehen in seinen Jugend-Sendeleisten verwest. Folgerichtig arbeitet der Dokumentarist in beiden Filmen bewußt mit verschiedenen Formen von Inszenierung: nach dem Modell des amerikanisch dominierten, großen Erzählkinos in *Running Wild,* mit der bühnenwirksamen Selbstdarstellung von Musikgruppen in *The Bands*. Und folgerichtig mußte sich Humer hier wie dort den Einwand von Experten gefallen lassen, seine Darstellung der Wiener Jugendbanden beziehungsweise Musikszene entspreche nicht der Realität. Wenigstens nicht der, die sie wirklich zu kennen glauben.

Etwas deutlicher wird dieses Argument im Fall der verkürzt als historisch bezeichneten Dokumentationen Humers. Auch jede dieser Arbeiten beschreibt eine Suche. Die zentrale Frage, die Humer stellt, lautet: Wie schreibt Vergangenheit sich in unserer sogenannten Gegenwart fest? Ihre Spuren zu finden, kann nicht die Aufgabe des Dokumentaristen sein, sondern sie zu lesen: nicht zu reproduzieren, sondern sie darstellend zu interpretieren. *Postadresse: 2640 Schlöglmühl* führt den Zuschauer durch die Hölle der Arbeitslosigkeit anno 1989, den nach bald sechzig Jahren immer noch aktuellen »soziografischen Versuch« von Jahoda, Lazarsfeld und Zeisel zitierend. *Die Reise nach Brody,* ein Fernsehfilm, entstanden anläßlich des 100. Geburtstags von Joseph Roth, führt zurück in die Geburtsstadt des Schriftstellers: Hat die Biographie Roths an diesem Ort Spuren zurückgelassen, so wie umgekehrt diese in Roths literarischen Œuvre? Zuletzt noch *Gehorsam und Verweigerung,* die Rekonstruktion der Anordnung und Analyse eines Experiments, mit dem Stanley Milgram Anfang der sechziger Jahre seine Theorie wissenschaftlich zu untermauern trachtete: daß der organisierte Massenmord des Dritten Reichs nicht von irgendwelchen Psychopathen, sondern von völlig normalen Menschen exekutiert worden sei.

Allein in den letzten beiden Jahren hat Egon Humer nicht weniger als vier neue Arbeiten vorgelegt: Den Kinofilm *The Bands* und die drei Fernsehfilme *Die Risikogesellschaft, Reise nach Brody, Gehorsam und Verweigerung.* Das enorme Arbeitstempo des Filmemachers ist durch die Formierung eines Teams von regelmäßigen und ständigen Mitarbeitern begünstigt worden, dem, allen voran, Karina Ressler (Schnitt), Peter Freiss und Wolfgang Lehner (Kamera), Hans Eder (Ton) sowie Heinz Stussak (Produktion) angehören. Dieses halbe Dutzend von Kollaborateuren, um noch einmal auf den Begriff des Autors zurückzukommen, bürgt für Kontinuität und, im Falle Humers, auch für gewisse Qualitäten.

Es ist beinahe unmöglich geworden, mit Egon Humer Schritt zu halten. Auch aus diesem Grund sollte das folgende Gespräch mit dem Filmemacher von vornherein weniger auf Chronologie und Vollständigkeit abzielen, als auf bestimmte, gleichwohl bestimmende Momente in seinem Schaffen. Im Vordergrund stehen dabei das Selbstverständnis des Dokumentaristen als Professional, seine theoretischen und praktischen Positionen, kurz: Humers Arbeit in dem öffentlichen Prozeß namens Film.

Gespräch mit Egon Humer

Ich möchte mit einem Zitat aus »Der andere Blick« beginnen, einem Aufsatz, den Sie für ein Buch zur Situation des österreichischen Filmschaffens geschrieben haben. Darin fordern Sie mit dem Begriff der »dokumentarischen Kompetenz« den sorgfältigen Umgang mit Menschen ein. Können Sie das genauer ausführen?

Die Kamera als Medium menschlicher Nähe habe ich das genannt. Wichtigste Voraussetzung für einen Dokumentarfilm scheint mir ein vorbehaltloses Interesse an der Realität zu sein. Insofern ist das ein öffentlicher Prozeß, in den man sich als Filmemacher einschaltet, ein politischer Prozeß. Die Frage, die sich zuallererst stellt, ist, mit welchen Inhalten man sich auseinandersetzt. Von der Produktion her ist es zwingend, daß man in Bereiche gehen kann, die etwa den Organisationsstrukturen einer Fernsehanstalt verschlossen bleiben. Inhaltlich handelt es sich dabei vor allem um soziale Anliegen, um das Hinterfragen politischer Zusammenhänge oder um das authentische Sich-in-eine-Szene-Hineinbegeben. Was das Formale betrifft, so versuche ich in meiner Arbeit immer sehr stark zu dialogisieren, meine Person zurückzunehmen, sorgfältig zu sein in der Wahrnehmung und filmische Ausdrucksmittel zu finden, mit denen ich gleichzeitig auch Informationen stellen kann.

Schließt daran nicht gleich die Frage an, welche Informationen man als Dokumentarfilmer überhaupt öffentlich macht?

Ja, aber was eine Message in der Öffentlichkeit bewirkt, das ist etwas, das man eigentlich nur erahnen kann. Man wählt die Form, mit der man am meisten erreichen zu können glaubt, aber natürlich nicht in dem Sinn, daß man alte Fragen nur mit alten Antworten abdeckt und die jeweils gängigen Erklärungsmodelle mehr oder minder bestätigt. Im Gegenteil. In der letzten Zeit habe ich versucht, diese Dinge wieder zu schärfen, bestimmte Erklärungen zurückzuhalten und bestimmte Erwartungshaltungen an den Film nicht zu erfüllen. Auch, bestimmte Bilder zu vermeiden. Im Fall von *Running Wild* beispielsweise bin ich sowohl bei den Kritikern als auch bei den Sozialarbeitern praktisch nur auf selbsternannte Experten getroffen, die mir alle erzählen wollten, wie die Szene wirklich ist und wie diese Jugendlichen eigentlich sind. In dem Sinn ist das auch ein Film gegen bestimmte Bilder.

Dieses Arbeiten gegen vorgefestigte Bilder ist doch nur möglich, wenn der Film ein Thema hat, das sozusagen direkt aus der Zeit ist. Bezogen auf Ihre bisherigen Filme, scheint mir das aber nicht unbedingt der Fall zu sein.

Running Wild war insofern neu für mich, als es um ein Thema ging, das in der Öffentlichkeit diskutiert wurde. Vorher stürzte ich mich auf Themen, wo ich gesagt habe: gesellschaftlicher Randbereich. Da oder dort setzte ich mich mit etwas auseinander, worum niemand sonst sich kümmert. Arbeitslose wie die in Schlöglmühl sind jedem vollkommen gleichgültig, also habe ich den Film gemacht und gefragt: In einer Zeit, wo wir uns in einer EU-Euphorie bewegen, was passiert mit jenen, die da ausgeschlossen sind? Genauso bei *Schuld und Gedächtnis,* wo man mir wiederholt gesagt hat: Diese ganzen Nazi-Geschichten, die kann niemand mehr sehen, vergiß das. Aber mir war klar, daß aufgrund des politischen Umbruchs im Osten die Situation eine einmalige war, die es überhaupt erst ermöglichte, in einen Dialog zu treten, aus dem heraus man ein System deutlich machen könnte, von dem wir meist nur berichtet bekommen haben. Sogar den Historikern, die anfangs der Meinung waren, das kennen sie schon alles, hat es dann mitunter die Rede verschlagen. Aber natürlich, diese Idee der Kamera als Medium der menschlichen Nähe – das klingt für manche auch gleich suspekt, einfach, weil ich überhaupt mit solchen Leuten spreche.

Das eine ist Folge des anderen: Wenn man in diesem Zusammenhang von Nähe spricht, dann muß auch von Distanz die Rede sein, oder?
Ich glaube, daß man Grenzen abstecken muß im Gespräch. Man muß klar zu erkennen geben, wo man steht, wo die Positionen sind. Und dann kann man dialogisieren. Der Unterschied ist, daß die Nationalsozialisten in *Schuld und Gedächtnis* sehr genau gewußt haben, wie sie mit mir umgehen und mich einsetzen wollen. Dagegen hat es in *Running Wild* viele Szenen gegeben, wo ich gemerkt habe, daß die Jugendlichen sehr in ihren Phantasien verhaftet sind und glauben, sie müssen sich jetzt irgendwie groß darstellen in der Gruppe. Deshalb habe ich einige Gespräche abgebrochen, Sachen weggeschnitten oder etwas zurückgenommen. Ich habe gesagt, man muß das vernünftig machen, und habe auch Inhalte mit ihnen besprochen, weil es meiner Ansicht nach zu den Spielregeln gehört, daß bestimmte Klarheiten da sind.

Ich laß' mir bei den Dreharbeiten relativ viel Zeit mit dem Kennenlernen, denn es gibt soviele unvorhersehbare Situationen, wo man rasch und ganz klar zeigen muß, wo man selbst steht. Bei jedem Dreh hat es Momente gegeben, wo wir radikal hinterfragt worden sind. Das gilt nicht nur für mich, weil ich den Menschen, mit dem wir reden, in seiner Situation schon viel länger spüre, sondern auch fürs Team. Deshalb ist's mir wichtig, daß auch die Leute im Team Erfahrungen machen, die nicht über den Kopf laufen. Zum Beispiel hab' ich gewußt, daß das Distanzverhältnis zu den ausländischen Gruppen und den Hooligans höchst unterschiedlich ist, daß die einen die Nähe wollen und die anderen das Drehen als Kampfansage sehen. Also hab ich vorher zwei Kassetten mit dem Wolfgang Lehner gefilmt, erstens, um zu wissen, wie er sich beim Dreh verhalten würde, und zweitens, damit er ein Gefühl für die richtige Distanz bekommt. In dem Moment, wo er dieses Gefühl gehabt hat, konnte er sich auch in den Gruppen bewegen. Ich wollte nicht, daß wir nur Beobachter sind, sondern sagen: Wir sind da, mit euch, und nicht auf der anderen Straßenseite. Und dann geht es darum, daß etwas entsteht, das einer Wahrheit irgendwie entgegenkommt: ein Punkt, wo man sagt, jetzt geht's um was und jetzt wird's aber auch wahr. Das war die Motivation für mich und fürs Team, ein ganz subjektives Moment. Ich würde nie behaupten, daß das die große Wahrheit ist.

Sie setzen voraus, daß Ihr Team sich mit Ihnen auf Interaktionen einläßt oder, wie bei »Running Wild« auch auf Spiele?

Das ist eine Arbeitsmethode, kein spielerischer Umgang mehr. Ich brauche zumindest einen Kameramann, der das kann. Bei *Running Wild* hab' ich Wolfgang Lehner auch deshalb als Kameramann gewählt, um etwas anderes zu erreichen. Peter Freiss, mit dem ich mehrmals gearbeitet habe, ist jemand, der sehr stark Stimmungen wahrnimmt, der ganz ruhig ist und versucht, Essentielles umzusetzen. Das ist eine ganz bestimmte Qualität. Trotzdem schien er mir für diesen Film nicht geeignet, weil er, schon aufgrund seiner Größe, immer ein bißchen auf die Leute hinunterschaut. Ich wollte jemanden haben, der genauso wie die Jugendlichen drauf ist, wenn es um die Schuhe geht oder ums Schlagen, und für den Hip-Hop eine Bedeutung hat. Nach zwei Gesprächen mit Lehner habe ich gemerkt, daß er mir etwas Neues bietet, daß wir grundsätzlich aber auf der gleichen Linie liegen. Er hat mir gesagt, er hat ein »Liebesverhältnis zur Realität«, und irgendwann hab' ich dann gewußt: Wir können das. Beim Dreh haben wir einige schwierige Situationen erlebt ... Ich weiß nicht, ob die so glimpflich ausgegangen wären, wenn Wolfgang Lehner nicht die Nerven behalten hätte.

In den Credits heißt es »directed by Egon Humer«. Was bedeutet das bei einem Dokumentarfilm?

Es hat Überlegungen gegeben, auch selber die Kamera zu machen. Aber ich habe dann gemerkt, daß es eine Position geben muß, die außerhalb des Geschehens steht, die analysiert, das Feld beruhigt und die Dialoge in eine bestimmte Richtung lenkt. »Directed by« heißt es auch, weil wir uns den Spaß gemacht haben, daß *Running Wild* wie ein Spielfilm anfangt. Für die Jugendlichen war das immer: Machen wir einen großen, klassen Film, fangen wir an wie großes Kino. Was die Regiearbeit betrifft, so hat sich daraus diese Form entwickelt.

Ich habe jemanden gebraucht, der Dialoge mit der Kamera gut umsetzen kann, der mittendrin steht und akzeptiert wird, das war die große Leistung von Wolfgang Lehner. Meine Aufgabe war, Strukturen herauszuarbeiten, Situationen zu schaffen oder mit denen zu reden, die nicht im Bild sein wollten. Wenn ich beispielsweise als erster in den Park gekommen bin und mir die Jugendlichen irgendetwas gezeigt haben, dann war dieses Erste und Direkte, bis der Kameramann gekommen ist, immer weg. Deshalb hab' ich oft gesagt: Ihr geht's als erste und laßt euch auf das ein, was da passiert, ich hör' über Funk mit und komm' zehn Minuten später.

Das ist die Regiearbeit beim Drehen. Die andere besteht im Montieren einer filmischen Wirklichkeit, etwas, das am Schneidetisch passiert. Wo ich mit Karina Ressler herauszuarbeiten versuche, was wichtig ist, und sie mir ein Feedback gibt, im Nicht-dabei-gewesen-Sein beim Drehen, und mir sagt, das spürt man, oder das und das habe ich erkannt. Sie hat sehr viel dazu beigetragen, daß die Filme so ausschauen, wie sie ausschauen: nicht vom Schnitt, wie schneidet man was, sondern indem sie mir eine inhaltliche Position gegeben hat. Ich brauche diese Form von Vertrauen und Dialog, eine bestimmte Weltsicht, ein bestimmtes Verständnis und ein bestimmtes Anliegen an den Film. Ich frage einfach ab, was rüberkommt: Diese Dinge, haben wir die geschafft, und die Struktur, wie müssen wir die bauen? Wir sind öfters ratlos. Bei *Schlöglmühl* haben wir versucht, schon während der Dreharbeiten etwas auf den Punkt zu bringen. Bei *Running Wild* haben wir sehr viel offen gelassen, denn das hab' ich interessant gefunden, auch den Rhythmus zu akzeptieren, die Brüche. Ehrlich zu sein. Der Vorwurf, der immer wieder kommt, das sei Stilisierung von Gewalt – ich kann das nur stilisiert darstellen. Ich setze die Kamera nicht als Katalysator für irgendwelche Gewaltdarstellungen ein, das können die Kids selber drehen, wenn sie wollen. Es gibt aber eine Faszination, die viel wichtiger ist als jeder direkte Akt. Das Kleiden, dieser ganze Fetischismus, das sind die eigentlichen Konfrontationslinien.

»Das seltsame Haus« haben Sie einmal als »Film für stummgemachte Menschen« bezeichnet, dasselbe gilt für »Schlöglmühl«, und in diesem Zusammenhang lassen sich auch die Nationalsozialisten in »Schuld und Gedächtnis« als Angehörige einer Randgruppe bezeichnen. Gleichzeitig sagen Sie, daß man seine eigene Position wahren müsse – ist das nicht trotzdem schon eine Grenzsituation?

Man kann eine bestimmte Blutgruppe nicht verleugnen. Natürlich stehen alte Nationalsozialisten am gesellschaftlichen Rand, insofern hab ich dieses Thema auch aufgegriffen und dialogisiert. Nur sind die Stilmittel bei allen Filmen unterschiedlich. So naiv bin ich ja wieder nicht, daß ich ein Thema nur anschau' und dann einfach mach'. Sondern ich schau' mir das Thema an, genauso die Öffentlichkeit, und versuche, zwischen beidem eine sinnvolle Verbindung herzustellen. Natürlich will ich, daß das dann greift. So wie wir 1984 *Das seltsame Haus* gemacht haben, daß der Film damals hat greifen können, zeigt, daß er Qualität hat. Ich glaube aber, daß die Zeit inzwischen so schnell geworden ist, daß es wichtig war, die formalen Ideen von damals in bestimmter Weise zu wandeln. Die Form muß übereinstimmen mit dem Inhalt, das ist immer noch Voraussetzung, aber es gibt auch die Zeit, die etwas fordert. Realismus zum Beispiel ist ja nicht etwas, das der Kameramann oder ich fordern, sondern sozusagen eine Forderung der Zeit.

Inwieweit hat das auf die formale Gestaltung eines Films konkret Einfluß?

Ich glaube, daß es gerade heute wichtig ist, wieder etwas gegen die Zeit zu inszenieren. Zurücknehmen im Sinn von: Sorgfalt in der Auseinandersetzung und in der Darstellung, daß man Sorgfalt als Qualität wieder in den Vordergrund rückt. Ich versuche, etwas vom Tempo zurückzunehmen und wieder etwas aus der Aktualität auszusteigen, weil ich das selbst nicht durchhalte und schon ein bißchen ausgereizt bin.

Ein interessanter Aspekt bei *Schuld und Gedächtnis* war, daß im Bedenkjahr 1988 niemand über zeitgeschichtliche Themen reflektiert hat. Ich glaube, daß der Film zu dem Zeitpunkt sehr wichtig war. Ich habe Täter zu Wort kommen lassen, aber das kann nur ein Aspekt sein. Bezogen auf 1995 etwa wäre es wichtig, schwerpunktmäßig über den Nationalsozialismus zu arbeiten, mit Diskussionen und mit Filmen zu Opfergruppen, deren Schicksal bis heute nicht aufgearbeitet wurde, von den Zigeunern bis zu den russischen Zwangsarbeitern. Also genau, facettenreich, mit unterschiedlichen Positionen Dokumentationen zu veröffentlichen. Aber ohne dieses Didaktische, das ich kritisiert habe – und wofür ich kritisiert wurde –, weil diese Linie überhaupt nicht mehr ernstgenommen wird. Erst in dem Moment, wo man diesen Themen die Authentizität zurückgibt, erst in dem Moment greift das wieder. Ich glaube, daß diese Entwicklung zum einen da und zum anderen meine ganz persönliche ist. Ein ganz anderes Beispiel: *The Bands*. Da wollte ich mich einfach mit der Topographie dieser Stadt auseinandersetzen, das war etwas Lustbetontes, ein Thema, von dem ich vorher überhaupt keine Ahnung hatte. Vielleicht macht das auch einen Teil meiner Qualität aus, diese Ichbezogenheit. Ich bin an sich ein introvertierter Mensch und seh' es nicht als totalen Genuß an, in der Öffentlichkeit zu stehen ... Ich möcht' lieber eine gute Arbeit machen.

Das ist ein gutes Stichwort, irgendwann muß die Frage nach den Anfängen gestellt werden. Schon in Ihrer ersten größeren Arbeit, »Das seltsame Haus«, scheinen Sie in drei verschiedenen Funktionen auf: als Cutter, Kameramann und Co-Regisseur. Wie sind Sie dazu, zum Dokumentarfilm überhaupt, gekommen?

Alle Leute an der Filmakademie träumten damals davon, etwas im Spielfilm zu machen, wo man seine eigenen Vorstellungen, was man sich halt so ausdenkt an Wirklichkeit, realisieren kann. Karl Prossliner hatte damals Geld organisiert, um einen Film über Altersheime zu machen, und ich machte damals Schwerpunkt Kamera, unter anderem auch deshalb, weil ich Probleme hatte mit dem Leiter der Regieklasse. Also sagte ich mir, okay, geh' ich eben in den handwerklichen Bereich. Die Auseinandersetzung mit dem Handwerk war für mich auch immer wichtiger als die mit der Regie – das läuft sowieso über das Handwerk, indem man rein handwerkliche Positionen entwickelt, sich mit Kadrierung und Rhythmisierung, mit Qualität und Fülle eines bestimmten Materials auseinandersetzt. Irgandwann war es klar, daß ich Kamera und Schnitt bei *Das seltsame Haus* machen würde. Prossliner und ich haben dann beschlossen, auf 35 mm zu drehen, und im Laufe der Arbeit haben wir ein immer stärkeres Konzept entwickelt. Eine der ersten Fragen, die wir uns gestellt haben, war: Was schwingt da alles im Raum dieses Altersheimes mit? Worin unterscheidet sich das zur Außenwelt? Plötzlich kommt man auf Geräusche, versucht, sie zu definieren und Bilder zu finden: Diese Bewegungslosigkeit, wofür steht das? Das sollte sich auch im Film ausdrücken, in der Struktur, also haben wir nur Einstellungen gedreht, die eine halbe oder eine ganze Rolle lang dauern.

Beim ersten Film, da versuchst du möglichst viel von den ganzen Filmtheorien an dir selbst zu erfahren: Wie setzt du um, wo sind deine Vorlieben, wie bewegst du dich in einem Raum, wie setzt du Licht? Ich habe damals zwanzig Punkte aufgestellt, nach denen ich das Bild abfragte, bevor ich auf den Knopf gedrückt habe. So ist *Das seltsame Haus* entstanden, aus einem starken Konzept, wo wir versucht haben, einen in sich relativ geschlossenen Film zu machen. Dann habe ich noch am Dialog mitgearbeitet, an der Kamera und am Schnitt, bis wir dann gesagt haben: Warum heißt das nicht gleich Regie? Gleich beim ersten Mal war klar, daß der Dokumentarfilm eine Form ist, die mich intellektuell fordert. Eine Welt darzustellen, die so im Verborgenen liegt.

Das Sujet finde ich so gesehen klug gewählt, denn wenn man den Kopf voll mit Theorie hat, braucht man auch ein Thema, das einem sehr viel Zeit läßt. Ein schönes Bild dafür sind die Uhren, die jeden Raum des Altersheims dominieren.

Ja, *Das seltsame Haus* ist ein Film, den ich nach wie vor sehr mag. Wir haben uns damit in einer Minderheit bewegt. Das finde ich richtig so, nur glaube ich, daß man auch zeitgemäß sein und immer genau hören muß, was heute möglich ist. Der Film ist gegen das Klima heute gearbeitet, weshalb er keine große Öffentlichkeit findet und noch sehr privat ist. Es war beispielsweise auch das erste Mal, wo ich versucht habe, jemandem durch die Kamera lange in die Augen zu schauen, in einen stummen Dialog zu treten – das sind Vorformen, die meine Arbeit auch jetzt noch prägen. *Das seltsame Haus* war ein Projekt mit sehr viel Ehrgeiz, wo wir nichts verdient haben und das sich niemand angeschaut hat. Für mich ist es trotzdem in vielen Bereichen eine wichtige Arbeit gewesen.

Bei einigen Sequenzen hat man den Eindruck, als wären sie für die Kamera inszeniert. Wenn die Betreuerin sich endlos lang abmüht, einen Insassen fürs Zubettgehen auszuziehen, dann ist es schwer zu glauben, daß das immer so freundlich vor sich geht. Können Sie die Situation während der Dreharbeiten genauer beschreiben?

Das Einander-Kennenlernen war sehr wichtig. Peter Freiss, der damals Kameraassistenz gemacht hat, und ich, wir haben dort viele Tage bis spät in die Nacht verbracht. Am Anfang hat's geheißen: Der Film kommt, das war immer ein ziemliches Trara. Wir haben erst gedreht, nachdem sich alles wieder beruhigt hatte. Interessant war, daß es, auch wenn wir dabei waren, Bereiche gegeben hat, die sich nicht verändert haben. Zum Beispiel am Nachmittag am Fenster sitzen und auf die Kirche schauen: Es war egal, daß wir da waren. Anders war's, wenn alle beisammen saßen und die Betreuerin etwas gemacht hat, da haben wir gemerkt, daß die Situation sich verändert. Ich glaube, daß man das im Film auch deutlich spürt, wo etwas für die Kamera umschlägt. Aber der Umgang des Sozialhelfers mit dem »Schwachen«, mit den Bemühungen, etwas darzustellen, das haben wir als Aussage auch akzeptiert. Ich weiß natürlich nicht, inwieweit das für jemanden, der den Film sieht, auch nachvollziehbar ist oder ob der einfach sagt: Das wirkt gestellt. Klar wirkt's gestellt, die Kamera ist da.

Das war keine Kritik, denn genau in den Momenten wird der Film spannend: Man bekommt eine bestimmte Situation gezeigt und merkt, daß die Kamera sie mitbestimmt hat.

Die Kamera als Katalysator, das ist etwas, mit dem man andauernd konfrontiert ist. Da war ich schon damals sehr empfindlich, weil ich kurz vorher einen anderen Film mit Karl Prossliner gemacht hatte, *Einer*. Wir haben eine Behindertenwerkstatt gefilmt, eine geschützte Werkstätte in Südtirol, und Ansätze, die sehr positiv für die Behinderten waren, in die Öffentlichkeit transportiert, was heftige Attacken zur Folge hatte und das Klima dort sehr verschlechtert hat. Es war beispielsweise wichtig, daß es innerhalb dieser Werkstätte eine gewisse Form von Sexualität gab, damit es im Dorf nicht zu Konfrontationen kommt. Mit dem Film haben wir da etwas in eine negative Richtung verändert, das war ein ziemlicher Schock für mich. Prossliner hat Regie geführt, ich habe die Kamera gemacht, und es war eine tolle Erfahrung, mit diesen Behinderten zu arbeiten. Aber die Umsetzung hat eben nicht funktioniert, drum schaue ich seither sehr genau, ob ich mit meiner Arbeit nicht womöglich etwas zerstöre, das eigentlich wert wäre, vor Öffentlichkeit geschützt zu werden. Was leistet Kamera? Was leistet Öffentlichkeit? Welche gesellschaftlichen Prozesse werden in Gang gesetzt? Das sind Fragen, die ich aus dieser Probezeit mitgenommen habe.

Dieser Film ist noch während Ihrer Studienzeit entstanden. Wann sind Sie von der Filmakademie abgegangen?

1984, glaube ich. Es hat damals eine Tendenz zum psychologischen Film à la Bergman gegeben, meine Präferenz lag bei Godard. Ich bin allerdings im nachhinein draufgekommen, daß er den Film, den ich unbedingt machen wollte, *Masculin-Feminin,* sowieso schon gemacht hatte. Das war ein ziemlicher Frust. Kurz gesagt, ich wollte ganz radikale Schwarzweiß-Filme machen, mich dem normalen Erzählkino verweigern. In den Klausurarbeiten hab' ich mir viel von der Seele geschrieben und schließlich feststellen müssen, daß bestimmte Bereiche, in die ich über die Arbeit eingedrungen bin, im Endeffekt interessanter waren, als das, was ich mir selber ausgedacht hatte.

Wie hat sich dann der Übergang vom Filmstudenten zum Filmemacher abgespielt, die Praxis Ihr Denken über Film beeinflußt?

Ich definiere Film als Industrie, als öffentlichen Prozeß. Und was sich für mich sehr stark verändert hat, war: Wenn Film Handwerk ist und es Geld dafür geben soll, wir uns einschalten und etwas bewirken können, ja, dann möchte ich etwas machen, das sinnvoll ist. Aber ich hab' nicht damit gerechnet, daß ich einmal davon leben würde können. Das muß man auch erst akzeptieren lernen, daß Dokumentarfilm eine Form ist, in der zu arbeiten sehr lohnend ist. Daß es eine Auseinandersetzung gibt, die nicht journalistisch sein muß. Das richtet sich nicht gegen die Dokumentation im Fernsehen, die hat ja genau diese Funktion. Aber es gibt daneben noch etwas anderes unter dem Namen Dokumentarfilm, und unter bestimmten Bedingungen ist es möglich, außer-

EGON HUMER

halb einer öffentlich-rechtlichen Anstalt mit Realität umzugehen, zu arbeiten und Geld zu verdienen. Das ist etwas, wo ich mitarbeiten will. Ich hoffe, daß wir Themen haben, die soviel bewegen, daß es zu einem ernsthaften Dialog kommt, gleichzeitig aber auch soviel Realitätsbewußtsein, daß wir nicht abdriften und die eigene Form nicht die Auseinandersetzung mit den Inhalten verhindert. Für mich war *Schuld und Gedächtnis* so ein Zurückgehen: Reduktion, klassische Round-Table-Anordnung, die einfachste Form. Bei diesem Thema hatte das die stärkste Wirkung, jedes Dazutun hätte in Richtung Didaktik geführt. *Schlöglmühl* war ganz anders konzipiert, *The Bands* ist ganz anders, *Burn Out* war ganz anders. Aber Arbeit im Dokumentarfilm ist zu vierzig Prozent Organisationsarbeit, Management. Ich sitze nicht zu Hause, habe ein Thema und sage: Damit setze ich mich jetzt zwei Jahre auseinander, das bringt Qualität. So funktioniert das nicht. Ich glaube, daß man ganz klar seine Produkte machen muß, in einer relativ kurzen Zeit. Es gibt genug, im Verborgenen und in der Öffentlichkeit. Das muß man schärfen und gleichzeitig ein Verständnis dafür entwickeln, wie die Medien und die Gesellschaft funktionieren. Dann kann ich mir auch wieder Filme leisten, die wenig Publikum haben: Film als Dokument.

Kommen wir noch einmal zur Theorie zurück, zur Theorie des Handwerks. Welche Einflüsse spiegeln sich aus Ihrer Sicht in Ihren Arbeiten wieder?

Das sind vor allem drei Leute: Tarkowskij, Cassavetes und Eberhard Fechner. Tarkowskij hat mich sehr beschäftigt, weil er sich in seinen Filmen mit größtmöglicher Konsequenz und Intensität geäußert hat, ohne dem Zuschauer seinen Standpunkt aufzudrängen. John Cassavetes interessiert mich insofern, als seine Arbeitsweise einen totalen Bruch zu Tarkowskij darstellt, weil er niemals eine Szene der Kamera angepaßt hat. Für mich war das ein faszinierender Gedanke, eine neue Form, in Situationen einzutreten. Bei Tarkowskij sind andere Dinge wesentlich, daß der Rhythmus in der Montage eigentlich nur mehr der Rhythmus der Dynamik im Bild ist, et cetera. Das sind wichtige Überlegungen zur Schnittarbeit gewesen. Fechner deshalb, weil ich bei ihm das erste Mal gesehen habe, daß jemand tatsächlich soetwas schafft wie eine Chronik des 20. Jahrhunderts. Ich will mich nicht mit ihm vergleichen, das wär vermessen, aber ich bin überzeugt, daß es gilt eine Chronik zu schaffen, die für unsere Zeit steht.

Der erste Film, in dem Sie sich einem zeitgeschichtlichen Thema gewidmet haben, ist »T4 Hartheim 1«. Ein Film, mit dem ich schwer zurechtkomme, in dem vieles nicht stimmt – vor allem die Bilder, die nachinszeniert sind, und der Kommentar, der von Axel Corti gesprochen wird, wodurch auch die Originaldokumente auf eine fiktionale Ebene gehoben werden.

Ich weiß nicht, wie man den Film beschreiben soll: Das ist eine Arbeit von drei Leuten, die mit sehr unterschiedlichen Kriterien an die Thematik herangegangen sind, ein Projekt, das in eine Machtfrage gemündet hat, nämlich wer der Produzent ist. Jeder von uns dreien hätte einen anderen Film daraus gemacht, der in sich vielleicht reiner und stimmiger geworden wäre. Aber es ist trotzdem ein Film, der in dieser Mischform, in der er gemacht wurde, auch Beachtung gefunden hat, und der mich dort immer noch trifft, wo mein Material drinnen ist. Probleme habe ich mit einigen der Spielsequenzen, wo ich schon damals der Meinung war, daß man bestimmte Sachen nicht darstellen darf, weil man sie nicht darstellen kann. Ich glaube nicht, daß diese Form der Inszenierung der Wahrheit näher kommt. Das ist eine Art der filmischen Übersetzung, die meines Erachtens nicht funktioniert.

In welcher Form sind Ihre Überlegungen in den Film eingegangen?

Ich habe damals über ein Spielfilmprojekt nachgedacht, in dem ein Pfarrer aus der Umgebung von Hartheim eine zentrale Rolle spielen sollte. Was mich dabei verblüfft hat, war, daß es in Österreich einen relativ wenig bekannten Ort gibt, der eine Geschichte als Stätte der Vernichtung hat, das Schloß von Hartheim eben, in dem sich wieder Leben festsetzt. Einige Jahre zuvor hat es in der Gegend eine Überschwemmung gegeben, während der man Leute behelfsmäßig oberhalb der ehemaligen Gaskammern einquartierte. Die Menschen, die heute im Schloß wohnen, werden in der Umgebung nicht sonderlich anerkannt, zum Beispiel ein Behinderter, der gemeinsam mit seiner Mutter dort lebt. Andererseits gibt es eine Art Erntedankfest, wo das Schloß wieder miteingebunden wird, der Kameradschaftsbund auftritt und so weiter. Da tun sich auf einmal Brüche auf. Ich fand, daß dieses Schloß, die Landschaft, die Vernichtung, das, was die Leute aus der Umgebung erzählen, und die Tatsache, daß Leben sich dort wieder festsetzt, ein Thema wären. Wie geht man mit Vernichtungsstätten um? Inwieweit ist es sinnvoll, das als Denkmal zu erhalten? Kann man die Ausgrenzung der Leute im Schloß, die aufgrund einer Notsituation dort leben müssen, aufheben? Das waren meine Intentionen.

Vielleicht war das auch, was die anderen wollten, jedenfalls hat es bei dem Film verschiedene Formen der Annäherung gegeben. Die eine, von Andreas Gruber, sehr stark über das Spiel zu kommen, einen Bus durch die Landschaft fahren zu lassen, anzudeuten, wie das gewesen sein mag, was man damals wahrgenommen hat. Ich habe mir einen schärferen Blick gewünscht auf die aktuelle Situation, auch auf die Kirche, auf deren Grundbesitz das Schloß steht. Für mich war weniger wichtig, ein Einzelschicksal mit aller Verzweiflung anzugehen, sondern anhand dieses Bauwerks zu fragen: Wie setzt sich Geschichte in unserem Bewußtsein fest?

Sie meinen im Bewußtsein der Gesellschaft, die kollektiven Bilder ...

... Wobei ich bei *Schuld und Gedächtnis* draufgekommen bin, daß das kollektive Bewußtsein zum Teil keine Bilder mehr hat. Das hat mich sehr verblüfft, weil ich zuerst dachte, wir könnten diese Leichenberg-Pädagogik zugunsten einer Versachlichung zurücknehmen. Und dann kommen diese alten Nationalsozialisten und beschreiben Sachen, wo mir zum Teil sogar selbst die Bilder gefehlt haben! Deshalb hab' ich solche Bilder dann wieder in den Film hereingenommen, weil ich gar nicht mehr verstanden hab', worüber die geredet haben. Diese Prozesse, die wollte ich eben auch in *Hartheim* viel stärker verdeutlichen. Johannes Neuhauser wiederum, der früher einmal im Schloß gearbeitet hat, war damals gerade am Sprung zur Regie, und mit all dem ist irgendwie eine Dynamik in das Geschehen gekommen, die nur von der Sache weggeführt hat... Ich bin über den Film nicht unglücklich, ich stehe zu ihm, aber es gibt Ansätze drin, wo ich meine, daß eine Schwächung des Materials stattgefunden hat. Mit Prossliner habe ich arbeiten können, bei *Hartheim* hat's nicht funktioniert. Das war meine letzte Gemeinschaftsarbeit.

Interessant an »T4 Hartheim 1« finde ich, daß auch hier die Sicht der Täter hereinkommt, durch ein kurzes Statement dieses ehemaligen Vergasungsarztes. Sie haben nur übers Telefon mit ihm gesprochen, warum?

Ihn anzurufen war eine Bemühung von Johannes Neuhauser. Meine Position, die ich in *Schuld und Gedächtnis* gewählt habe, war: Ich rief die Leute an und sagte: Ich komm' jetzt. Auch bei diesem Gespräch damals habe ich gesagt, wir können ihn anrufen, aber dann gehen wir auch hin zu ihm. Grundsätzlich, glaube ich, ist dieser Umgang mit historischen Tatsachen auch ein Zeichen der Zeit, daß man abgesichertes Wissen immer wieder neu hinterfragt und dadurch irgendwie in einen Graubereich schiebt, als wäre da noch nicht alles geklärt. Von dem bin ich weggegangen. Es gibt genug Fakten, man braucht das nicht immer wieder zu diskutieren. In *Der Tunnel* geht es nicht mehr darum, zu beweisen, daß dort bestimmte Dinge passiert sind, sondern darum, daß der damalige Lagerarzt sagt: Kurze Spritze, und dann war er weg. Daß die Leute, die heute zu dem Ort fahren, wo sie als Zwangsarbeiter fast umgebracht worden sind, nicht irgendwelche

Spinner sind, sondern Betroffene, und daß die sich vor der Kamera nicht wieder in der Position der Schwächeren darstellen müssen: Ja, wir waren wirklich Opfer. Sondern daß sie die Möglichkeit haben, zu richten und zu sagen, was sie machen würden. Genau das sind die Fragen, die die Gesellschaft zu klären hat. Nationalsozialisten, was macht man mit denen?

Inwieweit haben Sie sich als Nicht-Historiker auf die Gespräche mit den Nationalsozialisten vorbereitet?

Mein Vorteil war, daß ich bis zu einem gewissen Grad naiv in diese Interviews gegangen bin und versucht habe, etwas zu erfragen. Das war die einzige Möglichkeit. Hätte ich alle Protokolle gelesen, die ich von Leuten gekriegt habe, die sich schon ein halbes Leben mit dieser Materie beschäftigt haben – wie hätte ich dann noch ein Interview führen können? Was mir aber immer bewußt war, daß da ein Mensch hinter dem Schreibtisch sitzt, für den das alles nicht nur leeres Gerede ist. Und plötzlich hab' ich auch gewußt, was das heißt: Schreibtischtäter.

Meinen Sie, es wäre gar nicht wünschenswert, daß ein Filmemacher gleichzeitig Historiker ist?

Ich glaube nicht, daß das ein Muß ist, sondern vielleicht sogar hinderlich. So kann man andere Filme machen. Es wären bei mir sehr schnell Grenzen dagewesen. Nach dem vierten Nationalsozialisten habe ich gesagt: aus. Denn im Fall von Portschy hatte ich einfach Probleme, die Distanzen klar darzustellen. Diesen Bruch zu spüren, das Mitleid mit sich selbst und die Unbarmherzigkeit gegenüber anderen, damit hatte ich erhebliche Probleme. Den drei anderen bin ich sozusagen in einer reinen Interviewsituation begegnet, bei Portschy aber sah ich mich plötzlich gezwungen, daß ich ihm in seinem Haus über eine Stiege herunterhelfen mußte. Ich habe dann auch gemerkt, welche Kraft es mich kostet, stundenlang zuhören und ihm immer wieder klarmachen zu müssen, das wird öffentlich, was Sie jetzt sagen. Er hat alles, vom Weinen übers Lachen bis zur Euphorie, durchgespielt. Das hat mich sehr stark angegriffen. Ich hab' so arge Kopfschmerzen gekriegt, daß ich zum ersten Mal ein Interview abbrechen mußte. Ich hab' eine Pause gebraucht, weil irgendetwas überhaupt nicht mehr gestimmt hat. Erst später hab' ich mir dann auch gesagt, mir reicht das jetzt. Ich höre auf.

Parallel zu »Schuld und Gedächtnis« ist Ihre dritte historische Arbeit entstanden, »Der Tunnel«. Die Konfrontation zwischen Tisler und Ramsauer, ehemals inhaftierter Partisan bzw. Chefarzt im Lager

EGON HUMER

Loiblpaß, wird durch Videoeinspielungen zugespitzt, woraus sich eine komplexe, aber sehr klare Struktur ergibt: Man weiß immer, wer wann mit wem und worüber spricht.

Für mich ist das ein sehr wichtiger Film, gerade in der Kombination mit *Schuld und Gedächtnis,* der sozusagen nur die Basis ist. In *Der Tunnel* wird eine Gegenposition eingeführt: Das ist eine Richtung, in der man noch viel mehr arbeiten müßte. Aber den Film hat sich keiner mehr angeschaut, sicher auch deshalb, weil in *Schuld und Gedächtnis* die spektakuläreren Aussagen fallen.

Im Gegensatz zu »Schuld und Gedächtnis«, wo Sie noch Zwischentitel und Fotos einblenden, ist in »Der Tunnel« die Gegenposition schon im Material selbst enthalten. Dafür schätze ich diesen Film sehr.

Das freut mich, denn *Der Tunnel* ist komplett untergegangen. In einer reinen Round-Table-Situation wie bei *Schuld und Gedächtnis* treten rasch auch Schwächen auf. Natürlich wird dieser Film grundsätzlich leichter akzeptiert, aber ich glaube, daß es wichtig ist, verschiedene Formen der Distanzierung zu suchen. Ich habe lange an *Schuld und Gedächtnis* gearbeitet und versucht, *Der Tunnel* parallel dazu zu machen. Es stellte sich dann schon die Frage: Wie wird das jetzt aufgenommen, überschreitet der Film nicht etwas? Da hat's schon eine Verunsicherung gegeben, auch meinerseits, und es hat sich bald gezeigt, wie das auf einmal brennt. Heute gibt es einen handbreiten Pressespiegel zu *Schuld und Gedächtnis,* aber an und für sich ist der Film in seiner Eindeutigkeit verstanden worden. Wenn man sich einmal auf ihn eingelassen hat, kann man ihn nicht mehr rüberheben in eine Gegenposition. Aber schon bei *Running Wild* war das wieder ganz anders.

Die verschiedenen Positionen in »Der Tunnel« verlangen dem Zuschauer einiges an Arbeit ab. In »Schlöglmühl« haben Sie das zum ersten Mal versucht, nur gab es da zusätzlich noch verschiedene Ausgangsebenen, wie die Studie über Marienthal, die Tagebücher der Frau Gerl, die Interviews und die sehr atmosphärische Kameraarbeit. Für mich wirkt die Struktur hier aber nicht polyphon sondern noch ein bißchen zerfranst.

Für mich ist das nicht so, ganz klar. Einerseits macht die Studie über die Arbeitslosen von Marienthal eine gesellschaftspolitische Situation im historischen Kontext fest, auf der anderen Seite schreibt sich im Film private Geschichte nieder, privates Leid, in Form der Tagebuchaufzeichnungen, durch Präsentation von Flugblättern, Hausanschlägen und anderen Fundstücken. Man versucht etwas zu rekonstruieren und gibt dadurch den Blick frei auf einen Ist-

Zustand. Vieles, was in der Studie angesprochen wurde, hat sich in der aktuellen Situation von Schlöglmühl bestätigt. Die Kamera vollzieht das nach, kommt von außen, geht von A nach B, beobachtet, durchmißt eine Fabrik, man nimmt dies und jenes wahr, hat vorher ein Flugblatt gefunden, schaut dort hinein, hört aus dem Nachbarraum irgendeinen Ton, kommt in Konfrontationen zwischen den Einwohnern hinein, Kinder stehen herum: Der ganze Film beschreibt eine Art Niemandsland, eine zeitlose Situation.

Trotzdem scheint mir die Spanne zwischen der zitierten sozialwissenschaftlichen Studie und Ihrem Engagement, eine politische Fehlentwicklung darzustellen, indem Sie die Gewerkschaft kritisieren, kaum miteinander vereinbar.

Das stimmt so nicht, denn ich greife die Gewerkschaft nur insofern an, als sie ein Teil der Kräfte war, die zu dieser Situation geführt haben. Sie war in die Entwicklung genauso eingebunden wie etwa die Papierindustrie. Es ist ein sehr komplexes Thema, mit vielen Faktoren, bei dem es nicht genügt, einfach die Studie von Marienthal aufzukochen und zu sagen: Das und das passiert in einer Zeit, wo Entscheidungen fehlen. Man muß gleichzeitig das Bewußtsein für die aktuelle Situation schärfen. Das möchte ich schon für alle meine Filme haben, daß sie dazu aufrufen, sich etwas zu vergegenwärtigen und eine Position zu finden. Auf der anderen Seite wieder gewinnt *Schlöglmühl,* weil er sozusagen mit einem Rundumschlag gegen die Mächtigen auftritt, leichter Sympathien, wird leichter akzeptiert, aber auch leichter abgehakt. Also hab' ich eine Sprache zu entwickeln versucht, die diese zeitlose Verlorenheit rüberbringt, die ich dort gespürt hab', soetwas wie einen inneren Ausdruck. Was mich bei *Schlöglmühl* am meisten fasziniert hat, war das Verhältnis zwischen Mikro- und Makrokosmos. Ich hab' das nicht gestellt, sondern es ist einfach passiert, daß einer der Arbeitslosen sein Stückl Braunschweiger auf dem Fernsehgerät schneidet, während grad der Bericht von einer Mondlandung läuft. Das war für mich ein wichtiger Moment, daß völlig losgelöst vom großen Ereignis etwas im kleinen passiert.

Ich würde gerne mehr über die konkrete Arbeitssituation wissen. Die Dreharbeiten fanden von Juli bis September 1989 statt, was bei einem Film dieser Größenordnung ja ein Luxus ist.

Es hat eine relativ lange Phase des Kennenlernens gegeben, erst durch mich, dann durch das Team. Wir haben in der Nähe gewohnt. Die Leute waren sehr mißtrauisch, deshalb haben wir zuerst die offizielleren Geschichten gemacht. Ich habe Protokolle angelegt zu einzelnen Personen, wie man sie zeigen könnte. Ich war dann bei vielen in den Wohnungen und habe versucht, mich möglichst einzulassen auf die Situation. Wir haben um vier in der Früh angefangen und dann bis Mitternacht gearbeitet, manchmal bis zwei Uhr morgens. Wir mußten ständig überall sein, sonst wäre es nicht gelungen, solche Stimmungen wie den Regen, der einsetzt, auch wirklich zu kriegen. Wir waren permanent präsent, nur mittendrin haben wir dann drei Tage Pause gemacht. Wir haben geschaut, was ist das Wesentliche, um wegzukommen von den Erklärungsmodellen der TV-Features und statt dessen die richtige Stimmung zu bekommen. Ein Gespür zu entwickeln für eine Einstellung, für ein Geräusch, für Licht. Das wollte ich damals erarbeiten.

Wenn Sie die ganze Zeit vor Ort waren, heißt das, daß Sie erst nach Ende der Dreharbeiten gesehen haben, welches Material Sie tatsächlich würden verwenden können?

Ich hab' mir damals ein halbes Jahr lang den Kopf über die Kadrierung der Bilder zerbrochen und hab' gewußt, mit welcher Optik, welcher Distanz, welchem Licht ich was bekommen müßte. Es sei denn, die Kamera ist defekt. Ich kannte Peter Freiss und hab' gewußt, wie das Bild ist, ohne es über einen Monitor zu überprüfen. Von mir aus war das die am stärksten kontrollierte Arbeit. Wir haben *Schlöglmühl* im Materialverhältnis 1:1,5 gedreht, natürlich auch, weil wir kein Geld hatten. Bei den Gesprächen konnte ich zum Beispiel nicht sagen, reden wir halt, sondern ich mußte jedes Interview auf den Punkt bringen, entscheiden, jetzt und jetzt fahren wir ein Stück mit – jetzt, wo's wahr ist. Wir wußten nicht, ob wir mit dem Material durchkommen würden. Schlußendlich haben wir dann unsere Gagen, einfach alles, eingesetzt und einen Stundenlohn von 22 Schilling brutto gehabt. Diesen Idealismus kann man sich nur leisten, wenn man jemanden hat, der einem Geld borgt oder wenn man eine kleine Reserve hat. Ich habe dann gesagt, wir machen es wie der Fassbinder, jetzt oder nie, nur eine Einstellung, nur einmal Ton. Das ist eine Arbeitsweise, die eine ungeheure gemeinsame Konzentration schafft, insofern war *Schlöglmühl* auch ein sehr schönes Erlebnis. Die Elektronik schafft hingegen eher die Mittel als die Möglichkeiten, aber ich bin jetzt eigentlich an einem Punkt, wo ich behaupte, daß man bei der Elektronik genau die gleiche Sorgfalt walten lassen kann.

Zweifellos. Mit »Burn Out. Medizin an den Grenzen« haben Sie auch einen Film gedreht, der in dieser Form wohl nur auf Video gemacht werden konnte und der der Bezeichnung Fernsehdokumentation im besten Sinn des Wortes gerecht wird. Können Sie etwas über die Entstehung dieses Projekts erzählen?

Ich wollte eine wissenschaftliche Dokumentation machen, die sich mit einem Grenzbereich der Gesellschaft befaßt, zum Beispiel also der Medizin. Ich kannte jemanden, der im psychologischen Bereich arbeitet und die Ärzte im St. Anna Kinderspital betreut, so habe ich den Film dann dort gedreht. Vorher hab' ich längere Zeit mit den Ärzten über mein Vorhaben gesprochen, worauf die meinten, ich könne den Film gar nicht machen, weil ich zu sehr mit den Patienten mitleide. *Burn Out* ist ein Versuch zu zeigen, wie man mit dem Kalt-Warm zwischen Erfolgserlebnis und totaler Katastrophe umgehen kann. Dieses Nebeneinander war faszinierend für mich, wie intensiv das ist und was die Ärzte und Schwestern da durchmachen. Als wir gedreht haben, bin ich zusammen mit den Ärzten von einer Krisensitzung in die nächste gegangen. Die Frage, die sich für mich während der Dreharbeiten gestellt hat, war, wie macht man Tod öffentlich, ohne daß man den Menschen, der sterben muß, entwürdigend darstellt. Wir haben das dann in der Szene mit dem leeren Gang und mit dem Gespräch gelöst, wo jemand stirbt. Die Nähe des Patienten zum Arzt ist da in einem Bild zusammengefaßt, das auf die Arbeit beschränkt ist, in dem sie einander aber auch sehr nahe sind.

Täuscht das oder ist die Kamera vom Geschehen meist weiter entfernt als das Mikrofon?

Stimmt, die Kamera bewegt sich anders. Wir haben Kamera und Ton manchmal getrennt, weil der Ton aus bestimmten Gründen einen anderen Winkel aufnehmen konnte als die Kamera. Es gibt Szenen, die sind hinter Glas gedreht, zum Teil mit dem Funkmikro; aufgrund der Vertrauenssituation sind die Ärzte überall mit den Funkmikros hingegangen, auch in Bereiche, die normalerweise nicht zugänglich sind. Es hat eine Vereinbarung gegeben, daß wir bestimmte Sachen verwenden, die besprochen worden sind, andere haben wir geschnitten. Nicht im Sinn von Zensur, sondern weil man bedenken muß, daß es Fernsehen ist. Das erfordert eine bestimmte Kodierung des Materials, damit es auch verstanden wird.

Man hat den Eindruck, daß der überwiegende Teil des Films die Ereignisse eines einzigen Tages zeigt ...

Ja, wir haben versucht, das Geschehen in einen Ablauf zu bringen. Ich glaube, daß sehr vieles, wo es bis jetzt nicht geglückt ist, Bilder zu finden oder ein Gefühl dafür zu entwickeln, bei *Burn Out* gelungen ist, speziell dort, wo es um das Sterben geht. Zeitweise war ich dann auch überfordert, ich sehe ja nicht jeden Tag jemanden sterben. Ich weiß noch, bei der einen Szene, wo man den Eltern erklärt, daß ihr Kind sterben wird, da hat die Kamera auf einmal zum

Scheppern angefangen. Ich hab' dem Freiss die eine Hand gegeben und dem Schwarzmüller die andere: Das war ein Beruhigen der Kamera und gleichzeitig ein Anhalten für mich. In Situationen wie dieser, da werde ich von den Kameraleuten auch geführt. Peter Freiss ist da grandios. Wo ich allein schon längst gesprungen wär', hat er eine Brennweite fixiert oder behält eine Distanz bei, das geht so klack, klack, klack, wie besprochen. Das ist gut, und da kann man sich auch aneinander reiben. Wir sind während der Dreharbeiten zum Beispiel nie gemeinsam ein Bier trinken gegangen. Er hatte seine Bilder im Kopf und ich meine, und jeder wollte nur für sich allein weggehen und sich ein paar Krügel geben.

Trotz des schwierigen Themas haben Sie es geschafft, daß der Film auch Hoffnung vermittelt. Haben Sie dafür eine Erklärung?

Ich hab' im Rohschnitt eine Art »Todeslinie« verfolgt, fast unbewußt, weil mich das am meisten bewegt hat. Ich habe den Rohnschnitt dem Alfred Payrleitner vom ORF gezeigt, und er meinte, wenn man diese Linie beibehält, dann schafft man Probleme für die Betroffenen. Ich hab' dann noch einmal versucht, das ganze zu rationalisieren und in eine Richtung zu arbeiten, die dieses System nicht als etwas Pervertiertes zeigt und daß die Ärzte sich dem deshalb aussetzen, weil es die Hoffnung gibt, Sinnvolles auch in ausweglosen Situationen zu tun. Es war mir wichtig zu zeigen, daß es an diesem Spital ein Bewußtsein gibt, daß es unter Umständen sinnvoll ist, wenn Ärzte zusammen mit den Eltern darauf verzichten, die medizinischen Mittel bis zum Schluß auszuschöpfen, weil das Kind dann sozusagen in sich sterben kann. All das hat eine Extrembelastung zur Folge, die im medizinischen Bereich kaum wahrgenommen wird. Genau da habe ich versucht, verschiedene Linien herauszuarbeiten, für das Fernsehen zu gestalten und emotional zugänglich zu machen, aber für das Hauptabendprogramm war's sicher immer noch eine harte Bandage ... Für mich persönlich war *Burn Out* die bislang härteste Arbeit.

Egon Humer

geboren 1954 in Wels.

Filme (Auswahl): 1979 »Flicka«; 1984 »Das seltsame Haus« (Co-Regisseur Karl Prossliner); 1987 »T4 Hartheim 1 – Sterben und Leben im Schloß« (Co-Regisseure: Johannes Neuhauser, Andreas Gruber); 1990 »Postadresse: 2640 Schlöglmühl«, »Burn Out. Die Medizin an den Grenzen« (TV); 1992 »Schuld und Gedächtnis«, »Der Tunnel«, »Running Wild«; 1993 »The Bands«, »Die Riskiogesellschaft« (TV); 1994 »Die Reise nach Brody« (TV), »Gehorsam und Verweigerung« (TV).

Peter Tscherkassky

»MIMI MINUS ODER DIE ANGEWANDTE CHAOSFORSCHUNG«
Mara Mattuschka und ihre Filme

Ihre ersten Trickfilme dreht Mara Mattuschka 1983. Bereits 1985, nach Filmen wie *Nabel Fabel*, *Cerolax*, *Der Untergang der Titania* und *Kugelkopf*, hat sich eine internationale Fan-Gemeinschaft um sie geschart. Ihre Filme werden Kultobjekte, und Mimi Minus, wie Mara Mattuschka in ihren Filmen heißt, ein Star.

Einer des Gründe, warum es so großes Vergnügen bereitet, sich ihre Filme anzuschauen, liegt in der voyeuristischen Lust, ihr beim Umgang mit dem Chaos zuzuschauen.

Im Dezember 1992 zeigt Mara Mattuschka mir am Schneidetisch ihren neuesten, noch unvertonten Film *Die Unbilden des Schicksals*. Im Vorspann steht »© 1982«. »1982?« frage ich erstaunt. – »Ja, wir haben das heuer im Frühjahr gedreht«, antwortet Mara. – »Aber warum 1982?« insistiere ich. – »Oh! Scheiße ...«

Ein Dezennium muß noch keine Rolle im Denken von Mara Mattuschka spielen. Es mag zu jenen Unwichtigkeiten gehören, mit denen wir uns viel zu sehr beschäftigen, wie sie später im Interview sagen wird. Und so einen kleinen »Irrtum« mit den Zahlen hatten wir schon bei *Les Misérables*, dem Teil 1 der »Unbilden«, wie Mattuschka die *Miserablen* nennt. »Man schrieb das Jahr Eintausendeins«, erzählt der Off-Ton, während mit wackeliger Kinderschrift ein »101« hingekritzelt wird. Daß das hier absichtlich geschieht, macht keinen Unterschied. »101« wurde das Chaos mit eingebunden. »1982« hat es einen kleinen Sieg davongetragen.

Mara soll eine Zeitlang sämtliche Termine so gelegt haben: Man traf sie in einem Café nahe des Trickfilmstudios, und zwar Montag um 13, Dienstag um 14, Mittwoch um 15 Uhr und so fort. So mußte sie sich nicht den Ort, nicht die Zeit und auch nicht die Person merken, mit der sie ein Rendezvous vereinbart hatte. Das System funktionierte perfekt.

Es ist aber nicht die Ordnung der Zahlen, der der Widerstand des seinerzeitigen Mathematik-Genies gilt. Mattuschkas Kampf zielt zuvorderst auf jene der Buchstaben.

Nicht nur in der gleichen Art wie wir alle, auch in die selbe Welt ist sie gekommen: in eine Welt des Mangels, wie Lacan das nannte. Das wunschlose Glücklichsein, also jener Zustand, in dem Wunsch und Wunscherfüllung noch ineinander fallen, das ist die vergleichsweise kurze Zeit, die uns vor der Geburt gegeben ist. Für Béla Grunberger, den bekannten psychoanalytischen Narzißmusforscher, gleicht die menschliche Existenz überhaupt einer vergeblichen Suche nach diesem verlorenen paradiesischen, vollkommen narzißtischen Zustand im Uterus. Der Entzug dieser Fülle, und damit sind wir wieder bei Lacan, beginnt mit der Geburt selbst, setzt sich fort über den Verlust der Mutterbrust und führt geradewegs in die Grenzen der Sprache: ein unverzichtbares Mittel, das dennoch nichts anderes ist als eine fremde Ordnung, der sich jeder Mensch überantworten muß, um seine Bedürfnisse, d.h. seine »Mängel« artikulieren zu können.

Statt jenes idealen Immer-schon-befriedigt-Seins muß nun eine Welt abstrakter Zeichen herhalten, um sich zu vermitteln, und abstrakte Zeichen sind es, die wir zurückbekommen. Dieser Makel ist für die Sprache konstitutiv: sie ist ein System des Ersatzes, ein Stattdessen an der Stelle des prallen, vollen Seins an sich. Und selbst das ging der Bulgarin mit der Muttersprache verloren, als sie 17jährig nach Wien emigrierte. Also begann Mara Mattuschka, nach der Matura am englischen Konsulat, ein Studium der Sprachwissenschaft.

Fast jeder Film, den sie später machen wird, beschäftigt sich mit der Schrift und der Sprache, und bei ihr heißt das, diese Zeichensysteme einer Attacke auszusetzen. Das geschieht oft verdeckt, zumindest muß es nicht so augenfällig sein, wie sie den Körper ins Spiel zu bringen gewohnt ist. Es ist der Körper von Mimi Minus, dessen Sinnlichkeit den exzessiv ausgespielten Gegenpol zum Abstrakten des Sprachlichen markiert. Es gibt nur wenige Aufnahmen in ihren Filmen, in denen sie nicht zu sehen wäre, und oft verweisen diese Bilder auf Körperhaftigkeit an sich.

Es hat mich sehr gefreut besteht aus vierzehn Einstellungen. Mimi Minus, in Großaufnahme, breitet in einer nicht näher definierbaren Landschaft ein Liegetuch aus, legt sich nieder, leckt an den Fingern, spreizt die Beine, greift sich an die Scham und beginnt zu masturbieren. In sieben raschen Einstellungen entfernt sich die Kamera, Mimi Minus schrumpft auf die Größe eines Punktes, verschwindet schließlich im harten Kontrast des Filmmaterials, während der Schrei des Orgasmus in den Gates eines elektronischen Tongeräts verhallt. Letzte Einstellung: Noch einmal kommt ihr Kopf ins Bild, ein erschöpfter Blick, das Make-up devastiert, und aus dem Off sagt ihre Stimme: »Danke. Es hat mich sehr gefreut.« Dieser Satz wird auch in einem Schriftinsert gezeigt; die Buchstaben verrinnen.

Kaiserschnitt beginnt ebenfalls mit dem Akt des Hinlegens. Hier ist es die im Titel angezeigte Geburt, die das Hinlegen motiviert. Der Kaiserschnitt führt durch eine Leinwand, hervor quillt ein Sackerl voller Buchstaben. Es ist die berühmte Buchstabensuppe unserer Kindheit, die didaktische Erfordernisse auf zweierlei Art zu befriedigen versuchte, indem sie Suppenverzehr mit dem Erwerb von Schriftkenntnis verband.

Kaiserschnitt endet damit, daß eine Hand die ganze Buchstabenhorde ausstreut. Als weiße Silhouetten zeichnen sie sich, negativ gefilmt, auf einem Leuchttisch ab. Mit einer Pinzette klaubt eine Hand das Alphabet aus dem wirren Haufen und reiht seine Buchstaben aneinander. Das H bleibt ausgespart. Erst am Schluß wird es eingefügt, zusammengesetzt aus zwei Teilen, den Bruchstücken irgendwelcher anderer Buchstaben. Sie hatte das H wirklich vergessen, erzählt Mattuschka, und erst im letzten Moment dazugesetzt. Ihre Hand zittert aufgeregt dabei, und fast gelingt es ihr unter der laufenden Kamera nicht, etwas Ordentliches aus den Teilstücken zusammenzubasteln, das als H durchgehen kann. So rutscht auch hier der Körper, wo er doch gar nicht mehr da sein sollte, nachdem aus ihm die Ordnung der Buchstaben geboren wurde, hinein ins Bild mit der ihm eigenen Befindlichkeit. In den letzten Sekunden des Films wird das Bild unscharf, bis die Buchstabenmannschaft auf einen Lichtfleck zusammengeschmolzen ist.

Es hat mich sehr gefreut und *Kaiserschnitt* sind beispielhaft und stehen sich polar gegenüber. Der eine feiert die Sinnlichkeit in einer ziemlich autonomen Form. Schwangerschaft und Geburt sind hier nicht zu erwarten. Sprache und Schrift tauchen nur als Träger von Ironie auf: Das »Danke«, an die Kamera und das Publikum adressiert, kann höchstens unseren Blick meinen, aber den hat sie uns eigentlich auch verwehrt, so wie der Exhibitionismus von Mirni Minus immer Ambivalenz zu wahren versteht.

Daß es eines zeugenden Vaters bedurft hätte, wird auch in *Kaiserschnitt* nicht angedeutet. Mattuschka hat viel Sinn für plurale Bedeutungen der Wörter unserer Sprache. So meint sie wohl eine Art unbefleckte Empfängnis, die Ankunft eines Herrschers, der sich da mächtig durch eine aufgeschlitzte Leinwand ins Leben der Künstlerin drängt. Auch das *Danke, es hat mich sehr gefreut* hat sie dem Mund eines Kaisers entlehnt. Nach der Eröffnung der Wiener Staatsoper hatte Franz Joseph I sich eher abfällig über den Bau geäußert, woraufhin der Architekt Selbstmord beging. Die Formel des »Danke, es war sehr schön, es hat mich sehr gefreut« legte sich der Kaiser zu, um nie wieder den Anlaß für eine solche Verzweiflungstat zu geben. Konsequent stülpte er sie über alles, was ihm an Kunst und deren Sinnlichkeitsangeboten noch beggegnen sollte.

Sprache und Macht sind ineinander verwoben, und beide zusammen haben sich gegen den Körper und dessen Potenzen verbündet. Aber so naiv ist Mattuschkas Verhältnis zur Sprache und zu den Codes auch wieder nicht, auch wenn es nicht nur naiv wäre, einen vom Beginn weg verlorenen Kampf aufzunehmen. Es geht ihr vielmehr darum, sich soweit den allgemeinen Codes anzuvertrauen, daß Erwartungen geweckt sind, und dann eine Wendung zu machen, um ihnen ein Neues, ein Eigenes zu entlocken.

Oft besteht diese Wendung darin, den Wörtern ihren symbolischen Gehalt, also ihre rein sprachliche Bedeutung zu nehmen und ihnen statt dessen ikonische Qualität zu verleihen, d.h. sie zu Bildern zu machen. So wie sie das Alphabet zum Lichtfleck gerinnen läßt, ist Geschriebenes in Mattuschkas Filmen fast immer handschriftlich und bewegt sich an der Grenze zum Geschmiere. Die Credits von *Pascal – Gödel* etwa sind nahezu unleserlich. Sprechblasen wie in den *Miserablen* oder der *Titania* wären nicht zu entziffern, gäbe es nicht den Off-Ton. Auch das Gesprochene bekommt immer noch eine Extraportion an sinnlichem Glanz verliehen.

Meist ist Mattuschka selbst mit ihrem bulgarischen Akzent zu hören, oft mit kindlich entstellter Stimme. In *Loading Ludwig* taucht eine finnisch gesprochene Passage auf. Das versteht man überhaupt nicht mehr, Mara aber liebt den Klang dieser Sprache, wie sie im Gespräch erwähnt. Dieser Film bildet – neben dem *Kugelkopf* – ein Schlüsselwerk für die hier versuchte Interpretation ihres Œuvres. In einer seiner Episoden sitzt sie vor dem Spiegel und lauscht versonnen dem Horoskop im Radio:»Eine gute Woche liegt vor Ihnen. Vermeiden Sie Höhenflüge. Auch im Straßenverkehr sollten Sie Gelassenheit zeigen. Auch im Straßenverkehr. Ihre Unzufriedenheit zeigt sich in körperlichem Unwohlsein. Sie sind nicht krank. Von Gefühlen nicht irritieren lassen. Der 29. 7. führt zu Irritation«, und ähnliche Abstrusitäten. Simultan kauderwelscht Mimi Minus eine kindliche Phantasiesprache, zieht Kaugummifäden aus dem Mund und klebt diese auf den Spiegel. Einmal wendet sie sich auch direkt in die Kamera und verkleistert das Objektiv. Bald wirkt die Kaugummiplastik wie ein abstraktes Zeichen, das Faden für Faden immer mehr den Charakter einer abstrakten Zeichnung annimmt, hinter der ihre Schöpferin sichtbar bleibt. In dieser Sequenz kollidiert der öffentlich-verbindliche Gebrauch der Sprache (das Horoskop im Radio) mit dem Idiolekt der Künstlerin – der eigenen,»privaten« Sprache, die in jedem gelungenen Kunstwerk steckt, hier versinnlicht durch die gemurmelte Phantasiesprache und den Kaugummi.

Film ist ein streng geregeltes Geschäft. Keine einzige Kunstform des 20. Jahrhunderts hat sich in ein so dichtes Netz aus Gesetzen und Codes begeben wie der Film. Viele avantgardistische Werke kann man als Rebellion gegen diese Regelhaftigkeit interpretieren. Der spezifische Charme der Filme von Mara Mattuschka entspringt aber ihrer höchst eigenwilligen Interpretation dessen, wie solche Vorschriften einzuhalten seien. Man könnte sagen: Die Lust an ihren Filmen beruht darauf, daß sie uns Zeuge werden läßt, wie sie beim

Versuch scheitert, die Regeln doch irgendwie einzuhalten. »Ich wollte nie ein Tabu brechen«, heißt das im Interview. Ihr Verstoß gegen das Tabu besteht darin, daß sie Schwierigkeiten hat, das Tabu wahrzunehmen.

Manchmal wirkt das, als ob ihre Kunst in einen Zustand vor den Regeln der Codes ausbrechen wollte. An die Stelle der Dinge lassen die Codes dürre, abstrakte Zeichen treten. Mara Mattuschka will aber zu den Dingen des Lebens an sich gelangen, sie will den konstitutiven Mangel der Sprache, wie Lacan ihn diagnostiziert hat, rückgängig machen, um über die Lust an der Kunst zur Lust am Körper und damit zur Lust am Sein zu finden. Dieser Lust zuliebe lehnt sie sich gegen die Regelhaftigkeit der Welt und die Regeln der Kinematographie auf, und exemplarisch führt sie ihre Scharmützel gegen die Ordnung der Buchstaben vor.

Das Studium der Sprachwissenschaft hat sie übrigens bloß deshalb nicht abgeschlossen, weil kein Professor ihr Dissertationsthema über die Semantik der Farben annehmen wollte. Das wäre wohl zu sinnlich ausgefallen. Aber davon wird sie gleich selber erzählen.

Im Gespräch mit Mara Mattuschka

Sie werden in diesem Buch als österreichische Filmemacherin präsentiert. Sind Sie das?

Weder »österreichische« noch »Filmemacherin«, aber »österreichische Filmemacherin« – ja. Was ich mit 17 Jahren aus Bulgarien nach Wien mitgebracht habe, war die Beschäftigung mit der Literatur. Hier verlor ich meine Muttersprache. In Bulgarien habe ich Gedichte und Kurzgeschichten geschrieben, phantastische, surreale, utopische Geschichten, die eine pseudowissenschaftliche Erklärung der Welt lieferten. Das ist mein bulgarisches Erbe. In der Zeit, in der ich meine Sprache nicht hatte, begann ich mit meiner visuellen Arbeit.

Heute fließen beim Film viele meiner Tätigkeiten zusammen: das Literarische, die Geschichte, mein nicht-literarischer Humor, die poetische und die visuelle Seite.

Ihr filmisches Werk gliedert sich in die Kurzfilme, mit denen Sie international rasch bekannt geworden sind, und die Langfilme »Der Einzug des Rokoko ins Inselreich der Huzzis« mit Andreas Karner und Hans-Werner Poschauko, »Loading Ludwig« mit Michael Petrov und »Madame Suvlaki ist Babylon«. Was unterscheidet die Kurzfilme von den drei Langfilmen?

MARA MATTUSCHKA

Um 1987 dachte ich mir, daß ich nur mehr ganz, ganz kurze Filme machen werde, maximal 2 Minuten, wie Epigramme, Aphorismen. Das ist auch meine Stärke. Die längeren Geschichten, an denen ich jetzt arbeite, sind vielleicht weniger radikal. Die kurze, deutliche Aussage ist ein eigenes Genre, das von der Filmwelt kaum ausgeschöpft wurde. Es ist eine Gedichtform: der Film als Zweizeiler. Gleichzeitig sind diese Filme sehr komprimiert in ihrer Aussage. So kann ein Kurzfilm wie etwa *Parasympathica* für mich als Person stehen. Der Sympathicus und Parasympathicus sind Teile des Nervensystems, die für die Ruhe- und Aktivphasen zuständig sind. Ohne einander können sie nicht sein, sonst käme es zu einer unglaublichen Erschöpfung. In einer spanischen Zeitschrift habe ich eine Liste von Eigenschaften gefunden, die die katholische Kirche positiv und negativ sieht. Die positiven sind mit zwei Ausnahmen die passiven Einstellungen. Faul und das Wort »passiv« sind negativ, arbeitsliebend und »aktiv« positiv, aber sonst ist immer das Passivum positiv. »Curiosa« z.B., die Neugier, ist für die Kirche negativ! Dabei ist Neugierde doch der Hunger des Gehirns, so wie die Sehnsucht der Hunger der Seele ist. Jedenfalls sieht man im Film diese zwei Pole, indem ich meinen Körper in zwei Hälften getrennt habe, schwarz und weiß bemalt, und darüber eine Krone trage als Zeichen für die Einheit, die man bildet, egal wie widersprüchlich man ist. Die Begriffsauflistung hört man im Ton und ich stelle sie mimetisch dar. Dazwischen sind Einzelbildaufnahmen, wo ich mich abwechselnd nach links und nach rechts drehe, was dann in der Projektion wieder zu verschmelzen scheint. Mit Trickaufnahmen lasse ich auch die Säfte von Sympathicus und Parasympathicus über den Körper fließen: Tränen, Schweiß, Ejakulat, Mösensäfte.

Die Schmetterlinge wiederum, über die der deutsche Text spricht, sind mein Sinnbild für die Symmetrie. Ich bevorzuge keine der beiden Seiten, ich propagiere auch nicht die Faulheit. Ich glaube eher, wir arbeiten viel zu wenig, bzw. viel zu sehr am Unwesentlichen.

Wie kommen Sie zu Ihren Geschichten?

Meistens finde ich eine Geschichte, die sich dann völlig verändert. Bei *Les Misérables* etwa hatte ich zuerst einen Dialog im Kopf, dann hab' ich die Figuren aufgenommen, und sie haben nicht mehr zu den Worten gepaßt, dann hab ich den Dialog verändert und noch was nachgedreht. Das ist fast immer so: Ich habe einen fixen Drehplan, und es kommt etwas anderes zustande. Es ist immer prozeßhaft. Bei diesem Film hat mich das Lied inspiriert: »I'll get me a woman tonight, no matter if crippled, deaf or blind«.

Außerdem geht es um eine Dreiecksbeziehung, eine Konstellation aus meiner Kindheit: ich, ein Mädchen und ein Bub, im Alter von 4 oder 5, die beiden anderen waren ein Jahr älter und ließen mich nie mitspielen, was ich ziemlich traumatisch empfunden habe. Im Film spielen wir endlich zu dritt, und die Geschlechtsrollen sind nicht so klar verteilt.

Autobiografisch ist auch das Moment, daß ich wahnsinnige Angst habe, daß ich blind werden könnte. Meine Kurzsichtigkeit wiederum stört mich gar nicht, obwohl ich sieben Dioptrin an beiden Augen habe und keine Brille trage.

Was für eine Tricktechnik verwenden Sie bei den »Miserablen«?

Das ist unter der Kamera mit wasserlöslichem Filzstift auf eine Folie gezeichnet. Ich hab das dann immer wieder mit Spucke verwischt und die nächste Phase drübergezeichnet.

Nicht nur bei »Les Misérables«, auch in den meisten anderen Ihrer Filme spielt Sexualität eine zentrale Rolle. Fast immer setzten Sie Ihren Körper mit ein. Welche Rolle spielt er in Ihrer Arbeit?

Ich benutze den Körper sowohl als Instrument als auch als Ausdruck für eine Idee. Es gibt die Idee »Körper« und die Realität Körper und das Körper-Gefühl. Je bewußter diese Sachen sind, umso mehr wird der Körper Instrument. So wurde mir mein weiblicher Körper das beste Instrument, das ich kenne. Mit nichts kann ich so gut umgehen. Er ist für mich Pinsel, Bleistift und Gedanke. Aber ich will keine Tabus brechen, das wollte ich nie. Wenn man Tabubrecher sein will, dann bleibt man an der Oberfläche. Nur wenn man das wirklich Eigene zuläßt, wird das Werk tief. Nie aber geht es mir um Sex direkt. Ich will was Psychologisches, und ich drücke es mit dem Körper als Mittel aus, mit der Sprache des Körpers. So kommt das erotische Element rein.

Aber ich habe überhaupt ein sehr körperliches Verhältnis zur Welt, eines, das vor der Sprache liegt. Das ist ja auch ein sehr grundsätzliches Motiv, das in meinen Filmen vorkommt: das non-verbale Verstehen. Das hängt auch mit der Malerei, dem optischen Begreifen eines Gegenstandes zusammen. Man kann masturbieren und dabei auf den Radiator schauen, und auf einmal erfaßt man den Radiator als Teil von sich selbst und als Ding an sich.

Wie hängt das mit dem Masturbieren zusammen?

Es geht um das Einverleiben. Die Malerei ist auch so ein Prozeß des Einverleibens. Man inhaliert einen Gegenstand und gibt ihn dann wieder. Natürlich nicht vollständig, aber einen Teil seines Wesens.

Also eine Versinnlichung und Erotisierung des Bezugs zur Außenwelt?

Eine Verkörperlichung! Es ist fast so, als ob man einen Gegenstand essen würde. Diese Verkörperlichung bewirkt, daß man voll dabei ist und eine Einheit bildet. Bei der Aktionsmalerei ist das am stärksten. Da ist jede Bewegung gleichzeitig ein Gedanken- und Gefühlsimpuls. Bewegung und Gehirn bilden eine Einheit.

Oft stellen Sie Ihr Gesicht und Ihren Körper verzerrt und häßlich dar oder mit Farbe beschmiert, die fast wie Schmutz wirkt. Ist das eine einfache Rebellion gegen unsere Körperästhetik?

Es gibt bestimmte Elemente, die ich immer wieder verwende und die jedesmal eine andere Bedeutung haben. Schmutz ist für mich so ein Zeichen mit verschiedenen Bedeutungen. In *Loading Ludwig* etwa interpretiere ich die Spuren in der Unterhose als eine Schriftspur – die Schrift-Sprache der Unterhose – und als »Kultur«: der fließende Übergang zwischen »Biologismus« in Form des Arschs und »Zivilisation« in Form der Unterhose. Eine Zeichnung der Exkremente auf einem Kalender. Wie das Klopapier, das ist auch ein Kalender: etwas Wiederkehrendes und doch unterschiedlich von Tag zu Tag.

Diese Dinge verweisen auf die Vergänglichkeit, die sonst ja verdrängt wird.

Ihr vielleicht prägnantester Film im Sinn eines Aphoristischen ist »Es hat mich sehr gefreut«. Auch hier verwenden Sie extrem hartes und kontrastreiches Filmmaterial. Inwieweit spielen solche formale Aspekte eine inhaltliche Rolle?

Dieses Material habe ich schon sehr früh verwendet. Das hat für mich fast Schriftcharakter, dieses Schwarz auf Weiß, es erzeugt ein Schrift-Bild. *Loading Ludwig* hat viele Grautöne. Die kurzen Filme aber sind wie ein einziger Satz. Und mit diesem Material wird der ganze Film wie ein Schriftzeichen.

In *Es hat mich sehr gefreut* ist die Sonnenbrille der Hauptdarsteller. Zuerst wollte ich Mimi Minus die Brille beim Masturbieren aufsetzen lassen, um sie abzuschirmen. Dann habe ich das umgedreht: Sie nimmt die Brille ab. Im Leben ist sie inkognito, in der Sexualität offenbart sie sich – sie öffnet sich für die Welt.

Gibt es wiederkehrende Grundthemen in Ihrer Arbeit?

Sehr oft geht es um das Ritual, das Ritual als Spiel. Besonders in *Pascal – Gödel*. Pascal und Gödel spielen Schach, aber es ist auch ein Zwiegespräch. Pascal war Spieler. Heute noch spielen die Leute nach seinen Roulette-Systemen. In seinen späten Jahren hat er die Mathematik zu Gunsten der Mystik relativiert. Mit Vorbehalt könnte man sagen, er war ein Wittgenstein seiner Zeit. Gödel hat die Mathematik auch relativiert, aber mit den Mitteln der

Mathematik, indem er die Geschlossenheit des Systems Mathematik bewiesen hat. In meinem Film ist es die Geschlossenheit des Systems »Schachspiel«, gespielt mit dem Doppelliter. Pascal und Gödel nehmen solange einen Zug, bis die Flasche leer und das Spiel aus ist. Gleichzeitig läuft auf der Spiel- oder Kampffläche etwas, das die Front auflöst: Es gibt nicht nur die Spielregeln, sondern es kommt sehr viel Menschliches herein. Etwas Dreckiges, Schönes. Der Wein wird verschüttet, er verwischt die Spielfelder und läßt sie verschwimmen, er transzendiert das geschlossene System. Und es gewinnt keiner, die Flasche wird einfach leer. Man gewinnt nicht, sondern wiederholt das Ritual: Am Schluß kommt ein neues Schachbrett auf den Tisch.

Die wiederkehrenden Elemente müssen nicht ursprünglich zum Thema gehören, so wie die Erotik immer da ist, aber als Mittel zum Zweck, und nicht ursächlich zum Thema gehört. Die Themen sind immer etwas Psychologisches, und auf einer Metaebene führen sie immer zu einem Punkt, an dem alle Gegensätze aufgelöst und zusammengeführt werden. Ich opponiere gegen jede simple binäre Logik eines »Schwarz« und »Weiß«.

Apropos »Schwarz und Weiß« – alle Ihre Filme sind mit Schwarz-Weiß-Film hergestellt. Warum kein Farbfilm?
Farbe ist mir ein Problem. Ich will einen Farbfilm machen, wo die Farbe nicht nur eine ästhetische, sondern auch eine semantische Relevanz hat. Mit der Farbe als Materie habe ich mich bereits beschäftigt, z.B. in *Pascal – Gödel*, wo vieles übermalt wird. Da fließt die Farbe als Masse, aber nicht als Qualität des Lichts oder der Materie. Ich wollte in der Sprachwissenschaft meine Dissertation über die Semantik der Farben schreiben, aber das hat kein Professor angenommen. Schon damals habe ich mich intensiv mit der Farbe beschäftigt. Aber ein formales Element muß für mich immer auch eine inhaltliche Bedeutung haben. Und solange die Thematik meiner Filme schwarz-weiß ist, sind es auch die Filme.

In welchem Verhältnis stehen in Ihren Filmen Bild und Schrift?
Von den Griechen kommt die Tradition des Plastischen und des Bildes und von den Juden die Schrift. Zusammengemischt führte das zu unserer heutigen Kultur: Schrift und Bild und eine Fixiertheit auf das Gesprochene im Unterschied zu den östlichen Kulturen. Bei uns sind die Sprache, die Schrift und das Bild eine Einheit.

Auch in der Psychoanalyse wird der seelische Zustand über das Wort bewegt. Ebenso läuft im Gebet mehr über das Wort als über die Meditation. In der Kultur, in der ich lebe und arbeite, deckt sich das Wort mit dem Seelischen.

Das Lied, das Gebet, die Liebeserklärung, die Psychoanalyse, man teilt sich sprachlich mit, das ist abendländisch. Und ich sehe mich als Voll-Abendländerin.

Interessieren Sie sich für fernöstliche Philosophien?

Ich glaube nicht an die Verschmelzbarkeit der beiden Kulturkreise. In San Francisco hat es nie Zen-Buddhismus gegeben, allem New Age zum Trotz. Das ist so oberflächlich wie die Kunst von dort. Für mich ist das eine Frage von Hintergrund und Vordergrund. Für mich ist das Wort ein Objekt im Raum, also ein Vordergrund und keine Kulisse. Diese Zen-beeinflußten Sachen dagegen sind viel zu sehr Kulisse. Sie meiden das Wort und die Aussage, sie meiden auch den Mensch, sie sind leere, schöne Räume, aber Hintergrund. Bloß für welche Handlung?

Und der Buddhismus des Ostens?

Oh, der interessiert mich sehr! Im Sinne der japanischen Kalligraphie etwa, nicht als Schrift, sondern die kalligraphische Zeichnung: Man zeichnet solange ein Objekt, bis man sein Wesen so erfaßt hat, daß man nicht ein naturalistisches Bild malt, aber ein Schrift-Bild dafür gefunden hat: Ich zeichne eine Blume, und damit habe ich »Blume« geschrieben. Ich habe ein gezeichnetes Wort für eine bestimmte Blume gefunden, indem ich das Wesen dieser Blume erkannt habe.

Daß also die Willkürlichkeit einer Bezeichnung für ein bestimmtes Objekt aufgehoben wird?

Genau. Ich kann Blume in jeder Sprache schreiben, aber geschrieben verfehle ich den Inhalt, das Wesen der Blume. Wenn ich eine Blume wirklich kenne und sie zeichne, dann habe ich das Wort, das Schrift-Bild dafür gefunden. Das ist die japanische Kalligraphie. Das will ich in meinen Filmen machen: ein Schriftbild für einen Sachverhalt, einen Inhalt, einen Menschen finden. Auch in meinen Zeichnungen und der Malerei. Es ist fast, als ob man eine Formel findet. In diese Richtung will ich gehen, das ist mein Programma Maxima.

Gibt es einen Ihrer Filme, den Sie am meisten schätzen?

Nein. Meine Filme sind in Gruppen eingeteilt, die ineinander übergehen. Ich arbeite in einem Jahr fast immer an zwei Sachen gleichzeitig. Das eine ist was Schweres, das andere was Leichtes. Das repräsentiert meine zwei extremen Standpunkte und die Suche nach einem Gleichgewicht. *Titania* und *Kugelkopf* etwa entstanden im selben Jahr. Bohrt man zu sehr in eine Richtung, geht was anderes verloren. Ich gehe immer zurück zum jeweils anderen und baue dort weiter, damit das nicht verloren geht. Wenn ich ordentlich sein will, Ordnung schaffen in meinem Chaos, dann bricht irgendwo sonst das Chaos wieder aus. Man kann sich nicht geradlinig entwickeln, in eine Richtung. Man muß wie eine Kreissäge mit vielen Spitzen sein: Ein Spitz geht nach innen, der andere nach außen. Man muß in sich und um sich rollen. Wie eine Amöbe, die immer die gesamte Masse bei ihren Bewegungen verändert. Und es kommen sehr viele Druckstellen von außen, die auf Bewegung drängen. Das ist ein wunderbares Spiel.

Wodurch unterscheiden sich diese beiden Filme, »Der Untergang der Titania« und »Kugelkopf«?

Die Titania ist die Liebes- und Lustgöttin im *Sommernachtstraum* von Shakespeare. So eine Art Brunhild. Ich zeige sie als eine für mich typische Figur: der Trampel, die pupertäre Frau, die pickelig ist, nirgendwo richtig erwünscht, und eine unglaubliche Kraftkonzentration darstellt, weil noch alles in ihrem Leben unverwirklicht ist, besonders die sexuellen Gelüste: Sie ist also ein Energiebündel und eine Gefahr. Das gilt übrigens genauso für die Figur in *S.O.S. Extraterrestria*.

Diese Frau schwimmt im schwarzen Wasser der Badewanne. Unter ihr ist der Ausfluß. Das ist der Anus des Kanalnetzes unter der Großstadt. Diese Kanäle sind ihre Eingeweide. Alle Ärsche sind so miteinander verbunden. Es gibt Stunden, in denen alle auf dem Klo hängen, in der Früh vor der Arbeit etwa. Immer, wenn man aufs Klo geht, ist man mit ganz anderen Personen verbunden. Es ist wie ein Telefonnetz. Nur ein Arschloch hat kein Ohr und kann nicht artikuliert sprechen. Jedenfalls geht es um die unsichtbaren Netze, mit denen wir miteinander verbunden sind.

Titania hat die paranoide Vision, daß aus diesem Loch Wesen herauskommen. Das will sie verdrängen und spricht daher immer von anderen Dingen, als zu sehen sind. Sie spricht von Rosen, und im Bild sieht man irgendeinen Kobold an der Kachelwand beim Scheißen. Sie spricht vom Abitur und meint den Sex. Sie ist von Schwänzen umgeben, die wie Insekten in der Badewanne herumschwimmen, aber sie verdeckt ihre »Scham«. Bedeckt sie sie? Oder spielt sie damit? Das Motiv ist in der abendländischen Malerei ja bekannt, als Zeichen für Keuschheit, aber man kann das auch anders sehen, besonders wenn ein Finger fehlt.

Auch der Teufel kommt vor, und Gott als Großvater, er heißt Joachim Sturz. Die beiden stehen wieder für die Pole Gut und Böse.

Geht es Ihnen um die verdrängte Rückseite der Dinge?

Eher um das Unsichtbare, um den Leerraum zwischen den Zeilen. Die Zeile erzählt schöne Sachen, und dazwischen kann man anderes lesen, und von diesem Anderen sprechen meine Filme. Insgesamt geht es in der *Titania* um die Frage: Soll man sublimieren oder das Eigentliche machen? Da ist diese Textstelle: »Sie betrachtete die leere Leinwand: Sollte sie den Apfel essen oder ihn malen? Laut auflachend biß sie kräftig in den Apfel,« – also sie entscheidet sich für das Eigentliche – »sie würde die Birne malen!«... Für alles gibt es eine Lösung.

Und sie ertrinkt: in der Lust, im Leben, in ihren Widersprüchen.

Wenn das ein Beispiel für eine Komödie ist, wie beschreiben Sie dann »Kugelkopf«?

Der ganze Film ist vom Kugelkopf der Schreibmaschine inspiriert – deshalb auch der Untertitel »Ode an IBM«. Die Musik zu Beginn stammt aus der *Carmen*, der Geschichte der großen Leidenschaft. Die Kastagnetten sind das Geräusch und der Rhythmus der Schreibmaschine. In die ist eine Klopapierrolle eingespannt, deren Blätter als Sinnbild für den Alltag abgerissen werden: Ein Tag ist weg und noch einer und noch einer. Das steht für die Mechanisierung des Menschen, unsere sinnlosen Wiederholungen von Tag zu Tag. Aber immerhin ist Mimi Minus eine zeichensetzende Maschine.

Dann schert sie sich die Haare. Das ist eine asketische Handlung. Sie hat sich geschworen, sie wird kämpfen: »O.k., ich mach mich zur Maschine, probieren wir aus, wie weit es geht.« Auf den ersten Schnitt mit dem Rasiermesser durch die Kopfhaut reagiert das Publikum immer stark. Man hört immer ein erschrecktes »Hh!«. Dazu im Ton die schneidende Geige. Sie bandagiert den Kopf ganz ein, er wird zum Kugelkopf und ihr Blut zur Tinte. Dieser Kugelkopf wird bedrohlich und wälzt alles nieder: Das ist die Sprache, die Buchstaben, das Repertoire des Gängigen, mit dem alles auszudrücken ist und basta, andere Mittel gibt es nicht. Dem entgegengesetzt ist das Motiv des Schreibens mit dem eigenen Blut.

Der erste Buchstabe, den sie druckt, ist das »V«. Das sind die Hörner des Toro, des Stieres, dazu die Melodie *Bravo Torero* aus der *Carmen*. Das Farbband der Schreibmaschine ist sein rotes Tuch, gegen das der Stier immer wieder anrennt.

Das hört sich nach einem ziemlich verzweifelten Kampf an.

Ja, der Toro ist todgeweiht. Aber das V ist auch das Zeichen für Victory. Mein Urgroßvater hat Selbstmord begangen. Er ist von der Brücke in einen Fluß gesprungen. Der hatte sowenig Wasser, daß er im Schlamm stecken blieb und seine Beine noch herausragten und dieses Victory-Zeichen bildeten. Er hinterließ ein absurdes Victory-Zeichen, so wie die Hörner des Stieres ein absurdes Protestzeichen sind.

Im Film lösen sich mit der Zeit die Bandagen, ihr verletzter Kopf kommt wieder zum Vorschein, und sie beginnt mit den Verletzungen zu schreiben, mit den Organen. Sie druckt mit Mund und Nase und Augen, den Ohren, Zähnen, Haaren, der Zunge, bis die ganze Leinwand bedeckt ist.

In der Schlußeinstellung sind die Credits auf das Fenster zur Straße geschrieben, das die Hülle draußen herum zeigt, die Menschen, es ist wie eine Relativierung. Ein Zyklus ist umkreist: es ist ein Film im Film im Film.

> »Loading Ludwig« ist Ihr erster eigener Langfilm. Am Beginn
> gibt es eine Masturbationssequenz, in der Sexualität ganz explizit
> eingesetzt wird. Hier scheint die Erotik nicht nur Ausdrucksmittel
> für anderes zu sein.

Ich wollte bei dieser Sequenz ganz was anderes machen. Sie erwacht aus dem Schlaf in die Gegenwärtigkeit. Aber nicht nur du wachst auf, sondern die ganze Geschichte der Menschheit steht mit dir auf. Im Körper ist die Erbmasse der Vergangenheit gespeichert. Du selbst bist Geschichte, und dein Körper erzählt diese Geschichte.

Geplant war Folgendes: Ich wollte zeigen, wie man beim Erwachen für den ganzen Tag mit dem Samen der Vergangenheit befruchtet wird. Wir hatten einen Riesenphallus, der mit den berühmtesten Menschen der Geschichte tätowiert war, also der Phallus enthält den Samen der Geschichte, alles was war und gedacht wurde und was uns zeitgenössisch macht und nicht mittelalterlich. Alles was wir wissen, wenn wir auf die Straße gehen und nicht gleich überfahren werden. Dieser gigantische Phallus in seiner Morgenerektion befruchtet jeden Menschen in der Früh. Und diese Aufnahme ist gescheitert, weil der Phallus in diesem Raum nicht zu filmen war: Er war einfach zu groß. Jetzt ist er unter dem Bett gelegen und ich oben drauf, das sieht man nicht, das wissen nur wir zwei.

Geblieben ist die Onaniesequenz als Sinnbild für den Tagesanfang. Der Schrei des Orgasmus, bei dem sie die Kamera verschlingt, ist der Schrei des Körpers bei seiner Geburt.

Übrigens ist der Schrei echt. Obwohl wir den zweimal drehen mußten, weil ich beim ersten Orgasmus das Objektiv mit meinem Mund nicht erwischt habe. Aber das ist bei Frauen bekanntlich nicht so ein Problem. Der Schrei heißt auch: »Ich bin wach! Um Gottes Willen! Der ganze Horror kommt auf mich zu!«

Eine interessante Formulierung: Sie verschlingen das Blickinstrument Kamera, bezeichnen die Kamera als den ganzen »Horror, der auf mich zukommt«.

Die Kamera ist ja die Welt, die Welt in der Kamera ist auch die Welt; wenn man filmt, ist sie verkehrt da drinnen. Wie in den Geschichten des Baron Münchhausen, der in den Wolf hineingreift und ihn wie einen Handschuh umdreht.

Ist es nicht manchmal schwierig, solche intime Aufnahmen zu machen?

Das kann ich nur machen, weil ich zu Michael Petrov, der fast immer Kamera bei meinen Filmen gemacht hat, ein ganz fantastisches Verhältnis habe. Er trägt auch zu den Filmen viel bei, auch formal, gerade beim *Ludwig* kommen wichtige ästhetische Elemente von ihm.

Was heißt eigentlich »Loading Ludwig«?

Ludwig ist ein Programm. Das wird »geladen«.

Und es hat mit Wittgenstein, Beethoven und der Fabrik Ludwig zu tun, wo ich das Drehbuch geschrieben habe.

Der ganze Film besteht aus vielen Episoden, in denen ich meine Grundthemen variiere. Zum Beispiel die Großaufnahmen in der Schreibmaschine am Beginn. Wir haben sie zerlegt, um die Typenhebel besser filmen zu können. Von vorne bilden sie ein griechisches Amphitheater, wo unsere Kultur ja herkommt, von hinten sind das gefletschte Zähne.

Insgesamt zeigt der Film die Heldin vom Aufstehen bis zum Weggehen. Auf den Wänden ihrer Wohnung ist ihre Biografie aufgemalt: das ist die Literaturtapete. Hier finden sich auch die berühmtesten Mathematiker der Geschichte, die ihr interessiert beim Baden zuschauen. Auch sie sind ein wichtiger Teil ihres Lebens.

Die Sprache zeige ich als »Sprachplastik«, als Kaugummi, den sie in die Länge zieht und auf den Spiegel pickt. Dazu hört sie das Horoskop des Tages. Mehrere Ebenen der Sprache sind hier aktiviert: das Gesprochene, die Sprechblase, die Übersetzung und der Kommentar, ein Sprechen mit sich selbst.

Ich zeige sie als Boxerin im Kampf mit einem Punchingball, der mit Seiten aus dem Brockhaus beklebt ist. Ich kann freilich nicht boxen, für mich ist das wieder so ein Ritual, dessen Atmosphäre ich nachäffe, genauso wie den wissenschaftlich-medizinischen Diskurs in der Sequenz mit dem »Zentralorgan« oder dem Sezieren der Unterhose. Ich zerlege das Ritual auf seine Grundelemente und zeige sie vor, demonstrativ und plump: »So ist das«. Und was nicht mit einem dieser Rituale erfaßt werden kann, ist das Dunkle, von der Wissenschaft nicht Erfaßte, das an allem Schuld ist, so wie das Zentralorgan.

Sexualität zeige ich desillusionierend: Sie sieht einen Phallus und keucht erregt und bläst dabei einen Ballon auf, der natürlich konvex ist. Wenn sie ihn an den Phallus preßt, wird er konkav, bis er zerplatzt: Also die Berührung kehrt die andere Seite hervor und desillusioniert.

Und immer wieder sieht man die kleinen Rituale: schminken, Kaffee trinken, anziehen. Meine Güte, wie oft ziehen wir eigentlich unsere Socken an?!? Das Anziehen verdient sich einfach ein Monument, weil es jeder so oft macht. Es hat etwas Heroisches, es ist eine heroische Handlung. Deshalb die »Internationale« im Ton, und sie klebt sich falsche Wimpern an und schafft es nicht einmal. Aber sie zieht in den Kampf.

Es gibt extrem wenige Außenaufnahmen in diesem Film.

Ja, nur drei. Eine, in der sie gebückt mit der Sichel erntet, wo doch die Arbeit nach Marx den Menschen zum Menschen, also aufrecht gehend, gemacht haben soll. Die zweite beim Sport, wo sie als Krüppel den Wettläufer nachmacht.

Und schließlich die Jahrmarktssequenz, wo der Körper in seiner Normalität als ein Wunder angepriesen wird: »Kommen Sie, kommen Sie rein, meine Damen und Herren! Die Weltsensation! Die Frau mit den fünf Fingern! Das anatomische Wunder!« Das Wunder ist nicht das Besondere, sondern der Körper in seiner Normalität, daß er immer fünf Finger hat. Und in einer Tricksequenz lasse ich diesen Körper besteigen, beginnend bei ihren Füßen, die sind im Film das Tote Meer, bis hinauf zum Himalaya-Kopf. Und dann die Frage: »Was gibt es jenseits davon?«, also der Blick in die Sterne, die neue Kosmologie, die führt zum Schwarzen Loch, der Vagina, übrigens das einzige direkte Mösenbild in all meinen Filmen.

Und der Film endet mit ihr als Kaiserin von China, auch eine ihrer vielen Potenzen. Man hat nur ein Leben und führt doch gleichzeitig viele andere, potentielle Leben. So trägt sie sich selbst, ist Kuli und Kaiserin zugleich. Ihre langen Nägel heißen: »Ich arbeite nicht«. Damit sendet sie Botschaften an ihr Volk. Sie ist die Bienenkönigin, die Mutter von allem. Ihre Sprache ist gestisch, außersprachlich. Sie zeigt den Weg, aber in fünf Richtungen. Es ist ihr Bienentanz.

Wenn man Ihre Filme vergleicht, könnte man sagen, Ihre Kurzfilme sind Gedichte, »Loading Ludwig« ist ein Epos und »Der Einzug des Rokoko ins Inselreich der Huzzis« eine Operette?

Ja, eine Wiener Operette! Ich weiß nicht, was »postmodern« bedeutet, aber das ist vielleicht mein postmodernes Werk. Jedenfalls war die Zusammenarbeit mit Andreas Karner und Hans-Werner Poschauko eine ganz wichtige menschliche Erfahrung in meinem Leben. Wir sind zwei, drei Jahre unseres Lebens zusammen gegangen, wir haben das Stück für das Theater produziert und dann verfilmt. Mit Andreas arbeite ich zur Zeit an einem neuen Drehbuch.

Wie sind Ihre neuen Projekte ausgerichtet?
Mehr Inhalte statt Trick. Und prägnanter. Tricks erscheinen mir mittlerweile zu selbstherrlich.

Ihre Kurzfilme waren sehr auf Sie und Ihren Körper zentriert, während später immer mehr Gegenstände auftauchen. Tritt jetzt ein Kampf mit und in der Objektwelt an die Stelle der frühen Selbstbezüglichkeit?
Früher gab es meistens nur einen Gegenstand pro Film. Die Flasche bei *Pascal – Gödel* etwa, die Sonnenbrille in *Es hat mich sehr gefreut*, die Krone in *Parasympathica* und so fort, aber schon im *Ludwig* treten die Objekte an die Stelle der Trickaufnahmen. Und ich versuche, die Gegenstände sehr kalkuliert einzusetzen.

Hätten Sie Lust, einmal einen kommerziellen Spielfilm zu machen?
Den Zwang zur Kommerzialität und zu einer vorgeschriebenen Grammatik könnte ich nicht akzeptieren. Das Thema eines Spielfilms kann interessant sein, aber seine Eigendynamik ist immer die gleiche, immer dieses »Die Geschichte weitererzählen, die Geschichte weitererzählen«, und da wird über Leichen gegangen. Selbst wenn es ganz tolle Details in einer erzählten Situation gibt, die werden negiert, einfach weggeworfen. Action muß passieren.

Mitgewirkt haben Sie ja schon bei Filmen anderer Regisseure.
Ja, zuletzt bei Peter Ily Huemers *Dead Flowers*, da war ich der Teufel. Und in Deutschland bei Michael Brynntrup und bei Ulrike Zimmermann. Statistin in Spielfilmen war ich schon oft. Einmal mit Curd Jürgens im Casino Baden, mit der Miß Europa von 1960. Die war natürlich nicht mehr die Jüngste. Die hat die russische Spionin Nina gespielt. Der Film ist aber nie in die Kinos gekommen. Ich war eine Serviererin, die ganz wackelig im Casino Baden um fünf Uhr früh von Tisch zu Tisch gelaufen ist. Auch in Sofia als Jugendliche war ich schon beim Film. Dort gab es ja eine Filmproduktion, im Unterschied zu Österreich.

Es ist toll, sich nicht einmischen zu müssen, wenn man etwas sieht, was man für einen Fehler erachtet. Sich denken können: »Das würde ich nie machen « – diese ewigen Totalen, in denen die Geschichten erzählt werden. Auch wenn es ein Spielfilm wäre, würde ich mehr ins Detail gehen, viel mehr den einzelnen Menschen beleuchten, auch wenn es ein Statist ist, in einer typischen Bewegung.

Ein Spielfilm ist auch Ihre bislang letzte Arbeit, »Suvlaki ist Babylon«. Hier haben Sie zum erstenmal als Regisseurin Schauspieler geführt. Wie war diese Erfahrung?

Reizvoll, auch wenn ich Angst davor hatte. Aber weil ich selbst soviel gespielt habe, konnte ich mich gut in die Darsteller versetzen und ihre Unsicherheiten bemerken.

Ich habe alles vorgespielt und mich zugleich bemüht, das Spezifische der Leute zuzulassen.

»Suvlaki ist Babylon« scheint mir zwischen der absurden Bilderwelt der »Huzzis« und der inhaltlichen Programmatik des »Ludwig« angesiedelt.

Die Story gibt es nur pro forma: Ein moderner Alchimist und eine Nonne stürzen in die Unterwelt und treffen auf die Ewige Hure Babylon, auf Madame Suvlaki. Um dieses Bild zentriert sich alles: Babylon an einem riesigen Kochtopf, in dem sie den Müll verkocht, der von der oberen Welt herabfällt. Babylon ist die archetypische Mutter, die alles überragt, bei der man sich verkriechen kann. Zum Beispiel in ihre gigantischen Fettfalten, die geheime Sprachzeichen sind.

Das zweite Bild, das mir vorschwebte, ist der Dr. Schmerz, der das Geschehen von außen kommentiert. Also der distanzierte, der »wissenschaftliche« Blick, der keinen praktischen Zugang hat, aber vieles von dem äußert, was ich mir denke. In Dr. Schmerz treffen Schizophrenie und Wahrheit aufeinander.

Bei den Bildkompositionen war mir eine strenge Ikonografie wichtig: eine klare Trennung zwischen links und rechts, rund um einen zentralen Bereich. Ebenso bei den Gesten der Darsteller, die ich oft in Großaufnahmen zeige. Durch diese grafische Strenge wird das Symbolische unterstrichen, wie auch in den Dialogen, die so konstruiert sind, daß alles Psychologische beiseite geschoben wird. Zugleich unterstreichen diese extrem künstlichen Bilder die Bedeutung der Worte. Der Film ist künstlich und abstrakt wie ein großes Symbol.

Gedreht habt ihr »Suvlaki ist Babylon« im ehemaligen »Rondell«, seinerzeit das erste Pornokino Wiens. Was war das für ein Gefühl?

Ich habe das als luxuriöse Situation empfunden: eine vollkommene Ruine mitten in der Stadt. Zugleich hatte es etwas von Cinecittà: in jedem Raum eine eigene Kulisse.

MARA MATTUSCHKA

Wie sehen Sie Ihren Platz innerhalb der Film- und Kunstszene?

Ich sehe den gesamten kulturellen Output der Menschheit in einem riesigen Zimmer, Materielles ebenso wie das gesamte Gedankengut, alle Gefühle, alles. Für dieses Zimmer arbeiten wir. Und es gibt sehr viel Kitsch, sehr viele Massenprodukte, die dort herumstehen, und es gibt gute Sachen. Und ich frage mich, wie könnten wir uns einer außerirdischen Intelligenz gegenüber ausweisen? Was denken die von uns und von dem, was wir machen? Dieser Blick von außerhalb interessiert mich.

Und innerhalb des Zimmers? Mit wem kommunizieren Sie da am liebsten?

In der *Divina Commédia* von Dante gibt es neun Höllenkreise. Im letzten sitzen die ganz Bösen, Kain und Judas zum Beispiel. Und im ersten, da sind die Heiden, die ungetauften Babies, alle sündfreien Leute, die halt nicht christlich sind. Dort sitzen meine Freunde. Sokrates, die Marxisten, dem Christlichen entwachsene Philosophen. Goya, Rembrandt, Beethoven, die sind verwandt mit mir. Die Schamanen. Und Gurdieff... Es ist ein Ort jenseits der Ideologien. Ich frage mich, was wir dort für Geschichten haben, was für Ideen, Gefühle?

Haben Sie Vorbilder, privat oder künstlerisch?

Immer wieder falle ich auf Leute rein, die außerhalb der Norm stehen, die Eigenarten haben, auch psychische Eigenarten. Aber so Eigenheiten hat ja jeder. Die Frage ist, wie sehr man das toleriert und wie sehr man damit leben kann. Die, die ich bewundert habe, haben sie immer zugelassen. Im allgemeinen lassen die Menschen viel zu wenig zu. Die Eigenart sitzt immer im Defekt, und nicht im Effekt. Der Defekt macht den Körper und jeden von uns individuell. Aber unsere Gesellschaft setzt auf Perfektion. Das beseitigt den Defekt zwar nicht, aber er wird mit viel Energieaufwand und Energieverlust verdrängt.

Ihr Alter Ego »Mimi Minus« hat viele kindliche Züge. Wie alt fühlen Sie sich?

Ich bin etwas zwischen 8 und 80, und zwar so, daß es vor 8 und über 80 ist. Und ich versuche das Naheliegende zu begreifen und zu lieben. Ohne viel Überbau.

Je älter ich werde, umso einfacher wird alles. In meiner Kindheit war ich ganz anders, viel erwachsener! Ich habe damals immer hinter die Dinge zu blicken und logische Gebilde zu erzeugen versucht. Das hatte zum Teil auch dramatische Folgen. Ich hatte zum Beispiel eine genaue Theorie, wie Kinder entstehen. Ich dachte, Bioelemente gehen vom Mann zur Frau rüber. Ich wußte nur nicht, warum Kinder nur bei Verheirateten passieren und woher die Bioelemente wissen, daß zwei verheiratet sind. Da war ich so acht Jahre alt. Und ich habe meine Mutter gefragt, und sie hat es mir gesagt, und sie hat sich hingelegt und mir ihre Möse gezeigt. Da bekam ich zum erstenmal eine Fotze ins Gesicht. In diesem Moment war das ein Schock, da habe ich mich irrsinnig klein gefühlt: weil ich da rausgekommen war und weil sie so frei war, mir das zu zeigen, und ich so verklemmt und drittens, der größte Schock: »Wie konnte ich das bisher nicht wissen! Wie konnte ich da nicht draufgekommen sein!« Und irgendwie prägt mich das bis heute, dieses damalige Gefühl einer Unterlegenheit.

Seit 1990 sind Sie selbst Mutter. Wie hat sich Ihr Leben durch Ihren Sohn Max verändert?

Alles wurde geregelter und geordneter. Ich gehe jetzt selten abends weg. Damit ist eine Inspirationsquelle von früher weggefallen. Früher war von 100 Gesprächen eines befruchtend, und ich mußte 100mal weggehen, um diese eine Situation finden, die inspiriert, aber dann war sie da.

Jetzt ist Max meine neue Inspirationsquelle. Ich habe viele Einsichten durch Max. Ich lerne mit und durch ihn. In den letzten Jahren hab ich Sachen gelernt, die dir keiner sagen kann und die man nicht nachlesen kann. Das muß man miterlebt haben. Und es geht um dieses Moment des Lernens. Lernen ist Konfrontation und Konflikt. Es ist Reibung. Ein guter Filmemacher, ein guter Maler ist einer, der sich dieser Konfrontation aussetzt.

Lassen sich solche Erfahrungen auch in einer spezifisch weiblichen Ästhetik umsetzen? Gibt es eine weibliche Ästhetik?

Ja. Mann und Frau stehen bei mir über der Kategorie »Mensch«. Das sind Überkategorien, da sie weitere Spezialisierung bedeuten. Insofern gibt es auch eine geschlechtsspezifische Kunst. Besonders im Umgang mit dem eigenen Körper, und der ist für meine Arbeit ja so wichtig, kann man dieses Geschlechtsspezifische erkennen. Ich möchte wissen, was für Filme ich als Mann machen würde!

Sie haben schon von der »verdrängtenVergänglichkeit« gesprochen. Wie gehen Sie mit Ihrer eigenen um?

Das nehme ich als menschliches Schicksal. Die eigene Nichtigkeit, um die geht's. Und um die Wichtigkeit des Einzelnen für die Menschheit: die eigene Nichtigkeit und die eigene Wichtigkeit für die Menschheit. Wie leben die Menschen weiter. Mit welcher Qualität und Kenntnis über sich selber und mit welchen Einsichten über den Tod und das Leben? Hier etwas beigetragen zu haben, das ist das Erbe, das wir hinterlassen können. Wenn man das verstanden hat, dann ist die eigene Nichtigkeit überhaupt nicht tragisch. In einer Phase ist das eine bittere Erkenntnis, aber da geht man durch und verarbeitet das.

Suchen Sie Zeugen für eine direkte Auseinandersetzung?
Wollen Sie sich jetzt schon über Ihr Erbe unterhalten?

Nein, ich suche zu jedem Menschen das Besondere, das mich mit ihm verbindet, und das ist wirklich bei jedem anders. Natürlich besonders im intimen Bereich. Was meine Kunst betrifft, so produziere ich die und stelle sie dann dem Publikum hin. Ich will ein Glitzern in den Augen auslösen. Mehr nicht.

Mara Mattuschka

geboren 1951 in Sofia, lebt in Wien. Studium der Malerei (bei Maria Lassnig an der Hochschule für angewandte Kunst in Wien), Linguistik und Ethnologie; produziert Ölgemälde, Filme, One-Woman-Shows. Inhaberin des goldenen Zirkels für höhere Mathematik. Seit 1990 Vorträge und Lehraufträge an Kunsthochschulen in Boston, Offenbach, Berlin, Wien und Braunschweig.

Filme: 1983 »Zehn kurze Trickfilme«; 1984 »Nabel Fabel«; 1985 »Der Untergang der Titania«, »Kugelkopf – Ode an IBM«, »Cerolax«; 1986 »Pascal-Gödel«, »Die Schule der Ausschweifungen«, »Parasympathica«, »Furchtbar – schrecklich«; 1987 »Les Misérables«, »Die vollkommene Bedeutungslosigkeit der Frau für die Musikgeschichte« (gemeinsam mit Hans-Werner Poschauko), »Danke, es hat mich sehr gefreut«, »Kaiserschnitt«, »m^2«; 1989 »Einzug des Rokoko ins Inselreich der Huzzis« (gemeinsam mit Hans-Werner Poschauko und Andreas Karner), »Loading Ludwig« (gem. mit M. Petrov); 1992 »Die Unbilden des Lebens« 1993 »Der Schöne, die Beast«; »S.O.S. Extra Terrestria« 1994 »Suvlaki ist Babylon: Komm, iß mit mir.«

Stefan Grissemann

VERSCHMELZENDES FLEISCH, GEÖFFNETES HERZ
Wolfgang Murnberger und seine Filme

Schönheit oder Schrecken? Imagination oder Wirklichkeit? Himmel oder Hölle? Um Wolfgang Murnbergers ersten großen Film, der 1990 entsteht und wenig später mit unerwartetem Enthusiasmus gefeiert wird, um diesen Film fassen zu können, bedarf es – analog zu seinen Techniken – mikroskopischer Annäherung, eindringender Sichtweise. Das Close-Up, als Kamera-Einstellung und als Metapher, ist der Schlüssel zu Murnbergers Arbeiten. Aus der Totale betrachtet gibt ein Film wie *Himmel oder Hölle* wenig von sich her: die Geschichte einer Kindheit; Spiele; Erinnerung; Natur; ein Dorfkino; »sündige« Filme – Fleischbeschau und Action-Meterware. Das alles ist zunächst nicht viel mehr als das Standardmaterial blasser, nostalgischer Autobiographie-Verarbeitungen.

Verlagert man den Blick vom Ganzen weg auf die Fragmente, auf die herumliegenden Splitter des Films, dann verändert sich das Bild. Mit dem Auftreten der Details, mit der Sprunghaftigkeit und den eskalierenden Orientierungsproblemen verschwindet etwas sehr Aufdringliches, das nebenbei auch etwas sehr Falsches ist: die (unterstellbare) Bemühung des Filmemachers, komplexe, kaum einzukreisende Dinge wie Erinnerung und Kindheit mit Anspruch auf Vollständigkeit und äußere Wahrheit abbilden zu können. Fragen Sie nicht, wie die Kindheit in Wirklichkeit ausgesehen hat. Fragen Sie stattdessen, wie sie sich in die Haut tätowiert, wie sie sich in die Eingeweide und den Kopf geprägt hat. Fragen Sie, welche Emotionen anhand welcher visueller Eindrücke noch heute, Jahrzehnte später, präsent sind. Und schrecken Sie nicht davor zurück, ein chaotisch ungeordnetes, amoralisches, gewaltvolles Bild in Kauf zu nehmen, das zugleich auch von der verborgenen Schönheit des Banalen und von der Magie der Vorstellungskraft erzählt.

Von all dem handelt *Himmel oder Hölle:* von einer Kindheit, nicht jeder Kindheit. Von blutenden Tieren und toten Vögeln, von erwachender Sexualität und repressiver Dorfgemeinschaft, von brutalen Spielen und dem Wunder der frei flottierenden, freizügigen, alles genehmigenden Imagination: Die Zeit des Aufwachsens, wie sie ein imaginärer Filmemacher, der kinotechnisches Wissen und kindliche Adrenalinausschüttung vereint, frei von sozialen Zwängen und konformistischem Schönheitsideal sehen würde. Möglicherweise.

Murnberger rekonstruiert diesen imaginären Filmemacher, indem er das rekonstruiert, was seine eigene Kindheit ihm in Fragmenten in seinem Gehirn hinterlassen hat. Und er ist ein Wiederholungstäter, mit seinem zweiten großen Film, der den Titel *Ich gelobe* trägt: autobiographisches Stückwerk wieder, durcheinandergewirbelt in dem gigantischen Raum zwischen mysteriösem Kindkosmos und dem Einstieg des herangereiften jungen Protagonisten Murnberger in ein fremdartiges Ordnungssystem namens Militär.

Abschminken: Im Titel des kurzen ersten Werks des Filmakademie-Amateurs, erdacht 1984, sechs Jahre vor dem exorbitanten Erfolg von *Himmel oder Hölle,* klingt bereits Symptomatisches an. Verweigern, entkleiden, die Essenz suchen, nicht um jeden Preis gefallen müssen: assoziierbare Begriffe, die einiges mit der Arbeit Murnbergers zu tun haben, mit einer cinematographischen Suche, die eben erst 1990 einen ersten bleibenden Eindruck hinterläßt. *Abschminken* nannte er, mit gutem Grund, seine noch ungelenke fünfminütige Fingerübung in Sachen Slapstick und Verfolgungsjagd: Ein Gesicht, sein eigenes, wird tricktechnisch bis an den Kern, bis auf die Knochen abgeschminkt; aber man schminkt sich auch (scherzhaft) das Leben ab – sein Held wird erschossen – und, eigentlich erstaunlich in einem Debüt, auch das Filmemachen an sich.

Der Kameramann fällt, selbst getroffen, um und reißt die Kamera in den Himmel: wider das lineare, bruchlose, fugenverschmierte Geschichtenerzählen des kommerziellen Kinos. Gegen das ultraprofessionelle Make-up der endlosen Verfeinerung aller Oberflächen, gegen die Vortäuschungen des falschen Kinos, gegen das idyllisierende, saubere Kino und die marktkonforme kosmetische Nachbehandlung von Kinder- und Heimatgeschichten: Das Kino des Wolfgang Murnberger mag zwar erst im Entstehen sein (was verständliche Unsicherheiten in bezug auf Konzepte und Stil mit sich bringt), daß er weiß, wogegen schärfste Abgrenzung nötig ist, daran kann es keinen Zweifel geben.

Wolfgang Murnberger liebt, wie sein kindlicher Stellvertreter in *Himmel oder Hölle,* das Schmelzen, das lustvolle Zerstören der ursprünglichen Form, das Zerrinnen. Nicht nur wird der Betrachter Zeuge seltsam monumentaler Action-Sequenzen, Kriegsszenen, in denen kleine Stichflammen Körper und Gesichter von Plastiksoldaten genüßlich zerfressen – das Ver-Schmelzen selbst gehört zu den zentralen Maßnahmen in Wolfgang Murnbergers Filmen: *Himmel oder Hölle,* ein Film über drei tabuisierte, in der Provinz kaum hinterfragbare Themenkreise – Sexualität, Religion, Tod –, wurde nach Aussagen des Filmemachers auf kleinen Papierkärtchen konzipiert, die so lange gegeneinander verschoben wurden, bis eindeutige Chronologie und lineares Storytelling hinter einem mitreißenden, Fakten und Fiktion verschmelzenden Assoziationsstrom verschwunden waren.

Ein Zug fährt ein, während der ersten paar Sekunden von *Himmel oder Hölle:* Aus seinem Inneren wird, ehe er aus dem Blickfeld verschwindet, eine große Schachtel auf den Bahnsteig geworfen. In ihr befindet sich das Kino, die magischen Motion Pictures, verpackt in schwere Filmrollen, die man erst in einen anderen Innenraum tragen und komplizierten, funkensprühenden Maschinen anvertrauen muß. Erst dann kann der glühend rot bestrahlte Vorhang im Zuschauersaal sich teilen, um die herbeigesehnten Bilder in Bewegung zu setzen. Die verschachtelten Strukturen in *Himmel oder Hölle* passen zu der Manie Murnbergers, in die Tiefe zu stoßen, den Bildern auf den Leib zu rükken: Die Hüllen abstreifen, sezieren, bis man das pulsierende Zentrum inmitten des Fleisches vor sich hat. Das Kino selbst ist das offene Herz von *Himmel oder Hölle.*

Es ist schön zu sehen, daß es gerade die schundigen, spekulativen, verdreckten Filme sind, die dem kleinen Helden die Augen öffnen und zur Lebenshilfe werden, die den Alltag verhexen, bereichern, neu ordnen: die stilisierten Choreographien des Italo-Western, in denen das Sterben ein Zeitlupen-Ballett ist und das ganze Heldentum nur eine lakonische Mundharmonika-Phrase; die maschinellen Soft-Sex-Stücke der frühen siebziger Jahre, in denen die verbotenen Körper zu verschmelzen scheinen; und die Kriegsfilme mit ihren stählernen Synchronstimmen und dem Stakkato des Bombenabwurfs, des Kugelhagels und der Pyrotechnik. Aus all diesen Inspirationen destillieren die Kinder in Murnbergers Film ihre Freizeit – für das Indianer- und das Kriegs-Spiel, für die prickelnde Entdeckung nackter weiblicher Körper, für die Lust an der Zersetzung.

Murnbergers Eltern führten jahrzehntelang ein Dorfkino, das, nachdem der projizierte Film von Heimvideo und Unterhaltungselektronik unterwandert und schließlich bekanntermaßen entmachtet wurde, heute nur noch als einsames, desolates Abstellager für allerlei Schutt und unbrauchbar gewordene Geräte dient. Der halbwüchsige Wolfgang lernt das Leben und seine Mechanismen in der Projektionskammer und anhand der mit schwarzem Klebeband entschärften Standbilder aus Filmen, die anrüchige Titel tragen und auch sonst an vermittelten Weisheiten nicht gerade arm sind. Er blickt durch leere Filmkader in den Himmel und durch die austretende Gallerte eines sezierten Rinderauges in die Sonne – Buñuels *Andalusischer Hund* und sein klassischer Augenöffnungs-Schock, transportiert in das burgenländische Wiesen.

Wolfgang Murnberger ist ein Impressionist, auch wenn ihm selbst diese Bezeichnung, wie alle Bezeichnungen, nicht behagt. Auch in seinen mittellangen Dokumentarfilmen zelebriert er die subjektive, physische Annäherung an seine Themen: vor allem in dem 1986 entstehenden *Kirtag* (durch die Nacht reisende Vergnügungspark-Monteure, in Regen und Schnee für das Amüsement der Dorfjugend werkend) und, ein Jahr später, in *Folge deinem Stern* (drei unbekannte junge Maler sprechen über ihre Arbeit, Ziele und Träume). Den Tänzen der Zeitlupe, dem Furioso der Kirtagschaukeln und den sinnlichen Eindrücken der Milieus gehören diese Filme – der Landstraße im Morgengrauen, den Tönen und Lichtern des Kirtags, dem leuchtenden Gelb der Gemälde.

Das Blut der Tiere ist der rote Faden, der sich durch die Spielfilme des Wolfgang Murnberger zieht: *Stierblut* heißt ein frühes kurzes Road Movie, das in noch kruder Manier von Stadtflucht und der Impression des Schlachtens erzählt; *Himmel oder Hölle* handelt unter anderem von den feinen Bläschen des abgefüllten, kreisenden, leinwandfüllenden Schlachtblutes, das sich in die Psyche der Landkinder frißt. Und eine kleine Szene, in der es um das Hühnerschlachten beim Heer geht, erinnert auch in der letzten Murnberger-Arbeit, in *Ich gelobe* an dieses Sujet. Murnbergers Kino ist an sozialen Aussagen desinteressiert, will nicht problematisieren, was man ohnehin besser anderswo, außerhalb des Kinos, in Universitäten und Labors vielleicht, analysiert. Seine Filme, soweit man das jetzt, in diesem frühen Stadium, schon sagen kann, begnügen sich damit, sehen und hören zu lassen, was sonst im Kino weder zu sehen noch zu hören ist. Wolfgang Murnbergers Filme müssen, schon allein deswegen, immer beides sein: Hölle *und* Himmel. Wirklichkeit *und* Imagination. Schrecken *und* Schönheit.

Gespräch mit Wolfgang Murnberger

»Stierblut«, einer Ihrer frühen Filme, behandelt, wie später »Himmel oder Hölle«, das Thema Landleben – die Provinz, gegen die Stadt gesetzt: Jemand kehrt aufs Land zurück und entschließt sich zu bleiben. Warum bleibt er? Und was hat das mit Ihnen und Ihren Filmen zu tun?

Ja, wie war das damals? Es hat wahrscheinlich schon etwas mit mir zu tun, weil ich glaube, daß man – ich hoffe, das hört sich nicht zu nostalgisch an – etwas, das dem abstrakten Begriff Wahrheit ziemlich nahe kommt, eher auf dem Land und in der Natur finden kann. Sagen wir: die Natur als gegebene Wahrheit. Dagegen ist alles, was in der Stadt passiert, für mich einfach nicht so wahr; es ist, als würde ich mir einen Film anschauen, wohingegen mir ein Wald oder ein Feld das Gefühl geben, das Kino verlassen zu haben. Es ist tatsächlich was dran an dem Trinken des warmen Stierblutes, wie es der Held in diesem kurzen Film anspricht: Das warme Blut, das ist wie eine Zeremonie, wie ein Ritus oder ein alter Brauch. Das alles schwingt da für mich mit, aber in *Stierblut* ist es noch ziemlich aufgesetzt: Zu wenig Zeit, zu wenig Geld, und vor allem hatte ich damals überhaupt noch kein Gefühl dafür, was ich erzählen wollte und wieviel Zeit man dafür braucht. Letztlich stimmt auch ganz einfach die Form nicht mit dem überein, was eigentlich erzählt wird.

Es ist seltsam: Der Film dauert 9 Minuten und läßt sich am Anfang trotzdem sehr viel Zeit. Sie tun so, als ob Sie – wie in einem dieser Reisefilme von Wim Wenders – 165 Minuten Zeit hätten.

Ja, genau, aber leider ist es nicht so weitergegangen, andernfalls wäre es dem Thema noch eher gerecht geworden. Es hat nicht einmal eine Kopie gegeben von dem Film: Das war eigentlich der erste Kurz-Spielfilm auf der Akademie, wo man nur versuchen sollte, eine Handlung irgendwie umzusetzen. Das und einige der folgenden Filme sind bloße Fingerübungen; aber man sieht schon ein bißchen das Interesse fürs Schlachten, für dieses ungeheure optische Erlebnis. Wenn man das eben nicht im Kino, sondern in Wirklichkeit erlebt, wie ein Rind oder ein Schwein geschlachtet wird, dann ist das eine bleibende Erinnerung.

Es gibt Menschen, die diesen Anblick nicht ertragen. Es sind natürlich primär Stadtmenschen, die damit Probleme haben.

Ja. Und tatsächlich verlassen bei meinen Filmen immer wieder Leute unter Protest das Kino.

Allein die Darstellung des Sterbens ruft bei manchen Leuten den Verdacht hervor, daß man das Gezeigte für etwas schlicht Schönes, Gutes, für etwas, das es auszubeuten gilt, hält. Aber Sie zeigen ja eigentlich nur, was es gibt.

Kein Landmensch würde sich an den Schlachtungen in *Himmel oder Hölle* stoßen, sondern würde damit wieder eigene Erinnerungen verknüpfen, während manche Stadtmenschen darin entweder reine Effekthascherei oder etwas einfach Unerträgliches sehen. Einer meiner Zuschauer, ein Amerikaner, hat mir gesagt: »In den USA versteht man so etwas überhaupt nicht, denn Blut im Film ist immer Filmblut«, und in Amerika verstünde daher kein Mensch, warum man echtes Blut filmt: Echtes Blut gehöre nicht ins Kino, in den Film gehöre Filmblut. Und es ist auch so, daß *Himmel oder Hölle*, in Amerika nicht wirklich gut angenommen wurde, viel weniger als beispielsweise in Tokio.

An Ihren Filmen fällt auf, daß Ihnen eine spezielle Kameraarbeit wichtig ist: Mit Fabian Eder arbeiten Sie eng zusammen, auch in

Ihrem jüngsten Film »Ich gelobe«. Wie autonom arbeiten ihre Kameramänner? Wie wichtig ist die Freundschaft zu den Menschen, mit denen Sie drehen?

Die Kameraarbeit ist mir extrem wichtig, weil ich stark in Bildern denke und bereits in den Scripts ziemlich genaue visuelle Pläne verzeichne. Ich weiß nicht, ob ich Fabian Eder sehr autonom arbeiten lassen könnte, hätte er nicht ganz ähnliche Vorstellungen von den Bildern wie ich. Das Vertrauensverhältnis ist diesbezüglich unumgänglich.

Wie wichtig sind Ihnen filmische Regeln, das Handwerk, das Sie auf der Filmakademie gelernt haben? Wie leicht verwerfen Sie diese Regeln, um eine Vision, die Sie im Kopf haben, in Bilder umzusetzen?

Ich glaube eigentlich, daß man jede Regel kennen sollte, von der man sich abwendet. Man sollte alles wissen, um es anders machen zu können. Ich habe bei manchen Experimentalfilmen Probleme, wenn ich das Gefühl habe, daß nichts, kein technisches Wissen dahintersteckt. Ich glaube, so etwas spürt man. Aber vielleicht täusche ich mich manchmal auch.

Könnten Sie sich nicht vorstellen, daß man irgend etwas tut, ohne es zu beherrschen, und es dennoch auf produktive Weise tut?

Ja, das kann ich mir schon vorstellen. Bei *Himmel oder Hölle* haben der Fabian und ich manchmal gesagt: »Lassen wir uns treiben«, wobei ich nicht immer sagen konnte, warum. Man muß auch die eigenen Regeln brechen können; wir haben das zum Beispiel in jener Szene gemacht, in der der Wolfi vor dem Grabstein steht. Bisher hatte ich eigentlich den ganzen Film über nur die subjektiven Einstellungen in Farbe gedreht. Ich schaue also durch die Kamera und sehe den schwarzen Marmor mit der goldenen Schrift und der Spiegelung im Marmor, und es war einfach klar: Es mußte, gegen den Stil und das Formale, in Farbe gedreht werden.

Wo liegen Ihre filmischen Bezugspunkte und visuellen Modelle, abgesehen von Ihrer Autobiographie, Ihrer Jugend?

Ich habe ja – durch das Kino meiner Eltern – unglaublich viele Filme gesehen, die mich nie motiviert haben, selbst welche zu machen. Zunächst habe ich mich viel mehr für Malerei, für das Zeichnen interessiert. Und über den Surrealismus bin ich irgendwann auf Buñuel gestoßen, auf das mir bis dahin unbekannte nicht-kommerzielle Kino, das war dann schon in Wien. Ich habe sicher bis zu meinem 22. Lebensjahr keinen Experimentalfilm gesehen. Erst als ich dann die Buñuel-Filme gesehen habe, vor allem *Un Chien Andalou* und

L'Age d'Or, da ist dann plötzlich etwas passiert im Kino: Ich habe einfach nicht geglaubt, daß es möglich ist, solche Filme zu machen.

Interessant, daß Sie so lange keinen Avantgarde-Film gesehen haben: Ich würde sagen, daß »Himmel oder Hölle« im Grunde weniger ein Spielfilm als experimentelles Kino ist.

Ja, ich sehe das eigentlich auch so, andererseits will ich doch verständlich und nicht gegen das Publikum sein.

Das ist ein heikler Punkt, weil Sie ja auch etwas machen, womit Sie einen Teil des Publikums verschrecken.

Ja, aber auf andere Art: Ich will das Publikum verschrecken, ohne dabei unverständlich zu werden. Es ist schwierig, darüber zu reden, aber: Auch in der Malerei wäre ich sicher kein abstrakter Maler geworden, ich hätte immer versucht, mittelbar zu bleiben. das ist mir einfach wichtig. Ich schaffe es nicht – das sage ich jetzt bewußt ganz negativ – , der totalen Beliebigkeit ausgeliefert zu sein.

An »Himmel oder Hölle« fällt auf, daß Sie eine unglaublich detaillierte, plastische Erinnerung an Ihre Kindheit haben, an die Zeit vor über zwanzig Jahren. Haben Sie das zum Teil auch konstruiert?

Es war sicher ein großer Vorteil, daß ich an Originalschauplätzen gedreht habe, die die Erinnerungen stark aufgefrischt haben. An den Drehorten haben wir vieles von dem, was ich beim Schreiben vage in meinem Gedächtnis hatte, gefunden: die aufgeschlitzte Puppe beispielsweise. Und dann lagen dort noch diese Vogelskelette in den Dachböden herum, wie in meiner Kindheit. Der Schauplatz war mir noch vertraut, aber das Vogelskelett hatte ich eigentlich schon wieder vergessen: Vögel haben sich im Haus eingenistet, und wenn da ein Junges herausgefallen ist, dann ist es vertrocknet, weil ja niemand vorbeigekommen ist und es nicht feucht war. Es ist vermodert, einfach ausgetrocknet. Der Ort selbst ist also dafür verantwortlich, daß diese Vogelskelette im Film vorkommen.

Das Close-Up, die Großaufnahme, taucht in Ihren Filmen nicht gerade selten auf: Sie scheinen an Oberflächen und Texturen extrem interessiert zu sein. Haben Sie den Eindruck, daß man in die Dinge eindringen kann, wenn man ihre Oberfläche akribisch erforscht?

Möglicherweise liegt es einfach daran, daß ich zu gut, zu scharf sehe. Vielleicht sehe ich Oberflächen wirklich anders als die meisten Menschen, aber mich interessieren diese Mikrokosmen wirklich sehr, auch naturwissenschaftlich.

Geht es da manchmal auch nur um das rein optische Erlebnis?

Aber im optischen Erlebnis liegt ja immer auch so viel mehr. Es gehört zum Faszinosum des Kinos, daß man mit dem Faktor Zeit spielen kann, mit Rhythmen, die man mit Close-Ups von Objekten viel effektiver erzeugen kann als etwa mit Menschen. Wenn zuviel im Bild ist, dann funktioniert es oft weniger gut, wenn es aber ein stark reduziertes Bild ist, und das sind Close-Ups ja immer, liegt für mich die Magie näher.

An »Himmel oder Hölle« fällt auf, daß es gerade nicht die Gesichter sind, die die Kamera primär im Visier hat – im Gegensatz zu dem Script von »Ich gelobe«, wo das Gesicht viel mehr im Vordergrund steht: das Gesicht der Großmutter etwa, in dem Sie ursprünglich Falten und Altersflecken untersuchen wollten, was dann ja während des Drehs doch weggefallen ist. Und in »Himmel oder Hölle« sind es eher die Tiere, das Blut und die Objekte der Jugend. Gehört das alles für Sie eher zur kindlichen Erlebniswelt als Gesichter?

Es sind aber noch eher die Gesichter der Freunde als jene der Erwachsenen, die in der Erinnerung hängen bleiben. Das ist der Grund dafür, daß die Erwachsenen in *Himmel oder Hölle* immer im Off sind, daß von draußen nur die Ohrfeigen hereinkommen oder die Stimmen, die Befehle geben. Das war wirklich so: Ich habe oft das Gefühl gehabt, meine Eltern tagelang nicht gesehen zu haben, obwohl ich mit ihnen zusammen gewohnt habe. Man ist mit dem Kopf in einer anderen Welt; das ist eigentlich erschreckend. Vielleicht ist man als Kind wirklich einfach noch dem Boden näher. Und man hat sehr viel Freiraum. Was allerdings den Nachteil hat, daß es bei Problemen keinen Ansprechpartner gibt. Deswegen habe ich als Kind mit niemanden über die Tabuzonen, über Sex und Tod geredet; doch, manchmal über Sexualität mit Freunden, aber das war dann eher Protzen.

Diese Reduktion auf Kinder und Großaufnahmen hat aber doch ökonomische Gründe auch gehabt. »Himmel oder Hölle« mußte ja enorm billig produziert werden.

Ja, weil wir nicht soviel Geld gehabt haben, wäre es natürlich sehr schwer gewesen, Dekors und Kostüme konsequent auf 1970 zu arrangieren. Dann ist irgendwann die Idee aufgetaucht, daß man ja mit einer Kino-Wochenschau in die Zeit einsteigen könnte und daß man – weil sich die Kindererlebniswelt ja ständig auf Details konzentriert – die Totalen überhaupt nicht braucht. Diese berühmte Anfangs-Einstellung, von der man lernt, daß man sie haben muß, um sich erstmal auszukennen, wo man überhaupt ist, die ist für meine Zwecke einfach nicht notwendig.

Sie bezeichnen Ihre Filme – »Himmel oder Hölle« *und auch* »Ich gelobe« *– als episodische Filme. Dennoch ist* »Himmel oder Hölle« *sicher kein in sich zerfallender Film, sondern voll von roten Fäden und aufeinander verweisenden Strukturen, auch wenn er sich klassischen Erzählmethoden verschließt.*

Das Schwierigste bei *Ich gelobe* war, diesen roten Faden wiederzufinden. Ich war beim Schreiben nie ganz sicher, ob ich ihn gefunden hatte: Das Vordergründigste wären dabei natürlich Tagebuch-Eintragungen gewesen, aber das hielt ich für schon zu strapaziert.

Ihre Filme strahlen fast so etwas wie Angst vor dem Klischee aus. Fürchten Sie es wirklich so sehr?

Ja, eigentlich schon, ich versuche, Altbekanntem und Abgegriffenem aus dem Weg zu gehen.

Könnte sich das nicht auch kontraproduktiv auswirken? Es ist ja zum Beispiel auffällig, daß Sie keine Liebesgeschichten erzählen.

Ich habe wirklich Angst vor Klischees. Wenn etwas sehr Bekanntes, hundertmal Gesehenes in meinen Filmen auftaucht, dann stehe ich fast unter Zwang, es entweder als Klischee zu denunzieren oder gar nicht zu verwenden.

In diesem Zusammenhang stellt sich die unvermeidliche Frage des Heimatfilms. »Himmel oder Hölle« *kann man auch als Revision des Heimatfilms oder die unverlogene Variante dieses Genres verstehen. Stimmen Sie dem zu, oder hat das alles für Sie nichts mit Heimatfilm zu tun?*

Ich habe sicher nie daran gedacht, den ganz anderen Heimatfilm zu machen, weil es so viele schlechte gibt. Ich kann mich sogar daran erinnern, daß ich nach Fertigstellung der ersten Hälfte, des während des Sommers gedrehten Teiles, das Gefühl hatte, zu schöne Bilder zu haben, zu sehr in Richtung Postkarten-Heimat zu gehen: Die Buben, auf der sommerlichen Wiese Indianer spielend – das hat dem halbstündigen Film einen sehr lieblichen Charakter gegeben. Ich wollte das dann nicht, das war mir zu idyllisch, daher haben wir dann bei den Wintereinstellungen – es war zum Glück ein kalter Winter ohne Schnee, sehr kahl und anti-idyllisch – genau darauf geachtet, ein anderes, unwirtlicheres Landschaftsbild hineinzubringen. Trotzdem: Obwohl meine drei bestimmenden Themen Sexualität, Religion und Tod waren, habe ich mir nicht die schönsten oder schrecklichsten Visionen meiner Kindheit gesucht, sondern die, die diese Themen am besten kommentieren.

WOLFGANG MURNBERGER

Der Film stahlt aber doch auch Glück aus, sogar Verklärung.
Ich habe den Film selbst gar nicht so negativ erlebt wie manche Leute. Viele haben gefragt, ob da nicht vielleicht doch etwas mehr Himmel in meiner Kindheit gewesen wäre, weil man das Gefühl habe, die Hölle dominiere extrem. Für mich war es nicht so, im nachhinein betrachtet: Es war vielleicht die Hölle, die Fliege zu erschlagen, aber in dem Moment des Tötens war es der Himmel für mich. Und diese Szene mit den aufgereihten Fliegen, die ist eigentlich viel eher wegen des Auflegens – immer in Fünferreihen übrigens – und nicht so sehr wegen des Erschlagens im Film. Das war diese Manie, alles zu zählen und zu registrieren: Wir haben auch immer die Indianer, die »tödlich« getroffen wurden, aufgelegt und gezählt. Das Zählen der Toten: In diese Richtung geht auch die Szene mit dem Kriegerdenkmal, wo mit den Namenslisten der Gefallenen gespielt wird.

Durch solche Geschichten verhindern Sie letztlich Tristesse oder Beengung. Es geht Ihnen offensichtlich darum, die Schönheit gerade dort aufzuspüren, wo man gewöhnlich keine zu finden vermutet: im Tierblut oder in einem Tropfen Kaffee, der sich im Wasser ausbreitet. Ich kann nur wenig von extremer Einengung oder Schuldgefühlen bemerken. Sie hätten das Konzept Kindheit deutlich schlimmer zeigen können.
Ja, ein Kollege hat mir einmal gesagt, er fände es interessant, daß ich meine Szenen immer rechtzeitig schneide – immer in dem Augenblick, ehe die Schuld beginnt.

Im Grunde ist »Himmel oder Hölle« ein Film über Unschuld, auch wenn es gleichzeitig ein Film über kindliche Grausamkeit und Amoral ist.
Ich verlasse kritische Szenen rechtzeitig, ich mache das unbewußt, bevor es eben moralisch oder peinlich werden könnte. Jedes Thema wird immer nur angerissen – es wird nichts fertig erzählt, das gehört zu meinen filmischen Prinzipien. Es langweilt mich, wenn in Filmen immer alles gesagt, alles ausdiskutiert werden muß.

Wird das Fragmentarische als Prinzip auch für Ihre nächsten Filme gelten?
So sehe ich es zumindest jetzt. Ich merke, wie ich mich ständig verändere. Aber mir gefällt das Mosaikhafte: wenn man die einzelnen Steine und ihre Schönheit betrachten kann, aber eben auch ein Stück weiter weg gehen und ein ganz anderes Gesamtbild bekommen kann. Das Kommerzkino arbeitet so, daß man einen Film sieht, der aus vielen kleinen Einstellungen entstanden ist, was

man aber möglichst nicht bemerken soll: Diesen Effekt versuche ich zu vermeiden. Ich will nicht, daß die Szenen meiner Filme so ineinanderfließen wie man das im kommerziellen Film serviert bekommt, wo man überhaupt nicht mehr spürt, wo geschnitten wird. Ich will die Filmgestaltung doch irgendwie spürbar machen.

Aber ist das nicht auch, was das experimentelle Kino will: die Gestaltung spürbar zu machen, den Entstehungsprozeß, das Filmmaterial als solches greif- und sichtbar zu machen? Das ist doch ein klassisches Avantgarde-Muster.

Ich will schon Inhalte vermitteln, Geschichten erzählen, aber ich will dabei manchmal die Mittel des Films spürbar bleiben lassen. Aus dem heraus, was ich erzählen will, ergeben sich filmische Formen, die manchmal als solche erkennbar bleiben dürfen. Mich interessiert einfach auch die Realität des Filmmaterials, das bei jedem Film im Kino mehr oder weniger verborgen in der Vorführkabine durch den Projektor läuft. In meinen Filmen wird manchmal auf dieses Transportmittel verwiesen, zwischen den einzelnen kurzen Episoden. Ich will aber trotzdem, daß Inhalte und Stimmungen die filmische Form ergeben und nicht, daß eine formale oder technische Filmkader-Idee einen mehr oder weniger nachvollziehbaren Inhalt erzeugt. Zu oft habe ich die leidvolle Erfahrung gemacht, daß mir viele Experimentalfilme beim Lesen im Programmheft viel besser gefallen haben als das, was ich dann auf der Leinwand sah.

Man könnte sagen: Sie sind kein Formalist.

Ich möchte, daß meine Erzähleinheiten nicht von der Filmstory vereinnahmt werden, sie sollen als kleine Steinchen betrachtbar bleiben.

Verweise auf den Arbeitsprozeß finden sich auch in manchen Ihrer früheren Filme: in »Folge deinem Stern« etwa. Wie weit distanzieren Sie sich eigentlich von Ihren Werken vor 1990?

Das ist ein schwieriger Punkt. Meine Dokumentarfilme, zum Beispiel *Kirtag*, waren wichtig, weil ich mit ihnen die totale Freude an der Montage zelebrieren konnte – die optische Opulenz eines Kirtages ist etwas Fabelhaftes.

Nach welchen Prinzipien nähern Sie sich Ihrem jeweiligen Sujet?

Ich weiß eigentlich nur, was ich *nicht* in meinen Dokumentationen haben will: das Ausspielen der Tatsache, mehr zu wissen, klüger zu sein als die Porträtierten. Voyeurismus und Schadenfreude will ich, soweit es geht, aus meinen Dokumentarfilmen ausklammern. Es soll zu *Folge deinem Stern* übrigens ein lange gehegtes Nachfolgeprojekt von mir geben: dieselben drei Maler, zehn Jahre später – 1997 – erneut porträtiert. Was ist aus ihren Träumen, Hoffnungen, Ambitionen geworden? Diesen Fragen will ich dann nachgehen.

Daß Sie sich und den Zuschauer extrem involvieren in die physischen Aspekte Ihrer Sujets, das zieht sich durch Ihre Arbeit: das Kinderspiel in »Himmel oder Hölle« mit dem Tanz des Spielzeugs, der Flugzeuge und der Pyrotechnik – oder der »Kirtag« mit seinen Schaukeln und Achterbahnen, in die Sie mit der Kamera direkt hineingehen.

Man muß für jede Episode einfach die beste, die passendste filmische Sprache finden. Mir ist das große Kino immer zu wenig extrem, zu wenig an Details orientiert: Verfolgungsjagden etwa wünsche ich mir total physisch, aber das will kaum jemand, weil es von der Geschichte ablenken würde. An Tarkowskij gefällt mir, wie er seine Gespräche filmt – es gibt eben andere Möglichkeiten als diese ewige Schuß/Gegenschuß-Struktur.

Man könnte da natürlich einwenden, daß es auch andere Möglichkeiten gibt, das Erlebnis »Kirtag« darzustellen als sich selber reinzusetzen und das physische Ereignis mitzudrehen.

Das würde ich heute auch ein bißchen anders machen: Die Gesichter der Menschen, der Besucher gehen mir jetzt ab, mir war die Bewegung wichtiger als die Gesichter. Das ist mir durch die Finger gerutscht, obwohl es sehr interessant ist: die Gesichter – die Buben, die den Mädchen zuschauen, wenn sie Autodrom fahren; die Betrunkenen, Einsamen. Das würde mich jetzt mehr interessieren als die reine optische Opulenz von Lichtern und Bewegung.

Sie bringen, wie der Surrealismus, Dinge in Verbindung, die scheinbar nichts miteinander zu tun haben. Um zu irritieren, um Soziales und Kulturelles sarkastisch zu kommentieren?

Mir gefällt, daß da soviel möglich ist, daß in solchen Montagesequenzen – wie die Tiersegnung am Beginn von *Himmel oder Hölle*, die mit Schlachtungen unterschnitten ist – eine Botschaft steckt. Auf der einen Seite segnen wir die lieben Tiere, auf der anderen Seite werden bestimmte Gattungen dazu abgestempelt, abgeschlachtet zu werden. Vielleicht hat das in Spurenelementen mit der antibürgerlichen Tendenz der Surrealisten zu tun: Ich will nicht, daß die Menschen so ungeschoren davon kommen. Oder besser noch: Keiner soll ungeschoren davon kommen, am wenigsten die Scheinheiligen.

Und das Nebeneinander von schockierender Gewalt und friedlichem Alltag ist, was das Landleben zum Teil auszeichnet?

In der Stadt ist die Brutalität stattdessen zwischen den Menschen. Vielleicht geht es mir wirklich darum, Dinge zu zeigen, die wahr sind – oder zumindest wahr sein könnten: Manipulierend greift man doch immer wieder ein. Ich mag Übersteigerungen nicht, Schablonen von Figuren. Das Genrekino ist deswegen ein Problem für mich, ich habe buchstäblich Genre-Hemmungen: Vielleicht hat das auch mit dem Kino in Wiesen zu tun. Dort habe ich nur Genrefilme gesehen.

Sie haben für den ORF ein Fernsehspiel geschrieben, das den Titel trägt: »Auf Teufel komm raus«. Worum geht es?

Die Handlung erzählt von einem Unfallfotografen, von jemanden, der Bilder von Autowracks und Toten macht. Er fährt durchs Land und kann natürlich nicht vom Tod allein leben: Nebenbei macht er daher auch »schöne« Fotos. Es geht um die Faszination der Schnelligkeit des Reporters, des aktuellen Dienstes: so schnell zu sein, das man das höchste Gefühl erreichen kann – über das Fernsehen die Leidtragenden vom Unfall eines Familienmitgliedes zu informieren.

Ist das also eine Fernsehgeschichte, die über das Fernsehen berichtet, so wie »Himmel oder Hölle« als Kinofilm auch vom Kino erzählt?

Ja, und es gibt eine weitere Ebene, die von der Konkurrenz zwischen den Fotografen erzählt. Mich erinnert das an Banden im Wilden Westen – dieses »Halt! Dieser Unfall gehört mir«. Und in eben dieses Gebiet dringt ein junger Mann ein, nur mit verschärften Mitteln, mit einer Videokamera. Er fotografiert auch für Zeitungen, aber das Fernsehen verlangt immer dringender bewegte Bilder von Katastrophen und Noteinsätzen, wie man sie im Privatfernsehen schon sehen kann: Also dringt er in dieses Gebiet, in das Reality TV, ein. Es ist ein Film über das Duell zwischen diesen beiden Menschen, über ein Duell, in dem es um Geschwindigkeit geht.

Hat der TV-Film wieder sehr viel mit Natur und Landschaft zu tun?

Es ist eher ein Film über das Leben auf der Straße.

Sie gehen in Ihren Filmen oft sehr erfinderisch mit Landschaft um. Woher kommt dieses Interesse?

Es mag daran liegen, daß manche Landschaftsbilder für mich einfach auch einen religiösen Aspekt haben.

Wie die Liturgie? Sie kann ja, auch wenn man gar nicht gläubig ist, starke ästhetische Wirkungen entwickeln. Ist das ein ähnlicher Effekt, den die Natur auf Sie ausübt?

Vielleicht. Wenn beispielsweise der Bub in *Himmel oder Hölle* im Traum durch die Allee läuft, dann sieht sie bei mir aus, als wäre sie ein Dom. Das ist sicher eines der direktesten Beispiele. Und es sind natürlich auch starke sexuelle Konnotationen in solchen Szenen.

Bei »Ich gelobe« wird noch deutlicher, wie wichtig Landschaft, Tiere oder Originalgeräusche in Ihren Filmen sind. Warum ist es Ihnen so wichtig, jedes Detail dermaßen plastisch in Ihre Drehbücher hineinzuschreiben?

Ich will, denke ich, so wahr und realistisch wie möglich sein. Das Genrekino paßt da nicht, weil es von vornherein nicht wahr ist. Die Montage von Tönen und Geräuschen ist mir tatsächlich sehr wichtig; aber nicht in bezug auf Reinheit, sondern in bezug auf »Echtheit«.

Warum spielt »Ich gelobe« so sehr in offenen, in Natur-Räumen? Ebensogut könnte man einen Film über Wehrmänner doch primär in Innenräumen drehen?

Mich interessiert allein schon diese Paradoxie, wenn sich Menschen Uniformen anziehen, sich bewaffnen und dann aufgerüstet durch den Wald gehen.

Waren Sie selbst beim Militär? Worauf stützen Sie Ihre Geschichte?

Ich war beim Militär in einem Maturantenzug; wir wurden zur VBK-Ausbildung (Vorbereitung für Kader) zwangsverpflichtet. Der Staat hat das Recht, sich Kaderpersonal heranzuziehen. Das bedeutet für sechs Monate verschärfte Ausbildung – und die restlichen zwei Monate müssen im Zwei-Jahres-Rhythmus, in vierzehn Tagesrationen, bei Truppen- und Kaderübungen abgedient werden. So kann man dann ganz leicht Unteroffizier werden. Mir gefällt das eigentlich, daß ich dem Militär damals so auf den Leim gegangen bin. Ich glaube wirklich, daß kaum ein 19jähriger das Militärwesen durchschaut, daß er nur die Faszination sieht, die in diesem Wahnsinn liegt. Ich will, daß man spürt, daß es den Rekruten zum Teil dort gar nicht schlecht gefällt.

Wie weit ist »Ich gelobe« autobiographisch?

Der Film ist stark autobiographisch, vermischt mit ein paar Dingen, die andere erlebt haben. Aber das Schlachten der Hühner, zu dem wir gezwungen wurden, ist zum Beispiel hundertprozentig wahr. Andererseits sind da noch viel schlimmere Sachen passiert. Beim Drehen war mir der assoziative Zugang wichtig.

Trotzdem hätten wir, glaube ich, noch öfter den Realismus brechen müssen, das wäre vielleicht besser gewesen. Und ich habe unterschätzt, wie schwierig das in Österreich mit den Tieren ist: Es ist nahezu unmöglich, überhaupt mit Tieren zu drehen, ohne das Gesetz zu brechen. Mit kleinen Kindern darf man mehr machen als mit jedem Tier, es ist absurd. Wir durften tatsächlich kein Huhn vor der Kamera schlachten; du darfst Hühner nicht einmal erschrecken für Filmaufnahmen. Trotzdem: Wir wurden damals beim Heer gezwungen, die Hühner genauso zu töten, wie ich das geschrieben und geplant habe. Angeblich wird das im Bundesheer noch immer so praktiziert: Anscheinend gilt das Tierschutzgesetz für Soldaten nicht. Aber, zum Thema Heer: Mir geht es eigentlich nicht darum, das Bundesheer schlecht zu machen. Mein Film nimmt es einfach ernst, weil es um die Wahrheit geht. Der Wahnsinn der Uniformierung und des Kriegspielens mit den Platzpatronen: Das ist mir für diesen Film eigentlich wichtiger als die Sozialkritik.

Das heißt, es geht Ihnen weniger um das Heer selbst als um die Situation des monatelangen Lebens beim Heer.

Und es geht um diese eingespielten, vorgeschriebenen Zyklen: Von den 15jährigen verlangt die Kirche die Firmung, den 18- oder 19jährigen befiehlt der Staat den Heeresdienst. Und auch davon handelt *Ich gelobe,* wir waren alle Mittelschicht-Kinder: eine interessante soziale Klasse. Der Mittelschicht geht es primär – das unterscheidet sie von anderen – um das leibliche Wohl.

Wo die entscheidende Frage nicht lautet, »ob« man ißt, sondern »was« man ißt.

Genau. Beziehungsweise: »wieviel« man ißt. Der Reichtum der Mittelschicht sind die körperlichen Genüsse. Essen und materieller Wohlstand: Darum geht's.

Sie haben in »Ich gelobe« auch wieder mit Laien gearbeitet?

Wenn ich schon nicht mit De Niro drehen kann, dann eigentlich lieber gleich mit Laien: Das habe ich vor den Dreharbeiten gesagt. Wir haben die Laien dann eher nur mit Nebenrollen betraut. Die wichtigeren Parts haben wir letztlich doch Schauspielschülern gegeben. Wir haben einfach keine geeigneten Amateure gefunden: Das hätte wohl ein Jahr gedauert. Burschen mit zumindest ein bißchen Erfahrung waren uns dann doch lieber – Menschen auch, die sich den Strapazen des Drehs, in Kälte und Drill, auszusetzen bereit waren. Aber: In meinem Film ist Charakterentwicklung, innere Verwandlung eigentlich nicht so wichtig – und das ist es, was Laiendarstellern naturgemäß schwer fällt. Aber ich habe ohnehin wieder die Chronologie aufgesplittert, Schnee und

Herbst gemischt, damit der Zuschauer gar nicht erst nach einer Entwicklung der Protagonisten sucht. Es ist ein Film gegen die absehbare Filmdramaturgie. Mich interessieren Puzzles: Wie weit darf man die Chronologie zusammenhängender Szenen auseinanderschieben? Aber zurück zu den Schauspielern: Das zweite große Problem mit Laien ist das Sprechen. Was übrigens für Profis auch gilt: Ich brauche Leute, die noch nicht so stark von Theatergestik und -sprache beeinflußt sind.

In »Himmel oder Hölle« und etlichen Ihrer kurzen und mittellangen Arbeiten haben Sie ja schon mit Laien gearbeitet – und zum Teil spezielle Konzepte angewandt.

Eines meiner Vorbilder ist Fritz Lehner: Er konnte seine Amateurschauspieler durch extreme Zurücknahme zu Darstellungen treiben, die kein Profi besser machen kann. Und im Notfall lege ich die Dialoge ganz konsequent ins Off oder in die Totale – und im Close-Up laß' ich die Schauspieler nur schauen. Mit den Kindern in *Himmel oder Hölle* habe ich ja auch so gearbeitet, daß sehr viel ins Off gelegt werden konnte. Es war mir klar, daß die Arbeit nicht leicht werden würde, aber das Hauptproblem war wirklich, die Kinder während der Drehpausen zu beschäftigen. Mit dem Adi, der die Hauptrolle gespielt hat, waren viele Dinge aber ganz leicht: Als Bub des Fleischhauers waren ihm Schlachtungen so vertraut wie mir, und Szenen wie das Zerlegen des Rinderauges bereiteten ihm überhaupt keine Schwierigkeiten. Außerdem gab es, nachdem er der Bub meines Cousins ist, ein starkes Vertrauensverhältnis zwischen uns.

In diesem Film treiben Sie stilistisch ziemlich konsequent auf den Punkt zu, an dem es überhaupt nicht mehr wichtig ist, ob das Spiel nun naturalistisch ist oder nicht. Es geht um etwas anderes ...

Ja, und bei *Ich gelobe* habe ich Ähnliches versucht, wobei ich auch, zumindest in der Anfangsphase, an Bresson gedacht habe. Es sollte aber weniger extrem sein, denn Bresson nimmt sogar noch die Laien zurück und macht sie zu Maschinen. Ein bißchen Emotion wollte ich noch in den Film hinüberretten. Aber was Tarkowskij sagt, stimmt: Laß deine Schauspieler das gesamte Drehbuch besser nicht lesen, sonst interpretiert jeder für sich, und die Darstellungen werden seltsam.

Sie beginnen »Ich gelobe« mit einem Traum, den Sie im Mittelalter lokalisieren. Darin geht es um vieles zugleich, vor allem aber um die Einsamkeit ....

Mit diesem Traum, der mir – ein bißchen anders als im fertigen Film – eine

Zeitlang oft in meinem Schlaf erschienen ist, kämpfe ich schon seit Jahren: Es ist schwer, ihn in Worte zu fassen – und vermutlich sieht er auch deswegen auf der Leinwand anders aus. Er war übrigens der Ausgangspunkt zu meinem unvollendeteten Experimentalfilm *Fleisch*. Ein Ritter, der im Traum ich selbst war, kommt in einer Burg an, um eine Frau zu treffen und findet dort aufgehängte Männer und geöffnete Körper, Pferdekörper. Dabei stellt sich kein Grauen ein, im Gegenteil: Ich empfinde perverse Lust am Angreifen des Fleisches, der weichen, glänzenden Innereien. Dann wird alles plötzlich weich, der Boden unter mir, alles dreht sich, wird luftig – die Konturen der gesamten Szenerie werden fließend, alles vermischt sich. Ich sehe die Frauengestalt, die ganz aus Licht ist und durch die ich dann mit einem Samenerguß hindurchlaufe. Der Traum war ein ganz »reines« Erlebnis, ausgelöst von der Schönheit dieser Organe. Es war so, als verstünde man plötzlich das Leben, aber nicht intellektuell; als könnte man seine eigenen inneren Organe berühren. Ich hatte das Gefühl, alles bestimmen zu können, sogar meinen eigenen Herzrhythmus. Diesen Traum, obwohl er scheinbar nicht viel mit der Story von *Ich gelobe* zu tun hat, assoziiere ich zu meinem Film über den Militärdienst: Es geht nebenbei um Waffen, um Ritter-Existenz und -Tugenden, um eine jugendliche, überhöhte Romantik. Aber aus Zeitgründen, die immer auch Geldgründe sind (der Traum, nach dem Buch verfilmt, hätte allein fünfzehn Minuten gedauert), habe ich mit Bauchweh auf diese Innereiensequenz verzichtet.

Es gibt wieder viele Rückgriffe in die andere Welt, in das seltsame Universum der Erinnerung und der Kindheit ...

Ja, teilweise Reste aus *Himmel oder Hölle* – weniger Filmreste als gedankliche Reste –, Kindheitsassoziationen, die ich nicht mehr untergebracht habe. *Ich gelobe* ist ja eine Art Fortsetzung von *Himmel oder Hölle:* der gerade erwachsene Protagonist und sein Pendeln zwischen Wirklichkeit, Imagination, Traum und Erinnerung. Es ist ein Spiel mit diesen vier Wahrnehmungsbereichen unseres Bewußtseins. Und es geht wieder um Religion und Sexualität – und auch um die Diskrepanz zwischen dem Ich und dem Rest der Welt. Was in der kindlichen Welt von *Himmel oder Hölle* noch keine Rolle gespielt hat. Das Problem beim Drehen war, nach der vergleichsweise einfachen Arbeit an *Himmel oder Hölle:* Die Freiheit nach hinten fehlte mir; es gab einen enormen Fertigstellungsdruck. Solche Filme kann man aber in Wirklichkeit nicht im Akkord machen.

Ist es nicht erstaunlich, daß man an einem Film – wie Sie an »Himmel oder Hölle« – fast zwei Jahre lang arbeitet, obwohl man realistischerweise mit vielleicht zwei bis drei österreichischen Kinoaufführungen

überhaupt rechnen kann? Und obwohl es fast schon absurd ist, zu hoffen, daß man davon in irgendeiner Weise profitieren kann?
Es war sicher ein Herzensprojekt. Wir haben in mühevoller Kleinarbeit Requisiten zusammengetragen und -gekauft, die Spielzeuggewehre, -soldaten und Eisenbahnplatten selbst gebastelt. Es ging mir und meinem Team einfach darum, möglichst genau zu sein – unabhängig von den Erfolgschancen der fertigen Arbeit. Ich bin eigentlich bis heute ein sehr langsamer Arbeiter geblieben, was – wie im Sommer 1994 mit vier laufenden Projekten – zu einem ziemlich starken Druck werden kann. Damit kann ich noch nicht wirklich umgehen. Wahrscheinlich sollte ich mehr »Nein« sagen, aber ich bin eben ein sehr schlechter »Nein-Sager«. Ich will eigentlich demnächst auch etwas ganz anderes machen: ein Kinderbuch schreiben, zum Beispiel. Daran denke ich schon längere Zeit. Und was mir auch im Kopf herumgeistert, wäre ein kommerzieller Katastrophenfilm, mit Menschen, die durch eine Verkettung von Unglücksfällen eingeschlossen, zusammengesperrt sind. Eine Standardsituation: Welche Menschen sind das, wie erleben sie das Geschehen. Oder ein älteres Projekt, das ich mit dem Filmemacher Michael Sturminger zusammen entwikkelt habe: Es soll *Treibholz* heißen, ist als Zweiteiler geplant, rund um einen Holzfäller im Rax-Semmering-Gebiet. Diesen Holzfäller hat es tatsächlich gegeben, er versuchte, einen Tunnel durch den Berg zu graben, den ersten in den Alpen, um Holz durchzuflößen: Das war ein Verrückter, der fünf Jahre daran gearbeitet hat.

Ähnlich wie Herzogs »Fitzcarraldo«? Ein Film zu den Themen Natur und Obsession?
Genau. Weil aber so einer nie ein Held sein kann in einem meiner Filme – dazu ist er eben viel zu sehr »Held« – haben wir dem Mann eine *Schlemihl*-Figur gegenübergestellt: Das ist eine ganz witzige Geschichte, auch so ein Projekt für eine mögliche Zukunft, in ein oder zwei Jahren zu realisieren vielleicht. Mich reizt eben vieles, mich reizen Menschen und Geschichten.

Wie sieht es mit dem »Schlemihl«-Projekt aus, das Sie zusammen mit Michael Glawogger entworfen haben: ein echter Historienfilm?
Wir haben das Buch mehrmals überarbeitet, derzeit scheitert es aber noch am Geld, weil die Adaption dieses Buches sehr teuer sein muß. Da dürfen wir keine Kompromisse machen. Es gibt ein Problem, das auch Chamisso selbst hat: das Märchenhafte, das übertrieben Romantische – das will heute keiner mehr so hören. Andererseits ging eine Modernisierung auch nicht, dazu ist das Hauptthema, die Schattenlosigkeit, einfach zu märchenhaft und romantisch.

Wir wollten dem Schatten keine große Bedeutung geben: Für uns steht er nicht unbedingt für die Seele, den Teufelspakt und solche Dinge. Chamisso selbst behandelt den Verlust des Schattens ja auch so ähnlich, ohne diese übertriebenen Metaphern. Es ist schlicht ein Spiel mit der Schattenlosigkeit. *Schlemihl* wäre als Co-Regie geplant, wir würden uns dieses Mega-Projekt auch von der Inszenierung her teilen. Rückhalt von Menschen wie Petersen oder Terry Gilliam wäre gut, die solche Filme schon gemacht haben. Es sollte aber nicht ein bloß kommerzieller Stoff sein: Die Zwischentöne sind uns wichtig.

Wo soll das Geld aufgetrieben werden?

Bei europäischen Förderungen und Fernsehanstalten. Der Film wird vermutlich weit teurer als 50 Millionen Schilling, wie ich das jetzt sehe. Was daran liegt, daß wir das einfach nicht als Kammerspiel wollen, reduziert auf ein paar bühnenhafte Situationen. Es muß opulent sein: Die Bilder und Kostüme müssen stimmen; eine Mischung aus Caspar David Friedrich und – in den Totalen – wie Stanley Kubricks *Barry Lyndon* vielleicht: Das wären große Vorbilder. Es ist eine Geschichte des Lichts, eine Flucht vor dem Licht. Eine Kinogeschichte. Dann sind sie alle mit Bedeutung und sozialen Ebenen und Politik gekommen. Das hat uns zuerst zwar gar nicht interessiert, wird jetzt aber in der neuen Version vielleicht einfließen.

Ihre Filme sind fast immer österreichische Geschichten, die in österreichischen Landschaften ablaufen.

Mich interessiert das ja, warum soll ich woanders hingehen? Wahrscheinlich fall' ich auch unter den Begriff »Neuer Heimatfilm«. Mir gehen aber die Diskussionen über das Zielpublikum, die ich führen muß, auf die Nerven. Ich würde sagen, meine Filme haben eigentlich kein Zielpublikum. Hätte ich mich für *Ich gelobe* um die Leute kümmern sollen, die derzeit halt am meisten ins Kino gehen? Um die 15–16jährigen? Das interessiert mich nicht sehr.

Zurück zur konkreten Filmarbeit: Ihre Bild/Tonmontagen sind oft auf ganz unterschwellige, unaufdringliche Weise surreal.

Ja, ich mag es, Bilder im Ton zu entschärfen. Es gibt eine leise, kleine Szene in *Himmel oder Hölle* – einer meiner Lieblingsszenen – in der eine Spinne im Netz eine Fliege langsam tötet. Diese Szene habe ich mit zärtlichem Taubengurren aus dem Off untermischt und damit eine dieser subtilen Reibungen, die ich sehr liebe, erzielt. Diese Montage soll spürbar bleiben, bei *Ich gelobe* hab' ich das auch versucht – obwohl die Szenen in sich vielleicht homogener sind als in meinen früheren Arbeiten. Aber »zwischen« den Szenen mag ich Risse, Brüche.

WOLFGANG MURNBERGER

Ihre Dokumentation über die Band »Attwenger« hat sich mittlerweile über weit mehr als ein Jahr gezogen.

Die Drehs waren schwer zu fixieren, unsere Zeitpläne mühsam zu synchronisieren. Mir ging es um das reine Festhalten auf Film, die Archivierung eines eigenartigen Musikprojektes für später: Das war meine Intention, ich machte mir nie Gedanken über den Einsatz. Anfangs waren 20–25 Minuten Laufzeit geplant, aber dann habe ich mich entschlossen, das zu verlängern. Ich bin nicht sicher, ob so etwas als abendfüllende Unterhaltung in diesem Fall sinnvoll ist. Ich wollte mehr von den Menschen, aber ich habe sie, glaub' ich, einfach zu spät erwischt. Sie haben Angst, Fehler zu machen – und bleiben beim Schmäh, wodurch sie einen kaum an sich heranlassen. Vielleicht sind sie aber auch noch zu jung. Ich liebe gute Interviewfilme, wie etwa dieses letzte Gespräch mit Derek Jarman, aber das scheint mit *Attwenger* so nicht drin zu sein. Die sprudeln noch zu sehr. Und sie sind extrem unberechenbar: Machen sie morgen eine Platte oder nie mehr? Es ist alles drin. Der Florian Flicker hat dann, weil ich keine Zeit mehr für *Attwenger* fand, weitergemacht. Die Endfertigung übernehme wieder ich. Das scheint aber am Geld zu scheitern, wie es derzeit aussieht.

Wie wäre die Struktur? Und wie lang sollte der Film dann endgültig sein?

Die Tricksequenzen sind als Interpunktion gedacht, geschoben zwischen Interviews und Live-Aufnahmen. Und dann soll noch eine Leiste rein: Was sagen andere Menschen über *Attwenger*? Ein Problem dabei ist aber: Es gibt keine Negativmeldungen, nicht eine einzige. Zur Länge: vielleicht 60 Minuten? Da bin ich allerdings wieder unsicher: Wie lang hält man das aus, die Abfilmung eines *Attwenger*-Konzerts?

Egon Humer stand vor einem ähnlichen Problem mit seinem Film »The Bands«: Er hat sich dann auch, mit einigem Erfolg, für ganze Nummern, für das Zeigen von Arbeitsabläufen entschieden. Es geht weniger um Wirkung und die Fans als um das Handwerk.

Der Markus von *Attwenger* sagt ja aber zum Beispiel, er ist gar kein Musiker: Solche Konzepte greifen bei *Attwenger* nicht. Dafür gibt es Super-8-Material von der Afrika-Tour, von *Attwenger* selbst geschossen: sehr schöne Dinge. Das kommt sicher rein in den Film.

Gehen Sie dabei auch wie Humer vor? Dokumentieren, sich annähern, ohne vieles vorher zu wissen?

Eigentlich ja. Bei *Attwenger* bin ich mit dieser Idealvorstellung aber auch reingefallen. Ich müßte drei Wochen mit ihnen zusammensein, und täglich fünf Rollen verschießen. Was natürlich ein Geldproblem ist. Und man kriegt nichts zweimal von den beiden Musikern, man kann nichts stellen, das ist das Problem.

Soll es also, wie man das von Ihnen erwarten würde, ein Musikfilm über Musik werden?
Wäre schön. Leider machen *Attwenger* derzeit keine neue Platte, sonst wäre es einfach, die Entstehung Ihrer Musik zu dokumentieren. Ich fände das wichtig, aber sie tun's einfach nicht.

»Attwenger« sind ja eigentlich klassische Verweigerer. Haben Sie da eine innere Verwandtschaft gesehen?
Ja, schon. Nur: Das Ironische dabei ist vielleicht, daß ich ja auch ein bißchen daran scheitere. Aber das Hauptproblem ist meine Zeiteinteilung. Der Sommer 94 jedenfalls war ein Urlaub im Schneideraum.

Noch einmal zu »Himmel oder Hölle«, eine Detailfrage: Zu den primären kindlichen Phantasien gehört offensichtlich die Lust am Zerstören, unter anderem am Verbrennen von Spielzeugsoldaten.
Es ist interessant: Diese Plastikfiguren lösen tatsächlich Emotionen im Betrachter aus, sie »sterben« beim Schmelzen im Close-Up. Wir haben diesen Figuren ganz detailversessen Gesichter aufgemalt, und es gibt Sequenzen, da verkohlen diese Soldaten in einer Stichflamme: Das sieht im Film wirklich so aus, wie man sich die atomare Katastrophe vorstellt. Das Gesicht verzieht sich unter der Flamme, es sieht aus, als löste sich die Haut von den Knochen. Gespenstisch. Diese opulenten Kriegsspiele waren uns wichtig, an den Flugzeugattacken und der Pyrotechnik haben wir allein zwei Tage lang gedreht.

Fühlen Sie so etwas wie Erfolgsdruck für Ihre neuen Filme, nachdem »Himmel oder Hölle« ja beinahe hysterisch abgefeiert wurde?
Ich glaube, ich sollte wohl. Aber mein Problem ist – wie gesagt – eher der Zeitdruck. Karriere und Erfolg belasten mich eigentlich nicht, schon gar nicht, seit ich mein Kind hab'. Das relativiert schon sehr, läßt die Frage nach Erfolg oder Mißerfolg ein bißchen uninteressanter aussehen. Trotzdem: Ich habe nach dem Erfolg von *Himmel oder Hölle* tatsächlich lange überlegt, was ich als nächstes machen werde. Und ich hatte schon eine Story, eine melancholische Geschichte über einen Jungen, der kein Mädchen finden kann, als mir wieder das Autobiographische dazwischengekommen ist. Aber ich hab' mir dann gedacht: Warum nicht? Warum soll man nicht Filme über Themen, Orte und Menschen machen, bei denen man sich auskennt?

War es mit ein Grund für das Mißlingen von »An dich hab ich gedacht«, für die Leere der Figuren, daß sie zu weit von Ihnen selbst entfernt waren?

Ganz sicher. Eine Liebesgeschichte zwischen einer Restauratorin und einem Photographen: Ich weiß bis heute nicht, was eine Restauratorin eigentlich genau macht. Das war das Problem: Es war zu vieles einfach nur »behauptet«. Jetzt recherchiere ich ganz anders: Für die Unfallphotographen-Story habe ich mit mehreren Menschen, die diesen Beruf ausüben, tagelang gesprochen. Aber ich glaube, daß ich nicht ewig über meine eigenen Erlebnisse Filme machen kann: Ich entferne mich langsam, sogar schon mit dem ein bißchen weniger autobiographischen *Ich gelobe,* von dieser Figur, die ich selbst bin.

Ihre neuen Projekte, die Filme und Bücher der Post-»Ich-gelobe«-Phase, haben ja mittlerweile nur noch entfernt mit Ihnen selbst und Ihrer Biographie zu tun.

Ja, ich habe bei *Ich gelobe* gemerkt, daß mir diese Zeit vielleicht doch ein bißchen zu nahe ist. Und ich habe schon mit dem Schreiben an Teil 3 der Trilogie begonnen. Ich sehe diesen Dreiteiler irgendwie in der Tradition der Arbeit Innerhofers: Kindheit, jugendlicher Aufbruch, Erwachsensein. Dieser dritte Teil soll heißen *Homo ludens:* Die Figur ist noch ein Stück älter, an der Filmakademie aktiv; ein Film, der wieder episodisch sein wird, den Stadt-Land-Konflikt erneut im Zentrum hat, in der Geschichte eines Studenten in Wien. Axel Corti, der ja inzwischen verstorben ist, hätte ich gern noch im Film gehabt als Regielehrer: als Mensch, der sich selbst spielt. Oder Peter Kubelka, der bei einer seiner Vorlesungen Karotten am Filmschneidetisch hackt: Solche Dinge haben mich geprägt – wie etwa auch die alte Bolex mit dem Holzstativ an der Filmakademie, die jeder benützt. Also wird das wohl doch wieder autobiographisch. Andererseits: Ich bin ja nicht der erste, der auch Filme über sich selbst macht. Es ist einfach wichtig, diesen Bezug und dieses Wissen zu besitzen, um präzise sein zu können. Obwohl ich bei diesem neuen Film mit deutlich veränderten Produktionsbedingungen konfrontiert sein werde – und auch wenn viel mehr Geld im Spiel ist: Wenigstens kenne ich das, was ich mache, sehr genau. Ich muß ja nicht unbedingt einen Thriller drehen oder Melodramen über LKW-Fahrer und Geigenvirtuosen.

Wolfgang Murnberger

geboren 1960 in Wiener Neustadt (Niederösterreich).

Filme (Auswahl): 1984 »Abschminken«; 1985 »Stierblut«; 1986 »Kirtag«; 1987 »Folge deinem Stern«, »An dich hab ich gedacht«; 1988 »Geht nicht, gibts nicht«; 1990 »Himmel oder Hölle«; 1994 »Ich gelobe«; 1995 »Auf Teufel komm raus« (TV); in Vorbereitung: »Attwenger« (gemeinsam mit Florian Flicker), »Peter Schlemihl« (gemeinsam mit Michael Glawogger).

Birgit Flos

VERTRAUEN IN DIE KRAFT DES OPTISCHEN. DER BILDERMACHER
Manfred Neuwirth und seine Filme

In einem Gespräch mit Walter Hiller hat Manfred Neuwirth gesagt, daß er sich oft der sprachlichen Ebene entziehen und eher auf die Kraft des Optischen vertrauen würde. Die Gesprächspartner könnten beispielsweise mit der Kamera fünf Bilder aufnehmen, sie sich gegenseitig zeigen und auf diese Art nonverbal miteinander kommunizieren.

Ich werde fünf Bilder aus Manfred Neuwirths Filmen beschreiben.

Aus *Asuma* (1982): Jean will auf einer Wiese im Wind einen Text lesen, und das Blatt fliegt ihm immer wieder flächig ins Gesicht. »Das Blatt fliegt«, sagt er – konkrete Poesie in Wort und Bild.

Aus *Wossea Mtotom* (1983/84): Drei junge Männer spielen Karten, sie hocken in einem Hauseingang, die Karten legen sie auf einer umgekippten Schachtel aus. Auf der Türschwelle sitzt eine junge Frau und schaut zu – und vor sich hin in den Sommer.

Aus *Erinnerungen an ein verlorenes Land* (1988) die alten Fotos oder vielleicht diese lange Regenautofahrt durch das Waldviertel. Auch Tonbilder möchte ich aus diesem Film auswählen, die lang gezogenen Harmonikaklänge.

Aus V*om Leben Lieben Sterben – Erfahrungen mit Aids* (1992/93) natürlich die Zwischenblicke, das verschwimmende Fensterkreuz.

Aus *The end of the gang of four* (1993) die Super-8-Einstellung, um die das experimentelle Video gebaut ist: Chinesische Kinder nehmen Anlauf, bücken sich, heben etwas auf und werfen es gegen eine Stellwand, in der in kindergerechter Höhe die »Viererbande« in einer Karikatur aufgezeichnet ist.

Manfred Neuwirth arbeitet mit dem Medium Video. Das schreibt bestimmte Zuordnungen fest. Er würde sich nach seiner eigenen Definition in die zweite Generation des dokumentarischen Arbeitens mit Video in Österreich einstufen, zu jenen Gruppen, die Mitte der siebziger Jahre die »Gegenöffentlichkeit« zu den etablierten Massenmedien schaffen wollten. Die Kriterien und Prämissen dieser dokumentarischen Arbeit sind bekannt: Vorwiegend kommen die »Betroffenen« zu Wort, meist stehen die Filmemacher vom Rand aus der spezifischen Problematik zur Verfügung. Sie sind »Sozialarbeiter in der Medienarbeit« – so nennt Manfred Neuwirth das retrospektiv.

Diese Art des Arbeitens legt fest. Manfred Neuwirth läßt sich nicht festlegen. Mit Konsequenz und präzisem Arbeiten hat er sich über die Jahre aus der zu eng definierten sozialengagierten Arbeit mit dem Medium emanzipiert.

Wenn argumentiert wird, daß der Dokumentarfilm sich dem Experimentalfilm annähert, weil er genrespezifisch ähnlich medienreflexiv operiert – daß z.b. zum obligatorischen Bilderrepertoire das Eigenbild des Filmteams gehört (Christa Blümlinger) –, so lieferten Lampalzer, Deutsch und Neuwirth schon mit den beiden Filmen über die Behinderteninitiative in Luxemburg interessante experimentelle Varianten. Filmemacher und Gefilmte operieren in diversen Funktionen vor und hinter der Kamera, Funktionen und Zuordnungen vermischen sich.

Nicht nur die gefundene Realität ist liebevoll beobachtetes Sujet der Filme, sondern die durch die Aktivität des Filmemachens ständig veränderte Realität. Diese grenzüberschreitende Qualität (schon hier ist eine Affinität zur Videokunst, zu den Installationen zu beobachten) ist ein struktureller Glücksfall für die Filme: Sie zeigen die Utopie der Veränderung der sinnlichen Lebenswelt durch künstlerische Aktivitäten. Die Betroffenen, die Behinderten, sind gleichzeitig autonom Agierende, wenn es um ihre künstlerischen Produkte geht; Gefährdete, Kranke, wenn es um die Eindämmung ihrer Irritationen geht, Gesprächspartner, Kommunikatoren, Mitarbeiter. Eigentlich war schon mit diesen beiden Filmen die Absage an die sogenannten »Flugblattfilme« (Ruth Beckermann), den relativ formlosen Agit-Prop-Filmen, lustvoll geschafft. Neuwirth ist vor allem Bilderproduzent, ständig auf der Suche nach Bildern, die seine Inhalte transportieren. Er ist dem Medium Video treu geblieben und hat in diesem Medium immer neue Bildstrategien erarbeitet. Nie sind die Bilder nur illustrativ. Sie kommen immer ein wenig aus dem Off, sodaß eine Denkspanne zwischen dem Gesehenen und einer zu schnellen Einordnung bleibt.

Er war also »von Anfang an dabei«: Er verkörpert in seiner Lebens- und Produktionsgeschichte einen Aspekt der österreichischen Mediengeschichte mit den Stadien, die zum repräsentativen Lebenslauf eines unabhängigen Videoarbeiters in Wien gehören: Kontakt zur »Arenabewegung«, Produktion einer medialen Gegenstimme durch die »Volks stöhnenden Knochenschauen«, Mitbegründer des Medienzentrums (später Medienwerkstatt) und ab diesem Zeitpunkt kontinuierlich in wachsender Professionalisierung in vielen Funktionen mit dem Medium befaßt.

Wie auch bei anderen Filmemachern ging die Entwicklung in der Folge eher weg vom strikten dokumentarischen Arbeiten, zu Projekten, die mehr Platz für das Subjektive, Meditative und formal Strenge lassen.

Neuwirths Suche nach den richtigen Bildern hat die spirituelle Dimension eines allgemeinen Lebensentwurfs. Er vertraut seinen Bildern, das merkt man. Sie sind einfach – in einem transparenten kompromißlosen Sinn –, sie treten zurückhaltend zwischen Aussage und sinnliche Wahrnehmung, transportieren die Haltung des Filmemachers auf eine subkutane uneitle Art.

In *Erinnerungen an ein verlorenes Land*, jenem Film über den Truppenübungsplatz Allentsteig haben die Interviewten ganz offensichtlich Vertrauen zu den Filmemachern. Sie sprechen überlegt und konzentriert, suchen nach Formulierungen, zögern. Das ist undogmatisch und gleichberechtigt nebeneinander ausgelegt. General, Bäuerin, hoher Beamte, sie alle liefern ihren kommunikativen Beitrag gleichwertig. Selbstverständlich gibt es keine Interpretationen aus dem Off.

Der Filmemacher vertraut auch seinem Publikum. »Für wie deppert halten die das Publikum mit ihrer Oberlehrerhaltung, wenn sie meinen, daß man *Beruf Neonazi* oder diesen Film über Leni Riefenstahl *Die Macht der Bilder* nicht zeigen sollte«. Neuwirth hat etwas gegen Oberlehrer. Und dabei ist das Genre, in dem er sich häufig bewegt, anfällig für Oberlehreransätze. Er umschifft sie souverän, weil er zeigt, Material anbietet und nicht erklärt.

Behinderte und Nicht-Behinderte werden mit der gleichen Konzentration oder selektiven Beiläufigkeit aufgenommen. Kein Zoom auf leichte Bewegungsirritationen oder beginnendes auffälliges Verhalten. Man hat den Eindruck, daß die Kamera selbstverständlicher Teil des Zusammenlebens war, wie die Werkzeuge, mit denen die Kunstobjekte erzeugt wurden. Das muß ein wunderbarer Sommer gewesen sein! Und etwas vom Geruch dieses Sommers der intensiven Aktivitäten, der gemeinsamen künstlerischen Praxis, der Produktion von Kommunikation wird in den Bildern des Films transportiert.

Positiv, konzentriert, ruhig, redlich. Mit diesen Attributen könnte man einen Künstler auch endgültig in die wenig attraktive Ecke des Bemühten, des Wohlmeinenden, des Guten rücken. Es ist überhaupt sonderbar, daß bei dokumentarischen Arbeiten immer auch auf die ethische Grundhaltung Bezug genommen wird, während das bei Bilderproduzenten im fiktionalen Bereich nicht so eine große Rolle zu spielen scheint. Gerade weil Neuwirth die Pointe, das Denunziatorische, die versteckte Kamera vermeidet, sind die formalen Radikalentscheidungen, wie z. B. diese abstrakten Blicke im Aids-Film geradezu Explosionen, Momente von großer visueller Sinnlichkeit. Kein virtuoses Flimmern, sondern die Abstraktion als eine formale Notwendigkeit und Zäsur.

Neuwirth hat die Kamera bei einem Film über Tibet gemacht. (Jörg Neuenschwander *Shigatse,* 1988/89.) Oft erkennt man seine Bilder wieder: Die Landschaft ist überwältigend, aber so, daß sie den Menschen ihre Dimensionen läßt, das Leben auf den Straßen so vertraut gezeigt, daß man direkt eintauchen möchte. Aber sonst ist der Film in seiner Konzeption der Gegenpol zu Manfred Neuwirths eigenem dokumentarischen Arbeiten. Der Kommentar aus dem Off gibt Interpretationen und Werturteile, erklärt nicht wirklich, demonstriert das vermutlich Ursprüngliche nur als das Exotische, ohne es näher zu bringen oder auch fremd zu lassen.

Neuwirths Filme funktionieren anders. Die Kamera scheint für den Menschen gegenüber immer gerade das richtige Maß zu finden. Es bleibt Platz für den Atem im Bild, für Bewegungsfreiheiten, aber in der Konzentration der Kadereinrahmung. Natürlich gibt es keinen Kommentar, der Zuschauer kann den Bildern vertrauen.

Um der Arbeitsweise von Neuwirth gerecht zu werden, darf man nicht vergessen – und es wird oft vergessen –, daß er parallel zu seinen langen Dokumentararbeiten, experimentelle Videos und mediale Rauminstallationen entwickelt. Er ist Bilderforscher. Durchaus nicht festgelegt in dem enger gewordenen Rahmen der sozial- und gesellschaftlich engagierten Medienarbeit. Die Arbeiten sollen hier beschrieben werden, gerade um ihre gleichwertige Bedeutung neben der dokumenarischen Arbeit zu betonen.

Heilende Schläge (1985): Die Zusammenarbeit mit der experimentellen Musikgruppe *8 oder 9* begann bei dem Behindertenprojekt.

Das Video ist auf einem Dachboden entstanden, *8 oder 9* singen acht ihrer Lieder. Curd Duca hat auch später oft die Musik für Projekte von Neuwirth gemacht, z.B. für *Erinnerungen an ein verlorenes Land* oder auch für die abstrakten Blicksequenzen in dem Film über Aids.

The race is almost run (1985) war eine Installationsarbeit mit einer Spielzeugeisenbahn und zwei Monitoren, auf denen jemand überlebensgroß – im Verhältnis zu der Spielzeugeisenbahn – gelaufen ist. Man konnte mit einem Trafo die Rechts-links-Laufrichtung auf den Monitoren bestimmen.

Die Installation *Der Pilot* (1987) basiert auf einem Briefwechsel, den Günther Anders mit Claude Robert Eatherly geführt hat, dem Piloten, der die Bombe auf Hiroshima auslöste. Eatherly hat sich später in der Anti-Atombewegung engagiert und wurde daraufhin psychiatriert. *Der Pilot* war eine Rauminstallation mit Bombergeräuschen, Zielbildern auf Monitoren, wie sie auch aus dem Golfkrieg bekannt sind, und Textzeilen aus dem Briefwechsel. Vier Lautsprecher, drei Monitore und eine Beam Projektion. Die Monitore lagen auf dem Boden mit der Bildfläche nach oben, auf die Bildfläche waren Kampfbomber geklebt, es ergaben sich abstrakte Bilder.

Collected Views (1990/91, mit Gerda Lampalzer): Die verschiedenen Sequenzen von Stadtbeobachtungen waren in Endlosschleifen montiert und wurden auf acht Monitoren gezeigt, auf jedem Monitor jeweils die Sequenzen einer Stadt. Alle 30 Sekunden gab es für eine halbe Sekunde ein Bild. Die Drehorte sind nicht nur exotische Straßenszenen, es kommt auch der Hamburger Hafen vor oder der Platz vor dem Café Hummel in Wien. Das sind Orte, wo Neuwirth in Ruhe in die Szenerie eintauchen kann. Mit dieser Art der Konzentration hängen auch die Hörstücke für Kopfhörer zusammen, die in Tibet entstanden sind *(Barkhor round)*. Man begibt sich in eine Straßensituation und läßt sich auf die verschiedenen akustischen Reize ein wie auf eine Komposition.

Diese Zwei- bzw. Vielgleisigkeit in der Videoarbeit ist symptomatisch und ermöglicht auch einen formal strukturellen Zugang zu den Dokumentationen. Ich erinnere mich mit einer gewissen Beklemmung an die Diskussionen der frühen achtziger Jahre, als engagierte Dokumentarfilme nicht auch filmspezifisch analysiert werden konnten, weil beim ersten solchen Ansatz garantiert jemand aus dem Publikum oder vom Podium her gefordert hätte, lieber die Tarifverhandlungen des dokumentierten Betriebes zum Inhalt der Diskussion zu machen. Es sah so aus, als ob es schwierig werden würde, lustvolle, formal aufregende Dokumentationen in Österreich zu produzieren und trotzdem politisch und gesellschaftskritisch zu argumentieren und zu agieren. Nun könnte man erwarten, daß sich Manfred Neuwirth auch anderer Themen annimmt, die sich für ein zeitgenössisches Dokumentarprojekt geradezu anbieten: die neuen Rechtsradikalen, Europa, Fremdenhaß. etc. Aber er sampelt keine Themen nach ihrer aktuellen Attraktivität. Meist werden die Sujets an ihn herangetragen. Ich denke, daß er dann lange überlegt, ob es paßt: in seinen Lebensplan – das zuerst – und dann zu dem, was er allgemein mit seinen Filmen aussagen, erreichen will.

Vielleicht sollte man ihm keine prominentere Stellung in der österreichischen Filmszene wünschen, damit er weiter in Ruhe und Konzentration zwischen Tibet und Österreich pendelnd an seinen Langzeitprojekten arbeiten kann. Für Filme dieser Qualität würde man allerdings einen weiter sichtbaren Platz in der Kino-Fernseh-Medienlandschaft erwarten.

Gespräch mit Manfred Neuwirth

Wir sind bei den Stichworten des Anfangs. Was waren Ihre ersten Erfahrungen mit Film und Video?

Mit 15 habe ich meinen ersten 30minütigen Spielfilm gedreht. (Super 8 / nachvertont). Ich war Autor, Regisseur, Kameramann und Hauptdarsteller. Es ging um ein Symbol, ein blaues Dreieck, dem sich die Hauptfigur immer weniger

MANFRED NEUWIRTH

entziehen kann, einer massiven Propagandabotschaft für ein totalitäres System. Am Ende sieht man Menschen (meine erste Massenszene mit 15 Personen), die alle dieses Symbol auf dem Rücken haben, auch der Held ist angesteckt.

Es gab auch ein Spielfilmprojekt auf der Schule in Berndorf. Das war ein unverhofftes Freiraumerlebnis, eine Glückserfahrung: Da konnte ich in der künstlerischen Arbeit eine neue Kraft entdecken.

Die ersten Filmeindrücke kamen vom Fernsehen. Dort habe ich Buñuel für mich entdeckt. Ich wollte alles von ihm sehen. Ich finde heute manchmal noch Zettel, auf denen ich mir zu seinen Filmen Stichworte aufgeschrieben habe. Zum Beispiel, daß Buñuel jeder Körperbewegung mit einer entsprechenden Kamerabewegung folgt. Es ging mir damals um den Spielfilm, der Dokumentarfilm war noch nicht so wichtig..

Dann Wien: Studium der Volkswirtschaft, Statistik, aber alles eher halbherzig, Informatik, dann Publizistik, aber auch das war nicht besonders praxisnah. Geschichte.

Es herrschte damals diese vielzitierte Aufbruchstimmung. Gruppen und Initiativen bildeten sich, die in die verschiedenen sozialen Bewegungen integriert waren: Anti-AKW, die Schwulen-Gruppen etc. Die liefen mit einem »Portapak« herum – das war diese erste mobile Videoaufnahmeunit – und glaubten an die direkte Einsetzbarkeit des neuen Mediums Video für die politische Arbeit. Besonders aktiv war z. B. die Grazer Medieninitiative. Früher oder später sind viele dieser Projekte gescheitert, weil es noch unfinanzierbar war, das viele Material weiter zu bearbeiten. In Wien gab es nur einen Schnittplatz bei den Architekten auf der Uni. Daraus ist dann diese pragmatische Idee entstanden, vernünftige Benutzerstrukturen zu schaffen. 13 Videogruppen haben sich zu einem Dachverband zusammengeschlossen. Das war ein Anfang.

Es ging damals weniger um das eigene Produzieren, als um eine umfassende politische Praxis, die auch die Medien eingesetzt hat.

Ja, bei dieser Art der Medienarbeit tauchte dieses leidige Form-Inhalt-Problem auf. Natürlich lag für uns der Schwerpunkt ausschließlich beim Inhalt, das Entscheidende war, daß man überhaupt etwas gemacht hat, es gab kaum ästhetische Überlegungen. Wir waren nichts anderes als Sozialarbeiter der Medienverwendung.

Damals haben sich die verschiedenen Initiativen als Auswirkung der Arenabewegung gleichzeitig entwickelt: Medienwerkstatt, damals noch Medienzentrum, Filmladen, Falter.

Die Arbeit im Medienzentrum zum Beispiel war so etwas wie ein Rückschritt nach der Filmarbeit. Es gab jetzt diese Kampfhaltung: Video gegen

Film; Video das Medium für den direkten Dokumentarbereich mit dem Schwerpunkt auf politischen Inhalten, vor allem aber keine Auseinandersetzung mit formalen Problemen. Filmspezifische Fragen, die man sich bis dahin erarbeitet hatte, wurden irrelevant. Trotz dieses direkten Praxisbezugs wurde alles sehr kopflastig. Vorbilder waren Dziga Vertovs *Kino Pravda,* die Faktographie à la Tretjakov.

Sie arbeiten bei Ihren Projekten über die Jahre immer mit denselben Personen.

Es gibt langjährige Produktionszusammenhänge, die funktionieren. Gerda Lampalzer und ich haben die gleichen Vorstellungen, deswegen machen wir immer wieder Projekte zusammen. Die Arbeit hat sich auch in einem größeren Lebenszusammenhang abgespielt. Wir haben zusammen gearbeitet und gelebt. Ferdinand Stahl war von Anfang an dabei, er hatte damals ein langfristiges Projekt, das die Selbstverwaltung im Amerlinghaus begleitete, Gerda Lampalzer kam über dieses Projekt sehr bald dazu, dann Ilse Gassinger und nicht viel später Anna Steininger. Auch wenn jetzt die Medienwerkstatt nicht mehr so intensiv als Kollektiv und als Lebenszusammenhang funktioniert, bestehen weiter intensive Arbeitszusammenhänge.

Bindet die Arbeit in der Medienwerkstatt Ihre Energien so, daß Sie weniger zum eigenen Produzieren kommen? Die Intervalle zwischen Ihren großen dokumentarischen Projekten sind recht lang.

Ich brauche Zeit für meine Filme. Am Film über Aids haben wir z. B. über zwei Jahre gearbeitet. Ich mache Vorrecherchen, ich spreche mit vielen Menschen, ich schreibe ein Skript. Das ist ein sehr konzentrierter, durchgeplanter Prozeß. Nach dem ersten Skript beginnt die Filmarbeit. Ich brauche Freiräume. Ich drehe, dann schreibe ich wieder. Dann kommt die Überarbeitungsphase. Die Gespräche für den Aids-Film haben schließlich über einen Zeitraum von eineinhalb Jahren stattgefunden. Die tatsächlich verwendeten Interviews sind dann bei jeweils einem intensiven mehrstündigen Drehtermin aufgenommen worden. Ich hatte etwa fünfmal so viel Material, bis ich zu diesem eher radikalen, strengen Ansatz gekommen bin.

Ich kann alle zwei Jahre ein derart großes Projekt machen, nicht mehr. Wenn ich in meiner Filmographie alle Auftragsproduktionen mit aufzähle, dann würde sie sehr viel länger. Ich arbeite vor allem im Bildungs- und Sozialbereich an Dokumentationen, Kamera oder Regie. Derzeit stelle ich einem Multimedia Info Terminal für eine Behinderten-Organisation zusammen. Das ist eine brauchbare und sinnvolle Anwendung eines interaktiven Systems:

Eltern und Angehörige von potentiellen Benutzern solcher Institutionen können sich über die verschiedenen Angebote informieren: Wie sehen die Räumlichkeiten aus, die Werkstätten etc.? Das wird eine interaktive Bildplatte. Oder: Ich habe einen zwölf Stunden langen Lehrfilm über die Feldenkrais-Methode für die Ausbildung von Therapeuten gemacht. Zum Glück kann ich mir die Themen aussuchen, ich muß nicht alles machen.

In Ihren dokumentarischen Filmen kommen immer nur »die Guten« vor, es gibt keine Kontroversen, keine provozierenden Gegenmeinungen.

Ich kann nur mit Menschen arbeiten, mit denen ich mich verstehe. Ich beherrsche diese provozierende Interviewtechnik nicht, bei der jemand quasi aufgemacht wird, bei der der »bad guy« sich selbst entlarvt. Ich will auch mit solchen Menschen nicht zusammenarbeiten. Ich möchte mich in einem Umfeld bewegen, das mein eigenes Lebensumfeld ist und das für mich positiv konnotiert ist.

Wie kam es zu dem Film »Vom Leben Lieben Sterben – Erfahrungen mit Aids«?

Walter Hiller hat einen guten Freund durch Aids verloren. Er hat mich gefragt, ob wir nicht zu diesem Thema etwas machen könnten. Ich wollte zunächst nichts damit zu tun haben, ich wollte mich mit so einem belastenden Thema nicht beschäftigen. Dann haben wir als ersten Kontakt Ernst kennengelernt, der seinen Lebensgefährten verloren hatte. Ich habe bei ihm gemerkt, daß man sich auch positiv mit der Krankheit auseinandersetzen kann. Das war eine gute Erfahrung. Schließlich hat es mich gereizt, ein Thema, das nur sensationell abgehandelt wird, positiv zu bearbeiten, mich mit Menschen zu befassen, die sich direkt in ihrem Lebenszusammenhang mit der Problematik auseinandersetzen.

Wir haben uns für die Helfer interessiert, die »Buddies« von der Aids Hilfe, die freiwilligen Helfer, auch für Ärzte und Krankenschwestern aus der professionellen Ecke. Aber diese Gespräche haben wir dann nicht benutzt. Die waren zu vorsichtig, sie haben politisch argumentiert, das sind alles ganz fragile Strukturen. Sie haben nicht davon gesprochen, wie sie als Personen auf die Krankheit reagieren, sondern nur über den institutionellen Zusammenhang. Mir ging es allgemein um die Frage: Wie geht die Umwelt mit der Krankheit um?

Aber Sie haben auch einen HIV Positiven, einen Kranken, im Film.

Ja, er ist vier Monate nach den Dreharbeiten gestorben. Eigentlich wollten wir im Film keinen Kranken präsentieren, sondern nur Menschen, die indirekt mit der Krankheit durch ihre Lebenspraxis zu tun haben. Es bestand die Gefahr, daß das voyeuristische Bedürfnisse bedient: Hier schaut ihn euch an, so sieht jemand aus, der die Krankheit hat. Aber Walter hatte schon im Gefängnis eine Aids-Initiativgruppe gegründet, und wir wollten ihn dann doch im Film haben, weil er von seinem Engagement für Betroffene erzählen konnte.

Können wir über formale Aspekte des Films sprechen. Wie wurden strukturelle Entscheidungen getroffen, wie ist es beispielsweise zu der Kadrierung gekommen?

Die Kadrierung ergab sich aus der Gesprächshaltung. Die Hände z.B. waren mir nicht so wichtig. Ich habe darauf geschaut, wie ich das Kraftfeld am besten konzentriere. Es ging um die konzentrierte Interviewsituation. Die Winkel sollten klar sein, die Kamera zentriert, es sollte jeweils eine genaue Festlegung der Einstellungsgröße geben. Es war mir wichtig: Ich will nicht nachziehen, die Kamera nicht schwenken, kein Zoom auf das Gesicht zu, wenn sich eine besondere emotionelle Situation ergibt. Also muß ich mir die Leute vorher genau anschauen, wie sie sich bewegen, danach definiert sich die Einstellungsgröße. Die Form der Kadrierung sollte durch das ganze Gespräch strikt durchgehalten werden.

Die Schwarzkader zwischen den Gesprächsteilen sind gleich lang, nur vor den Kapitelüberschriften, diesen drei eher abstrakten Blicken, da sind sie länger. Diese Blicke sind jeweils eine sehr langsame Überblendung von Naturstrukturen, Baumrinden etc., zehnmal übereinander geschichtet, das ergibt dann ein organisches filigranes Netz, Muster, die vor dem Auge leicht verschwimmen. Das sind Atempunkte. Das sollte für den Zuschauer signalisieren, jetzt kommt nichts, der Blick geht nur bis zu diesem Fensterkreuz. Jetzt muß sich der Zuschauer mit sich selbst beschäftigen. Das ist ein starker Schnittpunkt.

Mein eigener Blick ist jetzt Thema. Ich kann nun versuchen, das, was ich gesehen habe, in meine kognitiven Strukturen einzubauen. Auf eine nicht metaphorische Art wird die langsame Veränderung des Blicks gezeigt, eine allmähliche Verschiebung. Auch mein Blick hat sich während der Filmarbeit langsam verändert. Das wäre nicht passiert, wenn ich den Film in zehn Wochen abgedreht hätte. Das ist ein entscheidender formaler Schritt.

Das Schlüsselerlebnis für mich bei dieser Produktion war, daß man lernen kann, Aids anders zu sehen.

Ist das ein aufklärerischer, pädagogischer Ansatz?

Nein, durchaus nicht. Ich möchte zuerst an mir erleben, wie ich mich verhalte, und das zeige ich. Die Veränderung muß erst in mir stattfinden, ich kann nur aus meinem Lebensumfeld arbeiten, hier muß sich etwas verändern, etwas in Bewegung geraten. Der Film ist die direkte Umsetzung des Erlebnisses dieser Veränderung. Das kann ich anbieten, das kann ich zeigen. Aufklärung ist für mich zu sehr mit dem Gedanken dieser alten Medienarbeit verbunden und von daher negativ konnotiert. Ich muß aus dem eigenen Leben schöpfen, nur so mache ich Filme.

Ich lebe, und erst dann werden Themen für Filme an mich herangetragen, die kommen zu mir. Ich suche keine Themen für Filme, damit ich leben kann.

Aber auch wenn die Projekte an Sie herangetragen werden, gibt es doch sicher Themen, an denen Sie mehr oder weniger interessiert sind.

Mein eigentliches Thema sind immer wieder die Grenzüberschreitungen in jeder Form. Mich interessieren vor allem die Mischformen in den Medien, die verschiedenen Technologien, der Experimentalfilm – das, was auf der Kippe ist. Derzeit arbeite ich in Tibet. Ich bin jedes Jahr so etwa zwei bis drei Monate »oben«. Aus meinen Erfahrungen dort haben sich verschiedene Projekte ergeben: Die Hörstücke *Barkhor round* und das *Tibetische Tagebuch*. Das sind Bilder aus der Alltagswelt in einer Videokompilation. Ich arbeite mit Zeitdehnungen. Eine Einstellung in Zeitlupe geht fließend in die nächste Einstellung über. Die vier Begriffe, die im Tibetischen für »Fernsehgerät« stehen, sind übrigens: »Form«, »Sehen«, durch »die Atmosphäre« »übertragen«. Diese Arbeit wird im Sommer 1995 im Depot in Wien gezeigt.

Nach dem Tibetfilm von Jörg Neuenschwander *Shigatse,* bei dem ich Kamera gemacht habe, war bei Diskussionen die häufigste Frage: Was ist nun eigentlich die tibetische Medizin? Und darüber will ich arbeiten.

Die Situation in Tibet wird für die Tibeter immer schwieriger. In Lhasa gibt es bereits 300.000 Chinesen und nur noch 80.000 Tibeter. Es hat zwar eine gewisse Liberalisierung in der Religionsausübung gegeben, aber sonst hat sich die Situation eher verschlechtert. Die Leute kommen für Lappalien ins Gefängnis. Da gab es diese sieben Nonnen, die bei einer Demonstration die tibetische Fahne gezeigt haben, sie sind zu 15 Jahren Gefängnis verurteilt worden. Da ist es dann besonders unverständlich, wenn man bei diesem absurden Demonstrationsverbot anläßlich des Besuchs von LiPeng in Wien sieht, wie Polizisten zwei tibetische Frauen regelrecht jagen, die nur ein Schild mit einer tibetischen Aufschrift tragen.

Bisher sind meine Arbeiten dort Vorstadien, Recherche, Materialsuche. Ich weiß noch nicht, wie das weitergehen wird. Wenn ich das Projekt mit Drehgenehmigungen offiziell durchziehe, wird es teuer und schwer finanzierbar.

MANFRED NEUWIRTH

Bisher arbeitete ich mit HI-8, das ist ident für die unerwarteten Momente, die dann so spannend sind, daß man sie doch irgendwann einmal verwenden wird. Da war zum Beispiel eine Szene, so ein langer Marsch von Menschen auf einen Berg hinauf, sie waren auf dem Weg zum Heilkräutersammeln, und dann ergab sich eine Situation mit singenden Nonnen, ein Picknick, das will ich unbedingt verwenden. Ich filme in Tibet in einer Schule auf dem Land, in der traditionelle Mediziner ausgebildet werden. Da haben sich Kontakte ergeben. Der Arbeitstitel des Films ist *Geschichten vom Medizinbaum*. Die Tibeter vermitteln ihre Ideen und ihr Wissen in der Form von Geschichten. Der Baum mit seinem Stamm, den Ästen bis hin zu den feinsten Verzweigungen ist die Visualisierung der verschiedenen medizinsichen Richtungen. Dieses Strukturprinzip möchte ich in meinem Film aufnehmen. Momentan bin ich mit dem Drehbuch beschäftigt.

Wie sehen Sie Ihre Stellung innerhalb des österreichischen Films?

Das Medium Video existiert in der Öffentlichkeit nicht. Nur die Arbeiten, die »gefazt« ins Kino kommen, sind überhaupt wahrgenommen worden. Ich werde eher als Dokumentarfilmer eingestuft, das trifft nur bedingt zu. Ich kann mich aber auch auf die Kunstszene, in der ich auch operiere, nicht festlegen lassen. Ich will konsequent *alles* ausprobieren. *Asuma* (der erste Film über das Behindertenprojekt in Luxemburg) ist hier nie im Fernsehen gelaufen. Wir hatten gedacht, als der Film in Belgien mit einen Fernsehpreis ausgezeichnet wurde, daß nun vielleicht auch im österreichischen Fernsehen Interesse bestünde. Da haben wir uns geirrt. Es gibt bekanntlich keine Schiene für den Dokumentarfilm.

»Alles, was über 45 Minuten läuft, ist langweilig«, soll ORF-Abteilungsleiter Alfred Payrleitner einmal gesagt haben. Die Filme sind im französischen, belgischen, deutschen Fernsehen gelaufen. Im ORF gibt es kein kontinuierliches Interesse an solchen Arbeiten, so eine Zusammenarbeit hat sich nicht entwickeln können. Die »Kunststücke« sind da eine Ausnahme. *Vom Leben Lieben Sterben* und auch andere Dokumentarfilme sind in diesem Programm gesendet worden ...

Aber trotzdem ist die Arbeit mit Video die Produktionsweise, die für mich am adäquatesten ist. Ich bestimme mir meine Produktionsbedingungen selbst. Ich bin Produzent, Kameramann und Regisseur. Ich kontrolliere die Produktion. Aber in den öffentlichen Kanälen ist man durch die Produktion mit Video deklassiert. Die Videokunst existiert für eine breitere Öffentlichkeit überhaupt nicht. Und die Mischung, die ich verkörpere: dokumentarische Videoarbeiten und künstlerische Installationen, die gibt es kaum, und die ist in die öffentliche Resonanz kaum integrierbar. Auf keine bestimmte Kategorie festgelegt zu sein, ist aber eine Chance: Als Autor, der mit Medien arbeitet, muß und will ich *alle* Möglichkeiten ausprobieren und wahrnehmen.

Zurück zur dokumentarischen Arbeit: Ein Problem ist, daß man nur Situationen filmt, in denen die Kamera präsent ist, also gibt es nie eine Wirklichkeit ohne diese Form der Inszenierung.

Gerade bei unseren Filmen mit den Behinderten spielte die Präsenz der Kamera keine Rolle. Denen ist das ganz wurscht, daß da jemand filmt. Man wird so genommen, wie man ist, ob man dann noch ein Gerät auf der Schulter hat, ist völlig egal. Außer bei den Selbstinszenierungen, aber dann war es darauf angelegt. Allgemein habe ich die Erfahrung gemacht, daß der Faktor Zeit eine große Rolle spielt. Wenn man sich lange Zeit nimmt, dann wird irgendwann die Kamera unsichtbar: Alle verhalten sich relativ normal, es geschehen Dinge, ohne daß die Kamera eingreift, ohne daß sie von der Kamera provoziert sind.

Wir haben den Film auf vielen Veranstaltungen gezeigt und diskutiert, und es war interessant, weil er als Spiegel funktioniert hat, wie die Menschen mit Behinderten umgehen. Eine Haltung war etwa so: »Das gibt es nicht, das kann nicht so entspannt und lustig sein, wie ihr es darstellt, zeigt auch etwas Kritisches«. Das waren die Sozialarbeiter, für die war das provozierend. Aus der eher politischen Ecke kam der Vorwurf: »Ihr könnt nicht zeigen, wie angenehm das Leben für diese Minderheit potentiell sein kann, das ist angesichts der politischen Verhältnisse und Ausgrenzungen inakzeptabel«.

Aber es gibt im Film durchaus auch eine negative Szene, diese Beißszene, wo ausgerechnet der junge Dichter Jean, der so viele Sympathien auf sich zieht, durchdreht.

Ja, wir haben uns diese Szene oft in Zeitlupe angeschaut, und sie wurde für uns immer problematischer. Sein Verhalten hatte so etwas Tierisches, seine Bewegungen, die Töne, die er von sich gibt. Wir waren verunsichert, ob das denunziatorisch ist, wenn wir ihn so zeigen. Aber ich denke, daß es enorm wichtig ist, daß die Szene jetzt so im Film ist. Das bedeutet auch, daß man den Menschen ihre Krankheit läßt, daß man nicht den harmonisierenden Eindruck erwecken will, daß alles okay ist.

Alle Schwarz/Weiß-Teile im Film sind übrigens von Jean gefilmt, er hat sich ganz selbstverständlich mit der Kamera bewegt. Diese unterschiedlichen Wahrnehmungsweisen waren für uns sehr aufregend. Allein die Szene, in der er zum ersten Mal filmt und die Verschlußkappe nicht abnimmt: Er sieht nichts, dann nimmt er die Kappe ab und sieht etwas, aber gleich macht er den Verschluß wieder zu, weil ihn eher dieses Sehen-und-Nichtsehen beschäftigt.

Mich hat damals die besondere Lebenssituation interessiert. Das war eine der intensivsten Zeiten meines Lebens, es wird immer schwieriger so einen Lebens- und Arbeitszusammenhang zu finden. Aber ich bin immer auf der Suche nach genau so einer Situation. Wenn ein Film daraus wird, ist es gut, aber ich kann nicht in erster Linie in Strategien der Filmverwertung denken. Es geht immer erst um Fragen des Lebenszusammenhangs.

Ist die Medienwerkstatt in der veränderten Medien- und auch Polit-Landschaft nicht ein wenig abgenutzt, wenn nicht gar am Ende?

Durchaus nicht. Die unabhängige experimentelle Videoszene ist am Ende. Die politische Kraft dieser Art von Medienarbeit gibt es nicht mehr. Die jungen Videokünstler probieren jetzt eher alles aus, was so an Computerkunst möglich ist. Die »Video Edition Österreich«, die die Medienwerkstatt zusammengestellt hat, gibt einen umfassenden, fast schon historischen Überblick über die Periode der unabhängigen Videoszene.

Tatsache ist, daß sich die unabhängige Videoszene im Sinn einer Gegenstrategie zum Fernsehen mehr oder weniger aufgelöst hat. Es ist auch fast Ironie, daß z. B. ein Mitglied einer besonders radikalen Videogruppe in Freiburg jetzt einen Oscar bekommen hat. Die hätten früher nicht im Traum daran gedacht, fürs Fernsehen zu arbeiten. Aber die Medienwerkstatt funktioniert nach wie vor als wichtiger Standort für unabhängige Produktionen in den Bereichen Video, Film, Multimedia. Es besteht ein enger Zusammenhang mit Loop TV-Video-Film Produktion: Das professionelle Aufnahmeequipment ist der Bereich der Loop GesmbH und die Postproduktion, Schnitt, etc., das ist das Ressort der Medienwerkstatt.

Sie arbeiten auch im Multimedia-Bereich?

Ich habe gerade eine Produktion mit dem Titel *Bildermacher* fertiggestellt. Es geht um Bildtechnologien. Ein Schlüsselerlebnis dazu war für mich der Film *Der Riese* von Michael Klier mit Bildern von Überwachungskameras. Ich frage mich: Wie sehen die diversen Bildmaschinen 15 Jahre später aus? Es gibt die verschiedensten Bildproduktionen, man kann Kameras in Körper einführen, der Chirurg wird zum Kameramann, oder Ultraschall- oder Satellitenbilder. Im letzten Jahrzehnt hat die allgemeine Bildproduktion enorm zugenommen. Die gesellschaftliche Interpretation läuft weitgehend über die Bilderproduktion. Ich arbeite an einem Panoptikum von Bildern. Auf einem Touchscreen gibt es 16 verschiedene Bildmaschinen zu sehen. Man kann z.B. das Stichwort »Ultraschall« anwählen, eine Ärztin gibt ein kurzes Statement zur Methode, dann sieht man wie die Ultraschallbilder ausschauen, dann schließlich die Maschine, den Apparat selbst. Zusätzlich gibt es noch ein Feld für einen kurzen ergänzenden Text, eine Art Randbemerkung. Der Bereich der bildproduzierenden Maschinen hat mich immer fasziniert. Mein Vater hatte früher zuhause die neuesten Kameras und Geräte herumstehen. Die haben mich schon damals sehr interessiert.

Jetzt ergeben sich Fragen für mich: Wie verhalten sich die involvierten Personen zu den Bildern? Aber auch umgekehrt: Was bedeuten die Bilder für die Menschen?

Da gibt es ganz wahnsinnige Sachen: zum Beispiel diese besondere Art der Sporthypnose. Erst erfolgt eine Aktivierung durch eine bestimmte Art des autogenen Trainings, dann werden Bilder und Geräusche von Jubel- und Begeisterungsszenen damit gekoppelt. Die psychische Stimulation wird dann vor dem eigentlichen Wettkampf nur durch die motorischen Bewegungen aktiviert. Diese Methode wird auch im Astronautentraining verwendet, um den Erlebnishorizont in der Raumkapsel zu vergrößern. Es werden Bilder über die Motorik produziert.

Das ist ein zentrales Beispiel, was mit Bildern passieren kann.

Es entsteht eine Mischung aus Fiktion und Nichtfiktion, die mich interessiert.

Auch von den Spezialisten, die an parapsychologischen Phänomenen interessiert sind, übernehme ich einen Bilderproduzenten, Herrn Reiterer. Er richtet seine Kamera auf den Fernseher und nimmt die unendlichen Rückkoppelungen auf. Dann analysiert er die Einzelbilder der Rückkoppelungen und plötzlich erkennt er Gesichter etc., ein ähnliches Phänomen gibt es bei den Tonbandstimmen, da hören Eingeweihte Antworten auf gezielte Fragen im Grundrauschen.

An solchen Bildproduktionen werde ich in den nächsten Jahren sicher verstärkt arbeiten. Ich selbst mache die Videos und arbeite mit jemand zusammen, der das in ein System interaktiv einspeichert.

Da ich nicht mehr diesen ultimativen Gestaltungswillen habe, erscheint mir gerade der interaktive Zugang äußerst wichtig: Ich biete etwas an. Die endgültige Regie oder die Bildkombinationsmöglichkeiten bleiben dem Zuschauer überlassen.

Betrachten Sie sich als politisch agierenden Autor/Künstler?

Mir schwebt vor, weniger aufklärerisch in der Gesellschaft zu operieren als eher subversiv. Also weniger auf einer direkten gesellschaftskritischen, politischen Ebene zu powern, sondern eine Stufe höher.

In anderen Gesellschaften weiß man vielleicht noch genauer, wo der Feind steht, da kann man unmittelbarer handeln. Bei uns ist ein subversiver gesellschaftlicher Ansatz inzwischen kaum zu finden. Aber diese Herangehensweise ist in der Arbeit zu verwirklichen, und sie soll Spaß machen.

Natürlich gäbe es in unserem sozialpartnerschaftlichen Klima viele Themen, die man behandeln könnte. Aber aktuelle, politische, kritische Analysen sind nicht gefragt. In Österreich vermeidet man die Auseinandersetzung, bzw. man sucht sie nicht. Es gibt keine allgemeine Diskussion über gesellschaftliche Themen. Natürlich bleibt auch die Frage, ob die eingefahrenen Förderungsstrukturen solche Auseinandersetzungen nicht eher verhindern. Es gibt z. B. auch keine wirkliche Diskussion über das Thema Aids. Das wird in Schlagzeilen abgehandelt: »Wieder 60% Aidsfälle mehr«. Niemand kann damit etwas anfangen. Es gibt keine wirklich ernstzunehmenden Gegenpositionen in der öffentlichen Diskussion.

Der Film über den Truppenübungsplatz war vielleicht so eine subversive Arbeit. Ein Film, der in der Region gewirkt hat. Und er ist sechs Wochen in Wien im Kino gelaufen.

Jetzt kommt noch das obligatorische Abchecken der Vorbilder. Buñuel haben Sie schon erwähnt. Ich weiß, daß Sie Bresson schätzen, der in radikaler Sehweise auch dokumentarisch arbeitet. Welche anderen Dokumentarfilmer sind Vorbilder für Sie?

Natürlich ist Chris Marker ein großes Vorbild. Nicht nur *Sans Soleil,* sondern besonders auch der Film über die vier verschiedenen revolutionären Bewegungen: Vietnam, Kuba, Prag, Frankreich. Marker bündelt die Summe seiner Erfahrungen in seinen Filmen.

Wichtig ist für mich auch Johan van der Keuken. Er verkörpert das Prinzip des Autorenfilmers. Der Film über die Brassbands ist sensationell. Wie hat er das gedreht? Geschnitten? Das ist mit einer Präzision gemacht, unglaublich. Van der Keuken hat übrigens diesen leicht pädagogischen Gestus, aber vielleicht ist das im weltoffeneren, liberaleren holländischen Kontext eher annehmbar.

Manfred Neuwirth

geboren 1954 in Wien. Studium der Publizistik, Informatik und Geschichte. Seit 1972 Arbeit mit Film, seit 1976 Arbeit mit Video. Regisseur, Kameramann und Produzent, Gründungsmitglied der Medienwerkstatt Wien, Geschäftsführer der LOOP-TV-Video-Film-Produktion.

Film/Videographie (Auswahl): 1980 »Medienbaukasten, Select Game«; 1982 »Asuma«; 1983/84 »Wossea Mtotem – Die Wiese ist grün im Garten von Wiltz« (Fortsetzung des Asuma-Projektes); 1985 »Heilende Schläge«, »The race is almost run« (Videoinstallation); 1986 »Experten«; 1987 »Der Pilot« (Videoinstallation), »Earthrise«; 1988 »Erinnerungen an ein verlorenes Land«; 1988/89 »Shigatse« (Kamera; Regie: Jürg Neuenschwander); 1991 »Wienminuten« (Videoinstallation); 1993 »Vom Leben Lieben Sterben – Erfahrungen mit Aids« (gemeinsam mit Walter Hiller); 1994 »Brasilianische Erinnerungen«, »Bildermacher« (Multimedia); in Arbeit: »Geschichten vom Medizinbaum«.

Elisabeth Büttner / Christian Dewald

INDIREKTES PLÄDOYER FÜR EIN UNZEITGEMÄSSES KINO
Astrid Ofner und ihre Filme

1.

Eine Aufzählung der Filme, die Astrid Ofner als Regisseurin zu verantworten hat, ist rasch beendet: *Savannah Bay*, nach einer Vorlage von Marguerite Duras, *Jetzt und alle Zeit* sowie *Ins Leere*. Die beiden letztgenannten Filme bilden Ofners Abschlußarbeit an der Deutschen Film- und Fernsehakademie Berlin. Ofner hat ihr Studium an der Wiener Filmakademie begonnen und wechselt 1989, nach zwei Jahren, in das urbanere Klima West-Berlins. In ihre Berliner Jahre fällt die Zusammenarbeit mit Jean-Marie Straub und Danièle Huillet. In der Inszenierung von Bertolt Brechts *Die Antigone des Sophokles. Nach der hölderlinschen Übertragung für die Bühne bearbeitet,* die Straub/Huillet an der Berliner Schaubühne 1991 erarbeiten, stellt Ofner die Figur der Antigone dar; ebenso im anschließend auf Sizilien gedrehten *Antigone*-Film von Straub/Huillet. 1994 kehrt Ofner nach Österreich zurück.

Jetzt und alle Zeit und *Ins Leere* ordnen sich, folgt man der klassischen Unterteilung, dem dokumentarischen Filmsektor ein. Mit dieser ersten Zuordnung zeigt sich bereits das Brüchige traditioneller Einteilungsschemen, denn Ofner hat in ihren beiden Filmen eine eigenständige filmische Ausdrucksweise erarbeitet, die das geläufige Verständnis von Dokumentarischem überschreitet. Mit dem quirligen Kameraauge eines Direct Cinema, das sich ins Geschehen stürzt und von den Ereignissen spontan die Bildauswahl diktieren läßt, haben Ofners Filme nichts gemein. Auch die getragenen Bild- und Tongrammatiken aufklärerischer Reportagen liegen ihnen fern. »Das sogenannte Dokumentarische liegt hier nicht in der Unmittelbarkeit des Reagierens auf das Gesehene oder in der Konfrontation mit den Personen, sondern eher im Versuch einer eigenständigen filmischen Struktur«, meint Ofner in einem Interview zur dokumentarischen Seite ihrer Filme. Dem Vorgefundenen wird in *Jetzt und alle Zeit* und *Ins Leere* nichts künstlich hinzugefügt, dieses dokumentarische Element bleibt gewahrt. Doch der formale Aufbau der Filme, die Strenge der Bildkomposition sowie die einfühlsame Rhythmik, die auf einer genauen Kenntnis und Beobachtung der gefilmten Orte und ihres Alltags beruhen, lassen die fiktionalen Anteile im Dokumentarischen zutage treten. Dokument und Fiktion bewegen sich in einem Kreislauf. Die als gewiß vermutete Trennlinie zwischen den beiden Polen dokumentarisch und fiktional wird verwischt.

Weitere Aufmerksamkeit wecken die Filme Astrid Ofners aufgrund der Haltung zum Kino, die sich in ihnen manifestiert. *Jetzt und alle Zeit* und *Ins Leere* nehmen das Grundvermögen des Kinos, zu sehen zu geben, zu zeigen, Zusammenhänge und Bezüge zu eröffnen, buchstäblich. Werden Gesten, Haltungen oder Handlungen in kinematographischen Bildern und Tönen festgehalten, so kokettieren sie in der filmischen Schreibweise von Ofner weder mit stilistischen Posen noch mit einem Mehrwert an abzuleitenden Botschaften. Schaulust findet ebensowenig Angriffsfläche wie ein Erklärungsbedarf bedient wird. Die Dinge werden in ihrer Lakonik, in der unaufgeregten Schlichtheit ihres Ablaufs festgehalten, einfach, vorurteilsfrei und ohne Umschweife.

Bilder und Töne genießen gegenseitig keinerlei Privilegien. Es existiert weder ein ultimatives Bild, welches die umgebenden Bilder mit Sinn auflädt oder ein Rätsel zu lösen vorgibt, noch verzerrt der Ton die Bilder oder löscht sie in ihrer Eigenständigkeit aus. Dieses unbedingte Pochen, beim Filmen auf die Physis des Vorhandenen in seinem Gleichgewicht angewiesen zu sein, verdient besondere Hervorhebung, denn Ofner führt mit ihren beiden Filmen in zwei Welten, die von Autoritäten leben und bereits beim Klang ihrer Namen Spekulationen nähren: in ein Kloster sowie in ein Studio für bizarre Erotik.

2.

Jetzt und alle Zeit hat das mystisch-kontemplative Leben einer kleinen Ordensgemeinschaft von Nonnen, der »Schwestern von Bethanien«, zum Thema und Gegenstand.»Das einzige Konvent dieser Kongregation der Dominikanerinnen in Österreich befindet sich in der Abgeschiedenheit eines ehemaligen Landschlößchens in Nestelbach bei Graz. Dort leben heute zwölf Nonnen, den zeremoniellen Bestimmungen ihres Ordens folgend. Ihr tägliches Dasein ist strengen Regeln und Riten unterworfen und findet in weitgehendem Stillschweigen statt. Bestimmend für Bethanien ist die Idee und Praxis der Kontemplation, die sich über eine genau festgelegte Systematik von Übungen, Zeremonien und Gesten vermittelt. Diese Mechanik des klösterlichen Lebens als Weg einer angestrebten mystischen Verinnerlichung und Freiheit, ist ein wesentliches Moment, das mich in meinem Film beschäftigt.

Ins Leere beschreibt die inzwischen weitverbreitete Praxis ritueller erotischer Spiele, wie sie in sogenannten S/M-Studios angeboten und praktiziert werden. Im Falle meiner Arbeit ist der Gegenstand des Spiels die Inszenierung eines masochistischen Phantasmas: eine strafende Herrin erzieht ihren devoten Diener zur absoluten, bedingungslosen Leibeigenschaft und Unterwerfung. Dabei ist es nicht die Thematik des Sadomasochismus als solche, die mich hier beschäftigt, sondern das, was man die masochistische Konvention und Ästhetik nennen könnte. Also die – festgelegten Gesetzen und Vereinbarungen folgende – rituelle Form und Gestik, in der sich eine solche Inszenierung in einem S/M-Studio vollzieht, ähnlich der Mechanik einer klassischen Mise-en-scène.

Bei *Jetzt und alle Zeit* und *Ins Leere* handelt es sich um zwei voneinander unabhängige Filme, die nebeneinander stehen und in der Art eines Doublefeatures ein Programm bilden.«

Dieses kurze Drehbuchexzerpt – das gesamte Drehbuch, erstellt von Astrid Ofner und Hans Hurch, umfaßt 60 Seiten konzentrierten Textes – spricht neben der informativen Ebene von einer Gewißheit des Vorgehens gegenüber den Orten und ihren Handlungsritualen, die für die Filme bestimmend sein werden. Profunde Kenntnisse werden vor den Dreharbeiten zusammengetragen und eine genaue Recherche forciert. Das Spiel des Zufalls oder willkürliche Einschnitte finden in Ofners Filmen keine Anknüpfungsfläche, sind die beiden thematisierten Welten doch über vorgezeichnete Handlungsabläufe strukturiert. Der Mechanik des klösterlichen Lebens sowie der Anordnung der sadomasochistischen Praxis trägt die formale Gestaltung der Filme konsequent Rechnung.

Jetzt und alle Zeit beispielsweise nutzt das natürliche Licht und kommt mit Originalton aus. Die Filmarbeit stützt sich auf ein abgewogenes und durchdachtes Gerüst, das stets den Alltag und seine konkreten Handlungen zum Maßstab und Korrektiv der eigenen Kreation nimmt. Kamerapositionen und Aufnahmewinkel sind zu Drehbeginn bereits festgelegt oder anvisiert. Die Bilder verpflichten sich dem Vorgefundenen, seinem Rhythmus und der Ökonomie seiner routinierten Bewegungen und wiederkehrenden Verrichtungen. Bild und Ton bleiben einfach, klar und dem Elementaren des Kinos verpflichtet. Jedem Ausdruck eines selbstgefälligen optischen Raffinements beugt Ofner vor. Filmische Entscheidungen brauchen ihre Entsprechung im Außen der aufgesuchten Welt. Vor allem *Jetzt und alle Zeit* zeigt sich in seinem filmischen Bogen diesem Diktum verpflichtet. Verbringen alle Ordensschwestern ihre Zeit gemeinsam, in der Kapelle oder beim Essen, bleibt die Kamera statisch, hebt niemanden hervor, verteilt keine Wertigkeiten. Erst wenn sich jede Schwester alleine, in »ihrem« Raum aufhält, schneidet die Kamera Hände und Gesichter aus.

3.

Der Haltung, die Astrid Ofner dem Kino entgegenbringt, haftet Unzeitgemäßes an. Die Filme, die sie gedreht hat, geben Zeugnis davon. Eine Begeisterung für das projizierte Bild ist allen ihren Äußerungen abzulesen. Der Glaube an das Vermögen des Kinos, Sichtbarkeiten abzuwägen, interne Verflechtungen zu entdecken, feine Nuancen zu gestalten, gibt Ofners Arbeiten Antrieb. In zwei Richtungen schlägt sich diese lebendige Bindung an die Welt der bewegten Bilder nieder. Ofner betrachtet die ungeheuren Schätze, die die Archive des Kinos bergen, mit Wachsamkeit. Das »Studium der Meister«, wie sie es nennt, schärft Auge und Bewußtsein, auch für die Lage und die Erfordernisse der Gegenwart. Die Auseinandersetzung mit all den Geschichten des Kinos erschöpft sich nicht in ästhetischen Fragen, sondern schult auch ein Unterscheidungsvermögen und eine Widerstandskraft im praktischen, alltäglichen Leben. Die zweite Linie verbindet sich mit der ersten. Das Kino vermag eine Brücke zur Welt zu bauen. Filme im Ghetto eines losgelösten Kunstraums anzusiedeln oder als einziges Bezugssystem den Markt gelten zu lassen, widerspricht dem Filmverständnis Ofners radikal. Dem Kinobild wächst eine gesellschaftliche Funktion zu. Dies ist nicht als Programm zu verstehen, sondern muß sich stets in der Praxis erweisen. Abgehobene Theorien oder Ideale helfen nicht weiter, einzig auf Greifbares, Materialisiertes ist zu zählen.

Gespräch mit Astrid Ofner

Sie führen den Zuschauer mit Ihren beiden Filmen »Jetzt und alle Zeit« sowie »Ins Leere « in ein Kloster und in ein Studio für bizarre Erotik. Wie kommen Sie zu einer solchen Auswahl und Kombination?

Die Idee von *Jetzt und alle Zeit* gab es schon sehr lange. Ich wollte in einem Dokumentarfilm versuchen, dem zurückgezogenen und beschaulichen Leben in einem Kloster näherzukommen. Mich hat das Mystische interessiert. Diese Einsamkeit. Die Frage, wie ein Alltag in einem kontemplativen Kloster, wo kaum gesprochen werden darf, aussieht.

Gleichzeitig spukte in meinem Kopf immer so ein Gedanke, einen Film, vielleicht eine Art Dokumentation, über Prostitution zu machen, über Frauen und ihre Körper. Aus heutiger Sicht glaube ich, daß mich unbewußt damals aber die Inszenierung, die Fetischisierung eines Körpers mehr interessiert hat, als der Körper für sich. Daß mich die Prostitution in der Literatur mehr interessiert hat als die reale am Wiener Gürtel. Jedenfalls habe ich schnell bemerkt, daß ich etwas anderes suchte, etwas Romantisches, Überhöhtes. Eine geschickte Inszenierung des Verlangens und der Leidenschaften. Dann hat sich eins ins andere gefügt, Steinchen für Steinchen. Während die Arbeit am »Klosterfilm« immer konkreter wurde, lernte ich, durch Zufall eigentlich, eine Domina in Berlin kennen. Sadomasochismus, das sagte mir zu dieser Zeit noch gar nichts. Das war Neuland. Aber ich ging hin zu ihr ins S/M-Studio. Und da passierte dann etwas Ähnliches wie vorher im Kloster. Wieder war es Liebe auf den ersten Blick. Dort fand ich ähnliche Abhängigkeits- und Herrschaftsmechanismen wieder, die mir aus meiner katholischen Familie, meiner Erziehung gut bekannt waren. Wörter und Gesten, die ich oft gehört und gesehen hatte: Anbetung, Dienen, Hingabe, Schuld, Vergebung und Gnade. Obwohl ich mich mitten in einem ziemlich bizarren Raum befand, umgeben von eigenartigen Dingen und Fetischen, war mir alles sehr vertraut. Das Kreuz an der Wand, die Requisiten. Die Stille, die Abgeschiedenheit des Ortes, obwohl er mitten in der Stadt war. Und natürlich die Tatsache, daß jedes Spiel mit einem Sklaven und der Domina nach einem ganz genau festgelegten Ablauf stattfand. Da gab es so viele Verbindungen und Überschneidungen zwischen dem Kloster, der Mystik, dem Katholizismus und dem, was hier im Studio passierte.

Die zwei Welten werden stark von Ritualen bestimmt, in beiden ist genau vorgezeichnet, was passieren wird. Einmal in sehr gedehnter Zeit, im Kloster, eben »jetzt und alle Zeit«, und das andere Mal in einem zeitlich verdichteten Ablauf.

Mich hat dieses regelhafte Leben im Kloster interessiert, entlang einer ewigen Zeit, die man außerhalb von sich stellt und sagt, der ordne ich mich unter. Nach dieser Zeit, nach dieser Regelhaftigkeit, nach diesem Duktus verbringe ich mein ganzes Leben. Eine Lust am Ritual, eine Lust am Immergleichen, eine Lust am Dienen, eine Lust an der Anbetung, der Verherrlichung oder an der Gnade fügen sich hier an. Einfach dieses Vokabular bestimmter Requisiten, das man aber auch sehr schön in manchen SM-Inszenierungen finden kann. Doch neben dem weiten Feld der Gemeinsamkeiten, das sich im Nebeneinander von Kloster und S/M-Studio auftut, habe ich auch mindestens so sehr das Trennende im Auge gehabt. Dies äußert sich zum Beispiel im Faktor Zeit, auf den Sie anspielen. Das Zeitmaß ist im Kloster ein völlig anderes als im Studio. In dem einen Fall handelt es sich um eine bewußte Ausdünnung, um eine Entleerung der Zeit. Das ist hier die Ideologie: die Zeit, das Sein, von jeglichem Ballast, von allem Unnötigen zu befreien, um der Vertiefung Raum zu schaffen. Der Seele, die sich allein zu Gott hinbewegen will, den Weg nicht mit Unrat zu versperren. Im anderen Fall, in Studio, ist es ganz wichtig, für die ausgemachte Zeit, die ein Spiel, eine Inszenierung dauern soll, eine höchstmögliche, existentielle Intensität für den Moment herzustellen. Ich glaube zutiefst, daß es bei all den Bemühungen und der unglaublichen Anstrengung, diese Intensität zu erzeugen und definitive, leidenschaftliche Gefühle zu erträumen, doch noch um etwas ganz anderes geht: um den versteckten Wunsch, sich aufzulösen, zu verlieren, zu entschwinden. Um niemanden mehr zu genügen oder zu entsprechen. In diesem Sinne glaube ich, im Studiobetrieb – zumindest in bestimmten Fällen – einen Versuch der Auflösung von emotionalen Besetzungen zu sehen. Einen Versuch das Gegenüber, vielleicht das Lebendige zu bannen. Sich zu entledigen.

Durch den mechanischen Klosteralltag wird, wie Sie sagen, eine Verdünnung der Zeit erreicht, die Konzentration und einen möglichen Selbstbezug bewirkt. Andererseits wird in einer Studio-Inszenierung durch eine völlig übertriebene Darstellung bestimmter libidinös besetzter Situationen eine Leere hergestellt, die den Sinn erfüllt, sich zu verflüchtigen, zu entfliehen. Sind Formen strenger Regelsysteme Versuche, Freiräume zu schaffen?

Ja, da bin ich mir sicher. Ich glaube, daß sowohl im Kloster als auch in der sadomasochistischen Praxis eine Hoffnung da ist und eine Sehnsucht nach Ganzheit und Akzeptanz. Daß auf jeweils verschiedene Art und Weise, durch unterschiedliche Methoden versucht wird, über sich selber hinauszuwachsen, eine Transzendenz zu erreichen. Oder besser gesagt: über das hinauszuwachsen, was einem gesellschaftlich zugeschrieben wird. Interessant ist für mich immer gewesen, daß das über einen Umweg funktionieren soll: über das Abgeben der Verantwortung für das Zeitliche. Im Kloster wird die Verantwortung für eine inhaltliche oder narrative Gesamtkonzeption quasi für das ganze Leben abgegeben und im Studio für die Zeit, für die man bezahlt. Mich hat in bezug auf meine Filme interessiert: Wie schauen diese Autoritäten, das Gesetz oder die Ordnung aus, denen man sich unterwirft? Auf welche Koordinaten stützt sich das Rastersystem im Kloster und im Studio? Kann es überhaupt ein System für die Erfüllung geben, für das »wahre Leben«?

Durch die Gestalt der Filme, durch die Aufmerksamkeit auf das Mechanische dieser Lebensentwürfe, wird der individuelle Rahmen gesprengt, und Allgemeines kommt zum Vorschein. Was Sie in den Filmen zeigen und erzählen, ist ja nicht an einer individuellen Geschichte festgemacht. Das hat einen ausgesprochen allgemeinen Status. Wie haben Sie diese Distanz zu Ihren Themen gefunden?

Bei beiden Themen war es ganz sicher die genaue Beschäftigung. Mit dem Kloster und dem Katholizismus habe ich mich vorher schon sehr lange und intensiv auseinandergesetzt. Und dann in Berlin bin ich über eineinhalb Jahre hindurch fast täglich im Studio gewesen. Dadurch hat sich mit der Zeit eine wirkliche Freundschaft zwischen der Domina und mir entwickelt. Ich kannte ihre Arbeit sehr gut, jede Geste. Auch ich habe in dieser Zeit viele neue Erfahrungen gemacht. Mit Filmemachen hatte das vorerst noch wenig zu tun. Aber das Entscheidende kommt erst: Beim Filmdrehen stellen sich alle Fragen konkret und damit noch einmal ganz neu. Da ist man auf einmal mit den praktischen Dingen und Aufgabenstellungen der filmischen Bearbeitung konfrontiert. Man weiß zwar, worüber man reden will, aber man muß das jetzt formulieren, mit den zu Verfügung stehenden Mitteln der filmischen Lautmalerei. Meine Erfahrung war, daß mich das Kloster beim Drehen wirklich getragen hat. Die Schwestern haben sich zwei Wochen nur darauf konzentriert, es als ihre Aufgabe angesehen, beim Film mitzuhelfen. Alles funktionierte fast wie von selbst. Jeder Raum hat die Position der Kamera quasi schon vorgegeben, durch seine strenge Einfachheit und durch die festgeschriebene Art seiner Benützung. Und wegen der Hilfe der Schwestern, die man nicht aus der Ruhe bringen konnte, trotz Kamera, Tonbandgerät und den vielen Leuten. Dadurch spürte man stark – und das hat mich sehr beeindruckt –, daß durch die Wiederholung der Gebete und der damit verbundenen Rituale, wie sie tagein tagaus über Jahre praktiziert werden, etwas tatsächlich Unerschütterliches entstanden ist: Die Geistlichkeit der Schwestern hat ihre Körper zu Felsen werden lassen.

Im S/M-Studio in Berlin war das Drehen viel schwieriger: der 18 Quadratmeter kleine Raum, die Hitze durch das rote Licht, keine Luft und die beiden fast nackten Darsteller, die vor dem Filmteam diese heiklen Bewegungen und Gesten vorführen mußten und die bis zur Lächerlichkeit übersteigerten Texte zu sprechen hatten. Aber vor allem war die Sache mit dem Raum schwer: die Inszenierung des »filmischen Raumes«. Während des Spiels zwischen Herrin und Gast müssen irrationale Räume und Welten entstehen. Diese Orte werden über eine phantasmagorische Rhetorik evoziert und haben mit dem Studioraum, in dem sie tatsächlich stattfinden, wenig zu tun. Dieser wirkliche Raum schreibt dem Film deshalb fast nichts vor. Mich hat aber gerade das Dokumentarische des Orts stark angezogen. Und darum ging's auch: um das reale Geschehen, den konkreten Ort und die Gesten und Worte. Da wollte ich nahe dran bleiben, trotzdem mußte das alles mit den beiden Darstellern wie in einem Spielfilm inszeniert werden.

Während der Vorbereitungszeit zu den Filmen kam es in Berlin zur Bekanntschaft mit Danièle Huillet und Jean-Marie Straub und zur Mitarbeit an deren »Antigone«-Projekt, in der Rolle der Antigone.

Ich habe die beiden an der Schule, der Berliner Filmakademie, kennengelernt. Sie haben dort ein vorbereitendes Gespräch mit uns Studenten geführt. Es ging um die Möglichkeit, bei den Theaterproben ihrer Antigone-Inszenierung an der Schaubühne zuzuschauen. Wen das sehr interessierte und wer bei den

Proben konsequent anwesend wäre, könnte eventuell auch nach Sizilien als Assistent beim *Antigone*-Film, den sie anschließend drehen wollten, mitfahren. Das war das Angebot. Da sie noch keine Antigone- und Ismene-Darstellerin hatten und dafür niemand von der Schaubühne einsetzen wollten, haben sie mich und meine Schwester Ursula eingeladen, diese Rollen zu übernehmen. Die Probenarbeit an der Schaubühne in der Cuvreystraße war anstrengend und schwierig. Die Schaubühnen-Schauspieler haben mich sehr verunsichert. Immer war ich im Zweifel, ob ich das kann, ob ich da jetzt nicht enttäusche. Andererseits bekam ich aber von Straub/Huillet so starke Auflagen, daß ich mich nicht – in meinem Sinn – weiterentwickeln, verbessern konnte. Ich hätte es damals als Verbesserung empfunden, wenn ich mich mehr bewegen, mehr Gesten hätte machen können oder meine Sprache flüssiger und plausibler geworden wäre. All das haben sie nicht zugelassen. Sofort, wenn ich einmal etwas anders betont habe als bei den ersten Proben, haben sie schon gesagt: »Du darfst nicht kokettieren mit den Machthabern. Du bist eine Mauer.« Alles andere wäre Verrat gewesen. Das war für mich überaus anstrengend, gerade wegen dem Bild, das ich vom »professionellen« Schauspiel hatte. »Du darfst dich nicht verändern, du mußt dich vertiefen", hat Danièle immer gesagt. Die Schauspieler der Schaubühne sind bald an ihre Grenzen gestoßen. So eine Theaterarbeit waren sie nicht gewohnt. Andererseits kamen sie an Straub/Huillet nicht vorbei. Auch wenn sie das alles nicht verstanden haben oder nachvollziehen konnten, merkte jeder, daß da etwas ist. Es ist so konsequent und so klar, so einfach und so präzise, ohne Geheimnis. Man hatte nie das Gefühl, da wird jetzt im Verborgenen etwas passieren, was wir nicht sehen dürfen. Jede kleine praktische Entscheidung war wichtig und anders, als sie andere Leute treffen. Obwohl es sich oft um nichts Außergewöhnliches handelte. Straub/Huillet haben einfach andere Prioritäten und ein Bewußtsein von den ganz kleinen Dingen.

Es gibt keine Hochs und Tiefs, intensive Arbeit und dann Ausruhen, Belohnung oder Bestrafung. Das ist ein Arbeitsprozeß, kontinuierlich, beständig, der sich über Monate durchzieht. Da wird kein Erfolg gefeiert oder ein Erfolgserlebnis. Die Arbeit ist ein gleichmäßiger Rhythmus, ein Strom, immer konzentriert, ohne Hierarchien. Von jedem wird aber verlangt, daß er seine Arbeit gut macht, beinhart, ohne falsche Scham oder Betulichkeit. Es geht oft streng zu. Aber nie im Sinne von Unterdrückung, sondern in bezug auf Arbeit und Verantwortung.

Das Fehlen einer Hierarchie merkt man auch Ihren Filmen an, besonders dem »Klosterfilm«. Einzelne Rezensenten schreiben,

es gäbe ein Geheimnis. Aber letztendlich finde ich, daß es in diesem Film so ein zu ergründendes Geheimnis...
... nicht gibt.

Das Äußere wird nicht gegen die große Erklärung, die dahinter steckt, ausgespielt. Die Dinge, die der Film zeigt, verschreiben sich einer Mechanik oder einer gewissen Systematik im Alltäglichen. Für mich liegt darin auch ein Straubsches Element.

Ich habe gesehen, daß man die Produktionsverhältnisse bedingungslos selbst bestimmen können muß, daß man sich die Produktionsorganisation nicht von Spezialisten aus den Händen nehmen lassen darf. Die Dinge, die man verwendet und einsetzt, brauchen immer eine Entsprechung in der eigenen Person. Damit meine ich, bestimmte Arbeiten muß man selber machen: Drehorte finden, Kostüme und Requisiten auswählen, den Drehplan machen, den Ton abhören, etc. Man muß wissen, was man will, was man tut. Man darf sich auf niemanden verlassen! Und das hat Jean-Marie auch einmal gesagt: Man darf niemals ohne seinen Colt schlafen gehen!

Eigentlich ist die Erfahrung mit Jean-Marie Straub und Danièle Huillet etwas Seltsames gewesen und mir erst im nachhinein, Schritt für Schritt, immer deutlicher bewußt geworden. Damals, während der Arbeit, der Proben am Theater und auch noch beim Drehen in Sizilien, da war ich wie eine Schlafwandlerin. Zwar habe ich das bewußt erlebt, und mich hat vieles tief berührt und getroffen, auch gab es einiges, womit ich sehr zu kämpfen hatte, aber ich bin durch das alles durchgegangen wie im Traum. Während dieser ganzen Zeit war ich sehr glücklich, es ist wunderbar gewesen. Trotzdem ist das schon eine ziemliche Erschütterung, mit dem ganzen Straubschen Universum, mit all den Gedanken und Entschiedenheiten der beiden so hautnah konfrontiert zu sein. Aber ich bin froh, daß ich damals während der Arbeit zu *Antigone* so unschuldig und naiv war. Und, das weiß ich, der Straub ist ein Luchs, der hat das gespürt und vieles davon gewollt. In diesen eineinhalb Jahren gemeinsamer Arbeit habe ich gesehen, daß alles wichtig ist, alles gleich wichtig. Und nichts selbstverständlich.

Diese Gleichwertigkeit der Dinge merkt man Ihren Filmen stark an, sowohl vom Thema her als auch in ihrer formalen Gestaltung. Dadurch meiden Sie auch jeden falschen Voyeurismus, der Wertigkeiten im Sehen verteilt.

Die beiden Filme beziehen sich auf Immaterielles, aber sie handeln von den konkreten Erscheinungen. Es existiert ja nichts für sich freischwebend in der

Luft, sondern nur in dem Moment der Handlung, der Geste, in der es sich materialisiert. Und die ganze politische Haltung bei Straub/Huillet, ihre Haltung zum Leben, die orientiert sich ja nicht an Theorie oder Intellektuellem an sich. Sie ist keine geistige Angelegenheit, sondern sie zeigt sich im täglichen Umgang mit Menschen, Entscheidungen, in Gesten, in Blicken, in Wertschätzung. Jean-Marie Straub sagt oft, »Leben, das ist eine Form verteidigen«. Das erlebt man die ganze Zeit, wenn man mit ihnen zusammen ist.

Diese Haltung, daß Geistiges nur verdinglicht aufzufinden ist, äußert sich in Ihren Filmen ja ganz konkret. Die Filmbilder wirken klar, ohne falsche Hervorhebungen oder Betonungen. Bei »Jetzt und alle Zeit« hatten Sie präzise Drehvorgaben erarbeitet. Die Räume, die Kamerapositionen, die Bildausschnitte waren vorgezeichnet.

Filmemachen ist kein Geheimnis. Jede Frage stellt sich ganz praktisch und muß als solche verstanden und gelöst werden. Das ist nichts anderes als ein Ding beim Namen nennen, so direkt, so einfach, so genau und klar wie nur möglich. Ich versuche Umschweife oder gar Verklärungen zu meiden.

Wie schlägt sich das in der konkreten Arbeit nieder?

Ich kann das zum Beispiel für das Kloster Nestelbach veranschaulichen: Dort ist das Leben der elf Schwestern auf ein Zentrum hin ausgerichtet, auf Jesus Christus. Alles organisiert sich um diesen Gedanken, um den Herrn, den Retter, den Gott herum. Die logische, einfache Konsequenz für mein Filmbild in der Kapelle ist die immer gleiche, unveränderbare Kameraposition der Zentralperspektive dieses Raums, an dessen äußeren Seiten um den Altar herum sich die Schwestern zum Gebet und der Andacht versammeln. Das ist die einzige Möglichkeit, alles andere würde ich als eine Täuschung empfinden. Die Tage, die Stunden im Kloster vergehen. Die Schwestern kommen und gehen in die Kapelle, beten, singen, ändern die Plätze, wechseln die Rituale, doch eines bleibt immer gleich, ewig, immerdar: Jesus Christus am Kreuz in der Mitte des Altars und das ewige Licht.

Diese Form filmischer Verarbeitung des materiell Vorgefundenen führt auch zu einem Begriff, der Ihnen wichtig ist: die Oberfläche. Mit Oberfläche meinen Sie keinen Gegensatz zu einer vermeintlichen Tiefe, vielmehr einen Ort der Vergegenständlichung.

Alles, was auf der Welt existiert, existiert gegenständlich. Das heißt nicht, daß man alles angreifen kann. Aber man kann es greifbar machen, begreiflich. Alles was existiert, existiert in der Veränderung. Es verformt sich, ist in Bewegung. Die Luft wird zu Dunst, der zu Wasser, womöglich zu Schnee und Eis, diese wieder zu Wasser usw. Und so ist es auch mit der Liebe, der Sehnsucht, dem Willen und dem Glauben. Das ist geistig, immateriell, wie die Luft sozusagen, aber die Auswirkung, die Bedeutung schlägt sich nieder in einer Geste, im Ausdruck der Hände, in einem Wort oder einem Schweigen, in den Blicken oder im Glanz der Augen. In dem, was man ißt, was man arbeitet. Diese Handgreiflichkeiten, diese Gegenstände kann man beschreiben. Kann man begreifen, sehen und hören und darstellen in ihrer physischen Erscheinung, ihrer materiellen Oberfläche. Dazu muß man geduldig und sehr genau sein.

Zu Beginn Ihres Drehbuchs schreiben Sie, im Zentrum der Überlegungen steht das Kinobild selbst. Sie verwenden Begriffe wie »un-vor-eingenommener« oder »un-ver-stellter Rahmen«, um Ihre Haltung anzudeuten. Sie möchten von einem leeren Bild ausgehen, das sich erst im Laufe der Auseinandersetzung füllt.

Ja, vor allem beim »Klosterfilm« habe ich das so formuliert. Bild und Ton natürlich.

Das ist etwas, was ich als altmodisch, im positiven Sinn, bezeichnen würde. Ein Indiz für ein Verständnis von Kino, das eigentlich heute gar nicht mehr im breiten Rahmen zum Tragen kommt. Oft scheinen Neugierde und kinematographische Entdeckungslust nicht besonders ausgeprägt. Sie hingegen wissen nicht schon vorher, wie gefilmt werden muß. Ihre Filme meiden normierte Bilder. Sie begeben sich in ein Außen, das Sie sich genau ansehen, zum Beispiel ein Kloster in seinem ganzen, auch symbolischen, Ausdruckskanon. Erst dann entscheiden Sie, wie und welche Bilder gewählt werden sollen.

Ich versuche, unvoreingenommen an die Sachen heranzutreten und keine vorgefaßten Meinungen und Bilder zu haben. Erst in der Auseinandersetzung, im Anschauen und in der Wahrnehmung, formen sich Bild, Ton und dann auch die Schnittfolge. Zudem beziehen sich diese Begriffe auch auf die Oberfläche des Bildes auf der Leinwand, auf den Charakter der Projektion. Das waren meine ersten Filme, und da interessierte mich, wie fülle ich den Rahmen und wie kommt der Ton dazu, und was macht der Ton in Verbindung mit dem Bild. Natürlich habe ich vorher Sachen gesehen, die mich sehr beeindruckt oder beeinflußt haben, die mir eine Ahnung geben, wie Kino sein soll. In diesem Sinne meinte ich am Anfang meines Drehbuchs, mir ginge es um das Kinobild. Ich wollte nicht einfach einen informativen Film über ein Kloster und ein S/M-Studio machen oder einen Essay oder eine Abhandlung oder einen kritischen

ASTRID OFNER

Kommentar. Ich wollte versuchen über das, was das Kino kann und was wirklich nur das Kino kann, diese Themen quasi wiedererstehen zu lassen.

Wer hat denn von den Leuten, die im Kino arbeiten, Ihr Sehen geschult? Oder welche Art von Kino gefällt Ihnen, oder was sollte man sich genauer ansehen? Sie sind ja nicht jemand, dem die Geschichte des Kinos gleichgültig ist.

Das eingehende Studium der Meister, wie Cézanne sagt. Und die großen Meister, das sind zugleich die großen Primitiven des Kinos wie Griffith, Stroheim, Chaplin, Ford. Und das setzt sich fort in einem Zick-Zack und Hin und Her durch die Geschichte des Kinos. Zu Renoir, Mizoguchi, Dreyer herauf zu Straub/Huillet, Glauber Rocha, Luc Moullet und vielen anderen. Und dann gibt es die, gegen die ich mich immer gewehrt habe und die mich gerade deshalb immer wieder aufs neue interessieren: Godard, Antonioni und zum Teil auch Bresson. Und um nicht zu sehr in eine Kanonisierung zu verfallen, wenn ich ein Double-Feature auswählen sollte von zwei Filmen, wo ich im Kino geweint habe, dann sind das *Gertrud* von Dreyer und *My Fair Lady,* den Regisseur weiß ich nicht einmal. Aber wer nur vom Kino etwas versteht, der versteht auch vom Kino nichts. Literatur, Musik, Malerei, da erkennt man, wo man hingehört, was einen interessiert und was in einem selbst da ist.

Außerdem kann man dann auch geschichtlich denken. Man wird sich bewußt, daß man nicht ein Mensch ist, der aus dem Nichts schöpft.

Man findet sich durch die anderen oder durch das Außen. Nur in Verbindung mit der Welt, einem Film, einem Menschen, wenn ich mich davon bewegen lasse, erkenne ich auch etwas von mir. Im November hat das Filmmuseum dreiunddreißig Filme von Jean Renoir gezeigt. Ich habe sie alle gesehen und das war eine große Entdeckung für mich, eine Welle des Glücks. Da versteht man, was Bazin über Renoir gesagt hat: »Das sind Filme von einem freien Menschen für freie Menschen.« Aber man muß sich vorstellen, während des ganzen Monats war kein einziger österreichischer Filmemacher in einem dieser Renoir-Filme. Und das sagt doch auch etwas über unser Kino.

Glauben Sie, daß diese Haltung, auf die Geschichte seines Mediums zu reflektieren oder ein Außen zu suchen, in Österreich nicht so verbreitet ist?

Ja, ich glaube, daß hier tatsächlich ein Mangel besteht, der etwas zu tun hat mit dem Fehlen einer eigenen filmische Tradition. Hierzulande gibt es doch eigentlich kein Kino, auf das man sich beziehen könnte. Wie das in Frankreich oder in Italien nach dem Krieg existiert hat. Beispielsweise die Nouvelle Vague. Die hatten Leute wie Renoir, Rouch und Gremillion und konnten sich darauf beziehen, während sie sich gegen bestimmte andere Strömungen des französischen Kinos abgegrenzt haben.

Bei uns gibt es keine Tradition in diesem Sinne, aber es gibt etwas, wovon man sich abgrenzen könnte.

Auch bei uns in Österreich hat es das gegeben, wenn man an den Avantgardefilm der sechziger, siebziger Jahre denkt. Der hat sich vehement gegen das Kino seiner Zeit gestellt. Etwas von dem Eigensinn müßte sich jeder Filmemacher bewahren. Aber eine Auseinandersetzung mit der ausländischen Filmgeschichte interessiert von den österreichischen Filmemachern meiner Generation scheinbar nur wenige.

Es ist Selbstüberschätzung, wenn man glaubt, alles aus sich selber herausholen zu können. Erfindung braucht immer Anregung. Das Sehen eines Renoir-Films kann sehr inspirierend sein. Gleichzeitig gewinnt man über die Historie Einblicke in zeitliche Situationen, in denen das Kino noch einen vollkommen anderen Stellenwert hatte. Renoir-Filme waren in Frankreich damals Teil einer nationalen Selbstverständigung.

Vor allem finde ich, daß man daran sieht, was Kino ist oder sein könnte. Renoir entmystifiziert die Geschichte, indem er sie auf die Menschen zurückführt, sagt Bazin. Kürzlich habe ich *Dazed and confused* von Richard Linklater gesehen und hatte das Gefühl, daß hier genau das Gegenteil passiert, daß nämlich Geschichte auf das Persönliche reduziert, zu einer Art von privater Mythologie verklärt wird. Und dann stimmt auch filmisch nichts mehr. Es existiert keine Spannung zwischen Bild, Ton und Musik. Sondern das eine deckt das jeweils andere zu. Und wenn man nurmehr diese Art von Filmen kennt, das ist nicht das Kino – das Kino, das möglich ist. Das zum Beispiel Ozu und Ford gemacht haben. Ich meine die Art, wie sie mit Räumen umgehen, mit Blicken, mit Sprache, wie die einzelne menschliche Geste existiert in Psychologie und Dramatik.

Hier wird erneut der Abstand zum österreichischen Kino offensichtlich. Die Form von Psychologie, die das österreichische Kino oftmals so gern hat, wird vom Theater motiviert, mit spektakulärem Mimus. Hier setzen Sie ein Gegengewicht. Die Vorgänge, auch die psychischen, passieren letztendlich an der Oberfläche. Das Innere und das Äußere präsentieren sich gleichsam oben, auf der Haut.

Schön ist, wie Cézanne sagt, wenn die künstlerisch gestalteten Ereignisse als eine Harmonie parallel zur Natur existieren. Das kann man auch im Kino erreichen. Doch die Eigenart des Kinos besteht darin, daß es den Filmemacher gleichsam zum fotografischen Bild verurteilt. Und da könnte man annehmen, es sei ohnehin parallel zur Natur oder ein Abbild der Natur.

Sie meinen, das verleitet dazu, nicht mehr viel erfinden zu wollen.

Eher, daß schlampig gearbeitet wird. Denn der realistische Abklatsch von Bild und Ton, zusammengefügt durch die Montage, das allein ist nicht Film. Schön ist es, wenn die Dinge einander bedingen und durchdringen, wenn man Verbindungen aufbauen und einen wirklichen Dialog herstellen kann.

Im Kino muß einfach ein viel größeres System zusammenspielen. Man kann das Gesehene dann auch mit dem eigenen Leben in Beziehung setzen oder mit dem eigenen Denken etc.

Du lebst in einem Film in dem Sinne, als du dich in dem Gesehenen und Gehörten als Mensch wiedererkennst. Mit dem, was dir zustößt, mit deinen Erfahrungen und Empfindungen. Mein Ideal als Filmemacherin wäre, eine Arbeit zu machen, in der sich die anderen als Menschen wiedererkennen und gemeint fühlen. Und dazu müßte man wirklich imstande sein, Klischees und Fassaden, die Verpackungen aufzureißen. Damit die Sonne durchkommt, das Licht, um wieder zu sehen und zu empfinden. Das wäre mein Traum.

Aber auch, um Zusammenhänge herzustellen.

Für die Arbeit bedeutet das, daß man sehr wach und hellhörig sein muß, um wirklich Klarheit und Transparenz zu erreichen. Mit einem Wurf geht so etwas nicht. Auch Eitelkeiten dürfen da nicht dazwischenkommen. Man braucht lange Zeit, bis man die vorgefaßten oder übernommenen Theorien und Meinungen, die herrschende Moral aus dem eigenen Kopf bekommt, bis man die durchgearbeitet hat, bis man differenzieren lernt. Man muß immer genauer und zugleich immer offener werden. Es gibt eben nicht nur schwarz und weiß, entweder oder. Es ist immer alles da, sowohl als auch. Entscheidend ist nur die Gewichtung, das Maß, die Verteilung. Wenn man das nicht sieht und lernt, dann kann man weder eine Harmonie noch einen Rhythmus erschaffen. Zudem verbindet einen die Fähigkeit, genau zu differenzieren, mit dem anderen, dem Fremden, seien das nun Menschen oder die Welt oder die Geschichte. Alles ist Arbeit.

Astrid Ofner

geboren 1966 in Linz. 1987 bis 1989 Studium an der Wiener Filmakademie. 1989 bis 1994 Studium in Berlin an der Deutschen Film- und Feurnsehakademie.
1990 bis 1991 Zusammenarbeit mit Jean-Marie Straub und Danièle Huillet an der Theaterinszenierung der »Antigone« (Schaubühne Berlin) und dem gleichnamigen Film in der Rolle der Antigone.

Filme: 1989 »Savannah Bay«»«; 1993 »Jetzt und alle Zeit«, »Ins Leere«.

Sonja Schachinger

WENN DU EINE BOTSCHAFT HAST, SCHICK EIN TELEGRAMM
Wolfram Paulus und seine Filme

In den Filmen von Wolfram Paulus nähert sich oft eine der Hauptfiguren dem Ort der Handlung erst an. So, als müßte sie die Bewegung der langsamen, behutsamen Annäherung ihres Autors nachvollziehen oder zumindest daraufhinweisen. Paulus beginnt mit Filmen über Menschen, die er kennt, in Gegenden, wo er sich auskennt. Er will nicht spekulieren, auf keinen Fall.

Der Sohn eines Lehrers und begeisterten Filmamateurs macht seit seiner Mittelschulzeit selbst Filme, zuerst mit einer Bolex im Normal-8-Format, dann mit einer Super-8-Kamera, die ihm sein Vater schenkt. Nach der Matura besucht er die Filmhochschule in München und fällt bereits 1981 mit seinem Abschlußfilm *Wochenend* auf. Die Idee dazu stammt von einer kurzen Zeitungsnotiz: Ein Grundwehrdiener verbringt nach fünf Wochen Arrest das erste Wochenende zu Hause und erhängt sich. Mit seinem ersten Kinofilm *Heidenlöcher* wird Paulus zur Berlinale 1986 eingeladen. Der Film erhält den »Bayerischen Filmpreis für beste Nachwuchsregie«, den »Bundesfilmpreis für Kamera und Regie 1986« und den »Wiener Filmpreis 1987«. Wieder liegt eine wahre Begebenheit zugrunde. Zwischen 1942 und Kriegsende hielt sich ein Deserteur im Großarler Tal in Höhlen, eben den Heidenlöchern, versteckt. Seit *Heidenlöcher* wird Paulus zu den Vertretern des sogenannten »Neuen Heimatfilms« gezählt und gilt als eine der größeren Kinohoffnungen Österreichs. Mit seinem nächsten Film, *Nachsaison,* wagt sich Paulus aus dem Dorf hinaus, in den »Weltkurort« Badgastein. In der Kulisse des heruntergekommenen Nobelkurorts kreuzen sich die Wege eines Hoteliers, eines Masseurs und einer Tänzerin. Die Hauptrolle spielt, wie schon in den beiden anderen Filmen, Albert Paulus, der Bruder des Regisseurs. Für seine Darstellung des Masseurs Lenz erhält er den Sonderpreis beim »Fête de Cinéma« in Genf. *Ministranten* schließlich beendet die Salzburg-Trilogie. Wieder bewegt sich Paulus auf der Zeitschiene nach hinten; war es in *Heidenlöcher* jedoch die Zeit des Zweiten Weltkriegs, einer Vergangenheit also, die der Autor nicht selbst erlebt hat, so ist es nun die eigene Kindheit in den sechziger Jahren am Land, im damals noch »vortouristischen Zeitalter«, wie Paulus es nennt.

Mit seinem ersten Fernsehfilm *Fahrt in die Hauptstadt* begibt sich Paulus in ein anderes Medium, bleibt aber seinem Ausgangspunkt, dem Salzburger Land, treu. Die Wege dreier verschiedener Menschen aus Hüttschlag kreuzen sich auf der Fahrt in die Stadt Salzburg. 1994 verfilmt Paulus zum ersten Mal einen Fremdstoff: Der Fernseh-Zweiteiler *Zug um Zug* behandelt die Zeit zwischen Ständestaat und dem Anfang der Zweiten Republik. Sein bisher letzter Kinofilm *Du bringst mich noch um* spielt als erster nicht am Land, sondern gänzlich in einer Kleinstadt, die Salzburg nur mehr als Kulisse hat. Helga, mit einem Arzt verheiratet, und Simon, Lehrer, ebenfalls verheiratet, verlieben sich in einander. Der Film lief in Venedig in einer Nebenreihe und wurde von der Kritik, insbesondere von der deutschsprachigen Kritik, ignoriert oder mit dem Vorwurf der Belanglosigkeit bedacht. Welchen Weg nahm die Entwicklung der einst »größten Kinohoffnung Österreichs«?

Heidenlöcher ist in mehrerlei Hinsicht ein bemerkenswerter Film. Wie Christian Bergers Film *Raffl* (1984) wird er zum Genre des sogenannten »Neuen Heimatfilms« gezählt, das sich insbesondere durch eine dokumentarische Inszenierung, einen sorgsamen Umgang mit Sprache, durchaus unkitschige Landschaftsaufnahmen und eine realistische Darstellung vom sogenannten »alten Heimatfilm« der Nachkriegszeit unterscheidet. Beide Filmemacher wenden sich historischen Epochen zu: Berger erzählt aus der Perspektive des Franz Raffl, der den Tiroler Freiheitskämpfer Andreas Hofer verraten hat; Paulus erzählt eine Geschichte aus Österreichs jüngster Vergangenheit. Beidemale hängen Heimat und Verrat, Verrat und Heimat eng zusammen.

Auffällig an Paulus' erstem Film sind die spröden Schwarzweißbilder, der spärliche Einsatz von Dialog: Die wesentlichen Szenen vermitteln sich dem Zuschauer sozusagen ohne Worte. Das funktioniert nicht zuletzt deshalb so nachhaltig, weil bis auf zwei Ausnahmen alle Darsteller Laien sind. Wichtiger fast als die Worte sind Gestik, Mimik und Tonfall, unterstützt durch assoziative Montage; nur noch einmal, in *Ministranten,* wird Paulus so konsequent den Dialekt seiner Heimat in Szene setzten.

Heidenlöcher spielt zwar während der Nazizeit, spielt diesen Umstand jeoch nicht spektakulär aus. Der Film kommt ohne direkte Bezugnahme auf »große politische/historische Ereignisse« aus, und gerade darin liegt seine Stärke. Der Bauer Dürlinger hilft Santner, dem Deserteur, mit Lebensmitteln; ob dies als Widerstandshandlung zu verstehen ist oder als Hilfe für einen Freund oder was sonst dahinter stehen mag, bleibt offen, und diese Darstellung entspricht wohl am besten der Realität. Santner wird von der Gestapo gesucht, die zunächst im Dorf vor einer Mauer des Schweigens steht. Daß es gerade Ruap, der Sohn von Dürlinger ist, der Santner verrät, läßt sich nicht mit irgendeiner vordergründigen ideologischen Motivation erklären. Während die Briefe seines an der Ostfront gefallenen Bruders sehnsuchtsvoll von den heimatlichen Bergen, den Hirschen und der Jagd sprechen, wünscht sich Ruap, der u.k. –

unabkömmlich – gestellt ist, weg aus dem Dorf: Daheimbleiben zu müssen, heißt für ihn, gemeinsam mit dem polnischen Fremdarbeiter Jatzek Drecksarbeit verrichten, vom Vater an andere Bauern verliehen zu werden, den Lohn dafür zur Hälfte abliefern zu müssen, sich keine glänzenden Jägerstiefel kaufen zu können, sich gefangen zu fühlen, kein ganzer Mann zu sein. Als ihn sein Vater in Gegenwart Jatzeks ohrfeigt, meldet Ruap sich freiwillig, wird aber abgewiesen. Er hat das Amtszimmer schon verlassen, da kommt er noch einmal zurück ... Ruap ist dabei, als sie Santner auflauern: Der Verräter stirbt durch den Schuß des verletzten Deserteurs, der sich danach selbst erschießt.

Die Erwartungen nach diesem überaus erfolgreichen und durchwegs hochgelobten Erstling sind hochgesteckt. *Nachsaison* hat es da schon schwerer, die Palette der Reaktionen reicht von der Bezeichnung »Glücksfall des Jahres« (A. Horwath, Der Standard) bis zur Einordnung in »eine Reihe elliptischer, zirkulärer, nichts wollender Filme, die keine Lösungen bieten, wie dem Drama der Existenz zu entkommen wäre, Realitätsfiktion, außerordentlich zäh mit pessimistischem Beigeschmack« (Michele Gottardi, La nuova Venezia).

Das Dilemma der Kritik wird an einem weiteren Beispiel deutlich: *Nachsaison* sei »ein genau beobachtender Heimatfilm über Österreich in den späten achtziger Jahren«, sozusagen trotz »einer inhaltlichen und formalen Unruhe, manchmal auch einer Unentschlossenheit«, wie Martin Schweighofer in der »Wochenpresse« schrieb. Tatsächlich unterscheidet sich *Heidenlöcher* (wie auch *Wochenend*) von *Nachsaison* und allen weiteren Arbeiten in einem wesentlichen Punkt: Den Filmen Paulus', und darunter insbesondere *Ministranten*, ist zugute zu halten, daß sie weitgehend auf eine moralische, pädagogische oder psychologische Kommentierung der Handlung verzichten. *Wochenend* und *Heidenlöcher* nehmen jedoch einen deutlich dezidierteren Standpunkt ein. Was sie von ihren Nachfolgern unterscheidet, ist ihr Schluß: Die Hauptfiguren sterben. Es scheint doch eine gewisse moralische Implikation in diesen ersten Filmen zu stecken. Indem sie deutlich auf einen Konflikt zusteuern und weil dieser Konflikt eine Lösung in der Auflösung hat, wirken sie radikaler. Die späteren Filme aber verweigern jegliche Katharsis.

Folgt man den Aussagen des Autors und Regisseurs, so ist die Entwicklung hin zu immer offeneren Schlüssen nur konsequent. Er will Leben erzählen, nicht vom Leben. Die Idee zu *Nachsaison* liefert ihm sein Bruder, der als Masseur u.a. drei Jahre in Badgastein arbeitete. Den Leitgedanken seiner Erzählweise beschreibt Paulus so: nur zu zeigen, was der Masseur macht, wie er agiert und reagiert. Einfach nur zeigen, was er macht. Wie skeptisch man auch immer der Vorstellung vom Autor/Realisateur, der ganz hinter seinem Material, seiner Geschichte verschwindet, gegenübersteht: Das Leben, das wirkliche Leben, geht weiter, es hält keine großen Lösungen parat. Die formale Konsequenz daraus bedeutet unter anderem, daß den kleinen, alltäglichen Dingen und Verrichtungen Raum gegeben wird und der Schluß offen bleibt. Paulus-Filme brauchen Zuschauende, die bereit sind, sich einzulassen auf Geschichten, deren Spannung nicht in vordergründiger Dramatik liegt.

Ministranten wurde als Abschluß der Salzburg-Trilogie betrachtet und war vielleicht auch vom Autor so gedacht; da aber alle bisher darauf folgenden Filme immer noch im Salzburger Raum angesiedelt sind, gilt diese Formulierung nur in eingeschränktem Maß.

Ministranten ist ein Kinderfilm im besten Sinne: ein Film für Kinder, wobei es Paulus gelungen ist, die Perspektive der Erwachsenen konsequent auszublenden. Es ging ihm darum, Kindheit an sich darzustellen, eine Kindheit am Lande in den Jahren vor dem Einsetzen der großen Tourismuswelle. Eine Bande gründen, Baumhütten bauen, einen Schlachtplan entwerfen, unter Anleitung von Karl May Anschleichen üben – auch wenn man wie ich als Stadtkind von alldem nur gelesen hat, stimmt das Wiedersehen mit diesen Kinderträumen doch nostalgisch. Eine Reaktion, die auf Seiten der Kritik auch zum Vorwurf der »Idylle« und der »Verniedlichung« führte, aber Wolfram Paulus ist eben nicht Franz Innerhofer. Ursprünglich hatte das Drehbuch durchaus spannungsreichere Konfliktfelder vorgesehen, etwa den Bereich Pubertät; es war aber in der Arbeit mit den jungen Laiendarstellern nicht umsetzbar.

Auffällig ist, daß Paulus sich noch nicht an das Thema Tourismus gewagt hat; einzig im Fernsehfilm *Fahrt in die Hauptstadt* klingt es an: Von den drei Personen, die sich in die Stadt begeben, haben zwei direkt bzw. indirekt damit zu tun. Lisbeth will in einem Reisebüro arbeiten, und der Bürgermeister macht Bittgänge zu einem Landesrat, um Subventionen für den Bau einer Straße zu erhalten, die sein Dorf massentourismusreif machen soll. Unter den geänderten Bedingungen einer Fernsehproduktion geht Paulus zum ersten Mal einen Kompromiß bei der Besetzung der Figuren ein: Die beiden Hüttschlager werden nicht von Salzburgern verkörpert, Den Bürgermeister gibt Heinrich Strobele, ein Bayer, Lisbeth wird von Christine Mayr, einer Südtirolerin, gespielt. Es gab diesbezüglich zwar einige wenige Reaktionen, aber der Großteil der Zuseher hat diesen Umstand gar nicht registriert.

Sein neuester Kinofilm *Du bringst mich noch um* bedeutet wohl einen deutlichen Einschnitt im bisherigen Schaffen. Vieles von dem, was charakteristisch für seine Filme war, ist verschwunden: Es gibt keinen geographischen Bezug mehr, der wichtig wäre, weder für die Figuren noch für die Geschichte selbst. Sie könnte in irgendeiner Kleinstadt spielen. Auch das soziale Milieu hat sich verändert. Zwar sind schon seit *Nachsaison* Hoteliers, Lehrer und

Bildhauer aufgetreten, aber erstmals sind die tragenden Figuren alle Akademiker. Demgemäß sprechen sie auch eine andere Sprache. Ist Paulus jener »touch of class« verloren gegangen, der ihm noch bei *Nachsaison* nachgesagt wurde? – Diese Frage läßt sich heute nicht beantworten, das werden die nächsten Filme erweisen. Wenn man sich aber vor Augen hält, daß Paulus kurz vor *Du bringst mich noch um* mit dem TV-Zweiteiler *Zug um Zug* eine Regiearbeit geliefert hat, die alle Vorzüge von *Heidenlöcher* aufweist, sieht es nicht nach einer völligen Abkehr von seinem bisherigen Stil aus.

Vielleicht erfordern aber neue Themen neue Herangehensweisen, und Paulus wählt für seinen neuesten Film erstmals die Liebe als Hauptthema. Wobei er weniger von der Liebe als vom kurzen Glück des Sich-Verliebens erzählt. Die Protagonisten sind beide mit anderen Partnern verheiratet, haben Kinder, sind verstrickt in Alltag: Die Charakterisierung des Ehe- und Familientrotts erreicht in manchen Szenen beinahe komödiantische Züge. Die Liebesgeschichte muß vor der Welt geheimgehalten werden und drängt dennoch nach außen. Simon und Helga erzählen ihren Kindern jeden Abend eine Gute-Nacht-Geschichte, und mitten in diese Erzählungen mischen sich ihre Hoffnungen und Sehnsüchte: Simon etwa erzählt die Geschichte von »Bastl und wie er den Wolf traf« nicht weiter, stattdessen lernt Bastl eine Freundin kennen ... Diese indirekte Erzählweise enthebt das, was erzählt wird, zumindest teilweise seiner Banalität und ermöglicht dem Zuschauer einen distanzierten Blick auf Wohlvertrautes: Wer kennt nicht ähnliche Geschichten aus seinem engsten Bekanntenkreis? Nach der Reaktion der Leute aus den Dörfern auf seine ersten drei Filme befragt, zitierte Paulus gern den Satz eines Bauernmädchens: »Wieso machst Du einen Film über etwas, was eh so ist?« Nach dem Kinoerlebnis von *Du bringst mich noch um* finden sich plötzlich auch Kritiker und städtisches Publikum in der Rolle des Bauernmädchens wieder ... Und es ist genau diese Rollenumkehr, die sich auf Seiten des städtischen Publikums, zu dem ja auch die Kritiker gehören, vollzogen hat, die die Akzeptanz dieses Paulus-Films erschwert. Plötzlich kehrt sich das, was man an seinen Filmen geliebt und geschätzt hat, um in »Banalität« und »Belanglosigkeit«. Nicht etwa, weil der Regisseur von seinem grundlegenden Selbstverständnis abgewichen ist, sondern weil das Thema und die Figuren näher gerückt sind – zu nahe vielleicht. Gerade für eine leise Komödie, die der Film zu sein beabsichtigt, ist Distanz nötig. In den früheren Filmen war diese fast selbstverständlich gegeben: in *Heidenlöcher* und *Ministranten* durch die historische Dimension, in *Nachsaison* durch das Setting. Und in allen dreien wurde dieser Effekt durch gestalterische Mittel noch verstärkt. Vielleicht hätte *Du bringst mich noch um* etwas mehr Radikalität in der formalen Gestaltung vertragen, aber es ist einem

Regisseur wie Wolfram Paulus durchaus zuzugestehen, neue Wege mit der ihm eigenen Geschwindigkeit zu gehen.

Gespräch mit Wolfram Paulus

Sie werden als Heimatfilmer bezeichnet. Ihre Filme werden unter das Genre der »andere« Heimatfilm gereiht. Wie stehen Sie zu den alten Heimatfilmen?

Alte österreichische Heimatfilme habe ich sicher viele gesehen. Ein Film, an den ich mich erinnern kann, spielt in Badgastein: Ein Vater hat zwei Söhne, einer funktioniert, der andere nicht – sie haben ein Sägewerk, und Sieghart Rupp spielt den abtrünnigen Sohn. Sein Gesicht hat mich damals sehr beeindruckt. ... Jetzt spielt er Theater, aber in den sechziger Jahren hat er in vielen Filmen, auch Heimatfilmen, mitgewirkt. Sieghart Rupp hat mir eigentlich immer gefallen, heute würde ich sagen, er hatte eine Leinwand–Austrahlung.

Als Kind hab' ich mir alle Kino-Genres angeschaut. Aber ich kann das nicht in irgendeinen Zusammenhang bringen mit dem, was ich dann später gemacht habe.

In einem Interview mit Ihnen habe ich einmal gelesen, daß Sie meinen, die österreichischen Filmemacher von heute hätten keine Tradition, auf die sie sich beziehen können, weil es damals nichts anderes gab als schöne Bergwelt und blödsinnige Liebesgeschichten. Eine Postkarten-Idylle, die nichts anderes war als Tourismuswerbung via Film.

Als Kind habe ich mir diese Heimatfilme angeschaut und mir nichts dabei gedacht. Jetzt muß ich rückblickend schon sagen: Schau einmal, was hat der Antel damals alles gemacht? Und was haben sich die Macher dieser sogenannten Heimatfilme eigentlich gedacht? Haben die ihre Heimat wirklich angeschaut und wiedergegeben, was da war? Oder was wollten die eigentlich?

Wollten Sie ein Gegenbild dazu entwerfen?

Nein, das nicht. Was ich wirklich will mit meinen Filmen, das möchte ich nach zehn Jahren in der Filmerei einmal so formulieren: Meine Welt, in der ich lebe, anschauen und auf der Ebene des Films wiedergeben. Mehr ist es nicht. Man könnte sagen, ich will Geschichten erzählen. Geschichten, wie ich sie erlebe, wie ich sie mitkriege, wie ich sie in den Zeitungen lesen kann, aber auch von meinen Eltern erzählt bekomme oder von einem Freund oder durch den Dorftratsch. Ich will meine Welt anschauen und das in eine dramaturgische Formel bringen und als Film wiedergeben. Das ist alles.

Das klingt jetzt ein wenig nach Naturalismus, meine Filme sind aber nicht naturalistisch. Es klingt auch nach Realismus, hat aber zum Beispiel mit dem italienischen Neorealismus nichts zu tun. Der war sicher programmatischer. Überhaupt mag ich keine -ismen, ich bin nicht programmatisch unterwegs. Bei mir gibt es keine Botschaft, sagen wir einmal so. Oder anders formuliert: Ich erzähle meine Wahrheit, meine Wirklichkeit – es gibt daneben aber noch viele andere ...

Sind Sie sicher, daß es keine Botschaft gibt?

Ich bin nicht jemand, der mit seinen Filmen Botschaften vermittelt. Beim Schreiben und bei der Realisierung eines Projekts hab ich keine große Maxime oder Überschrift, sondern ich gehe immer in die Sachen rein, ich tauche in die Materie ein, bis ich glaube, an den Kern der Dinge gestoßen zu sein. Und wenn dann der Film fertig ist, hoffe ich halt, daß dieses Schürfen bis auf den Stein auch irgendwie zu spüren ist – und hoffentlich noch viele andere Dinge, die ich selber gar nicht formuliere.

Ihre Welt anzuschauen und als Film wiederzugeben – ist Ihnen das schon gelungen?

Gute Frage. Nehmen wir einmal *Wochenend*. Da hatte ich das Gefühl, ich hab' die Atmosphäre des Dorfes (Großarl), sein Umfeld, nicht erwischt. Ich dachte wirklich, ich habe eine Geschichte konstruiert, die an Land und Leuten vorbeigeht. Dann war die Premiere in Großarl, und die Leute haben gesagt: Ja, so ist es halt, so soll es nicht sein, aber so ist es halt.

Kurz darauf ist der Film in Bischofshofen vorgeführt worden, und die Leute in Bischofshofen waren entsetzt, wie es in Großarl zugeht. Die waren entsetzt! Das müssen Sie sich einmal vorstellen: Bischofshofen! Das ist 25 Kilometer von Großarl entfernt! Also irgendetwas habe ich dann doch getroffen.

Haben sich die Leute in Großarl wiedererkannt, hat sie die Geschichte betroffen gemacht?

Schon. Ich habe ja auch *Heidenlöcher* in Großarl uraufgeführt. Die Reaktion der Leute auf diesen Film war eher dumpf. Es war eine Zustimmung da, aber keine differenzierte, wo der eine das sagt und der andere das – es war eine dumpfe Zustimmung zu dem, was sie da gesehen haben. Aber auch nicht direkt nach dem Film. Nach dem Film sind sie gleich einmal alle weggegangen, nur weggegangen. Dann in den nächsten Tagen fing es langsam an: Im Wirtshaus fingen sie zu reden an, zuhause und auf der Straße. Nach ein paar Wochen konnte ich sagen, die Reaktionen sind eingeholt, und die waren in etwa so: Ja, er hat gezeigt, wie es damals war, vor allem von den Älteren war das zu hören. Die Jüngeren waren erstaunt über diese Vergangenheit und neugierig, mehr zu erfahren. Aber immer wieder kam auch so ein Unterton durch: Ja, sind wir es denn überhaupt wert, daß man einen Kinofilm über uns, unser Tal, uns're Vergangenheit macht?

Könnten Filme wie die Ihren nicht so etwas wie Selbstbewußtsein in der Dorfbevölkerung erzeugen?

Das glaube ich schon. Wer, bitte, geht in seinen Filmen so genau und bewußt mit dem Dialekt um wie ich? *Ministranten* ist da ein gutes Beispiel. In Deutschland hatte ich damit irre Schwierigkeiten: kein Verleih und TV-Proteste, aber lauthals, diesen Dialekt würde ja keine Sau verstehen. Ich habe mich damals geweigert, eine Version in Hochdeutsch zu erstellen, und mußte in Kauf nehmen, daß der Film nicht in deutsche Kinos kam. O Gott, ich könnte eine lange Liste aufzählen, was ich wegen dem Dialekt in meinen Filmen schon alles ausgestanden habe. Dabei ist mein Hauptargument immer nur gewesen: Wenn eine Geschichte in einer bestimmten Region, einem bestimmten Milieu spielt, dann müssen die Leut' im Film halt auch so reden. Also, wenn ich einmal ein kleines Podesterl irgendwo in meiner Heimat kriege, dann gerne dafür, daß ich etwas für den Dialekt gemacht habe.

Aber die Achtung vor den verschiedenen Dialekten oder vor der Sprache eines Volkes – siehe Synchronisation –, wenn du so etwas in der deutsch-österreichischen Kinolandschaft predigst, lachen sie dich aus als verstaubten Anachronisten.

Da fällt mir g'rad ein, wie ich mich während der Suche nach einem Verleih für *Ministranten* immer genannt habe: Ich hab' gesagt, ich fühle mich wie der letzte Mohikaner im Kampf um die Vielfalt im Kino und um die Achtung vor den Figuren einer Geschichte oder, um es auf den Punkt zu bringen: Achtung vor den Menschen. Solche Sätze sind ja sowas von verstaubt, da werfen sie deine Filme sofort in den Keller, dort kannst du Mohikaner spielen, bis du schwarz wirst.

Verfolgen Sie mit Ihren Filmen ein Ziel, gibt es da einen vorgezeichneten Weg?

Gab es anfangs nicht, inzwischen kann ich zumindest formulieren, daß ich mit jedem Film einen Schritt weiter kommen will ...

Wohin?

Wohin, das weiß ich gar nicht – einfach einen Schritt weiterkommen. Immer etwas Neues angehen, andere Zeiten, andere Milieus, andere Geschichten. Ich kann im Rückblick, wenigstens für mich, formulieren: Mit jedem Film habe ich bis zu einem gewissen Grad Neuland betreten.

Sie haben einmal in einem Interview gesagt, Sie hätten das Gefühl, Sie seien mit »Ministranten« in eine Sackgasse geraten. Können Sie sich erinnern?

Ja, ich weiß. Damals wollte ich irgendwie weg von diesen Provinzgeschichten, von diesen leisen, kleinen, alltäglichen Provinzdramen. Auch weg von der sogenannten »Idylle«, von der mir vorgeworfen wurde, ich würde sie in *Ministranten* so zeichnen. Kurz, ich war durch die Kritik aufgestachelt und wollte ausbrechen. Aber inzwischen sehe ich das aus der Distanz und meine, du kannst nicht weg. Wenn du unbedingt willst, kommst du irgendwann einmal weg, nämlich dann, wenn du naturgemäß rausgewachsen bist. Also das gilt zumindest für mich. Aber wenn du es unbedingt willst, geht es nicht.

Jetzt im nachhinein – immerhin hab ich seit damals noch weitere vier Filme im Salzburger Raum gemacht – kann ich nur sagen: Es war okay so. Ich hab im Laufe dieser Filme viel dazu gelernt.

Haben Sie das Gefühl, daß Sie mit Ihrem neuen Film »Du bringst mich noch um« aus dieser Sackgasse einen Schritt herausgegangen sind?

Ich denke schon. Die Stadt Salzburg ist bei dem Film nicht mehr wichtig, der Dialekt auch nicht, die Figuren sind geographisch nicht mehr so gebunden. Die Geschichte könnte in irgendeiner Kleinstadt spielen.

Edith Eisenstecken, die bei *Heidenlöcher* Cutterassistenz gemacht hat und mit der ich seither in Kontakt bin, hat den Film gleich nach der Mischung gesehen und nachher zu mir gemeint: Du bist ja älter geworden. Ich habe das als Kompliment aufgefaßt, und ich denke, wenn man den Weg von *Heidenlöcher* bis zum neuesten Film anschaut, daß es da schon eine Entwicklung gibt.

Aber wohin geht die? Ihre neue Geschichte spielt zum Beispiel in diesem Akademikermilieu, das kenne ich zur Genüge.

Solche Geschichten könnte ich Ihnen auch erzählen. Salzburg ist überhaupt nicht mehr wichtig, gerade daß man einmal die Festung im Hintergrund sieht. Wohin geht es jetzt? Was wird aus Ihrer Unverwechselbarkeit?

Tja, wenn ich das wüßte. Zu meinem neuesten Film nur so viel: Das Schreiben am Drehbuch ging mir ziemlich leicht von der Hand, auch die Realisierung.

Während des ganzen Projekts hatte ich das Gefühl, da ist eine Kraft, die mir hilft, alles gut über die Bühne zu bringen.

Bei den letzten Filmen, gerade bei *Nachsaison* und *Ministranten* hatte ich kein solches Gefühl, das war damals ein elendes Strampeln auf Leben und Tod, ich übertreibe nicht. Insofern glaube ich, mein neuester Film hat sein müssen, so wie auch die *Heidenlöcher* sein haben müssen.

Wie wird es weitergehen?

Die nächsten Projekte sind zum Teil in Großstädten angesiedelt, im Ausland oder gar im Niemandsland. In Hamburg werde ich zwei Folgen eines SAT1-Mehrteilers drehen. Er heißt *Die Frau des Anwalts*. Das heißt, ich verlasse die mir sehr vertraute Umgebung – das ist ein Risiko, ist aber auch sehr spannend.

Seit *Zug um Zug* kann ich mir vorstellen, auch Fremdstoffe zu realisieren, nur als Regisseur. Aber solange meine eigenen Ideen bei den Geldgebern ankommen, werde ich unbedingt als Autor, Regisseur und Cutter fungieren, denn meine Handschrift, sollte sie tatsächlich etwas Unverwechselbares an sich haben, entsteht nur in der Dreieinigkeit dieser Funktionen. Dieses Zusammenfallen von allen drei Tätigkeiten ist extrem selten bei meinen Kollegen im In- und Ausland.

Ich würde keine von den dreien abgeben, denn es sind die drei kreativsten Phasen auf dem Weg zum fertigen Film. Schreiben, drehen, schneiden – es sind drei völlig verschiedene Jobs, aber wenn man sie einmal beherrscht, beherrschen sie einen auch, es wird zur Sucht. Ich könnte mich nicht ausschließlich dem Regie-Job verschreiben. Ich denke, ich würde im Lauf der Jahre zu einem schrecklichen Tyrannen, der dann auch dementsprechend schrecklich ausschaut.

Aber sind Sie das in allen drei Funktionen zusammen nicht noch mehr?

Nein, nach ein paar Monaten Tyrannentum gehe ich gern in den Schneideraum, um zu sehen, was ich alles falsch gemacht habe, was ich alles verschissen hab', verstehen Sie mich?

Sie haben alle Ihre Filme bisher selbst geschnitten. War das schon auf der Schule so, oder gab es da eine Entwicklung hin zur dritten Phase, wie Sie es nennen?

Alle meine Filme sind mehr oder weniger am Schneidetisch entstanden, und das gilt ganz stark gerade für die Kurzfilme. Beim Schneiden der Kurzfilme habe ich gelernt, was man mit Schnitt alles anstellen kann, in Bild und Ton. Ich kann mich erinnern, die Schneidephase von *Kommen und Gehen* dauerte

Monate. Ich hatte ein Meer an Material. Gleich nach dem Dreh war ich todunglücklich, ich wollte gar nicht an den Schnitt gehen, so öde und schlecht starrte mich mein Material an. Der Produktionsleiter an der Filmhochschule – Tilman Taube, dem ich gerade in meinen Anfängen sehr viel zu verdanken hab – riet mir zu einer Schnittberatung. Rolf Basedow, auch ein Cutter, kam, schaute sich das elendige Material an und sagte danach ein paar philosophische Sätze, die mir im ersten Moment gar nicht so wahnsinnig g'scheit vorkamen, aber ich bedankte mich, nahm mir seine Worte zu Herzen und begann mit dem Schnitt. Nicht so, daß ich krampfhaft versucht hätte, seine philosophischen Formeln umzusetzen, sondern ich nahm seine Worte als Anregung und gelangte einen Schritt weiter, eigentlich zu einem neuen Ansatz, wie ich mit dem Material umgehen könnte. Dieses Erlebnis mit Rolf Basedow – daß er mich mit seiner Kritik nicht auf seine Linie zog, sondern mir einfach half, einen Schritt weiterzugehen, indem er meine Kreativität anspornte – führte zu einer langandauernden Zusammenarbeit. Er war bei meinen drei ersten Kinofilmen mein Schnittberater.

Was kennzeichnet nun aber Ihre konkrete Arbeit beim Schnitt?

Die kreative Phase des Schneidens (Roh- und Feinschnitt) empfinde ich wie einen monatelang anhaltenden Fieberzustand, der bisweilen rauschartig geraten kann, so sehr kann einen diese Arbeit packen. Ich bin in dieser Phase völlig menschenscheu, von früh bis spät nur am Schneidetisch, und die Abende verbringe ich mit dem Resümee des Tages und der Vorschau auf die Arbeit des nächsten Tages. Es gibt kein Drumherum, ganz schön schwierig, wenn man mit Familie lebt – es gibt nur mich und den zu schneidenden Film.

Meine Maxime in dieser Zeit lautet: Im Material selber steckt der Schlüssel, ich muß nur lang genug reinhorchen, reinschauen, Distanz kriegen.

Distanz?

Nicht indem ich ein paar Wochen Urlaub mache, nein, indem ich tagtäglich mit dem Material verbandelt bin und rausfinde, welche Art der Behandlung es zuläßt, welche Behandlung denn die richtige sein könnte. Tatsächlich führe ich dann wirkliche Dialoge mit meinem Material, beschimpfe es oder schmeichle mich ein, je nachdem, wie gut es mir gerade geht beim Schnitt. Immer aber ist im Hinterkopf das Wissen, es gibt einen richtigen Schnitt, ich muß nur Geduld und viel Aufmerksamkeit haben, und dann finde ich den Schlüssel.

Welche Rolle spielt denn nun die Cutterassistenz? Ich meine, Sie sind ja nicht völlig allein mit sich und dem Material.

WOLFRAM PAULUS

Ich hatte bei allen Filmen eine Cutterassistentin, mit der ich einen anständigen Dialog über alles führen konnte, was beim Schnitt wichtig ist. Wenn man selber geschrieben und inszeniert hat und dann auch noch selber schneidet, braucht es Stimmen von außen, die sagen, was ihnen auffällt. Wenn ich gelernt habe, mit Kritik umzugehen, dann fast ausschließlich im Schneideraum.

Und wie ist Ihr Verhältnis zu einer anderen Form von Kritik, zur Filmkritik?

Wenn ein Film gerade frisch fertig ist, bist du natürlich außerordentlich verwundbar, da treffen dich schlechte Kritiken in der Magengegend wie ganz gemeine Schläge. Ich habe aber seit *Heidenlöcher* gelernt, mit negativer Kritik umzugehen, und nicht nur das: Ich brauche sie, weit mehr als positive Kritik, die mich überhaupt nicht weiterbringt. Natürlich selektiere ich. Was in mir Platz findet, weil es vorher schon da war, nehme ich an, das andre schmeiß' ich weg. Mit Kritik an sich habe ich kein Problem, sie ist halt ungemütlich, so wie das Leben.

Allerdings, ich verlange von mir Professionalität und von jedem Mitarbeiter auch, und das gleiche verlange ich von einem Filmkritiker. Wenn ich merke, er macht seine Arbeit gut, lasse ich mich in Grund und Boden kritisieren.

Mit den österreichischen Filmkritikern ist es wie mit dem österreichischen Volk: Beide haben keine Filmkultur, was also soll da schon rauskommen ...

Ich möchte noch kurz bei der Zeit bleiben, wenn der fertige Film zum Publikum kommt. Es geht um das Thema Auswertung. Mit Ihren früheren Kinofilmen sind Sie immer in die Regionen gegangen, wo Sie sie gedreht haben, in die Dörfer, und haben dafür gesorgt, daß die Leute die Geschichten, die bei ihnen spielen, auch sehen können.

Ja, aber diese Wandervorführungen waren vor allem auch ein Versuch, der katastrophalen Kinokultur-Landschaft einen Impuls zu geben und der noch katastrophaleren Verleihsituation etwas entgegenzusetzen. Ich denke, längerfristig ist mir damit gar nichts gelungen. Aber ich habe immer noch den Ehrgeiz, doch irgendetwas zu bewirken mit alternativen Auswertungsmodellen oder gar mit anarchistischen Ideen was umzukrempeln.

Das klingt ja militant. Können Sie konkreter werden?

Stellen Sie sich vor, man gebiert ein Kind, braucht für die Schwangerschaft und das Gebären ungefähr drei Jahre, freut sich riesig und ist stolz, daß das Kind endlich da ist und gesund, gibt dann das Kind einem Verleiher, der nimmt es und schmeißt es in den Mistkorb und kassiert für diesen Mord auch noch

Verleihförderung. Das ist mir 1986 mit *Heidenlöcher* mit dem deutschen Filmverlag der Autoren passiert. Mein Film lief damals im Wettbewerb, und sie haben ihn in den Verleih genommen. Die Berlinale ist im Februar, aber gestartet haben sie ihn erst im November! Mit den Argumenten, sie hätten früher kein Kino frei, und *Heidenlöcher* würde das Echo von Berlin eh nicht brauchen. Im November sind sie so was von baden gegangen. Vielleicht verstehen Sie jetzt meine militante Sprache.

Aber was wollen Sie dem entgegensetzen?

Ich möchte etwas Konstruktives sagen. Ich habe durch all die schrecklichen Erfahrungen ein Motto gefunden, das so lautet: Ein Film ist erst fertig, wenn er fertig ausgewertet ist. Das heißt, der Produzent und der Regisseur müssen beide in die Auswertung reingehen. Sie sind es doch, die am längsten am Zustandekommen des Films gearbeitet haben, sie müssen doch am meisten daran interessiert sein, daß ihr gemeinsames Produkt zum Publikum findet. Das heißt ganz konkret: Von dem Riesenbudget, das zur Herstellung des Films notwendig ist, muß von Anfang an ein Teil für die Auswertung reserviert sein. In unserem Land ist das zwar gegen die Statuten, aber um dem Film was Gutes zu tun, kann man schon einmal gegen die Statuten verstoßen. Weiters müssen Regisseur und Produzent alle kreativen Dinge für die Auswertung, sofern sie können, selber in die Hand nehmen oder in Hände ihres Vertrauens legen, keine kreative Entscheidung dem Verleih überlassen. Der Verleih wird benützt, indem man seine Infrastruktur und seine Kinos ausnützt.

Wenn ein Film dann gut läuft, weiß man, warum er gut läuft, wenn nicht, liegt es am Film oder an uns, und ich brauche keinem Verleih mehr die Schuld zuschieben. Das ist es. Ich möchte weg davon, daß ich sage, der Verleih ist schuld. Ich möchte sagen können, mein Film ist schuld oder ich bin schuld.

Das können Sie jetzt nicht sagen?

So etwas kann ich nur sagen, wenn garantiert ist, daß mein Film den Weg zum Publikum gefunden hat. In der Auswertung muß noch sehr viel passieren.

Sie haben das vorher so schön beschrieben, nach der Tyrannei als Regisseur kommt die Phase am Schneidetisch, wo Sie sich sozusagen dem Mateial unterwerfen. Wie geht es dann weiter, oder wie fängt es wieder an?

Da geh ich gern in meinen Schreibraum, um mein Gehirn zu testen, ob da überhaupt noch genügend Phantasie da ist für weitere Geschichten.

Und ist sie noch da?

Ja, sie war da. Ich habe in sechs Tagen ein neues Drehbuch geschrieben, da geht es um eine österreichische Schirennläuferin, die noch einmal aktiv eine Saison bestreiten wird. Diese erste Version habe ich nur mit meiner Phantasie hingefetzt. Erfahrungsgemäß bleiben aber von einer ersten Drehbuchfassung nur 30 Prozent übrig. Die zweite Version wird meist von den Recherchen niedergedrückt, erst die dritte Version trägt dann wieder menschliche Züge, wenn Sie so wollen. Ich habe das Drehbuch nun an den ORF verkauft, 1996 wird es realisiert.

Schreiben ist kein Honiglecken, aber was ist schon ein Honiglecken im Leben?

Wie geht es Ihnen inzwischen mit der Finanzierung Ihrer Projekte?

Immer noch gleich. Du reichst bei den möglichen Geldgebern ein und kriegst dann ein »Ja« oder ein »Nein« – also du kriegst nicht automatisch ein »Ja«, nur weil du bisher mit all deinen Kinofilmen auf A-Festivals gelandet bist. Da gibt es in den Gremien ja dauernd deine »Väter«, die dich über die Jahre mehr oder weniger beobachten und die dann vielleicht meinen, also der Paulus, der soll jetzt mal weg aus der Provinz. Du hast aber gerade eine Provinzgeschichte eingereicht, also heißt es »Nein«. Oder in einem anderen Gremium sitzt ein anderer »Vater«, der meint, also der Paulus soll sich bitte noch nicht auf die Komödie stürzen, er soll lieber da bleiben, wo er sich auskennt – du hast aber eine Komödie eingereicht, also heißt es »Nein«.

Aber bei Ihnen ist doch eine Kontinuität da ...

Gut, ich übertreibe ein biß'l, ich kann mich nicht wirklich beschweren – ich kann immer besser mit der ganzen Finanzierungssache umgehen. Erstens habe ich dauernd einen Haufen Projekte, wird eins abgeschmettert, ist das nächste schon da. Zweitens sehen die Leute in den Jurys und in den Gremien, also die Leute, die mit Staatsgeldern umgehen, die sehen ja auch meinen bisherigen Weg, daß da doch im großen und ganzen keine Scheiße dabei war, und wenn sie meinen Weg weiter verfolgen wollen, müssen sie mich weiter unterstützen. Aus, basta, mit dem rechne ich einfach.

Im Laufe der Zeit hat sich auf diesem Weg einiges verändert, besonders was Ihre Arbeit mit Schauspielern betrifft. Am Anfang waren es nur Laiendarsteller.

Bei meinem ersten Kinofilm war ich irrsinnig konsequent. *Heidenlöcher* spielt im Gebirge, im Bergbauernmilieu, im Zweiten Weltkrieg – da lag es auf der Hand, Laien zu suchen, die solche Gesichter, solche Hände und so einen Gang haben wie die Bergbauern, so eine Sprache. Es waren nur zwei Schauspieler dabei, Rolf Zacher und Claus-Dieter Reents, die spielten aber Figuren, die von auswärts kamen. Um es auf den Punkt zu bringen: Die Besetzung mit Laiendarstellern ist nicht eine Marotte oder ein Spleen, sondern sie muß Sinn haben, mehr noch, sie muß zwingend sein. Bei *Nachsaison* war es nicht mehr zwingend, da habe ich schon gemischt. Das war lustig, wie verschieden man mit Laien und Schauspielern spricht. Mit der Mercedes Echerer war es eine sehr theoretische, intellektuelle Ebene – obwohl es ihre erste Kinorolle war –, ich mußte mich darin auch erst erproben.

Mit meinem Bruder Albert war es in etwa so: Albert, schau jetzt bitte dahin oder geh jetzt fünf Schritte dorthin. Die Arbeit mit meinem Bruder war eigentlich sehr schwierig damals, das heißt, eigentlich war sie bei allen drei Filmen schwierig. Aber er hat eine Ausstrahlung auf der Leinwand. Komischerweise, gerade die Szenen, wo ich die ärgsten Probleme mit ihm hatte, wegen dem Text oder der Konzentration, gerade diese Szenen sind schließlich die besten geworden.

Können Sie konkretisieren, was der Unterschied ist beim Arbeiten mit Schauspielern und mit Laien?

Mit den Laien spielt sich das viel mehr auf der Ebene von Mensch zu Mensch ab. Also, du lernst wen kennen, der ist fotogen, der paßt für die Rolle, du willst ihn haben, aber er sagt nein. Da fängst du an, ihn zu umgarnen, dich einzuschmeicheln, du beginnst mühsam, Vertrauen aufzubauen. Du gibst ihm durch mehrere Probeaufnahmen zu verstehn, daß er nicht irgendwas spielen muß, sondern nur er selbst sein braucht – das dauert mitunter Monate.

Bei einem Schauspieler fällt das normalerweiser alles weg, den brauchst du nicht zu kennen, der kommt aufs Set und fragt: »Was hab ich zu tun?« Den kann ich vom Fleck weg formen, modellieren, verändern, traktieren – also es gibt Regiekollegen, die gern traktieren, ich tu' das nicht.

Mein erstes großes Aha-Erlebnis mit Schauspielern hatte ich eigenartigerweise bei *Fahrt in die Hauptstadt*, meinem ersten Fernsehfilm. Wohl weil der Druck fehlte, den man bei jedem Kinofilm hat. Ich konnte mich ziemlich auf das Modellieren der Figuren konzentrieren, es war eine große Freude.

Was die Arbeit mit Schauspielern betrifft, habe ich am meisten beim Fernseh-Zweiteiler *Zug um Zug* gelernt. Seitdem weiß ich, was es bedeutet, richtig zu besetzen. Du kannst den besten und berühmtesten Schauspieler haben, aber wenn er nicht richtig besetzt ist, bringt er es nicht – im Vergleich mit einem vielleicht nur mittelmäßigen Schauspieler, der richtig besetzt ist.

Ich habe alle meine Filme gemeinsam mit Hamdi Döker besetzt. Er war

Regieassistent bei *Zug um Zug*, und in den früheren Jahren war er immer mein persönlicher Assistent in der Vorbereitungszeit. Er hat auch sehr viele Leute aufgrund unseres gemeinsamen Schauens gefunden. Im Laufe der Jahre haben wir eine Kartei erstellt – wir haben Fotos zugeschickt bekommen oder selber Karteien angelegt – und haben dann bei *Zug um Zug* fast alle Haupt- und Nebenrollen aus dieser Kartei rekrutiert.

Was heißt richtig besetzt?

Richtig besetzt hast du, wenn die Figuren in deinem Film glaubwürdig sind. Wenn der Schauspieler als solcher total in den Hintergrund tritt und die Figur lebt – das heißt für mich richtig besetzt. Deswegen hab ich auch irre Probleme mit irgendwelchen Stars oder Schauspielergrößen, weil sie ja oft den ganzen Film hindurch als Schauspielergrößen präsent bleiben und der Zuschauer die *Figur* nicht glauben kann

Wie ist es Ihnen da bei Ihrem letzten Film gegangen?

Tja, ich habe meine vier Hauptfiguren ein halbes Jahr lang gesucht, habe sehr viele Castings gemacht und meinen Produzenten ganz schön traktiert mit meinem Leitspruch: »Ich will alle vier richtig besetzen«. Das ist ja extrem ungemütlich, wenn du mit dem Produzenten überkreuz kommst, weil du den richtigen Schauspieler noch nicht hast. Du suchst wie blöd, es kostet alles nur Geld, und er hat fünf wohlklingende Namen an der Hand und sagt, die machen dir das.

Extrem ungemütlich ist es aber auch für die Kandidaten, die über Monate hinweg nicht wissen, bin ich's oder wen hat er noch. Dann werden immer wieder die Kandidaten zu einem neuen Casting einladen, weil ich noch unsicher bin, da ist immer auch die leise Angst bei mir, daß ein Kandidat abspringt, aus Ungeduld oder weil er beleidigt ist. Schließlich muß man sich einen Termin setzen, wo man sagt: Schluß, aus, die sind's jetzt, die muß ich jetzt nehmen, sonst bricht bei den Schauspielern ein Termin-Chaos mit anderen Projekten aus. Und dann stellen Sie sich den Alptraum vor: Du fixierst deine mehr oder weniger richtigen Besetzungen, und am nächsten Tag läuft dir die richtigste Besetzung über den Weg! Diese Art von Darstellersuche ist nicht gerade ein Genuß.

Aber wenn Sie mich fragen, ob die vier Hauptrollen richtig besetzt sind, muß ich sagen: Ich bin mehr oder weniger zufrieden.

Wir haben schon viel über Ihre Arbeit gesprochen, aber wie kommen Sie zu den Ideen, zu den Stoffen, zu den Geschichten?

Das ist sehr unterschiedlich. Es kann eine Zeitungsnotiz sein, oder ich krieg' was erzählt, oder ich hab ein Faible für eine bestimmte Person, ein bestimmtes Milieu, einen bestimmten Beruf. Selten geht es um etwas Autobiographisches – der neue Film ist da eine Ausnahme, und auf den trifft das auch nur bis zu einem gewissen Grad zu. Ja, und viele Ideen kommen durch genaues Beobachten der Umwelt, der Umgebung. Genau hinschauen, genau hinhorchen, das ist eigentlich mein Job. Das Gehirn speichert das alles irgendwie, und nach ein paar Jahren erinnerst du dich an etwas, das du damals beobachtet hast, und du kannst es sofort verwenden, es geht mir beim Schreiben oft so.

Da fällt mir mein früherer Lehrer ein, Robert Bresson, den habe ich zweimal in Paris besucht. Beim ersten Mal, 1984, habe ich ihn auch gefragt, wie er an seine Themen herangeht, und vor allem, worauf er sich am meisten konzentriert in der Filmerei, und er meinte: Gehen Sie auf die Straße, schauen Sie genau hin, gehen Sie in ein Konzert, schauen Sie die Leute an, wo immer Sie sich aufhalten, sammeln Sie Eindrücke.

Ich weiß noch, ich war direkt nach diesem Treffen zutiefst enttäuscht über das wenige, was aus diesem Gespräch zu holen war. Erst im Lauf der nächsten Wochen und Monate wurde mir mehr und mehr bewußt, daß Beobachten, Eindrücke Sammeln, Sich-Einfühlen in Figuren und Konstellationen und immer wieder Schauen, Horchen, daß das mein Job ist, und daß ich es schon getan habe, bevor Bresson davon sprach, ich es mir aber nicht bewußt gemacht habe.

Welchen Stellenwert hat Bresson heute für Sie? Würden Sie ihn immer noch als Ihren Lehrer bezeichnen?

Lehrer ist gut – seine Filme waren meine Lehrer! Bei meinem zweiten Besuch 1986 habe ich eine Vorführung von *Heidenlöcher* für ihn und seine Lebensgefährtin organisiert. Der Film hat ihm gefallen, er hat nicht alles verstanden, aber beiden gefielen die Kinder außerordentlich.

Ich wollte unbedingt den Abend mit ihm verbringen und hatte diesen Wunsch schon vorher brieflich deponiert. Als ich ihn darauf ansprach, meinte er, das sei nicht möglich, er würde nämlich heute abend zwei Leute treffen, die eventuell sein nächstes Kinoprojekt mitfinanzieren, und ich solle ihn doch bitte verstehen, er hätte seit fünf Jahren keinen Film mehr gemacht.

Das hat mich vielleicht erschüttert! Ich fühlte instinktiv, daß es mir ähnlich gehen könnte, wenn ich 80 Jahre alt werde: daß man wie ein kleines Kind noch einen nächsten Film erbetteln will. Ich weiß noch, ich hab nach diesem Erlebnis fürchterlich geweint, bin am selben Tag fluchtartig aus Paris weg und habe gespürt, daß mit diesem Tag Bresson aufhören würde, mein Lehrer zu sein, und so war's auch.

WOLFRAM PAULUS

Hat es seitdem je wieder so etwas wie einen Lehrer für Sie gegeben?
Bis 1991 blieb ich ohne, dann trat plötzlich ein neuer Lehrer auf den Plan, also, nicht plötzlich, es hat einfach sein müssen. Er heißt Alberto Giacometti, ein Bildhauer, der 1965 gestorben ist. Zuerst habe ich das kleine Büch'l von James Lord (Alberto Giacometti. Ein Porträt) gelesen – da war ich schon elektrisiert. Während der Vorbereitungszeit für *Fahrt in die Hauptstadt* habe ich dann die große Biographie (auch von Lord) gelesen. Ich fühlte mich wie ein ganz naher Verwandter, es gab ein paar solche Erlebnisse während der Dreharbeiten. Ich las immer in der Früh im Hotelzimmer ein paar Seiten in dem Buch, und entweder hatte ich g'rad am Vortag etwas Ähnliches erlebt, wie in dem Buch beschrieben, oder ich erlebte etwas ganz Ähnliches am selben Tag.

Inwiefern war er Ihr Lehrer?
Anders als Bresson und seine Filme half mir der Bildhauer, mir einen Stellenwert als Kreativer in meinem Umfeld zu geben, mir ein Bewußtsein, ein Selbstbewußtsein aufzubauen. Einfach durch die Tatsache, daß da jemand gelebt hat, der auch kreativ war und der ähnlich gestrampelt hat wie ich jetzt. Es war nicht mehr als das Gefühl, in meiner Zeit, in meiner Umgebung nicht mehr allein dazustehen. In den letzten zwei Jahren war die Nähe zu ihm weniger zu spüren, sie kam erst in Venedig im September '94 wieder. Ich wurde von der Kritik entweder totgeschwiegen oder, vor allem von der deutschsprachigen Kritik, zerfetzt, wobei ein Tenor durchschwang: Der Paulus mit seinen kleinen, leisen, unbedeutenden Filmchen, was will er schon ausrichten hier in Venedig, wo die internationalen Winde kräftig wehen. Was will er denn, der Provinzler, mit seiner kleinen, altmodischen, anachronistischen Welt? Da stand auf einmal der Giacometti neben mir, und ich erinnerte mich, was ich über ihn gelesen hatte: Da war eine ganz arge Zeit, jahrelang hat das gedauert, als er sich nicht entscheiden konnte, wohin er gehen sollte. Und in diesen schrecklichen Jahren hat er nur ganz kleine Figuren modellieren können, viele davon so klein, daß sie in einer Streichholzschachtel Platz fanden. Mit diesen Figuren war er jahrelang unterwegs, wohl wissend, das ist eine Übergangszeit. Er hat gelitten, und seine Leute haben sich seiner geschämt, aber er war unfähig, größere Figuren zu kreieren.

Als er dann seinen Stil, seinen Weg für sich gefunden hatte, war das Problem vom Tisch, und mühelos ging er an überlebensgroße Figuren heran. Ich denke, ich befinde mich in einer ähnlichen Übergangszeit: Noch immer kann ich nur kleine, leise, bescheidene, unbedeutende Filme machen aus meiner kleinen Welt. Aber ich merke, ich lerne unendlich viel, und vielleicht bereite ich mich vor auf eine Zeit, wo plötzlich große Themen an mich herangetragen werden oder bei mir selbst reifen und ich mich ihnen dann gewachsen fühle.

Wolfram Paulus

geboren 1957 in Großarl, Salzburg. 1977 bis 1982 Studium an der Hochschule für Fernsehen und Film in München.

Filme: 1979 »Houng«; 1980 »Kommen und Gehen«; 1981 »Wochenend«; 1985 »Heidenlöcher« (erster Langfilm); 1988 »Nachsaison«; 1989 »Die Ministranten«; 1991 »Fahrt in die Hauptstadt« (TV); 1993 »Zug um Zug« (TV); 1994 »Du bringst mich noch um«; 1995 »Die Frau des Anwalts« (2 Folgen eines TV-Mehrteilers).

Christa Blümlinger

SCHI-ZU, DAS WILDE MEDIEN-TIER
Ursula Pürrer und ihre Filme

In ihrem Video *The Drift of Juicy* setzt die Filmemacherin-Videokünstlerin-Darstellerin-Autorin Ursula Pürrer alias Schi-zu sich selbst als Markenzeichen. Wild springt sie durch virtuelle Räume, vervielfacht sich über eine Schaltzentrale, bietet schließlich ihren Körper als physischen Ort der Bezeichnung: Welchen Ursprungs die Tatoos auf ihrem Rücken sind, läßt sich aber im digitalisierten Bild nicht nachvollziehen. Was uns Pürrer hier virtuos vorführt, ist die unauflösliche Vielschichtigkeit ihrer Bildkompositionen.

Ursula Pürrer begann gemeinsam mit Angela Hans Scheirl während ihres Studiums an der Hochschule für Angewandte Kunst in Wien[1], Filme zu machen. Im Laufe der achtziger Jahre stellte die in Deutschland aufgewachsene gebürtige Wienerin ihre künstlerische Vielseitigkeit unter Beweis: Es entstanden Filme, Videos, Ausstellungen, elektronische Musik und Performances. Bei genauerem Hinsehen (und -hören) lassen sich Vernetzungen all dieser unterschiedlichen Ausprägungen ihres Werkes feststellen.

Die Mitte der Achtziger enstandenen Super-8-Filme, die die beiden Künstlerinnen alle gemeinsam machten, weisen aktionistische Züge auf, insoferne, als die Filmemacherinnen ihre eigenen Körper und verschiedene Objekte in einer Weise exponieren, die ästhetische Konventionen bricht: Manche der Kurzfilme wurden etwa ironisch »Blumenfilme« genannt, weil die Pflanzen, die hier auf vielfältige Weise bearbeitet, gegessen oder in ein Stilleben der anderen Art arrangiert wurden, zentrale Objekte darstellen. Diese avantgardistischen Filme tragen zum Teil gestabreimte Titel wie *Maria meistert Metall und Anna arbeitet anständig* oder *Im Garten der Gelben G*. Von den Filmemacherinnen werden sie begründet als Home Movies bezeichnet. Sie greifen auf die Dekoration der Atelier-Wohnung und die (Selbst-) Darstellung von Scheirl/Pürrer zurück und dokumentieren gewissermaßen Aktionen im privaten Raum. Jener stellt andere Arbeiten, etwa Malerei und Zeichnungen als Ausstattung und Ausgangspunkt für Filme[2] bereit.

In *Gezacktes Rinnsal schleicht sich schamlos schenkelnässend an* konfrontiert sich *Schi-zu* (Ursula Pürrer) auf allen vieren als »wildes Tier«[3] mit einem papierenen Gewächs, stellt ihre Haut als mit Eisenstiften bespicktes Ornament aus, während Scheirl ihre Scham zur Pflanze umfunktioniert. Sie führt das »schamlose Schenkelnässen« als Pissen im Stehen vor, um die Kamera die

Spuren des »gezackten Rinnsals« aufzeichnen zu lassen. Wie auch später in den Videos und in ihrem gemeinsamen Langfilm werden die Körper konzeptuell ebenfalls zu Objekten, während die Objekte selbst als Bedeutungsträger gewinnen. Ob es eine Vase ist, nach der eine Hand aus dem Außenfeld greift, oder Mehl- und Zuckerhäufchen, die von den mit Nacktheit und maskierten Gesichtern als »Dienerinnen des Bildes«[4] operierenden Filmemacherinnen gleich einem Kultobjekt getragen werden (in: *Das Schwarze Herz tropft. Bastelanleitung zu r-Innen*) – es entstehen Tableaus, deren räumliche Dimension sich durch die Aktion beziehungsweise filmische Dokumentation erweitert. Die zitathafte und aufwendige Verwendung von Objekten und Arrangements aus der Malerei erscheint auch aus heutiger Perspektive – das Super-8-Material ist längst kein gängiges Aufzeichnungssystem mehr – als eine explizite Rückführung des Kinos auf die bildende Kunst.

Ein immer wesentlicheres Element der Arbeiten wurde schließlich die Musik. Einerseits legte Ursula Pürrer, die neben der Film- und Videokunst an der Hochschule für Angewandte Kunst auch Elektroakustik studierte, Performances und Konzerte (wie 1985 *Ungünstige Vorzeichen*) vor, zum Teil in Zusammenarbeit mit Mara Mattuschka. Andererseits wurden Rhythmus und Musik zunehmend für die Montage der Film- und später Videoarbeiten bestimmend. *Das Schwarze Herz tropft* beruht etwa strukturell auf einer Musikstrophe, und *Slocking Walkmen,* das erste gemeinsam mit Dietmar Schipek und Angela Hans Scheirl gestaltete Video, ist eine Art Musiktape.

Wiesehr Ursula Pürrer die Grenzen und Spielräume der unterschiedlichen Gestaltungsmittel, Künste und Medien auszuloten weiß, zeigen insbesondere die Arbeiten, die sie alleine verfertigt hat. Ein verstärkt struktureller Zugang zum Material und zu den Bildern, eine der Malerei entsprungene, strenge Farbkomposition, aber auch eine dem Ritornell verwandte (musikalisch inspirierte) Montage zeichnen Pürrers Arbeitsweise aus.

In dem ausschließlich von Pürrer erarbeiteten *The Drift of Juicy* führen die videospezifische Gestaltung und digitale Nachbearbeitung der Bilder zu einer Auflösung der monokularen Sichtweise in eine multiperspektivische Oberfläche. Pürrer ordnet verschiedene Ausgangsmaterialien wie Super-8-Bilder, inszenierte Videoszenen (es agiert die sich vervielfachende Schi-zu alias Pürrer) und Maschinengeräusche labyrinthisch, mäanderförmig[5] und einander potenzierend an.

The Drift of Juicy pendelt zwischen formaler Abstraktion und einer ansatzweisen narrativen Gestaltung der (doppelten) Figur und der Objekte, der (Im)Materialität des Mediums und der Konstituierung des Blicks durch das mediale Dispositiv. Um die »Schaltzentrale«, das Video-Mischpult, formiert sich ein digital bearbeitetes Feld, das immer neue virtuelle Räume entfaltet.

In der zentralen Sequenz, wo Schi-zu als schwerelose Kämpferin durch den Raum springt, um sich mit einem ihrer Alter Egos sexuell zu vereinen und von einem weiteren der synthetischen Vervielfältigung entsprungenen Ego gleichzeitig überwacht zu werden, führt Pürrer die voyeuristische Konvention des Sehens und Gesehen-Werdens vor: Über das Dispositiv der Zwei, die von einer Dritten beobachtet werden, ordnet sich gewissermaßen ein vierter Blick, der auf die Voyeurin fällt, jedoch in einer unendlich anmutenden Spiegelung räumlich nicht mehr repräsentierbar wird.

Die zu Beginn des Videos in einem der vielen Bildflächen auftauchenden, später wieder inkrustierten, vom Wind umspielten Mehlhäufchen erinnern an Motive aus den Super-8-Filmen: Hier findet sich ein auf Malerei referierender »Rest« von materieller, das heißt »alter« Kunst. Im Unterschied aber zu den Frühfilmen finden die Bewegungen der digital bearbeiteten »Protagonistin« schon im virtuellen Raum statt. Die durchlaufende Schrift – »It's tricky to be both« –, ein wesentliches Element auch des Videos *Im Original Farbig,* wird als Schrift-Bild integriert, um in der Oberfläche des Videobildes zu verschwinden, so wie sich zu Ende animierte Flächen reißverschlußartig übereinander schichten.

Der erste in Gemeinschaftsarbeit mit Angela Hans Scheirl und Dietmar Schipek entstandene Langfilm lief nicht nur in Österreich und auf diversen Festivals, sondern mit Erfolg auch in einem New Yorker Kino. *Rote Ohren fetzen durch Asche* (1992) ist kein Film, der bloß den Bereich der »Gay & Lesbian-Scene« zu erreichen suchte, sondern Kinokonventionen auf mehreren Ebenen sprengen will: Mit zum Teil einfachen, doch phantasievoll eingesetzten Mitteln konfrontiert dieser Film die Zuseher mit gängigen Tabus und Schablonen. So geraten etwa »Special Effects« in Szenen, wo die Protagonistin »Volley« (Ursula Pürrer) ihren pyromanischen Obsessionen nachgeht, zu ironischen Harmlosigkeiten. Die brennenden Trümmer werden unversehens in winzige Pappbauten verwandelt, Realfilmszenen gehen in Trickfilmszenen so unvermittelt über, daß stellenweise die Inszenierung selbst in den Mittelpunkt des filmischen Geschehens rückt. Die DarstellerInnen fungieren, unterstützt durch aufwendige Kostüme und manieristische Ausstattung, weniger als realistische Figuren, denn als visuelle Zeichen, die wie manche Objekte (das Messer, die Vase, »die als Gürteltier verkleidete Handgranate«) auf eine Geschichte verweisen. Diese Geschichte wird fragmentarisch und labyrinthisch erzählt, sodaß sich ein erzählerischer Raum, wie er in der Synopsis zum Film ironisch evoziert wird, nur gebrochen herstellt: »Volley liebt das Feuer. Sie haßt es, zu warten, bis es irgendwo brennt. Eine aufwendige Obsession! Das Geld für die teuren Explosiva verdient sie sich als Tänzerin in einem Lesbenclub. Sie ist camp, geil und polygam.«

URSULA PÜRRER

Eine auch im Film bloß schematische Repräsentation der Protagonistinnen weist die drei Hauptfiguren als Typen aus: die erwähnte racheschwörende Brandstifterin Volley und ihre androgyne Lebensgefährtin Nun, die auf monströse Weise Häuslichkeit pflegt, sowie Spy, eine romantische, zurückgezogen lebende Comiczeichnerin.

Von den FilmemacherInnen Scheirl/Schipek/Pürrer zwar als Comics, aber auch als Horrorfilm oder Science-fiction bezeichnet, bewegt sich *Rote Ohren fetzen durch Asche* jedoch nur allegorisch in diesen Genres. Versatzstückhaft sind nicht nur die entlehnten Erzählmodi, sondern auch die dem Surrealismus verwandten Figuren des Filmes selbst aufgebaut. Die Sprache der FilmemacherInnen geht hier bereits über die Dekonstruktion narrativer Konventionen – wie auch in früheren Kurzfilmen, etwa in *Das Schwarze Herz tropft* oder *Bastelanleitung zu r-Innen* – hinaus. Andere Sprechweisen und neue Ausdrucksformen entstehen bei Pürrer nun im Aufeinandertreffen und Multiplizieren von Bildern und Zeichen unterschiedlichen Ursprungs und differierender Kontexte.

Gespräch mit Ursula Pürrer

Sie sind eine der wenigen Künstlerinnen, die konsequent mit unterschiedlichen Medien und in verschiedenen Künsten arbeiten; Wie kam es zu diesen Arbeitsweisen im visuellen Bereich, die von Malerei über Super-8 und 16mm bis Video reichen?

1980 fing ich an, mich intensiver mit der Malerei zu beschäftigen, jedoch immer mit dem Gefühl, daß ich etwas vermisse, daß es etwas gibt, was ich nicht in diesem Medium lösen kann. Erst mit der Entdeckung von Super-8-Film wußte ich, daß ich die komprimierte Folge von Bildern dem Einzelbild vorziehe. Die Bewegung der Bilder ist mir wichtig. Andererseits liebe ich die Materialhaftigkeit der Farbe und der Malerei sehr. Und dann gibt es diesen scheinbaren Widerspruch zwischen Perfektion und Unabhängigkeit.

Wann haben Sie zu filmen begonnen?

Wir haben 1984 angefangen, Super-8-Filme zu machen. Ich kannte damals kein experimentelles Video, ich kannte Experimentalfilme. Dieses ganz abstrakte, psychodelische Experimentalvideo interessierte mich genauso wenig wie die dokumentarischen Arbeiten, die es in den siebziger Jahren gegeben hat. Die Medienwerkstatt[6] war damals noch sehr im Dokumentarischen verhaftet. An der Angewandten[7] gab es noch keine Medienklasse – das Kunstvideo mit Postproduction entwickelte sich in Österreich erst Mitte der Achtziger.

Begreifen Sie sich heute unter anderem als Filmemacherin?

Nein, da ich Installationen mache, Film und Video, Performances, Musikperformances, ich male – das ist mein Privates –, ich mache Objekte, ich würde das eher in einem gesamtkunstwerklichen Sinne sehen. Deswegen stören mich auch die Sprünge nicht.

Es geht mir um Bilder, und Bilder werden mit Video erzeugt, auf der Leinwand und auf der Bühne.

Arbeiten Sie je nach Sujet mit verschiedenen beziehungsweise mehreren Medien?

Nein, das Sujet ist immer das gleiche, nur das Herantasten an die Sprache wechselt. Jedes Medium hat seine Vor- und Nachteile. Der Vorteil von Video ist ganz sicher, daß die Bearbeitung der Bilder möglich ist, daß ich an die Schwerkraft der Personen nicht mehr gebunden bin. So wie in *The Drift of Juicy*, wo ich die Geschwindigkeit verändert habe. Ich tauche dreimal auf in einem Bild, wo die Bewegung verändert ist auf verschiedenen Trickebenen – von der Kamera bis zum Computer –, sodaß man durch die Lüfte fliegt, die Schwerkraft, die Behäbigkeit aufhebt.

Das ist das, was mir bei Video so gefällt und was ich beim Film vermisse, wo es natürlich auch möglich ist, aber unendlich komplizierter.

Inwieweit beeinflußte die Malerei Ihren Zugang zu Video?

Da ich von der Malerei gekommen bin, waren die Videofarben vorerst für mich keine »richtigen« Farben: Es interessiert mich nicht. Dieses Wissen um die Farbe und das Material bei der Malerei fehlte mir bei Video: Man hat keine Grauwerte, keine Farbwerte. Es wird zwar immer besser, aber trotzdem ist diese Feinheit, die man bei der Malerei und beim Film in den Farben hat, bei Video nach wie vor nicht gegeben. Ein wirklich kräftiges, leuchtendes Rot, das man mit Film erzeugen kann, das steht im Video nach wie vor nur mit Schwierigkeit als Signal.

Sie haben Ihre ersten Filme einmal als »Home Movies« bezeichnet. Verweisen Sie damit auf eine ästhetische Tradition?

Der Begriff beschreibt eher die Technik. Wir machten diese Home Movies meistens zu Hause – es war eben der Haushalt von zwei Künstlerinnen, die zusammen gewohnt haben: Da waren einfach Bilder im Hintergrund und Objekte hier, und damit war das schon ein inszenierter Raum. Aber der Prozeß war Home Movie: Man filmt sich selbst, zuhause, zwar mit anderen Vorzeichen, aber im Grunde genommen war dies das gleiche.

Haben Sie sich damit auch von einem feministischen Kontext abgegrenzt, in dem Ihre Filme rezipiert werden und der diese gerne als weibliche Pornofilme vereinnahmt?

Die Filme werden zwar nach wie vor in diesen Kontexten gezeigt, aber es sind keine Pornofilme. Ich finde es absolut lächerlich, idiotisch und absurd, alle experimentellen Filme von Frauen, wo der Körper vorkommt, als Pornographie zu bezeichnen. Denn wenn ich Filme machen will, die den Betrachter geil machen sollen, dann haben die eine völlig andere Struktur.

Gibt es eine Kinotradition, der Sie sich zugehörig fühlen?

Es gibt sicher eine Tradition, der ich mich zugehörig fühle: Das ist amerikanischer Underground-Film, der surrealistische Film und der Wiener aktionistische Film.

Aber das entwickelt sich immer mehr hin zu einer individuellen Phantasie von einer Persönlichkeit, zu einer Autorenschaft des Werks. In dem Moment, wo diese Bezeichnungen auftauchen, von »feministischer Pornofilm« bis hin zu »Das ist schon in den sechziger Jahren dagewesen«, ist das eine negative Besetzung. Da wird eine Abgrenzung vom Eigentlichen geschaffen, und dagegen wehre ich mich, weil es keinen Grund gibt, diese Grenze zu ziehen.

Ein wesentliches Moment Ihrer Arbeit ist vermutlich Ihre »Herkunft« von der Malerei.

Von der Malerei kommt sicherlich, daß ich viel mehr mit Bildern arbeite als mit der Storyline oder mit den Dialogen. Von der Kunstgeschichte kommt auch die Ikonographie: wiederkehrende Objekte, Symbole. Es ist schwer, das genau zu definieren, weil ich glaube, daß all unsere Filme vom Licht und von der Farbe her etwas Malerisches haben. Es geht um eine Materialhaftigkeit, wie *Im Original Farbig,* wo alles wie Computerspiele aussieht, aber in Wirklichkeit aus Karton gebastelt ist, wo die Immaterialität des Videos im Grunde genommen aufgelöst wird, in dem Moment, wo simpelste Materialien verwendet werden, um Schaltzentralen darzustellen.

In »Das Aufbegehren oder das andere Begehren« verwenden Sie auf exponierte Weise die Farbe Rot, verleihen der Schrift durch eine differenzierte Bearbeitung einen gewissen Körper, eine bildhafte Dimension.

Rot als Signal hebt sich vom anderen Text ab, als Zitat. Die Schrift bekommt, dadurch, daß sie zwar weiß ist, aber einen blauen Schlagschatten mit schwarzem Gegenschatten hat, etwas Silbernes und dadurch etwas Materialhaftes: Es ist keine weiße Schrift auf Schwarz, sie bekommt eine Oberflächenstruktur. Mit solchen Details kann ich mich stunden-, ja tagelang beschäftigen.

Sie legen in Ihren Filmen besonderes Augenmerk auf die Ausstattung, was vermutlich ebenfalls auf Ihre Herkunft von der bildenden Kunst, aber auch auf einen Bezug zum Theater verweist.

Beim letzten Film *(Rote Ohren fetzen durch Asche)* und auch beim nächsten, *L'espace bleu retrouvé,* ist mir die Gestaltung, sind die Objekte, die Kostüme, die Sets deshalb so wichtig, weil die ganze Gestaltung des Raums, in dem die Schauspieler agieren, verführen soll. Da ich hauptsächlich mit Laienschauspielern arbeite , muß ich diesen Raum schaffen, um sie dazu zu verführen, zu agieren. Es ist mir wichtig, daß von den Objekten eine Atmosphäre geschaffen wird, auf die die Kamera dann reagiert, und zurückführt zum filmischen Ereignis. Der Ursprung aber ist ein theatrales Ereignis.

Wenn man die Figur von außen, durch die Aktionen, durch das Kostüm beschreibt, geschieht das einfach von den Schuhen bis zu den Haaren.

Haben Sie sich in »Rote Ohren fetzen durch Asche« bewußt von der klassischen Narration distanziert, wie sie im Mainstream-Kino zu finden ist?

Die Figuren in *Rote Ohren fetzen durch Asche* sind geschichtslos: Es gibt eine Figur, die die Obsession hat, Feuer zu legen, eine andere, die von ihrem romantischen Turm auszieht, um Rache zu schwören, dann gibt es die melancholisch-gottsuchende Figur, die verlorene Seele. Diese drei Personen folgen einer Obsession; und es gibt keine Hintergrundgeschichte, keine früheren Ereignisse, aufgrund derer sie so agieren, der Film ist alles.

In welcher Weise sehen Sie Ihre Film-Ästhetik in einer Verwandtschaft mit der der Comics?

Meine Filme verhalten sich zum klassischen Spielfilm wie der Comics zum Roman. Es ist der Unterschied von innen und außen und der Reibungsfläche dazwischen: Verändert sich die innere Struktur oder bricht sich das Außen? Mit dieser Frage ist natürlich auch die Mächtigkeit des Außen wichtig. Was interessant ist, da der Comics nicht zur Hochkultur gezählt wird, sondern zum Underground, der doch wesentlich von der Mode geprägt wird, einer ständig sich veränderten Gestaltung des Außen, was zwar wieder als Spiegel des Inneren gesehen werden kann, aber eben nur als diese Reflexion.

In Ihrer Videoarbeit The »Drift of Juicy« haben Sie dagegen die Linearität des Films mit videospezifischen Mitteln aufgehoben. Es gibt zwar eine Figur, die aber nicht in eine realistische Transparenz gefügt wird, weil das Bild durch die Digitalisierung soweit verändert ist, daß es seine eigenen Mittel reflektiert. Was unterscheidet Ihrer Meinung nach diese Tricks von den Filmtricks Ihres bislang letzten Films?

Im Grunde gar nichts. Die sogenannten Tricks sind ja nur Werkzeuge, mit denen ich meine Bilder erzeugen kann. Beide Male dienen die Tricks der Geschichte, und diese ist jeweils verschieden.

In The »Drift of Juicy« sieht man die Verdoppelung eines – Ihres – Körpers, was die Freude ausdrückt, beides zu sein, »To be both«: Zuseherin beziehungsweise Voyeurin und Agierende. Sie sind dabei die Hauptdarstellerin, Ihr Körper wesentliches Objekt. Das Besondere ist hier ja, wie es heißt, »It's tricky to be both«.

Ja, denn ich spiele beide Figuren und bin auch die Betrachterin. *It's tricky to be both* bezieht sich auf die Fickende und die Gefickte, sowie auf die Voyeurin und die Exhibitionistin, also die Frau hinter der Kamera und die vor der Kamera, vor der Schaltzentrale, in der Schaltzentrale; es ist damit ein imaginatives Bild, solange die verschiedenen Positionen zur selben Zeit eingenommen werden sollen – also nur durch Trick zu realisieren, aber eben auch gefährlich schwer und kompliziert (tricky) oder eben auch einfach ein Betrug (trickery).

Sie stehen hinter der Kamera, vor der Kamera, Sie sind aber auch diejenige, die – während der Montage – den virtuellen Raum erst herstellt. Ist diese gestalterische Omnipotenz nicht ein wesentliches Moment ihrer Arbeit?

Es gehört ziemlich viel Wissen und Erfahrung dazu, von Schauspielern etwas zu verlangen, was nicht jeder Schaupieler tun würde. Wenn etwa bei *The Drift of Juicy* am Ende der Rücken aufgekratzt wird, was real passiert ist, weil die Filmtricks nicht funktioniert haben, so kann ich das nicht von jemandem anderen verlangen. Auch für *Rote Ohren fetzen durch Asche* wäre es schwierig gewesen, Schauspieler zu finden, die sich ausziehen, um vor der Kamera Sex zu machen. Solange man die Erfahrung nicht hat, wirklich Regisseurin zu sein, muß man, wenn man etwas nicht weiß, es selber ausprobieren. Mittlerweile kann ich mit anderen Leuten arbeiten, weil ich vermitteln kann, was ich will, aber das konnte ich vor fünf Jahren nicht.

Es herrscht bei Ihnen augenscheinlich ein Naheverhältnis zwischen Leben und Werk. So ist beispielsweise »The Drift of Juicy« von Ihnen als Figur geprägt.

In *The Drift of Juicy* sollte ich anfangs überhaupt nicht auftreten, und im nächsten Film ist es wieder so geplant, daß ich gar keine Rolle spiele. Ich möchte die Bilder, die ich im Kopf habe, wirklich auf den Monitor oder auf die Leinwand bringen. Solange ich die Sprache nicht habe, das zu tun, solange das nur ein Herantasten ist, führt das alles wieder auf einen selbst zurück. Es ist eine schreckliche Verdoppelung, Regie zu führen und Schauspielerin zu sein. Denn worauf soll man sich konzentrieren? Daß das Licht richtig gesetzt ist, daß man die richtige Bewegung macht? Ich würde das eher als Notlösung sehen, daß man selber vor der Kamera steht. Natürlich entsteht dadurch auch eine andere Dichte, die man immer merkt, wenn ein Regisseur vor der Kamera steht. Man muß halt lernen, diese Dichte anderen Schauspielern zu vermitteln. Das, was ich von den Schauspielern fordere, muß ich mir auch für mich vorstellen können.

Der figurative Einsatz Ihres Körpers zieht sich mittlerweile wie ein Markenzeichen durch Ihre Videos und Filme, es scheint Ihnen aber nicht, wie anderen Filmemacherinnen, um das Exponieren und Evozieren einer empfindlichen weiblichen Physis zu gehen.

Ich verwende die Bilder so, daß sie eigentlich wieder zu Metaphern werden, sodaß es gar nicht sosehr um den Schmerz oder das Leid geht, sondern wirklich um das Bild. In *The Drift of Juicy* ist die Haut tätowiert, und es geht um das Anritzen dieser Bilder. Daß es schmerzhaft wird, assoziiert man vielleicht, weil man Blut sieht, aber es geht hier eher um das Ikonische. Genauso werden die Bilder von Sex in eine Kunstwelt gesetzt, etwa in *The Drift of Juicy* als Animation.

Dennoch ist diese Ähnlichkeit zwischen der Figur im Video und der (sich nicht nur im Rahmen von Performances inszenierenden) Künstlerin nicht von der Hand zu weisen.

Es gibt eine Nähe zwischen der Arbeit und dem Sein des Künstlers, was durchaus altmodisch ist mittlerweile. Das kommt sicher von der (bildenden) Kunst: innerhalb seiner Arbeit stehen, die Intensität suchen, die dargestellt wird. Trotzdem sind das für mich mittlerweile zwei verschiedene Sachen: Wie ich auf der Straße herumlaufe und was ich im Film bin. Die Straße ist mein Experimentierfeld.

Meine Super-8-Filme kann man als inszenierte Dokumentarfilme betrachten. Bei *The Drift of Juicy* ist es durch den technischen Apparat abstrakter geworden. Es ist spannend, mit dem fiktiven Ich und dem realen arbeitenden Ich konfrontiert zu sein, zu sehen, was passiert, wenn man sich sechs Wochen lang sich selbst am Monitor sieht, ständig daran arbeitet. Aber das hat nichts mit dem Film zu tun, wenn er einmal draußen ist. Der Prozeß der Entstehung ist meist emotional anders als das Produkt.

Zurück zu Ihren anderen Schauspielern und Schauspielerinnen. Sie arbeiteten für »Rote Ohren fetzen durch Asche« vor allem mit Laien, die aus einer überschaubaren »Szene« kommen, nämlich den Wiener Lesben. Erleichterte diese »Homogenität« die Arbeit?

Das ist ja den Laienschauspielern eigen: daß sie aus ihrer Welt kommen, knapp an der eigenen Realität vorbeispielen, beziehungsweise ihre Realität für die Geschichte des Films benutzt wird. Die Schauspieler wußten eben, daß sie da oder dorthin gehen und dies oder jenes machen müssen. Dadurch, daß wir ohne Ton gedreht haben und den Ton ein dreiviertel Jahr später dazu sprechen haben lassen, entstehen künstliche Welten, die mit der Realität nur in Fragmenten zu tun haben.

In bezug auf die Struktur des Darstellungsverfahrens hat Anna Steininger in Ihrem Video »The Drift of Juicy« in Anlehnung an Eva Meyer eine »Quaternität« festgestellt, einen Ort der eigenen Bewegung, die sich selbst erklärt, indem sie sich vervielfacht und verteilt, als Verräumlichung des Bildes der Trinität. Inwieweit entspricht diese Vorstellung eines Mäanderbands als zugleich offener und geschlossener Bewegung, beziehungsweise die eines Flip-Flop ihrem Gestaltungsansatz?

Im Grunde genommen bedeutet die Vier die Einbindung des Anderen, des Fremden, und damit einen Lösungsansatz durch das Außenstehende. Dieses Umspringen von Seinszuständen ins Gegenüber und wieder zurück, die doppelte Position, die ein Zeichen einnehmen kann und damit die Linearität aufhebt und anfängt zu springen, das liegt mir einfach mehr. Ich finde das adäquater, zeitgemäßer, als die ordnungshaltende Trinität.

Sie gehen allerdings in »Rote Ohren fetzen durch Asche« nicht soweit, die Linearität der Narration gänzlich zu verweigern.

Es wird nicht die Geschichte von *einer* Person erzählt, sondern von drei weiblichen Hauptfiguren und zwei wichtigen Nebenfiguren. Damit habe ich eine Struktur der anderen Drei in einem Kreis geordnet: Ich betrachte drei Personen gleichwertig. Es ergibt sich die Form der labyrinthischen Spirale, die von hier nach dort springt.

Genauso hat *The Drift of Juicy* eine ganz klare Erzählung. Nur, wenn durch die Montage sieben Bilder in einem Frame zu sehen sind, ist die Vernetzung eine andere, wesentlich verschlungener und rückbezüglicher, als eine lineare Erzählung. Diese Struktur ermöglicht andere Räume, andere Sichtweisen und Definitionen von Personen und Orten.

Sie haben lange Zeit in New York gelebt, um dort die Arbeit an ihrem jüngsten Filmprojekt voranzutreiben, und sind nun nach Berlin gegangen. Ihr letzter Gemeinschaftsfilm beruhte auf der Zusammenarbeit mit ihren Wiener Freund/inn/en – ist die Möglichkeit, derlei Produktionen zu bewerkstelligen, nicht an eine Verwurzelung in einer bestimmten Stadt, an eine Art kulturelle Heimat, in dem Fall Wien, gebunden?

Jeder Low-Budget-Film, der mehrere Personen benötigt, fragt seine Freunde. Es ist immer eine Familien- oder Freundesproduktion. Man lebt in seiner Welt, und die Außenwelt ist sekundär. Ich würde nicht sagen, daß ich Amerika so sehr liebe oder Wien hasse, sondern es geht einfach darum, in der Fremde zu sein, zu wechseln, um Dinge wieder entdecken zu können. Dadurch, daß ich zum Beispiel in Amerika kein Deutsch mehr spreche, gehe ich mit der deutschen Sprache ganz anders um. Man hat einen größeren Freiraum, mit der Sprache umzugehen, weil man sie nicht mehr im Alltag spricht. Daß man wohinkommt, wo Leute vollkommen anders auf einen reagieren, ist wesentlich. Das ist auch ein zeitlicher Prozeß, die Veränderung. Vielleicht entsteht in New York nach einigen Jahren etwas ganz anderes, auch in Zusammenarbeit mit anderen Künstlern.

Heidi Pataki sagte einmal anläßlich eines Vorwurfs gegenüber Ihren Filmen, sie würden zusehr dem Aktionismus der Sechziger entsprechen, daß man von keiner Wiederholung sprechen könne, wo sich die gesellschaftlichen Verhältnisse nicht geändert hätten.

Es sind immer noch die gleichen Fronten da. Der ORF hat immer noch eine Zensur, in Österreich ist die Darstellung von Homosexualität immer noch gesetzlich verboten.

Welchen Formen der Zensur sind Sie begegnet?

Die viel schlimmere Zensur ist nicht die, die von außen kommt, sondern die eigene, daß man bestimmte Dinge gar nicht mehr denken kann. Es geht vielmehr darum, die eigene Zensur zu umgehen.

Man vergißt auch ständig, was es alles schon gegeben hat. Die Zensur ist ja heute viel versteckter als früher. Man hört ja heute nicht mehr »Das ist keine

Kunst mehr«, sondern »Das gab es schon«, »Das ist nichts Neues« oder einfach »Es ist schlechte Kunst«. Und das, seltsamerweise, nimmt man als Kritik viel ernster als den Ausschluß.

Wie beurteilen Sie die Verwertungsmöglichkeiten Ihrer Werke?
Fernsehen interessiert mich weniger. In bezug auf Videoinstallationen ist interessant, daß in den New Yorker Diskotheken die Installationen viel zu teuer sind: Es geht wieder alles auf pures Lichtspiel zurück, die wirklich guten »Avantgardeclubs« sind auf 16mm- bzw. Super-8-Diashows übergegangen. Die Videoinstallation in der Galerie als Kunstwerk finde ich uninteressant. Es interessiert mich nicht, den Monitor zum Kunstobjekt zu machen.
Der Ort, wo Video sich abspielen kann, ist gescheitert. Im Kino nähern sich Video und Film ohnehin wieder an. Es gibt keine Hollywoodproduktion, die nicht mit Video arbeitet, mit Computer und digitaler Bearbeitung. Es geht heute darum, daß die filmische Struktur beziehungsweise die Montage durch Video verändert worden ist.

Inwieweit sehen Sie die Möglichkeit einer Arbeit mit neuen Technologien?
Computeranimation interessiert mich von der Struktur her, mich interessiert aber immer der Mensch im Verhältnis zu dieser Struktur. Wenn ich Personen in einem Video haben und mit Computeranimation arbeiten will, wird es unverhältnismäßig teuer. Ich habe mir nach *The Drift of Juicy* überlegt, ob ich in London studieren sollte, um im Animationsbereich zu arbeiten. Aber es ist wie eine Einbahnstraße: Man lernt, auf Maschinen zu arbeiten, die einem nie zur Verfügung stehen werden. Mich würde im Moment das Theater viel mehr interessieren, als die »Virtual Reality«.

Sie zeigen diesen Bezug zum Theater auch in Ihren Performances. Wo sehen Sie die Verbindung zwischen diesen Life-Darbietungen und Ihrer Film- und Videoarbeit?
Auf bestimmte Weise bilden meine Arbeiten Dreifachspiralen: *Die Roten Ohren* ... haben viel mit den Super-8-Filmen zu tun, weil die selbstinszenierende Person da steht. Durch die Zusammenarbeit mit Dietmar Schipek ist da eine andere Qualität dazugekommen, zwischen diesen Filmen liegen ja sieben Jahre, in denen wir alle drei wesentliche Erfahrungen gesammelt haben. Eine weitere Spirale bildeten die Musikperformances, die ein Gleichgewicht zwischen der intimen und der öffentlichen Inszenierung herstellten: Dort konnte man etwas erarbeiten, was in dem anderen Medium nicht möglich war. Die nächste

Spirale ist die strukturelle Rauminszenierung von Video und Computer. In der nächsten Arbeit möchte ich endlich diese drei Ansätze zusammenführen. Ich muß als Person wechseln, weil jede Arbeit an die persönliche Grenze geht. Deshalb kann man nicht so einfach wiederholen, sondern muß ganz woanders neu beginnen.

Sie sagten, daß Sie ein explizit feministischer Ansatz nicht interessiert; als Gegenstand der Kunst ist die Geschlechterdifferenz oder auch der Zusammenhang von Sexualität und Macht jedoch nicht obsolet geworden.

Das Zusammenspiel zwischen Sex und Macht hat mich immer sehr interessiert: wie in einer Gesellschaft mit Sex und mit Macht umgegangen wird. Wie das zusammenhängt, wie Zensur funktioniert, was Ökonomie, Leidenschaft, Exzeß, Tod bedeutet – Fragen, die in jeder Zeit erneut beantwortet werden.

Es gibt mittlerweile eine Reihe von Filmen und Videos, die sich mit der Repräsentation des (weiblichen) Körpers auseinandersetzen, eine Linie, die sich auch durch Ihre Arbeiten zieht.

Das Tabu des Körpers ist in den sechziger Jahren gebrochen worden. Wenn ich heute eine Person zeichnen will, zeichne ich auch ihren Sex. Daß diese Person einen Körper hat, Sex hat, ist selbstverständlich: Es gehört zusammen. Ich muß in der Avantgarde nicht mehr gegen das Tabu arbeiten, den nackten Körper zu zeigen. Ich arbeite ja neben den Körpern auch mit Räumen, mit Architektur. Warum auf diesem Punkt stehenbleiben?

Ich gehe von mir aus. Ich versuche für mich Bilder zu finden, wo ich natürlich von einer Frau ausgehe, aber das ist irgendwo wieder nebensächlich. Es geht darum, Frauen so auszuzeichnen, daß sie im Grunde genommen wieder hinter das Geschlecht treten. Daß in meinem nächsten Film die Hauptfigur wieder eine Frau sein wird, davon kann man zwar ausgehen; trotzdem versuche ich, diese Figur so zu zeichnen, daß sie zwar eine spezifische Weiblichkeit hat, individuell strukturiert, aber austauschbar ist.

Es geht darum: Wie kann ich bestimmte Sachverhalte im Film darstellen. Es geht nicht darum, was der Körper darstellen kann – das ist Schauspiel, Theater, Tanz et cetera und Alltag.

Eine Frau, die ihrem Sex folgt, ist immer noch ein Tabu: Da stößt man noch auf Fronten. Deswegen ist es eine Herausforderung, Sex und weibliche Sexphantasien zu reflektieren – aber darüber wurde in den letzten Jahren viel gearbeitet.

URSULA PÜRRER

Ist die Darstellbarkeit des weiblichen Begehrens ein Problem?
Weibliche Phantasien werden nach wie vor immer wieder tabuisiert.

Das ist kein Problem, sondern eine Herausforderung. Die Darstellbarkeit des männlichen Begehrens ist ja genausowenig beantwortet. In Amerika und auch in Europa taucht plötzlich wieder eine neue Prüderie auf, in der christliche Verbände zusammen mit Politikern gegen Sex, die Darstellung von Sex, gegen Homosexualität, gegen die Avantgarde, gegen Frauen – gegen alles, was ihnen unheimlich ist – auftreten. Das zwingt einen ja geradezu dazu, umso lauter dagegen zu schreien. Es spricht wahrscheinlich im Moment niemand eine so direkte Sprache wie die Aktionisten in den sechziger Jahren. Man muß heute eine andere Sprache finden, um zu entgegnen.

Geht es darum, Formen der Subversivität zu finden, die
möglicherweise auch in der Sprache selbst liegen?

Bei den *Roten Ohren* ist es so: Man sieht im Grunde genommen überhaupt nichts, der ganze Sex passiert nur im Ton. Man sieht mich – als Figur – nur einmal ausgezogen. Die Bewegung ist da, der Rhythmus ist da, aber mehr nicht. Man sieht die Köpfe, eine Halbtotale, man sieht im Grunde genommen gar nichts, es kann also nicht zensuriert werden. Es ist sogar fernsehfähig.

Sie spielen auf die »zensurverdächtigen« Körperteile auf einer anderen,
etwa surrealen Ebene an – im Unterschied zu Ihrem »befreienden«
aktionistischen Dokumentarismus der Mitte der achtziger Jahre,
wo Sie sich etwa als pinkelnde Akteurin zeigen.

Selbst die Fetische sind in den *Roten Ohren* künstlerisch so gestaltet, daß sie sich einem Realismus entziehen. Auf einer witzigen Ebene kommt etwa in der Clubszene ein Holzdildo ins Spiel, der sicherlich in erster Linie eine Karikatur von etwas ist. Dieses Medizinisch-Exakte, das die Pornofilme teilweise verwenden, hat zwar etwas für sich, aber das mache ich nicht. Das sollen andere tun. Bei *The Drift of Juicy* kann man auch nicht von »geiler Szene« sprechen, denn sie ist viel zu sehr verfremdet, viel zu theoretisch. Der Witz ist immer wichtig: Man darf nicht todernst bleiben.

Entsteht dieser Humor aus einer Position des Widerstands,
einer Position, die sich gegen Formen der Macht richtet?

Da meine Arbeiten diese enge Bindung zu meinem privaten Leben haben, brauche ich diesen Witz zum simplen Überleben in der Gesellschaft. Es gibt ja auch eine Trauer und einen Schmerz über die gesellschaftliche Position, die einem zugeordnet wird.

Meiner Meinung nach ist Subversivität auch notwendig, um den Zusehern einen gewissen Schrecken zu nehmen. Teile des Publikums sind bei den *Roten Ohren* ja deshalb erschrocken, weil Frauen Sex miteinander haben. Der Film hat dem eine bestimmte Gefährlichkeit genommen, weil er eben auch so witzig ist.

In »Rote Ohren fetzen durch Asche« werden die Zuseher/innen auch mit einer bestimmten Ironie im Umgang mit dem Material und der filmischen Organisation konfrontiert: Über die Montage und die Offenlegung mancher Tricks ergibt sich eine ästhetische Herausforderung, vielleicht sogar Provokation.

Die Rauhigkeit des Films – wie Narration funktioniert, wie zwischen Kartons und Realität hin- und hergesprungen wird, mit welcher Frechheit sich die Bilder zusammensetzen, mit welcher Frechheit wir die Bilder erzeugt haben –, all das ist viel aggressiver, als jegliches Thema im Film. Es geht um die simple Tatsache, daß jemand mit Papier, Schere und Super-8-Film einen Film zusammenschneidet und das auch hinausschleudert und präsentiert. In Amerika habe ich gemerkt, daß *dies* der Punkt des Anstoßes ist. Es gibt dort ja genug Schwulen- oder Lesbenfilme, die ganz glatt nach Hollywood-Muster ablaufen und die eine große Akzeptanz haben.

So etwa im Bereich der Ausstattung, wenn Sie ein in Leintücher verpacktes Auto als Vehikel benutzen.

Der ganze Film spielt im Jahr 2700, in einer Künstlichkeit. Etwa das Auto als Auto zu verwenden, wäre ein großer Einbruch gewesen, hätte das ganze Set zerstört. Es war die Frage, was man mit dem Auto macht, das ja kein »normales« sein sollte. Das Auto sollte zur Modellhaftigkeit der Sets passen, so kam es zu dieser Idee des verhüllten Panzerwagens.

Objekte und Architektur sind wesentliche Signifikanten der filmischen Welten, die Sie entwerfen.

Architektur bestimmt die Handlungen und das Bewußtsein der Personen: Wenn ich eine andere Welt zeigen möchte, fängt das damit an, wie die Gabel aussieht, mit der diese Person ißt. Um diese Welt der Realität zu entheben, muß ich sie in eine Künstlichkeit fügen: Wenn etwa Nun kocht, so ist das jenseits der Küchenklischees. Sie kocht ein Reptil mit dem Schweißgerät – das hat nichts mehr mit Küche zu tun, sondern es wird darauf reduziert, daß eben Essen zubereitet wird. Die Personen sind dadurch wieder frei in ihrer Tätigkeit. Durch diese Verwirrung entsteht eine Freiheit, die Dinge neu zu betrachten.

URSULA PÜRRER

Sie verwenden in Ihrer Ausstattung oft Zeichen aus dem religiösen Bereich, etwa Votivbilder, an so profanen Stellen wie im Fonds eines Autos. Stehen diese Zitate bloß als Zitate?

Wir verwenden sicher Fragmente unserer Kultur, auch christliche Symbolik, die aber nicht als solche dasteht, sondern als Zeichen unserer Kultur.

Wenn Sie mit Fragmenten kultureller Zeichensysteme arbeiten, geht es augenscheinlich nicht bloß um eine Dekonstruktion ebendieser Systeme.

Es geht darum, aus dem Trümmerhaufen etwas Neues zu konstruieren. Es geht nicht darum, Mechanismen sichtbar zu machen, sondern eine andere Sichtweise einzunehmen, wobei dieses Erkennen der Mechanismen notwendiger Ausgangspunkt ist, aber eben nicht mein Ziel sein kann.

Anmerkungen

1 Studium der Film- und Videokunst 1984–89 bei Peter Weibel.

2 vgl. Claudia Preschl: Gezacktes Rinnsal. Gespräch mit Angela Hans Scheirl und Ursula Pürrer. In: Frauen und Film und Video. Hg. von Claudia Preschl. Wien 1986, S. 28 ff.

3 vgl. Neda Bei: Wildes Denken, bewegende Bilder, textuelle Praxis. In: Die Schatten im Silber. Hg. v. Lisl Ponger. Wien 1987, S.10.

4 vgl. Pürrer cit.n. Preschl a.a.O.

5 vgl. Anna Steininger im Katalog zur Ausstellung »The Drift of Juicy«, Hg. von der Blau-Gelben Galerie, Wien 1989.

6 Die Medienwerkstatt Wien ist für eine Reihe von Künstlern von eminenter Bedeutung: als Produktions- und Verwertungsapparat für unabhängige Videoarbeit.

7 Hochschule für Angewandte Kunst in Wien.

Ursula Pürrer

geboren 1962 in Wien, Studium der visuellen Mediengestaltung und der experimentellen Gestaltung an der Hochschule für angewandte Kunst, Studium der Elektroakkustik an der Hochschule für Musik und Darstellende Kunst.

Filme: ab 1984 Super-8-Filme mit Angela Hans Scheirl, u.a. »Slocking Walkmen«, »Kampf und Kuss«, »Rote Schnitt und die Luft dazwischen«, »The Drift of Juicy«; 1992 »Rote Ohren fetzen durch Asche«; in Vorbereitung: »L'Espace bleu retrouvé«.

Alexander Ivanceanu

ERZÄHLUNGEN VOM RANDE DER WELT
Goran Rebić und seine Filme

Eine Winterlandschaft: verschneite Wälder, Hügel, Straßen, auf denen langsam vermummte Menschen dahinspazieren. Im Schneegestöber zieht draußen, vor der Windschutzscheibe, die eingeweißte Asphaltdecke der Straße vorbei. Ein Kameraschwenk durch das Seitenfenster, ein kurzer Blick auf ein im Schnee verstecktes Panzer-Bataillon, das unbeweglich verharrt.

Jugoslawien im Jahre Null. Während in Rumänien die Revolution über das Land fegt, setzt sich in Wien ein junger Regisseur an das Steuer seines Autos und fährt dorthin, wo er geboren wurde: in die kleine jugoslawische Stadt Vrsać, die in der Vojvodina, die ein paar Kilometer von der rumänischen Grenze entfernt liegt. Die Bilder, die auf dieser Reise entstanden – verwackelte Momentaufnahmen eines gelähmten Landes –, hat Goran Rebić in seinen ersten 16mm-Film eingewoben. *Domovina* berichtet vom Stillstand, der Jugoslawien in jenen entscheidenden Monaten überkam, als überall in Europa die Regime fielen. *Domovina* erzählt aber auch von jugoslawischen Leben in Wien – von Donau-Rumänen aus Jugoslawien, die mit seltsamen Hüten und Kostümen singend durch die Straßen ziehen, und von einem fiktiven jugoslawischen Paar, das gebannt die Revolution in Rumänien verfolgt und in die fremdgewordene Heimat fährt, um Nachschau zu halten.

Heimat? Ein verdächtiger Begriff, der bei Rebić ununterbrochen hinterfragt wird. Heimat ist für ihn zuallererst der Ort der Kindheit (und – noch genauer – der Ort, an dem die Kindheit als glücklich empfunden wurde), aber auch die Initiation durch Musik, Rituale, Sprache, durch Symbole, deren Mißbrauch zu Krieg führt. Wo die Fremde zur Heimat wird und umgekehrt, dort beginnen die Filme von Goran Rebić. Denn ein Leben »dazwischen« ist es, was seine Arbeiten dokumentieren: ein Leben zwischen dem Hier und dem Dort, zwischen den Symbolen der Vergangenheit und den Zwängen des Jetzt, zwischen Krieg und Frieden. In *Am Rande der Welt,* jenem abendfüllenden Dokumentarfilm, der vom Irrsinn des Bürgerkriegs in Georgien berichtet, zeigt Rebić einen jungen Mann, der bei Kriegsausbruch zufällig in London gewesen und während des Bürgerkriegs nicht zurückgekommen war: Er habe keine Freunde mehr in Georgien, erzählt der Mann, denn indem er den Krieg versäumte, habe er auf eine Erfahrung verzichtet, die die anderen zusammenschweißte und die nachzuholen nie mehr möglich sein werde.

Das ist das Dilemma aller Figuren aus Goran Rebić' Filmen, ob es sich nun um reale Personen (wie in *During the Many Years* oder eben *Am Rande der Welt*) oder um aus Wirklichkeits-Splittern zusammengesetzte Figuren *(Domovina, Jugofilm)* handelt: Sie sind Gefangene zwischen den Zeiten. Hinter ihnen türmt sich die Geschichte auf (symbolisiert durch traditionelle Kostüme, Volkslieder, zerschossene Gebäude), und vor ihnen liegt ein Niemandsland (buchstäblich eine neue Heimat für die Emigranten in *Jugofilm;* die alte Heimat, die sich entfremdet hat, in *Domovina* oder *Am Rande der Welt)*. Sie treten auf in einem Moment, in dem das Alte endgültig zusammenbricht und das Neue noch nicht erfaßbar ist. Gebannt starren sie auf die eigene Geschichte, auf Fotos und andere Bilder: *Am Rande der Welt* zeigt Frauen, denen nichts außer einem Foto geblieben ist, und eine Familie vor dem Fernsehschirm, über den Videobilder aus dem Krieg flackern – Videobilder, die entstanden, als die Familie im Zweifrontenkrieg unerwartet unter Beschuß geriet. Die einen klammern sich an das letzte Foto, das die Existenz einer schöneren Vergangenheit beweist, während die anderen wie in einem Alptraum ihre Todesängste via TV-Schirm noch einmal erleben müssen.

Der Blick auf die (eigene) Geschichte, die Kraft des Vergangenen, dem man sich nicht entziehen kann, weil es stärker ist als das Jetzt. *During the Many Years,* der kurz nach der Unabhängigkeit Georgiens entstand, zeigt euphorische Menschen, die von der Überwindung des »Alten« erzählen. Doch schon kurz nach der Fertigstellung des Films kam das »Alte« zurück, überrollte Georgien als Bürgerkrieg: Um diesen Schrecken zu verarbeiten, ging Rebić noch einmal nach Tiflis, sprach mit den Menschen und verwendete jenes Filmmaterial, das in *During the many years* von der Hoffnung der Menschen erzählt hatte, um die plötzliche Umkehr der Euphorie in Chaos und Terror zu beschreiben. Die Dynamik der Geschichte hatte den »Rand der Welt«, der so gerne zur europäischen Welt hatte gehören wollen, eingeholt.

Oft sehen wir die Menschen sprechen in den Filmen von Goran Rebić. Sie erzählen von Verlusten, von den vergangenen schönen Tagen, vom Chaos, das sich unerwartet und erstaunlich schnell ausbreiten kann. Am schönsten, eindringlichsten aber sind seine Filme, wenn die Menschen schweigen, weil es ohnehin nichts mehr zu sagen gibt, und die Musik einsetzt: schwermütige Klänge trauriger Volksmusik bilden das Rückgrat aller Filme von Goran Rebić. Die Musik wird konsequent dekonstruiert, auf ihre schmerzende Grundstruktur reduziert wie in *Domovina* oder als Verbindungsglied eingesetzt wie in *Am Rande der Welt:* Wir sehen eine Ziehharmonikaspielerin vor Kirchen, Synagogen und anderen baulichen Symbolen der in Georgien lebenden Volksgruppen. Während sie mit trauernder Stimme die so ähnlichen Weisen der verschiedenen Völker vorträgt, halten stumme Kinder ihre Zeichnungen vom Krieg in die Kamera: Da wird die Sinnlosigkeit, der Aberwitz des Bürgerkriegs besser erfaßbar als in dokumentarischen Videoaufnahmen vom Sturm des Regierungspalastes. Sprachlose Blicke, die einen Hauch des Wahnsinns erhaschen.

Aber wenn der Wahnsinn unerträglich groß wird, genügt es nicht mehr, einfach die Kamera hinzuhalten, den Geschehnissen, wie Rebić sagt,»immer einen Schritt hintennach zu sein«. Als Serbe (wenn auch mit österreichischem Paß) war Rebić zu stark in die Geschehnisse in Jugoslawien involviert, um einen Dokumentarfilm über den Bürgerkrieg in seinem ehemaligen Heimatland zu wagen. Nur über den Umweg Georgien, über die Beschreibung von Geschehnissen, die deckungsgleich wie in Jugoslawien abliefen, in die Rebić aber nie verwickelt war, konnte er die nötige Distanz gewinnen und mit der Arbeit an einem Film über die eigene Geschichte beginnen. Das Ergebnis: *Jugofilm,* ein intelligent gebautes Drehbuch für einen semidokumentarischen Spielfilm, der heuer fertiggestellt werden soll. In *Jugofilm* bündeln sich die Obsessionen und Ängste, die Rebić seit *Domovina* auf Film bannt, eingebunden in die Geschichte einer Emigranten-Familie in Wien. Wut, Trauer, traumatische Kriegserlebnisse, Fluchtversuche und immer stärker eskalierende Konflikte lasten auf dieser prototypischen jugoslawischen Familie. Wie die Familienbande zerreißen, die Zentrifugalkräfte des Krieges bis nach Wien reichen, wie das Unvermögen, mit Gewalttaten fertigzuwerden, auch fern vom Kriegsgeschehen bestehen bleibt: Davon erzählt *Jugofilm* und von der Vernichtung einer Gefühlswelt, die starke Emotionen – die Liebe, das Lachen, die Trauer, den Haß – zuläßt und in die Goran Rebić wie seine Figuren eingebunden gewesen ist. Wenn es gelingt, die Sprengkraft der Gefühle, die Rebić' Drehbuch bestimmen, in Filmbilder umzuwandeln, dann wird *Jugofilm* ein faszinierendes Spielfilmdebut sein, das man mit Spannung erwarten sollte: durchdachtes Gefühlskino, das mit Hingabe von der Alltäglichkeit des Schreckens berichtet, oder: ein Heimatfilm mit umgedrehten Vorzeichen.

Gespräch mit Goran Rebić

In »Domovina«, einem kurzen Film aus dem Jahre 1990, sind die Themen Ihrer späteren Arbeiten – Umgang mit und Verlust der Heimat, Emigrantenschicksal, Bedingungen des Bürgerkriegs – vorweggenommen. Vielleicht können Sie kurz erzählen, wie es zu diesem Film kam.

Domovina entstand zu jener Zeit, in der man fassungslos den Geschehnissen gegenüber stand. Staunend sah man zu, wie die Grenzen zusammenbrachen, und es hieß:»10 Jahre hat es in Polen gedauert, 10 Monate in Ungarn, 10 Wochen in der ČSSR, 10 Tage in der DDR, und in 10 Stunden ist es in Rumänien passiert« – das Zitat ist bereits legendär.

Für Länder wie Jugoslawien blieben da nur Minuten oder Sekunden, und für mich war klar: Wenn es in Jugoslawien passiert, dann in einer Art und Weise, wie das noch niemand gesehen hat. Es war ja bekannt, daß nationale Kräfte die Bevölkerung aufgewiegelt hatten, und es war nicht abzusehen, in welche Richtung es gehen würde.

Ich fuhr also, während Ceaucescu gestürzt wurde, mit dem Auto durch Jugoslawien in Richtung der rumänischen Grenze, und sehr bald spürte ich die Angst und fing sie mit der verwackelten Kamera ein: Da ist diese idyllische Winterlandschaft, da sind die vielen Menschen auf den Straßen und mittendrin die von Schnee bedeckten Panzer, die bereitstehen ... Man spürte die Gefahr, obwohl zu dieser Zeit Jugoslawien Feuer und Flamme für die Demokratisierungsbewegung war.»Ihr werdet Demokratie und Freiheit bekommen, wenn auf den Weiden Trauben wachsen«: Diesen Spruch, der auf Rumänisch sehr ähnlich wie auf Serbokroatisch klingt, hatte Ceausescu verkündet; und am nächsten Tag waren in den Straßen von Beograd die Weiden mit Trauben behangen. Es war also eine Form von Solidarität mit den Rumänen da. Und trotzdem dieses Angstgefühl ...

Die Struktur von »Domovina« ist sehr einfach.

Der Film besteht aus drei Teilen. Es geht um ein junges Jugo-Paar, das in Wien lebt und plötzlich mit dem Aufstand in Rumänien konfrontiert wird. Sie fahren nach Jugoslawien, um zu sehen, was mit ihrer Heimat passiert, die in diesem kalten Winter so ruhig daliegt, aber man weiß, daß ein Sturm aufziehen kann. Dieses Paar kommt aus dem Emigrantenmilieu und versucht, sich vom Heimatbeschwören, das viele Gastarbeiter praktizieren, zu lösen. Sie wollen von den Volksliedern, den Traditionen wegkommen. Sie wissen: Das ist Geschichte, und mit dieser Geschichte wurden gerade die Balkanvölker schon oft verleitet.

Faszinierend an diesem Film ist, daß sich der Begriff Heimat verwischt: einerseits diese jugoslawischen Mädchen in ihren fremdländischen Kostümen, die so gar nicht auf die Wiener Straßen passen und doch hierhergehören, andererseits Ihre Reise nach Jugoslawien, Ihr Blick durch die Windschutzscheibe auf die Menschen draußen. Da herrscht eine gewisse Distanz, Sie passen nicht mehr nach Jugoslawien.

Ja, das habe ich genauso empfunden, während ich mit dem Auto dort unterwegs war. Das spiegelt auch die musikalische Ebene, Linie des Filmes. Das Volkslied, das den Film begleitet, heißt *Dort weit weg* und handelt von der Sehnsucht. Der Sänger befindet sich nicht in der Heimat und besingt ihre Schönheit und den Wunsch, wieder dort zu sein. Dieses Lied beginnt in einer sehr exponierten Weise, mit vielen Instrumenten, mit Chorgesang und einer starken Singstimme. Der Film beschreibt im Bild wie in der Musik die Rückkehr zum Ursprünglichen, zum Stillstand – die Musik wird allmählich zerstört, bis nur noch das Gerüst übrigbleibt, und das ist am Ende nur mehr die Ziehharmonika, die diese hastigen, verwackelten, mit Angst gefüllten Bilder begleitet.

> *Der erste Teil des Films spielt in Wien, wir sehen jugoslawische Mädchen auf den Straßen, sie tragen traditionelle Kostüme und singen Volkslieder ...*

Das organisierte kulturelle Leben der Jugoslawen in den diversen Clubs habe ich als Kind in Wien miterlebt. Als Beinahe-Österreicher war ich bei so einer Gruppe dabei, wir sind bei Volkstänzen aufgetreten, ich hatte eine rote Pioniersmaske an und blaue Hosen mit weißem Hemd, und wir sangen diese Partisanen-Lieder, völlig absurd, in Wien. Als ich den Film gemacht habe, fiel mir ein: Da gibt es ja noch ein Bild, das meine Eltern damals von mir gemacht haben, bei meinem ersten öffentlichen Auftritt mit dieser Pioniersuniform. Und das Gedicht, das ich aufsagen mußte, heißt eben *Domovina*. Ja, und davon erzählt der Film, von diesen Kostümen und vom Versuch, Heimat mit solchen Symbolen zu rekonstruieren.

> *Es ist ja seltsam, daß in Wien Zehntausende (Ex-)Jugoslawen leben, ohne daß sich das im öffentlichen Bewußtsein der Stadt niederschlägt. Lisl Ponger sagt: »Wien ist die Stadt mit dem größten Anpassungsdruck in der westlichen Welt«. Alles, was an die Vergangenheit und Gegenwart Wiens als Sammelpunkt »östlicher« Kultur erinnert, wird hinter die Mauern verdrängt.*

Ich habe das genauso empfunden. Deswegen waren während meiner Kindheit die Reisen nach Jugoslawien, die Ferien dort, das Großartigste, was mir passieren konnte. Ich erlebte Abenteuer und mußte nicht verhalten, still und achtsam gegenüber den Österreichern sein. Heute bewundere ich die Jugend, die in den Straßenbahnen herumfährt, selbstbewußt und ohne Angst vor den Österreichern. Das gefällt mir gut: Sie schreien und prügeln sich, und keiner darf ihnen mehr sagen, ohne daß sie ihm Paroli bieten würden. In meiner Kindheit war das ein Riesenkampf, der meistens verloren ging.

»Domovina« ist ein Film über Entfremdung und Entheimatung. »Am Rande der Welt«, Ihr erster Langfilm, der in Georgien gedreht wurde, behandelt die gleichen Themen, in einem Land, das so wie Jugoslawien im Bürgerkrieg versunken ist.

Der Kurzfilm *During the many years,* der vor *Am Rande der Welt* entstand, war meine erste Kontaktaufnahme mit Georgien, eine Spurensuche nach den Mustern, die ich aus Jugoslawien kannte. Während ich in Georgien gedreht habe, begann Jugoslawien bereits auseinanderzufallen, und die Situation in Tiflis war sehr ähnlich wie die in Jugoslawien. Es war die gleiche Art, miteinander umzugehen, man hat auf dieses familiäre Zusammenleben sehr großen Wert gelegt. Da ohnehin das System alles Große bestimmt hat, hat man eben geschaut, im Kleinen die Übersicht nicht zu verlieren.

Wie reagierten die Georgier auf die plötzliche Freiheit?

Man war gespannt darauf, etwas Neues zu erfahren, sich auf eine vollkommen andere Situation einzustellen. Aber während die Menschen jubelten, zeigten sich am Horizont kleine aufgeputschte Nationalitätenkonflikte wie mit den Osseten. Die geistige Verwirrung brach dann über Nacht, ganz plötzlich, über die Menschen herein. Als *During the many years* fertig geschnitten war, ist der Krieg zwischen Anhängern und Gegnern des Präsidenten Gamsachurdia ausgebrochen. Heute weiß man, daß sich bestimmte Leute schon lange vorher bewaffnet hatten, aber für die Mehrheit der Bevölkerung kam der Bürgerkrieg völlig unerwartet, und niemand verstand, worum es ging. Für mich war sofort klar, daß es einen zweiten Teil oder einen neuen Film geben würde über dieses Chaos, den plötzlichen Bürgerkrieg. Und das war dann *Am Rande der Welt.*

Etwa zur selben Zeit war auch in Jugoslawien der Bürgerkrieg im Gange. Hatten Sie nie das Bedürfnis, einen Film über den jugoslawischen Bürgerkrieg zu machen?

Meine Überlegungen waren natürlich, etwas über Jugoslawien zu machen, aber zu diesem Zeitpunkt war der Konflikt dermaßen emotionalisiert ... Jeder Tag begann mit neuen, noch nicht dagewesenen Greueltaten, jeder versuchte, die eigene Seite darzustellen, und dabei gab es nur noch mehr Opfer. In so einer Situation konnte ich keinen Film nach meinen Vorstellungen machen, keine Wahrheit finden, weil mir jede Seite ihre Wahrheit erzählen, wenn nicht aufzwingen würde. Deswegen war bald klar, daß ich nach Georgien zurückkehren und versuchen würde, die gleichen Leute, die ich ein Jahr vorher in ihrer Euphorie kennengelernt hatte, nach dem Bürgerkrieg, in ihrer Verzweiflung und Depression, wiederaufzusuchen.

Ich wollte den Moment festhalten, in dem ihr Leben verlorengegangen, Vergangenheit und Zukunft verschwunden waren. Denn sobald jemand aus deiner Familie getötet wird, ist alles anders. Und sobald dein Haus niedergebrannt wird, ist alles anders. Die Vergangenheit ist zerstört, und an die Zukunft kann man nicht mehr denken.

Dieses Gefühl fokussiert jene Szene in »Am Rande der Welt«, in der zwei Frauen vor ihr Haus treten, das nur mehr ein überdimensionaler Schutthaufen ist. Eine der Frauen erzählt, daß sie nur ein Foto retten konnte, das jetzt wie eine Ikone behandelt wird, weil es das einzige Foto ist, das sie aus ihrem früheren Leben noch besitzt ...

Nein, nicht deswegen, sondern weil dieses Foto der Frau sehr viel bedeutet: Sie erklärt das ja, sie kann sich genau an den Tag erinnern, an dem das Foto geschossen wurde – es war ein schöner Tag, sie war zu diesem Zeitpunkt sehr glücklich. Das ist diese verlorene Vergangenheit: daß man einfach Dinge, mit denen man aufgewachsen ist, plötzlich nicht mehr wiederfindet, ob das eine Zuckerdose ist oder das Geschirr der Großeltern oder Fotos von längst verstorbenen Verwandten, die man als Kind betrachtet hat.

Am Ende des Films wird sehr deutlich, was für ein Chaos der Bürgerkrieg produziert: Da sieht man eine Menschenmenge auf der Straße, Militär und Waffen. Die Leute sind völlig desorientiert, weil sie nicht wissen, wer auf wen schießt, was eigentlich vor sich geht ...

Wir fuhren nicht nach Georgien, um Kriegsberichterstatter zu spielen. Eines Morgens hieß es, der Krieg sei wieder ausgebrochen. Die Coproduktionsfirma hat sich zurückgezogen und uns verboten, das Hotel zu verlassen. Niemand wußte, was los war, und wir konnten nicht abwarten, bis es vorbei war. Schließlich versuchten wir gerade, einen Film über das Chaos des Krieges zu machen.

Wir sind also raus und stießen auf Gruppen voller Emotionen. Im TV-Gebäude von Tiflis hatten sich putschende Gamsachurdia-Truppen mit Geiseln verschanzt. Und die Einwohner Tiflis' sind auf die Straße gegangen, um Zeuge zu sein, wenn über ihre Zukunft mit Waffen entschieden wurde.

Wir haben also angefangen, die Menschen zu filmen. Dabei ist etwas Eigenartiges passiert: Zunächst sprachen wir mit einer Gruppe von Frauen, die wütend auf Schewardnadse schimpften, dann blieben zwei von ihnen übrig, weil alle anderen weggegangen waren, und binnen einiger Sekunden war eine riesige Menschenmenge im Bild, jeder wollte wissen, was sie zu sagen hatten, und natürlich waren sehr viele Gamsachurdia-Feinde darunter, die sie nicht sagen lassen wollten, was sie zu sagen hatten ...

GORAN REBIĆ

Man wird in dieser Szene Zeuge, wie schnell Wortgefechte eskalieren können; innerhalb kurzer Zeit ist die Stimmung bedrohlich aufgeheizt.

Es war eine riesige Aggression da, einige Männer waren bewaffnet. Der Auslöser war eigentlich nur unsere Kamera, die gesurrt hat. Je länger wir gedreht haben, desto mehr ist es eskaliert, bis uns klar wurde: Wir dürfen das nicht mehr filmen, sonst passiert noch was – es stirbt jemand, oder es fließt Blut. Wir sind so schnell wie möglich von diesem Ort geflüchtet, und es begann sich wieder zu lichten.

Genau gegensätzlich war eine andere Situation, als am Nachmittag die Rebellen überwältigt und über die Wendeltreppe im TV-Gebäude abgeführt wurden. Wieder kam es zu Aggression, aber diesmal war unsere Kamera der Grund, warum es nicht eskaliert ist. Im Hintergrund schrieen ständig Leute, daß sie sie nicht schlagen sollen, es werde gefilmt. Das haben diese wutschäumenden Soldaten mitgekriegt. In dieser Situation war es wichtig, daß eine Kamera da war, daß gefilmt wurde.

Warum haben Sie sich an anderer Stelle dazu entschlossen, die Videobilder eines Kameramannes, der unter Beschuß gerät, unbearbeitet in den Film zu übernehmen?

Dieser Kameramann war unterwegs, um eine zunächst friedliche Konfrontation von Gamsachurdia-Anhängern und -Gegnern zu dokumentieren. Die Demonstrationen endeten mit einem plötzlichen Schußwechsel: Das war der Beginn des Bürgerkrieges. Der Kameramann, seine Tante und seine Mutter gerieten zwischen die Fronten. Sie konnten sich hinter einem Baum verstecken, kamen aber von dort nicht mehr weg, und er ließ die Kamera laufen und dachte: Wir werden alle sterben, aber ich muß weiter aufzeichnen! Als dann die Tante getroffen wurde und die Mutter von einer zweiten Kugel, die die Tante durchbohrt hatte, beschriftete er die Videokassetten mit seinem Namen und dem eines Freundes und schleuderte sie zur Seite, weil er davon überzeugt war, daß sie alle sterben würden.

Durch irgendeinen glücklichen Umstand kam es zu einer Feuerpause, in der er beschloß, die zwei Frauen, die ihn mit ihren Körpern geschützt hatten, von dieser Stelle wegzutragen, was auch gelungen ist. Dabei läuft die Kamera weiter, ohne daß jemand sie führt. Er schaut nicht durch das Objektiv, er hält die Kamera einfach hin. So entsteht eine unmittelbare Bild- und Toncollage vom Krieg, die keinen Ausschnitt wählt, bei der niemand bestimmt, was gefilmt wird. Die Kamera erzählt keine Geschichte, sondern zeichnet bloß auf: den Gehsteig, die Gestalten hinter rauchenden Autoruinen und den Asphalt, auf dem die Kugeln einschlagen und wegfliegen. Das alles in wilden Schwenks und dazu dieser unglaubliche Ton: das Schreien und der vergebliche Versuch, mit beiden Seiten zu kommunizieren, im Kampf ums Überleben.

Noch härter wird es dadurch, daß Sie die Familie filmen, wie sie diese Bilder sieht. Eine paradoxe Situation: Der Zuschauer sieht als Voyeur Menschen dabei zu, wie sie beschossen werden, ist aber nicht mehr der einzige Zeuge – nun sehen sich die Opfer selbst zu ...

Es war wichtig, diese Bilder nicht im Kontext »Nachrichtenmaterial pur« zu verwenden. Indem ich die Opfer dabei zeige, wie sie selbst das Material zum ersten Mal sehen, wollte ich die Distanz durchbrechen, die Fernsehbilder herstellen, und darauf drängen, daß es sich hier nicht um irgendein Kriegsgeschehen, sondern um etwas ganz Persönliches handelt. Dadurch wird der Vorfall sehr real: Der Krieg bricht in das Wohnzimmer ein, und man kann nicht zuordnen, ob der Schrecken, den sie wiedererleben, nur in ihrem Kopf vor sich geht oder ob es die Video-Bilder sind, die das auslösen ...

Sehr stark ist jene Sequenz, in der Sie einen Lehrer in Uniform zeigen, der eigentlich Pazifist ist, nie in den Kampf ziehen wollte. Da erkennt man, wie machtlos der einzelne dem Krieg gegenüber ist.

Dieser Uniprofessor ist zunächst mit seinen Soldaten zu sehen, er versucht, Gründe für seine Entscheidung zu finden, in die Armee zu gehen. Er will nicht töten, aber er weiß, daß irgendwann der Tag kommen wird, an dem er schießen muß und jemanden treffen wird. Die Situation, glaubt er, sei so angespannt, daß sie den Menschen solche Taten abverlange, weil es um essentielle Dinge gehe: um die Zerstückelung Georgiens, um einen schrecklichen Gesichtsverlust. Später sieht man diesen Professor zu Hause, mit seiner Frau, und erfährt, daß all das nur vorgeschobene Argumente sind. Seine Frau sucht gar nicht nach Gründen, warum es passiert ist, sondern beklagt die vielen jungen Leute, die in den Krieg ziehen und nicht mehr zurückkommen, sie beklagt, daß schon wieder ein Begräbnis angesetzt ist und es niemanden gibt, der dafür verantwortlich ist. Am Ende entschuldigt der Mann den Gefühlsausbruch seiner Frau: Sie rede jetzt so weinerlich, weil sie den Verlust ihres eigenen Sohnes beklage. Das ist auch das Prinzip des Films: Je länger er dauert, desto stärker glaubt und hofft der Zuschauer, daß der Film ein Ende anpeilt, aber dann zeigt sich wieder die Dynamik des Chaos', das nicht mehr aufhören will.

Der Film endet mit einem Epilog, in dem ein TV-Moderator zu seinem Fernsehpublikum spricht. Seine TV-Seancen sind dazu da, die Seelennot und auch den körperlichen Schmerz entweichen zu lassen. Der Kreuzpunkt zur Vorgeschichte innerhalb des Films ist natürlich das TV-Gebäude, das man in seine Gewalt bringen muß, um das Land beherschen zu können. Der Moderator redet an diesem Ort ganz anders als die Militärs; er ist einer der wenigen, die begreifen, was vor sich geht. Er gibt als einziger Hoffnung: Für ihn ist dieser Krieg nur ein Zyklus, durch den man mit allen Verlusten durch muß, damit etwas Neues beginnen kann. Ich lasse ihn diese Botschaft verkünden und schneide dann ins Schwarz, mit dem der Film aufhört.

»Jugofilm«, an dem Sie zur Zeit arbeiten – das Drehbuch ist bereits fertiggestellt –, ist Ihr erstes Spielfilmprojekt, wenn auch mit dokumentarischen Hintergrund.

In *Jugofilm* will ich eine Realität kreieren, der ich nicht nachlaufen muß, bei der ich nicht immer einen Schritt zu spät komme mit meinem Versuch, zu zeigen, wie der Krieg die Menschen verunstaltet. Es geht um eine kleine Einheit, um eine Familie, die aus mehreren Mitgliedern besteht, und jeder hat seine Lebensphilosophie. Jeder geht mit der alten Heimat Jugoslawien und der neuen Heimat Wien anders um. Als der Krieg ausbricht, brechen auch die Träume der Familie zusammen. Die Familie beginnt zu zersplittern, genauso wie die entfernte Heimat im Krieg.

Werden Sie mit Schauspielprofis arbeiten oder mit Laien?

Teils, teils. Für einige sehr wichtige Charaktere, die diese Identitätssuche durchspielen sollen, brauche ich Schauspieler. Die anderen werden Laien sein, da geht es im Moment darum, sie auch zu finden. Es ist zum Teil semidokumentarisch: Die Leute gibt's nicht wirklich, aber sie sind trotzdem da. Sie sind aus Einzelheiten von Bekannten und Verwandten aus meiner eigenen Familie zusammengesetzt. Ich unternehme den Versuch, aus allen möglichen Betroffenen diejenigen herauszufiltern, die bereit sind, für den Film wieder eine Jugo-Gemeinschaft zu bilden. Es sollen Bosnier, Slowenen, Kroaten und Serben sein, wobei es nicht darum geht, Jugoslawien neu zu formieren, sondern an den Punkt zurückzukehren, an dem alles begonnen hat. *Jugofilm* ist auch eine Erinnerung; eine Erinnerung, von der ich nicht möchte, daß sie verblaßt.

Daneben sollten die vielen anderen Geschichten nicht untergehen, der Film nicht auf die kleinen narrativen Nebenstränge, die Details vergessen, die ins Drehbuch eingebaut sind und nichts mit Bürgerkrieg und Verzweiflung zu tun haben.

Es ist eine lebendige Familie, und ihre alltäglichen Konflikte sind so präsent wie der Krieg in Jugoslawien. Alle sind sie Teile dieser Maschine, dieser kleinen Maschine, die Familie Tomić heißt, die wiederum verankert ist mit anderen Familien-Zellen. Eins wird umgestoßen und bewirkt, daß woanders etwas umgestoßen wird, ohne direkt in Verbindung zu stehen. Deshalb sind alle, auch die kleineren Charaktere, wesentliche Bestandteile in dieser Geschichte. Es ist eben eine typisch jugoslawische Familie: Da gibt's das Lachen und das Weinen und das Tragische und den Humor, was für mich immer »jugoslawisches Leben« ausgemacht hat.

Durch den Krieg werden die Menschen an den Rand gedrängt, stehen plötzlich vor ganz neuen Situationen.

Ja, die Jungen versuchen, zu flüchten, dem Krieg zu entkommen, aber es gibt keinen Ort, an den sie sich zurückziehen könnten. Die Älteren verspüren die Notwendigkeit, zurückzukehren und etwas zu unternehmen, aber ihr Leben führt sie auf einem anderen Weg weiter, es gibt eben keinen Weg mehr zurück. Die ganz Jungen stehen ohnehin woanders, sie verstehen die Sprache gar nicht mehr – der jüngste Sohn ist hier aufgewachsen, ist quasi ein Österreicher geworden, auch weil seine Kindheitserinnerungen zerstört sind ...

Ihre Kindheitserinnerungen?

Oder meine ... Sicherlich ist der Film zum Teil autobiographisch.

Haben Sie während Sie in Wien aufgewachsen sind, die Möglichkeit gehabt, jugoslawische Filme zu sehen?

Die meisten Filme habe ich in den Ferien in der Heimat nachgeholt, aber nichtsdestotrotz gab es eine kleine Bastion in Wien, das »Filmcasino«, das ab seiner Schließung in den siebziger Jahren bis zur Wiedereröffnung 1989 dem bedeutendsten jugoslawischen Kulturklub als Heimstätte diente. Dort konnte man zwischen Frauenstickereiseminaren, Volkstanzgruppen und Konzerten aus Jugoslawien immer wieder auch bedeutende Filme sehen, die regelmäßig angeliefert wurden. In diesem Kino sah ich viele jugoslawische Filme, die mir im Gedächtnis geblieben sind. Da gab es die aufwendigen Partisanenfilme, in denen Curd Jürgens als Nazi-Offizier, Franco Nero als antifaschistischer italienischer Kämpfer oder Orson Welles als serbischer Tschetnik-Führer zu sehen waren – gemeinsam mit den jugoslawischen Kinostars, die als Partisanenhelden auftraten. Großartig auch das unterhaltende Kommerzkino oder die seltenen Exponate der Schwarzen Serie. Und mitten in alledem fand sich dann manchmal eine der preisgekrönten Perlen des jugoslawischen Kinos – wie *Skupljaci Perija* (»Ich traf auch glückliche Zigeuner«) von Alexander Petrović aus dem Jahre 1967, der erste und – wie viele sagen – auch der bedeutendste Film über jugoslawische Zigeuner. Dieser Film, der in der Stadt gedreht wurde, in der ich geboren bin, wurde mit den drei größten Stars des jugoslawischen Films besetzt, die Seite an Seite mit Laien aus dem Zigeunerbezirk von Vrsać spielten. In *Skupljaci Perija* sah ich Gesichter, die ich vom Marktplatz, von der Straße, aus dem Wirtshaus kannte. Und sie lebten ihr Leben so weiter, wie Petrović es gezeigt hatte. So hatte ich das Gefühl, immer wieder in seinen Film zu geraten.

Das ist ja auch das Prinzip bei *Jugofilm:* profesionelle Schauspieler mit echten Jugos zusammenbringen. Und wie bei Petrović geht es nicht um eine große Erzählung, sondern um viele kleine Geschichten, die im gesamten vielleicht ein authentisches und lebendiges Bild dieser Jugo-Wirklichkeit in Wien wiedergegeben.

»Ich traf auch glückliche Zigeuner« ist unter anderem deshalb so einzigartig, weil in der Inszenierung die Grenzen zwischen dem Realen und Fiktiven verschwinden.

Der Film hat eine besondere Qualität: Indem Petrović die Fiktion in authentische, dokumentarische Szenarien setzt, gibt er einen Einblick in die Welt der Zigeuner. Und obwohl dieser Blick dokumentarischen Charakter erhält, gelingt es ihm zugleich, die Geschichte und die Emotionen zum Ausbruch zu bringen. Man hat nie das Gefühl, in Filmdekorationen, in Sets zu sein, es gibt auch keine Komparserie. Jeder und jede Kleinigkeit ist gleichwertiger Teil des Geschehens und notwendig, um das glaubwürdige Bild zu ermöglichen. Und dann die schnelle Montage, deren musikalischer Rhythmus jene Unmittelbarkeit erzeugt, der man sich kaum entziehen kann.

Der berühmteste jugoslawische Zigeunerfilm ist dennoch »Dom za vesanje« (»Zeit der Zigeuner«) von Emir Kusturica.

Dom za vesanje funktioniert ähnlich wie der Film von Petrović: wenige bekannte Schauspieler. Alle anderen – auch die meisten Hauptdarsteller – sind Zigeuner, mit denen Kusturica vor dem Dreh monatelang zusammengelebt hat. Was Petrović und Kusturica verbindet, ist ihre Liebe zu ihren Protagonisten, zu den »wahren« Menschen, und ihre Fähigkeit, in der Betonung des Authentischen große Freiräume für die Inszenierung, für die Fiktion zu öffnen. Dabei operieren sie mit engen Bildern, mit vielen Großaufnahmen von Gesichtern, mit genauen und detaillierten Schilderungen von Situationen. Und je näher die Kamera dem Geschehen kommt, je präziser die Bilder, desto größer wird die Freiheit für das Imaginäre und das Entstehen von Gefühlen.

Diese Art, Fiktion mit Wirklichkeit zu verbinden, ist ein wesentlicher Teil meiner filmischen Arbeit und beginnt bei *Domovina,* wenn auch brachialer und experimenteller. Die dokumentarischen Bilder werden der Fiktion entgegengestellt und erst von der Musik und ihrem Rhythmus zu einem Ganzen geformt. In ähnlicher Weise sind auch die zwei nachfolgenden Dokumentarfilme zu betrachten: als Versuche, die georgische Wirklichkeit mit meiner Vorstellung von Krieg zu konfrontieren.

Goran Rebić

geboren 1968 in Vrsać, Jugoslawien.

1987 bis 1991 Regiestudium an der Wiener Filmakademie. Lebt und arbeitet in Wien.

Filme: 1987 »Gekommen bin ich«; 1990 »Domovina«; 1991 »During the many years«; 1992 »Am Rande der Welt«; 1992 »Wen die Götter lieben« (Filmcutter; Regie: Johannes Holzhausen); 1993 »Spaziergang nach Syrakus« (Filmcutter; Regie: Constantin Wulff & Lutz Leonhard), »Halbe Welt« (Schauspieler; Regie: Florian Flicker); 1995 in Vorbereitung: »Jugofilm«.

Robert Weixlbaumer

DIE HACKE IM GUGLHUPF
Johannes Rosenberger und seine Filme

»Bei geschlossenem Dröhnen das Auge offenhalten« (Subcutan/Rosenberger)

Ein Galerist liest aus dem Katalog eines seiner Künstler vor, und als visuelle Begleitung dazu beginnen sich die Ränder des Filmbildes zu färben. Handcoloriert, offensichtlich angesteckt vom vorgetragenen Text, der von bemalten Papierobjekten erzählt *(leichtsinnig – WALTER WEER MATERIAL)*.

Oder: Ein halbnackter Mann steht an der Grenze eines Filmkaders – und durchbricht überraschend diese Barriere aller Sichtbarkeit, um in einem benachbarten Filmkader zu erscheinen. Verwirrt und verloren *(ILUV)*.

Szenen aus den Filmen Johannes Rosenbergers. Auf mannigfaltige Weise sucht Rosenberger in ihnen immer wieder das Erstaunliche: Mit Konzepten, die den Zufall provozieren sollen. In der Montage, welche mit ihren Assoziationen, die über lange Zeiträume gesammelte Bilder mit neuen Bedeutungen auflädt und freudig auch noch das Vorspannmaterial in die Filme aufnimmt. Im Spiel, im Bemalen, im Zerkratzen des Zelluloids selbst.

ILUV (1987/88), der oben zitierte Film, eine Gemeinschaftsarbeit von Xav-Ver Challupner, Walter Mathes und Johannes Rosenberger, ist ein Real-Animationsfilm, komponiert aus vier Normal-8-Bildern, die gleichzeitig in jeweils einem 16mm-Kader erscheinen. Eine Geschichte der Leidenschaft mit blutigem Ende wird in diesem experimentellen Versuch erzählt, während zugleich fundamentale Codes des filmischen Arbeitens reflektiert werden. Ein kleiner, kurzer Film, welcher mit seiner Sinnlichkeit und seiner Lust am materialen Spiel bereits ankündigt, was die folgenden Arbeiten bestimmen wird.

Subcutan (1989), sein »erster wirklich eigenständiger Film« (Rosenberger), ist eine »tour de force« durch achtunddreißig »Bilder«. Eine wunderliche Enzyklopädie, die das Geheimnis, das ihrer Ordnung zugrundeliegt, nicht leichtfertig enthüllt. Vom »Messermaul« bis zum »Sternenhimmel«, von der »Zitherzerstörung« bis zur »Wunschkindnacht«. Aggressive, surreale Bilder finden sich hier versammelt, von Männern, die mit einer Zither in ihren Händen über die Straße geschleift werden, bis hin zu Mädchenchören, die von Filmschnitt zu Filmschnitt durch Wien springen. Unwirkliche Souvenirs, Erinnerungen an Tagträume – vor dem Zuschauer in einer rasanten, assoziativen Filmbewegung entfaltet, gleich jenen touristischen Faltpostkarten, die am Beginn von *Subcutan* aufgespannt werden.

Rosenberger nähert sich in dieser Arbeit dem Raum Wien und dessen gegenwärtigen und historischen Abgründen mit schwelender Wut. So entsteht eine Sintflut von Momentaufnahmen, die Michael Palm, der Monteur von fast allen Filmen Rosenbergers, vernetzt. Unberechenbar verketten sich in *Subcutan* symbolisch verhüllte Assoziationen zum Grauen des Nationalsozialismus mit der heiligen Heurigenseligkeit, ohne den Gegenstand dabei an die Frivolität zu verraten.

Die Weise, wie Rosenberger und Palm das – gesammelte, inszenierte, gefundene – Bild- und Tonmaterial arrangieren, schafft Schichtung über Schichtung in einem Bild, in einem Übergang, in einer Sequenz.

Heldenplatz, 12. März 1988, im Jahr 1991 als selbständige dreiminütige »experimentelle Dokumentation« aus *Subcutan* ausgekoppelt, ist exemplarisch im Hinblick auf den Reichtum, der in dieser Produktionsweise abgeschöpft werden kann:

In einer alten Wehrmachtsuniform steht Peter Cerny vor der Wiener Hofburg, am Tag einer Anti-Waldheim-Demonstration, 50 Jahre nach dem Erscheinen Adolf Hitlers auf dem Balkon des Kaiserpalastes. Er singt vom »...morgigen Tag«, immer lauter begleitet von Ravels *La valse*, bis seine Stimme selbst kaum mehr zu hören ist. Man erkennt das Lied: Ein blonder Hitlerjunge aus Hollywood hat es in *Cabaret* in einem warmen Vorkriegssommer für eine ergriffene Schar von Biergarten-Besuchern geträllert.

Cerny ist gleichsam das »Spiegelbild« des Knaben, Jahre danach: Im buchstäblichen Sinn dreht sich hier alles um Umkehrungen und Symmetrien, um räumliche wie um historische. In den drei Minuten von *Heldenplatz* wird mittels einer lebendigen, schreienden Installation die Topologie des imperialen Feldes, das Monument der kaiserlichen Architektur, das Verhältnis von Masse, Macht und Individuum thematisiert. Oder besser: angerissen zum Weiterdenken. Ein Epilog zu »Heldenplatz 1938«. Und darin der jubelnde Hitlerjunge – sieben oder fünfzig Jahre »danach« als »letzter Heimkehrer«: grau, erschrocken und unentschieden, ob er hier nun als Opfer oder Täter erschienen ist.

Wie *Subcutan* ist auch *Heldenplatz* eine Intervention in die politische, kulturelle Atmosphäre Österreichs, die ihren konkreten Auslöser, die Waldheim-Affäre, lebendig überdauert hat. Rosenbergers Unbehagen am Klima der Hauptstadt zeitigt auch in der nach *Subcutan* entstandenen TV-Arbeit *Constant Instant Blue* (1989) Effekte: »Und in der Nacht flüstert die Stadt: ›Zerstöre Dich!‹ ›Ich lieb' dich nicht.‹« heißt es darin einmal. Ein Wienfilm ist auch dieses Science-fiction-Kammerspiel, das auf Special Effects und Illusionsmaschinerie verzichtet und statt dessen mit seinen artifiziellen Monologen und Dialogen auf Entfremdung und Distanzierung zählt. *Constant Instant Blue* berichtet von drei »Astronauten«, die sich in einem New Yorker Apartment treffen, um sich an einer kosmischen Blume zu berauschen und um über ihre Flucht aus Wien zu räsonieren. Das Zimmer in New York, das ist ein Raum irgendwo, zeitlos, kaum optisch definiert. Der Film selbst ist konsequent spröde und unterkühlt in seinem Interesse für die Einsamkeit und Unabhängigkeit seiner flüchtenden Protagonisten; und zugleich aufmerksam für die besonderen Bearbeitungsmöglichkeiten, welche das elektronische Medium offeriert.

Louis Buñuel und Joris Ivens, Georges Méliès und Ernst Schmidt jr., Kurt Kren und Robert Bresson, die von Rosenberger bevorzugten Regisseure, gehören den unterschiedlichsten Kino-Sphären an. Darin liegt aber keine Unentschiedenheit des Filmemachers, sondern ihr Gegenteil: Entschiedenheit für Vielfältigkeit, für die Auflösung und Aufweichung von eindeutiger Zuordnung. Entschiedenheit für die Komplizenschaft: zwischen den Film-Bildern, den Traditionen der Avantgarde, den filmischen Methoden.

Man würde Rosenbergers Arbeit verkennen, schriebe man ihre Verschiedenheit der spezifischen Produktionswelt der »Filmakademie« zu, die er zwischen 1985 und 1992 besuchte.

Deren Aufgabenstellungen (Persönlichkeitsreport, experimentelles Arbeiten, Fernsehspiel ...) hat Rosenberger, bevor er sich mit *leichtsinnig – WALTER WEER MATERIAL* (1992) endgültig und unzufrieden aus dem schulischen Umfeld verabschiedete, in seinem Sinn so weit verbogen, daß man dort des öfteren meinte, es handle sich um bewußte Provokationen.

Von den wütenden, bitteren Filmen zu den sanften, tastenden Essays: *leichtsinnig – WALTER WEER MATERIAL* ist ein »Persönlichkeitsporträt«, das sich mimetisch den Arbeiten des Künstlers angleicht. Eine behutsame Annäherung an die Arbeitsweise Weers, ein genuin filmisches und – wie immer bei Rosenberger – vielschichtiges Netzwerk, das sich im gleichen Maße entwickelt, wie das Schnurgeflecht, das in Rosenbergers Wohnung von Weer geknüpft wird. Ein Dokument auch, in dem sich Gefilmter und Filmender, Gefilmtes und Filmmaterial über das vertraute Maß hinaus beeinflussen und organische Entsprechungen zeugen. Das Selbstverständliche und die Konventionen werden hier aufgerufen, untersucht, gewogen. Am weitesten in dieser Hinsicht will Rosenbergers *karma mécanique* (1993) gehen. Tatsächlich ist das ein Spiel-Film fast ohne Regie, mit wenigen »Regeln«. Eine Arbeit, die vielleicht am besten als enthnographischer Versuch charakterisiert werden kann, der sich für das Unerwartete offenhalten will. Ein Dokumentarfilm mit Mitwirkenden, die eigens für ein »Experiment« – eine Woche gemeinsam zu verbringen, und sich immer wieder für 30 Sekunden von einer handaufgezogenen Pathé-Kamera aufnehmen zu lassen – geladen wurden. *karma*

JOHANNES ROSENBERGER

mécanique, der »Glücksfilm« (Rosenberger), ist ein Grenzgang zwischen den Genres geworden, der den unterprivilegierten, hinter der Mechanik gewöhnlicher Inszenierung verschütteten Augen-Blicken zum Erscheinen verhelfen soll. Ein zarter Handstreich über die Möglichkeiten des kinematographischen Apparats.

Gespräch mit Johannes Rosenberger

Geht es Ihnen in Ihren Filmen grundsätzlich um das Erzeugen von Vieldeutigkeit?

Was mich prinzipiell an Bildern interessiert ist, daß sie relativ zu sehen sind. Man muß sich im Umgang mit ihnen immer klar sein, daß es »nur« Bilder sind. Sie repräsentieren einerseits einen mechanischen Prozeß – und im besten Fall reflektieren sie noch über die eigene Wahrnehmung desjenigen, der gerade diesem Bild gegenübersteht. Als Zuschauer oder, wenn ich mit Bildmaterial arbeite, als Gestalter. Es geht darum, über mehrmaliges Schauen, über verschiedene Schnittmöglichkeiten, dem Bild eine Kraft zu verleihen, sodaß es nicht nur als eindeutiger Repräsentant von etwas Abzubildendem oder Abbildbarem übrig bleibt. Sondern, daß es den Betrachter auffordert, selbst eine Arbeit zu leisten: nicht nur hineinzuschauen, sondern sich in dem Bild mit dem eigenen Blick herumzubewegen, es zu erkunden und über diese Reise-Bewegung etwas zu erfahren.

»ILUV«, einer Ihrer ersten Filme, war eine Gemeinschaftsarbeit?

ILUV ist zwar während meiner Zeit an der Filmakademie entstanden, aber dennoch völlig unabhängig davon – als Zusammenarbeit von Xav-Ver Challupner, Walter Mathes und schließlich mir.

Ursprünglich war es so, daß Mathes und Challupner die Idee hatten, von einem Aufnahmematerial, das sich Normal 8 nennt, den Sprung auf das 16 mm-Format zu machen. Konkret mit einer Eumig C-3, einer Normal-8-Kamera, einen Film für eine andere Form des Kinos zu machen.

Wenn man mit dieser Kamera filmt, das Material normal entwickeln läßt, es aber dann nicht schlitzt, erhält man 16mm-Kader, die aus vier Normal-8-Kadern bestehen, welche auf der Leinwand dann gleichzeitig zu sehen sind.

»ILUV« zeigt ein Interesse an filmischen Grundcodes, das auch Ihre späteren Arbeiten sichtbar prägt.

Wir haben in *ILUV* mit der Idee der Totalen und der Großaufnahme gearbeitet. Also versucht, diese beiden Extremwerte, diese Grundcodes, zu thematisieren. Auch insoferne, als wir durch die beiden oberen Bilder vom Format her eine Cinemascope-Totale hatten und unten die klassische Normalbildaufnahme. Beziehungsweise ein Close-Up des oben gezeigten.

Und so wie wir das Format überschritten haben, indem wir mit einer Normal-8-Kamera einen 16mm-Film erzeugt haben, also die nächste technische Stufe, so gibt es auch als Thema, als Spielebene des Films, dieses Überschreiten der bildimmanenten Grenze, worin das Bild-Feld als solches thematisiert wird. Was dann in der Geschichte selbst die Möglichkeit zur absoluten Fiktion eröffnet. Der Rahmen springt, so wie bei Méliès aus der Kutsche ein Sargwagen wurde. Das wäre ein Vergleich, den man mitdenken kann, wenn man den Film sieht.

Die vier gleichzeitig projizierten Kader ermöglichen auch eine neue Weise der Montage.

Das Interessante bei *ILUV* ist ja, daß das Bild selbst quasi eine innere Montage besitzt. Also die Montage ist hier nichts, das zeitlich abläuft, in einem zeitlichen Fluß, in einem Danach, sondern gleichzeitig. Die Montage passiert nicht durch den Schnitt-Mechanismus – außer wenn der Raum wechselt, das ist wie ein Schnitt –, sondern über die Steuerung des Blicks. Der Film, das Bild, hat seine verschiedenen Attraktionen: Manchmal sieht man in die linke untere Ecke, dann wieder nach oben. Und würde man den Film nur einmal zeigen, man würde nichts mitbekommen. Das war letzlich der Grund, warum wir die gleiche Geschichte in zwei Versionen dreimal zeigen.

»ILUV« ist mit seiner vierminütigen Dauer auch ein Spielfilm mit einer Geschichte, die die Konventionen auch auf der Erzählebene überschreitet. Ein »Gay-Movie«, ein »Splatter-Movie«?

Walter Mathes hat es treffend »Ein kleines warmes Märchen« genannt: A und B wollen es. A und B wollen es safe. B geht auf die andere Seite des Zimmers, wo ein Eisschrank steht und holt ein Condom. Als er zu B, der sich in ein Bett gelegt hat, zurück will, steigt er in die andere, die Natur- oder Außenwelt, findet nicht mehr zurück und geistert in diesem Dschungel umher, bis er im sprichwörtlichen Sinne den Kopf verliert.

Es war nicht so, daß diese Geschichte mit schwerem Konzept und tiefer Aussage konzipiert wurde: Die möglichen Bedeutungen haben sich für mich selbst erst mit dem Lauf der Zeit ergeben. Beim Drehen habe ich immer nur gewußt: Das ist spröde, das liegt hinter verschiedenen Schichten noch verborgen.

JOHANNES ROSENBERGER

Das gilt ja auch für »Subcutan« (1988/89), Betrachterarbeit wird auch da eingefordert.

Ich neige da zu einer Konzeption des Assoziierens. Ich denke, daß Bilder Auslöser für eine eigene, individuelle »Geistesaktivität« des Betrachter sind. Daß das nicht etwas ist, mit dem man ihn füttert. Und das »Gelb« schmeckt, weil es »gelb« ist. Und das pulsiert vielleicht auch noch und referiert dann noch über andere Ebenen und Strukturen.

Geht es Ihnen um eine praktische Kritik an Grundvokabulars, an bestimmten Techniken, die fraglos akzeptiert werden, weil sie als triftig gelten?

Nicht ausschließlich. Das sind ja alles kollektive Abmachungen, stillschweigende Übereinkommen, die zu Konventionen werden. Und gerade der Umstand, an der Filmschule dem Erlernen von Konventionen ausgeliefert zu sein, war insofern anstrengend, weil es dort keine Alternativen dazu gab.

Und bei mir und anderen auch – ich denke jetzt an Michael Palm, Xav-Ver Challupner, Johannes Holzhausen oder Gabi Mathes – ging das nicht so einfach: Diese Sachen einfach zu übernehmen und solange zu trainieren, bis man das beherrscht. Und erst dann die eigenen Geschichten mittels dieser Sprache, mittels dieser Grammatik, zu transportieren und zu erzählen.

Meine ersten Arbeiten an der Akademie waren auch extrem konventionell, schülerhaft. *Subcutan* (1988/89) war mein erster wirklich eigenständiger Film und hat insofern zentrale Bedeutung, als er für mich ein riesiges Spektrum von Interessen und formalen Ansätzen skizziert, die ich in weiteren Filmen noch verfolgen will.

War »Subcutan« von Beginn an als aggressive Wien-Studie geplant?

Nach dem Scheitern an einer ersten Projektidee, die sich als unrealisierbar herausgestellt hat, habe ich all meine gesammelten Ideen hergenommen: Notizen zu Motiven, traumhaften Bildern, Aktionskonzepten – wodurch innerhalb von kurzer Zeit ein Fundus von achtunddreißig Grundideen entstanden ist. Teils dokumentarische Geschichten wie die *Heldenplatz*-Sequenz, teils inszenierte Elemente wie die *Peepshow*. Dann gab es *Meine ungeliebten Bilder*, abgefilmte Photographien, *found footage* und dieses Ensemble symbolischer Bilder: die Hacke im Gugelhupf, die Kreissäge als Palatschinke.

Gab es da schon eine Idee, wie der Film aussehen sollte?

Die Struktur sollte eine Art Netzwerk sein, das über Assoziationen läuft und sukzessive Sinn aufbaut: Worin man Bilder wiederfindet und mit einer neuen

Bedeutung an den Anfang des Films referieren kann. Es waren Bereiche, die mit Sexualität zu tun hatten, mit hierzulande machtvollen Institutionen wie Kirche, Schule. Oder: die Waldheim-Geschichte, Vergangenheitsbewältigung, historisches Bewußtsein. Marksteine in der faschistoiden Entwicklung, die dieses Land durchgemacht hat. Bis hin zu privaten Obsessionen: das Essen. Oder: »Großmutter füttert das Kind«. Einzelideen, Bilder, Sätze, die einen Begriff vage und offen umkreisen. Langsam haben sich Topoi herausgebildet, die dann als wienspezifische Fragmente zusammenfaßbar wurden. *Subcutan* war aber nicht geplant als Wien-Film, das ist erst entstanden.

Wie kam es zu der Widmung für Ernst Schmidt jr. in »Subcutan«?

Als Michael Palm und ich begonnen haben, den Film zu schneiden, habe ich einige Arbeiten von Ernst Schmidt jr. gesehen und war sehr beeindruckt von der Originalität gewisser – obskurer, skurriler, radikaler – Ideen, etwa in *Berühmte Wienerinnen, nackt* (1983/1984). Eigentlich sind das ja dokumentarische Bilder, die aber für mich als Wiener voll hintergründiger Obszönität sind. Das Pralle in *P.R.A.T.E.R.* (1963–1966) zum Beispiel. Die Entschlossenheit in der Montage und der Reichtum, der durch die schnellmontierten Bilder entsteht. Vielleicht haben wir, wenn man das überhaupt so sagen kann, ähnliche Feindbilder, gegen die man arbeitet, denen man Bilder entgegenstellt.

Woran denken Sie beim Wort »Feindbilder«?

Es ist vielleicht diese Wiener Grundeinstellung. Wie hier Vergangenheitsbewältigung, Politik, Gesellschaftsleben, Kulturpolitik betrieben werden. Mit welcher Energie letztlich: kleinbürgerlich, heuchlerisch, unentschlossen.

Es geht also auch darum, einen Avantgardefilm zu gestalten, der nicht nur das Material reflektiert oder in eine Tradition eingreift, sondern auch den Ort konkret bearbeitet, an dem der Film entsteht?

Ja. Da gibt es eine ähnliche inhaltliche Ebene zwischen den Arbeiten von Ernst Schmidt jr. und meinen. Und dann war da die Idee, daß ich Wiener Zustände, Seelenzustände und Obsessionen auf meine Art und Weise darstelle, die in ihrer Summe einen Zustand repräsentieren, der Ernst Schmidt jr. das Leben gekostet hat – drastisch formuliert. Eine sehr hartnäckige Ignoranz von seiten der kulturpolitischen Instanzen seinen Arbeiten gegenüber. Es ist aber nicht der ganze Film, der durch diesen Schrifttitel in *Subcutan* mit ihm in Verbindung zu bringen wäre, sondern eher der Block, der im Film daran anschließt.

Würden Sie sich in der 3-Generationen-Folge, die Ernst Schmidt jr. für die österreichische Avantgarde vorgeschlagen hat, wiederfinden? Was wären für Sie andere Filmemacher, die Ihnen wichtig sind?
Kurt Kren, der ist das Nonplusultra. Er hat ganz grundsätzliche und elementare Arbeiten für das Gebiet des Experimental- und Avantgardefilms geliefert. Diese Trennung in »drei Generationen« ist mir gleichgültig. Ich habe keinen derartigen theoretischen Zugang zu den Perioden oder zu Gemeinsamkeiten. Mich interessieren die einzelnen Leute und die Filme – und nicht, ob das unter einem Titel zusammengefaßt werden kann.

Welches Verhältnis haben Sie zum traditionellen Avantgarde-Begriff und dem daran geknüpften Verlangen nach permanenter Neuerung?
Gewisse Dinge kann man natürlich so einfach nicht mehr machen. Aber man kann völlig naiv eine Arbeitsweise anwenden, und danach stellt sich heraus: Das haben die Leute schon vor vierzig Jahren gemacht. Und das Ding kann genauso Gültigkeit und Frische und Eigenständigkeit haben. Da gibt es kein Abhaken. Dieser ganze Originalitätsanspruch, der im durchschnittlichen Verständnis von bildender Kunst immer mitspielt, das ist das erste Kriterium, das über Bord gehört. Das sind Paradigmen, die der Einzelne für sich aufstellt und die dann ganz leicht zu Mauern werden können, die einen weiteren Zugang zu Kunst oder zu Film ziemlich schnell verhindern können.

Ihre Filme wären also so gesehen Avantgardefilme, die nicht unbedingt Avantgardefilme sein wollen?
Nein, den Anspruch habe ich überhaupt nicht: Vorreiter zu sein, oder ein neues filmisches Verfahren zu entwickeln. Das war auch in *Subcutan* so. Da ist ja von der Gestaltung her nichts Neues drin: Es sind serielle Phasen, symbolisch-surreale Momente, es sind Kurzschnitt-Montage und musikalisch motivierte Passagen enthalten. Ich wollte damals diese Grammatik, diese verschiedenen »Sprechformen« für meine Inhalte nutzen, und ich hatte keine Skrupel, sie herzunehmen, aneinanderzureihen und etwas anderes damit zu machen. Mich interessiert, die sinnliche Komponente dieser Möglichkeiten für meine Zwecke zu verwenden.

Wie »Subcutan« spielt auch »Heldenplatz, 12. März 1988«, die daraus ausgekoppelte, dreiminütige »experimentelle Dokumentation«, mit Vieldeutigkeiten, mit der Verwischung des Eindeutigen.
Es geht darum, die Möglichkeit von Ambivalenz offenzuhalten. Wer etwa das Lied nicht kennt oder nicht sofort die historischen Bezüge herstellt, meint zu Recht, Nazi-Propaganda zu hören.

Filmhistorisch betrachtet ist das ja auch ein Spiel mit Bob Fosses »Cabaret« (1972), wo das Lied »Der morgige Tag ist mein« re-inszeniert wird.

Es geht um den Kontext, in dem so ein Pathos steht. Und das ist auch eine Grundkomponente in *Heldenplatz:* Es geht um dieses Pathos, mit dem im Rahmen der Propagandamaschinerie 1938 argumentiert wurde. 1988/89 wird dieses Pathos reproduziert, wandelt sich aber, wird zu Anklage. Der Vortrag des Sängers wird ja zu einem Aufschrei, zu einem Herausbrüllen der Strophen. Er wertet sie damit quasi um.

Es hat Leute gegeben, die in dem Stück ein Résistance-Lied wiedererkannt haben, was mir gezeigt hat, daß das Pathos an sich »wertfrei« ist und von den verschiedenen Ideologien für völlig unterschiedliche Zwecke benutzt werden kann. Die gleiche Melodie mit anderem Text ist ein Résistance-Lied und auf der anderen, der deutschen Seite, ein Aufbruch-Natur-Idyll-Verschnitt mit faschistischem Subtext.

Eingeblendet in »Subcutan« erscheint – gleichsam als Leitgedanke – der Satz: »Die Behutsamkeit beim Graben«. War dies das Programm für die filmische Arbeit?

Die Behutsamkeit beim Graben, das ist das Gegenteil vom Reinhauen in das historische Bett, in den historischen Boden. Stattdessen sollte man eher archäologisch vorgehen, behutsam Schicht für Schicht abtragen – sich einfühlsam nähern: Das gilt für das Arbeitsprogramm und auch für den psychologischen Prozeß.

Am Ende von »Subcutan« ist die Stimme Axel Cortis zu hören. Ist das eine letzte Anspielung auf die Zeit in der Akademie?

Die Corti-Passage – er hat ja den Film an der Akademie abgenommen – ist ein kleiner In-Joke in Bezug auf die Autorität, die Institution, die sich als Angriffsfläche angeboten hat. Die zitierten Aussagen wie: »Hier werden wir nicht über Kunstbegriffe streiten, weil das ist evident, daß dieser Film kein großes Kunstwerk ist, aber er versucht etwas, dieser Film ist nicht spekulativ, das finde ich ...« sind auf dieser haarsträubenden Podiumsdiskussion anläßlich der Präsentation von Martin Scorseses *The Last Temptation of Christ* gefallen. Das sind Hülsen, Floskeln, Phrasen, die auf alles anwendbar sind. Warum nicht auch auf *Subcutan?*

Auch das nach »Subcutan« entstandene Science-Fiction-TV-Spiel »Constant Instant Blue«, eine Fernseharbeit für die Akademie, beschäftigt sich intensiv mit der Stadt Wien. Ist das ein zweiter Wien-Film?

Er ist das wieder geworden. Aber nicht ausschließlich. Der Auslöser war *New York,* ein Text von Manuel Lessnig, den ich damals in die Hände bekommen habe. Faszinierend war zunächst die Situation, die er skizziert: Drei junge Österreicher wandern aus, das heißt zwei von ihnen, die in New York Astronauten werden. Der dritte bleibt in Österreich und wird hier, in Wien, Astronaut. Es geht um diese Fluchtbewegung: mit dem Ergebnis, daß man in New York wieder zusammentrifft, kosmische Drogen einnimmt – und wieder nur über Wien spricht. Ich habe versucht, das auf verschiedene Ebenen zu übertragen. Und nicht zuletzt ist die Sache für den Monitor konzipiert, für die Fernsehreproduktion und -rezeption.

»Constant Instant Blue« invertiert das Genremuster Science-fiction so konsequent, daß der Zeitsprung zur Reise in die Vergangenheit – in das Dekor der siebziger Jahre – wird. Ging es also zuerst darum, eine andere Welt zu offerieren?

Es ist ein Mix, was aber nicht so sehr als Verweis auf diese Epochen und die Moden dienen sollte. Es geht stattdessen um einen Effekt der Zeitlosigkeit und zugleich einen der Künstlichkeit, der sich durch diese Wiedererkennbarkeit eingestellt hat.

»Alles Wien-Fremde löst sich in Wien auf«, stellt einer Ihrer Protagonisten im Film fest. Gilt dieser Satz auch für den Film »Constant Instant Blue«?

Das Video hat keine große Verbreitung gefunden. Ich glaube, es ist dreimal öffentlich vorgeführt worden. Es gibt noch immer den Plan, das Projekt fortzusetzen, alle Jahre einen Teil zu drehen. Zentrales Motiv ist darin der Begriff des Landens, des schwierigen »Boden-unter-die-Füße-Bekommens«.

Daß Kurzfilme generell große Schwierigkeiten haben, eine Öffentlichkeit zu finden, hat strukturelle Ursachen im Kinobetrieb. Sie haben gemeinsam mit anderen jungen Filmemachern begonnen, sich mit »NAVIGATOR FILM« für die Verwertung und Aufwertung des Kurz- und Dokumentarfilms zu engagieren.

Das ist eine Gruppe von unabhängigen Filmemachern, die »NAVIGATOR FILM« gegründet haben, um damit einerseits eine Produktionsstruktur aufzubauen, mit Bürodienst und technischer Grundausstattung; zum anderen, um Aktivitäten im Bereich des Dokumentarfilms zu setzen, der hierzulande noch immer ziemlich vernachlässigt wird. Wir haben begonnen, Dokumentarfilm-Seminare abzuhalten und exemplarische Arbeiten oder ganze Œuvres von Filmemachern und Filmemacherinnen nach Österreich zu bringen, Retrospektiven zu veranstalten. Der zweite Schwerpunkt liegt beim Kurzfilm: Wir sind dabei, Kurzfilm-Programme zu bauen, mit der Absicht, sie ins Kino zu bringen und damit Interesse und Nachfrage zu erzeugen.

Zurück zu Ihren Filmen: Was ist die Vorgeschichte von »leichtsinnig – WALTER WEER MATERIAL«?

Das war der letzte Film, der an der Akademie entstanden ist und dort auch fertiggemacht wurde. Als Prüfungsaufgabe in der Kategorie »Persönlichkeitsreport«. Walter Weer kannte ich schon länger. Er ist mir bei einer Recherche über Bildende Kunst in der Galerie Ariadne begegnet, woraus sich ein freundschaftliches Verhältnis entwickelt hat. Ich habe bei der Arbeit entdeckt, daß seine sehr materialbezogene Arbeitsweise – nämlich sein schichtweises Arbeiten an Bildern, an Netzwerken, an Masken und Papierobjekten – große Ähnlichkeiten mit meiner Arbeitsweise hat.

War der Film der Anlaß für Walter Weer, die Installation zu gestalten, die im Film zu sehen ist?

Während der Filmarbeit hat Walter Weer eine Idee entwickelt, die bis dahin nur als Skizze vorhanden war, nämlich eine Rauminstallation in Form eines Netzwerkes zu schaffen. Das war anläßlich des Filmes eine Premiere. Er hat dann in meiner damals noch leeren Wohnung in mehreren Sessions dieses riesige, raumbeherrschende, absperrende und dominierende Netz geknüpft.

Der Film sollte dann gleichsam mit der Installation mitwachsen?

Was mich interessiert hat, war eine filmische Entsprechung zu Walter Weers Gestaltungsprozeß zu finden. Das Material in den Vordergrund zu stellen. Das heißt, man konzentriert sich da auf etwas anderes als auf Dinge, die in einem herkömmlichen Porträt im Vordergrund stehen. Biographisches – oder Banales wie finanzielle Lage, Erfolg, Naheverhältnisse zu anderen Künstlern, usw. Das Netz kann als versinnbildlichtes Grundprinzip gelten.

Daß man ein Netzwerk aufspannt, daß es da kein Zentrum gibt, um das sich alle Schichten legen. Man ist immer am Weg, wie ein Film – in der Zeit – immer am Weg ist.

Um so eine organische filmische Entsprechung für einen lebendigen Gegenstand zu finden?

JOHANNES ROSENBERGER

Das ist für mich die größte Hürde, andererseits auch die größte Herausforderung: eine adäquate Form, einen Zugang für das einzelne Projekt zu finden. Ich habe nicht so etwas wie ein Repertoire, das abrufbar wäre. Jede Sache verlangt ihre eigene Form der Zuwendung. Das hat damit zu tun, daß für mich Film nicht nur ein Repräsentant der Wirklichkeit ist, ein Reproduktionsmechanismus, sondern, daß hier eigene Gesetze herrschen, die ich thematisieren möchte.

Was ist das Objekt meines Interesses? Tönt das? Spricht das? Wie ist das zeitlich zu sehen? Und wie transponiere ich das in ein filmisches System, in die genuin filmischen Gegebenheiten? Das ist eine Herausforderung, da immer neu anzufangen, alle anderen Möglichkeiten, die Usus sind, wegzulassen. Oft führt das wieder zu erprobten Sachen. Aber ich muß für mich erfahren, warum es so ist. Erzählen kann man alles, lehren kann man vieles.

»Jede Antwort ist Ausgangspunkt neuer Fragen«, heißt es einmal in »leichtsinnig – WALTER WEER MATERIAL«. War das auch eine der Grundintentionen des Films?

Mir geht es darum, daß der Betrachter, die Betrachterin, von der Aufmerksamkeit her im Kino lebendig bleibt. Und durchaus auch eine Eigenleistung zu erbringen hat, also eine Bereitschaft, Dinge neu zu ordnen und neu zu lesen.

Das hat mit einem Konzept der Mündigkeit des Zuschauers zu tun, und das fordert dann Antworten auf formale Fragestellungen. Z. B.: Wie konstituiere ich eine Erzählform oder ein Montage-Prinzip in Bezug auf den Inhalt?

Ausgehend von der Konzeption, daß der Film erst im Kopf des Zuschauers entsteht. Das Medium ist nur Medium, und alles andere liest und wertet der Zuschauer und führt es zusammen, besetzt es mit neuen Inhalten. Darum mag ich es, wenn Dinge angedeutet bleiben oder nur in Richtungen verweisen, aber dann wieder abbrechen.

Ihr 1993 präsentierter Film »karma mécanique« ist am stärksten durch ein schon vor Drehbeginn vorhandenes Konzept geprägt.

karma mécanique reflektiert durch das Aufnahmekonzept, das für die Kameramänner verbindlich war, über filmische Codes. Und zwar über die grundsätzlichsten: Ab- und Anwesenheit von Menschen im Bild, Ins-Bild-Kommen, Aus-dem-Bild-Gehen. Die Frage, was dann überbleibt. Ein Raum. Aber ein Raum, in dem ein Mensch war.

Wie war dieses Aufnahmeprinzip konkret bestimmt?

An dem Ort, wo wir gewohnt haben, gab es eine Kamera. Und es gab die Idee, mit einer Gruppe von Menschen, fünf Männern, vier Frauen, an einen Ort zu fahren, wo man Dinge tun kann, zu denen man sonst nicht kommt. Lesen, Malen, Nichtstun.

Ich selbst war nicht der Regisseur, sondern Teil der Gruppe, und habe nur ab und zu eingegriffen. Die Kamera war eine alte Pathé, die noch mit Federwerk funktioniert. Man zieht sie auf, und wenn man sie auslöst, läuft sie etwa dreißig Sekunden. Es gab die Abmachung, daß wenn die Kamera ausgelöst wurde, sie nicht mehr angehalten werden durfte. Sie mußte die dreißig Sekunden laufen, egal was passiert. Je weniger, desto besser. Wichtig für den Film ist, daß keine dieser Szenen, die ich dann ausgewählt habe, geschnitten wurde. Woraus sich im Film als Grundstruktur ein Dreißig-Sekunden-Rhythmus ergibt.

Was war das Motiv für die Anweisung an die Kameramänner, nicht durch den Sucher zu blicken?

Ein wichtiger Grund, warum sie nicht durch die Sucher schauen durften, war, daß sie so nicht Bilder komponieren, also optisch ausdefinieren oder fixieren konnten. Ebenso wichtig war, daß das Auge des Kameramannes frei bleibt, und nicht der Apparat, das optische System, zwischen den Blicken steht. Letztlich erzählt *karma mécanique* überraschend viel von den Kameramännern, denn in jedem Bild wird früher oder später die Motivation für das Auslösen sichtbar, warum eine Aufnahme stattgefunden hat.

Das heißt natürlich, daß ich sehr viel Verantwortung von der »Regie« auf die »Kamera« verlagert habe.

Ist »karma mécanique« ein Versuch, sich an der äußersten Grenze des Spielfilms aufzuhalten? Das ist ja gleichsam ein Spielfilm, von dem alle Regieanweisungen abgezogen wurden.

karma mécanique ist ein Dokumentarfilm. Die Inszenierung besteht in der Rahmenkonstruktion für die Sache. Spielfilm als Begriff stimmt wieder insofern, als die Verbindlichkeit der inszenatorischen Ideen jener eines Spiels gleicht. Das heißt jetzt nicht »Spielen wir Film!«, sondern »Spielen wir ein Spiel!«, in dem man die Regeln akzeptiert, ohne daß sie gleich zu Gesetzen werden.

Warum gibt es bei »karma mécanique« keinen Originalton?

Ich hätte dadurch die Bilder immer wieder begrenzt. Man hört dann etwa die Personen wieder, bevor sie in das Bild kommen. Das raubt viele Möglichkeiten der Interpretation, so paradox das jetzt klingen mag. Gerade bei *Subcutan* war die Tonebene sehr maßgeblich für das generelle Kontininuum, für die Überbrückung von einem thematischen Block zum nächsten. Da hatte das sehr wohl diese kommentierende und interpretierende Funktion. Bei *karma mécanique* sollen Wahrnehmungskonventionen nur angespielt werden, um dann abrupt wieder diesen Vertrag zu lösen.

Gab es eine Hierarchie der Wünsche in bezug auf das, was diese Rahmenkonstruktion insgesamt leisten sollte?

In erster Linie ist es für mich ein Experimentalfilm. Zum ersten Mal so – wie ich den Begriff verstehe –, daß da ein Experiment stattgefunden hat, von dem ich nicht wußte, wie es ausgeht.

Über diese Versuchsanordnung, das so zu machen und abzuwarten, was passiert, haben sich dann für mich viele Erkenntnisse eingestellt: über den Dokumentarfilm und den Spielfilm. Also in erster Linie über filmische Codes, und das, was normalerweise mit ihnen in Verbindung gebracht wird. Und darüber, daß da noch eine viel größere Freiheit zu finden ist.

Wollten Sie bei »karma méchanique« über die Abwesenheit bestimmter Muster zeigen, was den Normalfall konstituiert?

karma mécanique hat mir wieder gezeigt, daß dieses Differenzieren der Begriffe – das Auseinanderhalten der Welt des Dokumentarfilms und der Definition »Was ist ein Spielfilm« –, daß das Konstrukte sind, die recht künstlich aufrechterhalten werden. Grundsätzlich ist einmal alles Film. Und mich interessiert die Frage, inwiefern läßt man sich auf diese Unterscheidungen ein.

Eines Ihrer geplanten Projekte trägt den Arbeitstitel »Regen im Schlaf«. Was darf man sich darunter vorstellen?

Der Film soll eine Zweiteilung haben, und zwischen diesen zwei Teilen sollen Beziehungen und Verknüpfungen hergestellt werden, um so ein Drittes, Ganzes herzustellen. Ich habe über die Jahre – in *Subcutan* schon – ein großes Interesse an Found Footage als Ausgangsmaterial gewonnen, als Impuls, über Bilder zu reflektieren, und als Ausgangsmoment, dieses Denken über filmische Mittel zu visualisieren. Dieser Hälfte steht ein Berg aus eigenen Bildern gegenüber: Traumbilder hauptsächlich, aber auch kleine Flashes aus dem Alltag, in denen man etwas anderes sieht, als in Wirklichkeit da ist. Es hat mit der Beständigkeit und Glaubwürdigkeit dessen zu tun, was man ständig wahrnimmt.

Diese Bilder, Sequenzen und abstrusen Handlungen sollen in einer sehr detaillierten Rekonstruktion einen Wirklichkeitseindruck wiedererstehen lassen. Bilder, die mit Ängsten zu tun haben, die in die Sexualität hineinspielen, in die Bereiche von Gewalt, von Geschlechterbeziehungen, von Macht. Der Film wird eine Reise sein, die den Betrachter quasi per Katapult in die Leinwand werfen soll. Ich wünsche mir einen Prozeß, wie er in der Erinnerungsarbeit stattfindet: daß auch der Film erst im nachhinein oder im mehrmaligen Wahrnehmen Sinn produziert. Indem er sich in der Erinnerung verdichtet. Dann möge man sehen oder nicht sehen.

Johannes Rosenberger

geboren in Schwaz in Tirol. 1985 bis 1992 Studium an der Wiener Filmhochschule, Seit 1991 freier Regisseur und Produzent. 1992 Gründungsmitglied der »Navigator Film«

Filme (Auswahl): 1986 »Montagmorden«; 1987/1988 »ILUV« (mit Xav-Ver Callupner und Walter Mathes;

1988 »Subcutan«; 1990 »leichtsinnig – WALTER WEER MATERIAL« (mit Michael Palm, Walter Weer und J. Hammel; 1991 »Heldenplatz, 12. März 1988«; 1993 »karma mécanique«; 1994 »Günther 1939 – Heil Hitler«.

Constantin Wulff

EINE WELT OHNE MITLEID
Ulrich Seidl und seine Filme

Ganz plötzlich, vor viereinhalb Jahren, wurde ein Film in Wien zum Tagesgespräch: eine umstrittene Dokumentarstudie über den Alltag Wiener Zeitungskolporteure. Unvermutet tauchte ein neuer Name in Filmkreisen auf: ein gar nicht mehr so junger Filmautor, dessen Talent lange Zeit von heimischen Förderungsgremien ignoriert worden war.

Ulrich Seidl und sein Kinoerfolg *Good News – Von Kolporteuren, toten Hunden und anderen Wienern* (1990) wurden nahezu über Nacht für viele zum Synonym des hiesigen Dokumentarfilms. Das ungewöhnliche Stadtporträt, das in provokanter Weise den Alltag orientalischer Zeitungsverkäufer mit der Privattristesse von Wiener Familien kontrastierte, hatte in wenigen Wochen mehr Publikum erreicht, als es den meisten heimischen Spielfilmen normalerweise vergönnt ist. Noch nach Monaten lief der Film in den Wiener Kinos; eine heftige Debatte zu Fragen der filmischen »Moral«, die bis ins deutsche Feuilleton reichte, begleitete die Auswertung der Wiener Filmsatire.

Seidls Nachfolgefilm, die Grenzlandbeobachtung *Mit Verlust ist zu rechnen* (1993), erfuhr drei Jahre später eine ähnliche Resonanz: Die tragikomische Porträtierung einer versuchten Heiratsvermittlung an der österreichisch-tschechischen Grenze bescherte Seidl nebst einem neuerlich beachtlichen Publikumserfolg unzählige Einladungen auf internationale Filmfestivals. Die markanten Inszenierungen der Hoffnungslosigkeit diesseits und jenseits der Grenze offenbarten – noch radikaler als in *Good News* – einen bemerkenswerten Stilisten, der es verstand, in beklemmender Weise seine Sicht der Welt zum Ausdruck zu bringen.

Ulrich Seidl gilt heute, neben Egon Humer, als wichtigster Vertreter des österreichischen Dokumentarfilms der neunziger Jahre. Seine beiden Filme *Good News* und *Mit Verlust ist zu rechnen,* so umstritten sie auch sein mögen, sind die kräftigsten Lebenszeichen eines veränderten Verständnisses zeitgerechten Dokumentarkinos: Weit entfernt von fernsehgemäßer Ausgewogenheit oder korrekter Sozialreportage bestehen die Qualitäten beider Filme in erster Linie im Entwerfen von dramatischen Gefühlslandschaften. Nicht ohne Grund wurde das Wesen der starren Tableaus mit »visueller Vivisektion« verglichen und in die Nähe der überspitzten Karikatur gerückt.

Das akribische Festhalten von Ritualen des »Durchschnittsbürgers« hat jedoch nichts gemein mit den Methoden des engagierten Problemreports: keine faktenreiche Analyse mehr, sondern beziehungsreiche Irritation; keine kauzig-sympathischen Menschenbilder, sondern sonderbare Studien verstörender Normalität. In der Verweigerung einer eindeutigen Positionierung des Geschehens stellt Seidl zudem eine häufige Konvention des Dokumentarischen in Frage: Ohne begleitenden Kommentar und – vor allem – ohne bequeme Identifikation mit einer akzeptablen Erzählerinstanz entwickeln sich seine Filme als kalkulierte Gratwanderungen. Im komplexen Wechselspiel von Aufgefundenem und Inszeniertem, dem bewußten Überschreiten der Grenzen des Dokumentarischen und Fiktionalen, verfährt Seidl mit den Möglichkeiten des »Genres« wie ein ungeduldiger Zauberlehrling: Ob Direct Cinema oder Cinéma Vérité, nichts scheint in *Good News* oder *Mit Verlust ist zu rechnen* mehr zu genügen – das filmische Material wird erweitert, verwoben, zugespitzt.

Es ist kein Zufall, daß die heftige Gegenrede, die Seidls Filme – vor allem in Österreich – erfahren haben, sich in erster Linie auf deren filmische Inszenierungen richtete. Anders als etwa in Deutschland oder Frankreich, wo seit Jahren eine Diskussion um filmische Strategien des Dokumentarischen existiert, kreist hierzulande der Diskurs in dieser Frage weiterhin um Begriffe des »Authentischen« oder der »Glaubwürdigkeit«. Bereits mit seinem halbstündigen Debüt über einen Kleinwüchsigen, *Einsvierzig* (1980), und der Provinzgroteske *Der Ball* (1982), beide noch an der Wiener Filmakademie realisiert, verstand es Seidl jedoch – mit Mitteln der Satire –, den Rahmen der pur dokumentierenden Beobachtung zu sprengen. Indem er sich von der Utopie des bloßen Dabeiseins der Kamera früh verabschiedete und seitdem für eine Mischform aus Fiktion und Dokumentation plädiert, hat Seidl die »ästhetische Doppelmoral des Mediums« von Anfang an reflektiert und gleichsam mitinszeniert.

Angesichts der komplexen Konstruktion gerade der Kinofilme *Good News* und *Mit Verlust ist zu rechnen* und des meist mehrfach gebrochenen Verhältnisses zwischen Filmemacher und Porträtiertem, ist der Vorwurf des »Voyeurismus« und »Machtmißbrauchs« vom Kern der Filme allerdings weit entfernt – und bewegt sich auf schematischen Bahnen: Wenn etwa das vielfarbene Mosaik *Good News* noch Anlaß zur eindeutigen Unterscheidung von – akzeptiertem – dokumentarischem Blick (die filmischen Streifzüge durch Wiener Stiegenhäuser und Hinterhof-Moscheen) und – abgelehnter – inszenierter Wirklichkeit (die Tristesse kleinbürgerlicher Familienidyllen) bot oder wenn sich die ablehnende Kritik am vergleichsweise sehr viel strenger inszenierten *Mit Verlust ist zu rechnen* vor allem gegen dessen »kalkulierte Arrangements« richtete.

Was am Vorwurf des »Voyeurismus«, neben anderem, mitschwingt, ist die Forderung nach Objektivität oder einer zumindest nachvollziehbar gemachten Subjektivität. Im Fall der Seidl'schen Alltagsdramen greift diese Kritik allerdings zu kurz: Alle Filme Seidls beschreiben die vorgefundenen Situationen aus dem Sinneseindruck heraus und inszenieren für ihn Beweise. Wie im klassischen Melodram versuchen sie, besonders intensive Gefühlsmomente anzuhalten, in statischen Tableaus einzufrieren. So kommt es, daß, ohne Unterschied, alle Menschen, die in Seidls Welten angesiedelt sind, so traurig und so fremd erscheinen. Die Haltungen der in Positur gestellten Protagonisten, die Monotonie der auf erbärmliche Rituale reduzierten Tagesabläufe, die Selbstvergessenheit, mit der sich die Menschen vor der Kamera präsentieren – all dies, so macht Seidl deutlich, zeigt, daß es eine unbewußte Selbstenthüllung des Unglücks gibt, die im Kino wie durch einen Seismographen festgehalten werden kann.

Und auch wenn sich in allen Filmen noch ein Engagement verheißendes »Thema« ankündigt, so dienen Seidl – ein exzellenter journalistischer Rechercheur übrigens – die vorgestellten Figuren im Film nicht mehr als Projektionsfläche des schlechten Gewissens, sondern werden umfunktioniert: Etwa die Kolporteure in *Good News* als erzählerische Mittler, die das Eindringen der Kamera in unbekannte Welten legitimieren; oder das Pensionistenpaar in *Mit Verlust ist zu rechnen* als seltsam-skurriles Duo, das die Inszenierung einer Kultur-Groteske ermöglicht.

Der Blick Ulrich Seidls – und das unterscheidet ihn radikal von den Positionen anderer Dokumentaristen – ist stets ein distanzierter Blick, der nicht zur Identifikation mit den Protagonisten einlädt. Seine kunstvolle Konzentration auf langsame, private Zerstörungsprozesse, sein Insistieren auf der scheinbar fraglosen Hinnahme des Unglücks läßt einen kühlen Pessimismus erkennen, der sich zwar mit Vorliebe mit den »Betrogenen« und »Zu-kurz-Gekommenen« befaßt, sie jedoch ohne mitleidsvolle Absicht vorführt. Der Alltag, so sagt Seidl, ist ein seltsames Unglück.

Interview mit Ulrich Seidl

Wenn man Sie als »filmenden Chronisten des österreichischen Alltags« bezeichnen würde, dann wären Sie wohl kaum glücklich mit dieser Definition?

Nein. Ich habe mich von Anfang an nie als bloßen Dokumentaristen gesehen. Für mich waren Dokumentarfilme zunächst der direkteste Weg, um überhaupt

Filme machen zu können. Ich sagte mir, daß im Bereich des Dokumentarfilms meine Projekte wohl schneller finanziert und auch weniger irgendeiner Art von Gremienzensur unterliegen würden als beim Spielfilm. Das gilt natürlich nicht für alle Filmschaffenden in Österreich, das war mein ganz persönlicher Weg. Aber man darf sich das natürlich nicht so vorstellen, daß es zu meiner Anfangszeit, Anfang der achtziger Jahre, in Österreich ein Dokumentarfilmschaffen gegeben hätte, das es einem erlaubte, leicht weiterzukommen. Das war überhaupt nicht der Fall, im Gegenteil.

Es fällt auf, daß Ihre sämtlichen Filme, angefangen mit ihrem Debütfilm »Einsvierzig« bis hin zu »Mit Verlust ist zu rechnen«, um einige zentrale Motive kreisen: Die Tristesse des Alltags, die Verschrobenheit des Normalen. Gab es von Anfang an eine feste Vorstellung, wie Sie sich als Dokumentarist filmisch ausdrücken wollten?

Ich habe immer eine Nähe gehabt zu Außenseitern. Eine emotionale Nähe zu Minderheiten, die abseits der bürgerlichen Normalität stehen. Ich habe mich auch selbst immer als Außenseiter gefühlt und etwa zu Sandlern oder Trinkern eine größere Nähe verspürt als zu anderen Menschen. Es mag sein, daß dieses Interesse für Außenseiter zum Teil auch mit meiner eigenen Geschichte zu tun hat, mit meiner katholischen Erziehung. Im Grunde genommen ist dieser Gedanke, sich um sozial Schwächere zu kümmern, ja ein sehr christlicher. Andererseits habe ich mich in der katholischen Welt, in der ich aufgewachsen bin, nie zurechtgefunden und mich sehr schnell als Außenseiter gefühlt. Auch aus diesem Grund waren mir Ausgestoßene näher als Angepaßte: Menschen, die Schwierigkeiten mit sich und der Welt hatten, die habe ich immer besser verstanden als jene, die von Erfolg zu Erfolg gegangen sind.

Diese Beschäftigung mit gesellschaftlichen Randgruppen findet sich etwa im Schweizer Dokumentarfilm der siebziger Jahre ebenfalls als zentrales Thema wieder. Dort wurde allerdings zumeist das Ziel verfolgt, politisches Sprachrohr für die in den Medien kaum vertretenen Gruppierungen zu sein.

Das war nie meine Absicht. Ich wollte nie »engagierte« Filme machen. Dann wäre ich ja besser Sozialarbeiter oder Entwicklungshelfer geworden, wo man eine solche Arbeit viel effektiver leisten kann. Mit Filmen kann man das sehr viel schlechter machen. Ich habe etwa in meinem ersten Film *Einsvierzig* keinen Moment daran gedacht zu zeigen, wie bemitleidenswert der porträtierte Kleinwüchsige ist. Und auch um billiges Verständnis werben, das wollte ich mit keinem Augenblick. Ich wollte vielmehr zeigen, daß das Leben eines

Kleinwüchsigen genauso »normal« sein kann wie das Leben der »Normalen«. Und wenn Sie den Schweizer Dokumentarfilm angesprochen haben: Ich kann mich an diese Welle von Filmen über Behinderte in den sechziger und siebziger Jahren erinnern; all diese Filme waren mir immer zu ernsthaft. Alles war ja so ernst und tragisch. Und verlogen. Weil immer so getan wurde, als müsse man die Porträtierten mit Samthandschuhen anfassen. Diese Einstellung fand ich ganz fürchterlich, und mich störte einfach die Art und Weise, wie die Filmemacher an ihr Thema herangingen. Wie die Priester!

Deshalb habe ich in *Einsvierzig* versucht, die Welt des Kleinwüchsigen über die Stellungnahmen des Umfeldes zu porträtieren. Vor allem wollte ich die Sicht der Mutter zeigen, denn sie war natürlich immer bestrebt, daß es so aussah, als ob in der Welt ihres Sohnes eh alles »normal« sei. Alles die heilste Welt – aber eigentlich hat sie sich geniert für ihren Sohn.

Ein besonders krasser Hinweis auf diese Doppelmoral im Alltag ist jene Szene, in der der porträtierte Karl Wallner direkt mit einem Gartenzwerg verglichen wird.

Die Sequenz mit dem Gartenzwerg ist ein schönes Beispiel dafür, wie durch ein Bild etwas enthüllt wird, was sonst in der Realität so nicht gesagt und gemacht wird: Dort sagt eine Frau, obwohl ich das vorher nicht gewußt habe, all das, was das Bild auch zeigt. Sie sagt: »Ich habe auch Gartenzwerge, die finde ich auch ganz süß«. Der Zuschauer findet das natürlich einen Wahnsinn, daß man, wie im Bild pointiert gezeigt, einen Kleinwüchsigen mit einem Gartenzwerg vergleichen kann. Aber als sie das ausspricht, denkt sie sich nichts dabei. Insofern habe ich auch keine Schranke, es so zu zeigen. Denn die Leute denken so, und manchmal sagen sie es auch so. Ich will das nicht zensurieren. Ich weiß natürlich, daß dies immer ein Punkt ist, der mir von einem Teil des Publikums vorgehalten wird, die mir vorwerfen, ich hätte das Gezeigte bewußt entstellt. Natürlich, ich spitze das Geschehen zu und unterstreiche es. Und durch die visuelle Reduktion wird es vielleicht noch pointierter oder klarer – aber grundsätzlich falsch wird es dadurch nicht.

Sie haben einmal davon gesprochen, daß sie mit Ihren Filmen den »Wahnsinn der Normalität« zeigen wollten. Sie machen dies, indem sie die Menschen oft in tristen und peinlichen Situationen zeigen, die deren Leben nicht gerade erstrebenswert aussehen läßt.

Ich bin kein Hochzeitsfotograf. Es ist nicht meine Aufgabe, Menschen in ihren schönsten Stunden im Leben zu zeigen und ihnen ein schönes Andenken zu hinterlassen. Meine Aufgabe ist eine andere: dafür, was ich sagen will, das

Wahrhaftige zu finden. Und das mag dann trist und peinlich sein, aber ich glaube, daß das Leben meist genau so ist. Die glücklichen Stunden, die es natürlich auch gibt, können nur ein ganz kleiner Teil des Alltags sein. Diese interessieren mich nicht. Vielleicht kann man meine Arbeit auch als eine Antwort sehen auf jene Filme, die immer mehr versuchen, ihre Themen in einer exotischen Welt zu finden, und glauben, daß in unseren Breiten schon alles gesagt worden ist. Aber für mich ist hier noch längst nicht alles gesagt. Es gibt unendlich viele Dinge, die noch darauf warten, gezeigt zu werden. Es kommt nur darauf an, wie man sie zeigt.

Nach diesem kurzen Debütfilm haben Sie Ihre erste längere Arbeit in Angriff genommen, »Der Ball«, ein Film, der einen Maturaball in Ihrem niederösterreichischen Heimatort Horn zeigt. Wie ist es dazu gekommen?

Ich habe so einen Provinzball viele Male selber miterlebt, und mir hat dort immer sehr gegraust. Ich bin später nur sehr ungern oder gar nicht mehr hingegangen, weil mir dort die ganze bürgerliche Verlogenheit bewußt geworden ist: Das ganze Jahr ist man irrsinnig bieder, und dann einmal, in dieser Nacht, darf man sich auslassen. Man muß möglichst viel trinken und ist dann irrsinnig männlich. Man darf schweinisch sein, den Frauen unter den Kittel greifen: Das ist alles in dieser Nacht möglich, vom Bürgermeister bis zum Maturanten machen das alle. Da fallen dann die Masken.

Ich habe mit solchen Veranstaltungen immer große Schwierigkeiten gehabt. Daraus ist dann auch die Idee für den Film entstanden: Daß man anhand einer scheinbar völlig harmlosen Veranstaltung, einem Ball, wie es ihn in der Gegend hundertfach gibt, die Verlogenheit dieser Kleinstadtmentalität aufzeigt.

Sie sprechen vom »schweinischen Verhalten« während der Ballnacht: Das ist natürlich im dokumentarischen Film sehr schwer zu zeigen – wenn man dies will –, wie etwa ein älterer Mann einer Frau unter den Kittel greift.

Natürlich! Damals war das für mich auch noch nicht möglich, heute könnte ich das. Damals stießen wir schnell an unsere Grenzen, mangels handwerklichem Können und mangels ausreichender Technik. Wir waren ja alle noch Studenten der Wiener Filmakademie. Wir haben wahnsinnigerweise den gesamten Ballsaal, den Keller und die Nebenräume ausgeleuchtet. Nachdem dieses Licht ständig die Atmosphäre gestört hat, durfte es nicht die ganze Zeit aufgedreht bleiben, sondern nur zeitweise. Und wenn es an war, wußten die Leute: Aha, jetzt sind sie da, jetzt wird gefilmt. Damit war natürlich alles schon vorbei. Wir waren einfach nicht imstande, alles zu filmen, was interessant gewesen wäre. Ich war damals auch fürchterlich enttäuscht, als ich das gedrehte Material gesehen habe. Ich habe es Monate liegen lassen und wollte den Film anfangs gar nicht fertig machen.

Trotzdem vermittelt Ihr Film diese Stimmung der tolerierten Obszönitäten sehr schön. Vielleicht auch deshalb, weil Sie sich nicht nur auf die Ereignisse der eigentlichen Ballnacht beschränken, sondern auch die Kehrseite zeigen: Ich denke etwa an jene Sequenz, in der sich ein junges Mädchen für den Abend zurechtmacht und ihr Ballkleid zu Hause anprobiert.

Zur Ballnacht gehören natürlich auch die Vorbereitungen zuhause. Die Kleidung ist etwas ganz Wesentliches: die weißen Kleider und die schwarzen Anzüge, die dann nur einmal im Jahr getragen werden. Für mich stellte sich die Frage, auf welche Art ich dieses aufwendige Zurechtmachen filmen sollte: Sollte ich zeigen, wie jemand ins Badezimmer geht, sich dort schminkt, ankleidet, etc.? Das wäre dann sehr brav und sehr langweilig geworden. Ich habe mich dafür entschieden zu reduzieren, damit deutlich wird, wie bereits das Ankleiden zum Ritual geworden ist.

Vor den Dreharbeiten zum *Ball* habe ich mich sehr intensiv mit den Filmen von Jean Eustache beschäftigt. Daraus entstand ganz am Anfang die Idee, die ganze Ballnacht sehr puristisch zu dokumentieren: mittels einer einzigen Kamera, die von Ort zu Ort wandern sollte. Der Plan sah vor, daß von zwölf fixen Kamarastandpunkten aus, in einer bestimmten Reihenfolge und in bestimmten Zeitabständen, die ganze Nacht dokumentiert werden sollte. Diese Vorstellung mußte ich aber schnell aufgeben, weil sie nicht zuletzt aus technischen Gründen nicht durchführbar war.

Zwischen dem »Ball« und »Good News« sind mehr als sieben Jahre vergangen, ohne daß ein Film von Ihnen im Kino gezeigt worden wäre. Was ist in dieser Zeit geschehen?

Das war die entsetzlichste Zeit meines Lebens. Ich war zur Untätigkeit und zum Warten verurteilt. Sieben Jahre Warten ist eine lange Zeit, vor allem wenn man bedenkt, daß ich nach der Fertigstellung des *Ball* von der Filmakademie weggegangen bin. Mit einer großen Erleichterung, um es kurz zu sagen. Und mit einem großem Enthusiasmus für die nächsten Pläne. Bis ich dann einsehen mußte, daß meine Vorstellungen, wie man Filme machen sollte, mich zunächst in schwere existenzielle Katastrophen führten: Es war ein beständiges Sich-über-Wasser-Halten. Natürlich hätte ich sehr schnell beim Fernsehen Fuß fassen können. Aber ich habe das immer auf Distanz gehalten, weil ich wußte, alles, was ich dort mache, nimmt mir die Zeit, die ich für meine eigenen Projekte brauche.

Sie haben in dieser Zeit einige Fernsehbeiträge realisiert. Ich war erstaunt, daß man – trotz aller Einschränkungen, die das Arbeiten fürs Fernsehen zwangsläufig beinhaltet – in diesen TV-Reportagen Ihre Handschrift wiederfinden konnte; manche Features schienen mir wie Skizzen zu späteren Kinofilmen zu sein.

Meine Fernsehbeiträge sind für mich nicht relevant. Ich habe sie mir auch nie wieder angeschaut. Ich versuchte damals einfach, Geld zu verdienen und innerhalb gewisser Spielregeln meine Arbeit zu machen. Aber es stimmt, ich habe nie gesagt, na ja, das wird jetzt irgendwie heruntergewurstelt. Ich habe mir immer etwas einfallen lassen. Als ich zum Beispiel diesen Zehn-Minuten-Beitrag für 3SAT gemacht habe, über die jüdische Gemeinde im zweiten Wiener Bezirk, habe ich dafür wochenlang recherchiert und hätte mit dem Material ohne weiteres einen einstündigen Film machen können. Ich habe diesen Beitrag ohne Kommentar abgeliefert, was natürlich zu heftigen Diskussionen in der Redaktion führte. Man hat ihn dann doch gesendet, weil man gesagt hat, 3SAT ist noch in der Versuchsphase, da soll man doch ein bißchen offener sein gegenüber solchen Dingen. Damals gingen solche Sachen dort noch, heute wohl nicht mehr.

Wenn Sie trotzdem einen gesprochenen Kommentar in Ihren TV-Reportagen eingesetzt haben, dann scheint mir, wollten Sie öfters an Grenzen gehen: Wenn etwa in einem Kurzreport über alte Menschen in Wien einmal gesagt wird, daß in diesem Altersheim doch alles in Ordnung sei, aber das Bild genau das Gegenteil zeigt, dann entsteht eine Spanne zwischen Bild und Kommentartext, die eine durchaus subversive Qualität besitzt.

Man kennt ja diese üblichen TV-Kommentare, die immer in einer fürchterlich beruhigenden und beschönigenden Weise gesprochen werden. Ich habe versucht, eine Diskrepanz zu schaffen zwischen den Bildern und dem Kommentar, indem ich einfach einen gängigen Kommentar genommen und eine Spur übertrieben habe und dazu andere Bilder als gewohnt stellte. Es war ein Versuch. Ich weiß nicht, ob er wirklich gelungen ist. Denn man ist diese Art des Kommentars, diese unglaublichen Begleittexte, im Grunde schon so gewohnt, daß man deren Zynismus gar nicht mehr wahrnimmt.

Eine andere Form der Irritation haben Sie in Ihrem Fernsehporträt des Karikaturisten Haderer ausprobiert. Dort spielt eine Nachbarin des Zeichners eine wichtige Rolle, und man weiß nie genau, ob sie nun eine Schauspielerin oder eine wirkliche Nachbarin ist.

Das war im Grunde eine sehr simple Überlegung: Der Haderer ist ein Künstler, der am Schreibtisch arbeitet. Filmisch gibt das denkbar wenig her. Und ihn zwanzig Minuten sprechen lassen, das wollte ich ebensowenig wie lediglich seine Cartoons abfilmen. So bin ich auf die Idee mit der Nachbarin gekommen. Das war eher eine Überlegung der Dramaturgie. Daß man dann nicht weiß, ist sie wirklich die Nachbarin vom Haderer oder spielt sie es nur, ist natürlich gut.

Sie haben einmal davon gesprochen, daß die Darsteller in Ihren Filmen ihr eigenes Leben spielen. Eine Arbeitsthese, die, wörtlich genommen, die Grenzen des Dokumentarischen überschreitet.

Der Begriff der Inszenierung läßt viele gleich an den Spielfilm denken. Man denkt dabei an Schauspieler, an Rollen, etc. Aber man könnte das vielleicht anders benennen: Man könnte sagen »gestalten«. Dann gibt es diese Grenze nicht mehr zwischen fiktionalem und dokumentarischem Film. Denn gestalten muß man ja in jedem Fall, auch im Dokumentarfilm. Dann ist diese Grenze, die sagt, ab hier wird inszeniert, nicht mehr so eindeutig gezogen. Die Darsteller in meinen Filmen haben natürlich eine Rolle, weil ich ihnen Dinge vorgebe. Andererseits spielen sie nicht, weil sie sich vor der Kamera nur so geben können, wie sie sind. Würde man ihnen etwas vorgeben, was sie nicht sind, dann sind sie zwangsläufig unglaubhaft und machen Dinge, die für den Film nicht zu gebrauchen sind. Ich kann ihnen als Regisseur nur Dinge anbieten, die sie sowieso machen würden.

Liegt in dem, was Sie über die Grenzen zwischen Fiktion und Dokument sagen, eine gewisse Unzufriedenheit mit den herkömmlichen Methoden des Dokumentarfilms?

Vielleicht. Ich möchte woanders hinkommen. Natürlich interessiert mich auch das rein dokumentarische Drehen: der Versuch, bloß dabei zu sein und nichts zu beeinflussen. Aber vielleicht ist es mir einfach zu wenig, aus diesem Material einen Film zu machen. Es gibt eben nicht nur »einen« Weg für Dokumentarfilme. Das Wichtigste ist für mich, wenn die Form mit dem übereinstimmt, was man sagen will. Man muß sich einfach darüber im klaren sein, welche filmischen Mittel man gebrauchen will. Sonst kann man auch einen Essay schreiben oder eine Fotostory machen.

Ein Dokumentarfilm für das Kino muß heute komplex gestaltet werden:

Er muß Beziehungen schaffen zwischen verschiedenen Realitäten. Jeder von uns ist gefüttert mit Fernsehbildern, die entscheidend in unseren Alltag eingreifen. Wenn ich einen Dokumentarfilm machen will, der über dieses Niveau hinausgeht, dann muß ich mir etwas überlegen. Dann muß man zum Beispiel, wie ich es in *Good News* versucht habe, verschiedene Welten gegenüberstellen, von denen man zuerst nicht annimmt, daß sie etwas miteinander zu tun haben. Was hat, auf den ersten Blick, ein Zeitungskolporteur mit einem Tierarzt zu tun? Zunächst erst einmal gar nichts. Erst wenn es gelingt, diese Bausteine so zusammenzustellen, daß sich eine Emotion einstellt, dann resultiert daraus vielleicht ein übergeordneter Sinn.

In »Good News« treffen zwei völlig verschiedene Stilmittel aufeinander: die virtuosen, rein dokumentarischen Entdeckungsfahrten in urbane Hinterhoflandschaften und die strengen, inszenierten Tableaus im Inneren der Wiener Wohnzimmer. Haben Sie diese Konfrontation als bewußte Provokation geplant?

Ja, allerdings wußte ich nicht, ob das alles funktionieren würde. Es war ein Risiko; und der einzige, der an den Film geglaubt hat, war sowieso nur ich. Meine Mitarbeiter haben sich dauernd gefragt, wie aus diesem unterschiedlichen Material jemals ein Film werden sollte. Zwar konnte ich die angesprochene Gegenüberstellung nicht von vornherein einsetzen als ein Mittel der Provokation. Aber ich wußte, daß der Film beim Zuschauer etwas aufreißen würde. Und wenn er das durch diese Art der Konfrontation geschafft hat, dann ist es gelungen. Zudem finde ich, daß ein Film zwangsläufig provokant ist, der Kolporteure zeigt, die in völlig verrotteten Verhältnissen dahinvegetieren, und wir nehmen das als selbstverständlich hin.

Andrerseits sind es eher die starren Bilder der Wiener Wohnzimmer, die zur eigentlich bedrückenden Szenerie geworden sind. Wie sind Sie vorgegangen, um diese Stilleben zu bekommen?

Das ist viel einfacher als man denkt. Die Aufnahmen sind vielleicht von der Wirkung her frappierend; nur, der Weg dahin ist kein besonderer. Da ich dem Leben der Kolporteure den Alltag des österreichischen Zeitungslesers gegenüberstellen wollte, habe ich mir überlegt, wie ich das zeigen könnte, ohne diese langweiligen Fernsehbilder zu kopieren. Diese Bilder kennt man ja, und man empfindet nichts mehr dabei. Es ging mir also darum, ein Kürzel zu finden, das interessant ist und trotzdem adäquat ausdrückt, was ich zeigen wollte. Durch die Reduktion, die komprimierte Erzählung des jeweiligen Tagesablaufs, bekam ich dann jene Monotonie des Alltags, die für mich so erschreckend ist.

ULRICH SEIDL

Diesen Versuch, ein filmisches Kürzel für komplexe Zusammenhänge zu finden, beschreiben sehr schön Ihre seriellen Montagen: in der Rasenmäher-Sequenz von »Good News« etwa oder später im Stakkato der Küchenmaschinen von »Mit Verlust ist zu rechnen«?

Ja. Dort sind es wieder ganz bewußte Reduktionen. Denn wenn ich jemanden zeige, wie er staubsaugt, vielleicht mit einem Kommentar, der sagt: »Und jeden Tag tut Frau Soundso von sieben bis neun Uhr staubsaugen«, dann ist das einfach jemand der staubsaugt, langweilig und banal. Wenn ich das aber nicht will, dann muß ich versuchen zu übertreiben. Ich muß versuchen mit Bildern ähnlichen Inhalts eine Melodie zu schaffen. Dadurch wird das Geschehen zwar vereinfacht, aber es wird auch etwas erkennbar gemacht.

Was vielen von »Good News« in Erinnerung geblieben ist, sind die Alltagsbilder der orientalischen Wiener Kolporteure. Wie war es möglich an einem für die Blicke Fremder so verschlossenen Ort wie einer Moschee drehen zu können?

Man muß sich gut vorbereiten. Es reicht nicht, daß man einmal hingeht und dann erwartet, daß man gleich drehen kann. Im Zuge meiner Recherchen habe ich die Orte und Menschen dort sehr gut kennengelernt. Ich war oft mit den Kolporteuren zusammen, habe die Moscheen besucht und dort auch gebetet und habe dadurch ein gewisses Vertrauen gewonnen. Das hat mir ermöglicht, mich freier unter ihnen bewegen und schließlich dort filmen zu können. Die Szene in der Moschee haben wir sehr oft gedreht, da ich in diesem Bild sehr vieles gleichzeitig haben wollte – etwas, das nur an einem Abend in der Woche, zum Freitagsgebet, in einer Spanne von lediglich fünfzehn Minuten geschieht. Das Ganze war zudem technisch sehr schwierig, denn es ging mir ja darum, diese Insel, auf der das Einkaufen, Essen, Waschen und Beten noch eine Einheit bildet, so zu zeigen, wie ich es erlebt hatte.

Daneben zeigt der Film die Arbeitssituation der Kolporteure: das gefahrvolle Verkaufen auf den Straßen, die willkürliche Gehaltspolitik der »Mediaprint«, die zynischen Überwachungsfahrten durch Kontrollbeamte. Haben Sie jemals eine Reaktion von dieser Seite bekommen?

Die »Mediaprint« hat sehr klug auf den Film reagiert, indem sie versucht hat, ihn einfach totzuschweigen. Ihre Strategie war, möglichst nichts darüber zu sagen oder zu schreiben.

Die einzige Reaktion von dieser Seite habe ich nach einer Vorstellung des Films von einem Kontrolleur bekommen, der meinte, daß der Film zu einseitig sei und daß er nur zeigen würde, wie die Kolporteure bestraft werden, dabei würden sie ja auch belohnt. Darauf meinte ich, daß es doch wohl eher die Kontrollen seien, die den Alltag der Kolporteure bestimmten. Seine Reaktion hat mich dann überrascht, denn er schien irgendwie etwas eingesehen zu haben, als er meinte: »Na ja, wenn ich nicht selber bei dem Verein wäre, dann tät' ich den Film vielleicht auch gut finden.« Das war eine bestimmte Art der Einsicht, die mir gefallen hat.

Der Publikumserfolg von »Good News« war wahrscheinlich auch für Sie eine Überraschung. Glauben Sie, daß dieser Erfolg es anderen Dokumentarfilm-Projekten danach leichter gemacht hat, finanziert zu werden?

Man ist dem Dokumentarfilm gegenüber jetzt viel offener geworden als zuvor. Es scheint, daß man den Dokumentarfilm jetzt will. Früher wollte man ihn nicht. Als ich damals *Good News* eingereicht habe, bin ich zunächst auf taube Ohren gestoßen. Viele sagten damals – auch Filmemacher selbst –, daß es ein Blödsinn sei, Dokumentarfilme für das Kino machen zu wollen. Man darf hier nicht nur die Gremien dafür verantwortlich machen: Die meisten Filmschaffenden selbst denken so in Österreich. Für die meisten ist der Dokumentarfilm weiterhin ein Film zweiter Klasse. Aber viele haben ihre Meinung ändern müssen: Man hat einfach gesehen, daß der Dokumentarfilm eine Öffentlichkeit hat und daß durch ihn, auch im Vergleich der Kosten, viel mehr in Bewegung gebracht wird als durch die meisten heimischen Spielfilme. Ich denke, da haben einige Leute einiges einsehen müssen.

Als ich zum ersten Mal von ihrem Vorhaben hörte, nach »Good News« einen Film im ländlichen Bereich zu drehen, war ich nicht erstaunt. Denn ich glaube, daß Ihre Auseinandersetzung mit der österreichischen Provinz noch lange nicht abgeschlossen ist. Was war Ihr Ausgangspunkt, als Sie begonnen haben, »Mit Verlust ist zu rechnen« zu drehen?

Meine persönliche Begegnung mit Paula Hutterova. Ich bin ihr eines Tages zufällig begegnet, und sie ist mir nicht mehr aus den Kopf gegangen. Ich bin immer wieder hinaufgefahren zu ihr, mit ihr durch das Dorf Safov spaziert und habe mir vieles von ihr zeigen lassen. So hat alles angefangen. Später wollte ich die österreichisch-tschechische Grenzsituation einbeziehen, weil ich zwei Welten vorfand, die zwar nahe beieinander lagen, die aber völlig verschieden voneinander waren. Denn längst war das so euphorisch gefeierte Verschwinden des Eisernen Vorhangs durch eine andere Grenze ersetzt worden: einer Grenze zwischen arm und reich.

Dann habe ich den Witwer Josef Paur während eines sogenannten Grenztreffens kennengelernt, den Waldviertler, der auf der Suche nach einer Frau war. Daraus ist dann die Idee entstanden, die Liebesgeschichte zwischen dem Sepp und der Paula zu verfolgen. Ich wollte daraus einen kleinen, persönlichen Film machen. Das interessierte mich mehr, als das Schicksal zweier Orte diesseits und jenseits der Grenze zu zeigen.

Die »Liebesgeschichte« zwischen Paula und Sepp ist das Zentrum des Films: War es nicht ein großes Risiko für das Gelingen des Films, sich auf die Entwicklung dieser Beziehung zu verlassen?

Natürlich war es ein Risiko. Aber ich wußte, wenn aus der Geschichte mit Sepp und Paula nichts wird, dann würde sich schon irgendetwas anderes daraus entwickeln. Ich rechnete damit, daß sich die Situation mit der Zeit irgendwie verändern würde. Aber wohin das gehen würde, das wußte ich nicht. Es wurde dann ein Problem, als offensichtlich wurde, daß die Paula den Sepp nicht will. Der Sepp ist dann störrisch geworden, als er von der Paula die Abfuhr bekommen hat, und wollte auch nicht mehr mitmachen.

Die Geschichte von Sepp und Paula haben wir ja auch nicht chronologisch miterlebt, wie sie im Film gezeigt wird. Das war alles viel komplizierter: Einmal ging es einen Schritt vor, dann wieder einen Schritt zurück. Die Paula war während der ganzen Drehzeit sehr unterschiedlich zum Sepp: Es gab beispielsweise einmal eine Situation, wo die beiden miteinander nicht mehr konnten, weil die Paula zu ihm garstig war, als er sie küssen wollte und sie nicht wollte. Dann ging es eben nicht, daß wir, wie vorgesehen, am nächsten Tag drehen konnten. Darauf mußte man sich eben einstellen.

Rein dokumentarisch sind eigentlich nur noch die Alltagsbilder der Dorfbewohner des tschechischen Dorfes: Aufnahmen eines Lebens, die den Eindruck vermitteln, als befände man sich wirklich am Ende der Welt.

Immer wenn ich nach meinem Verhältnis zu dieser Gegend gefragt werde, dann sage ich, daß für mich zwei Dinge grundlegend sind: einerseits eine gewisse persönliche Freiheit, die die Menschen dort noch kennen. Man muß nicht so angepaßt sein, und das Leben ist noch nicht so reglementiert wie bei uns. Wenn einer ein Spinner ist, dann kann er das sein. Wie dieser Mann, der sich vor der Kamera auszieht. Das kann man so unvermittelt in Österreich nicht filmen. Das findet man hier nicht. Darum habe ich diese Szenen auch in den Film hineingenommen, weil ich sie typisch finde für diesen Landstrich. Diesen Eintänzer findet man dort auf jedem Fest, er tanzt immer allein, die ganze

ULRICH SEIDL

Nacht. Und er wird nicht weggeschafft, denn der Bürgermeister sagt nicht, der schadet unserem Ort, das gibt ein schlechtes Bild, wie es in Österreich mit Sicherheit wäre, wo man die Fremdenverkehrsorte von Flüchtlingen säubert, weil diese das Ortsbild stören.

Die andere Seite ist natürlich die unvorstellbare Verkommenheit, die dort herrscht und die man filmisch bei weitem nicht tranportieren kann. Das ganze soziale Leben ist dort völlig zerstört. Alles ist desolat. Die Männer betrinken sich jeden Abend bis zur Bewußtlosigkeit, gehen nach Hause, schlagen die Kinder, schlagen ihre Frauen: Es gibt keine einzige intakte Familie mehr. Irgendwie scheinen auch in dieser Hinsicht Tabugrenzen gefallen zu sein. Jeder kann das halten, wie er will. Und man glaubt nicht, daß dies alles so nah ist: Safov liegt eine Stunde von Wien entfernt.

Im Unterschied zu »Good News« haben Sie sich diesmal für einen sehr einheitlichen Charakter des Films entschieden: wohl mit ein Grund dafür, daß Ihnen häufig vorgeworfen wird, die geschilderten Ereignisse durch die Inszenierung zu entstellen?

Mir ist in den Diskussionen zum Film aufgefallen, daß sich viele einfach nicht vorstellen können, daß das von mir Gezeigte wirklich so ist. Und meistens kam der Vorwurf, daß dies nicht »wahr« sei, einfach daher, daß viele es nicht »wahrhaben« wollten. Der Film hält, wie alle meine Filme, dem Zuschauer einen Spiegel vor, in dem sich eben viele wiedererkennen. Und wenn dieses Wiedererkennen Unbehagen auslöst, dann ist es halt das Einfachste, wenn man sagt, das gibt es nicht, das hat der Filmemacher bewußt entstellt.

Viele wollen nicht einsehen, daß die filmische Beobachtung, wenn sie etwas wert sein soll, immer verbunden ist mit Emotionen. Erst wenn eine Beobachtung für mich so stark ist, daß sie mich emotional packt, dann filme ich sie. Und das heißt dann, daß ich mich damit natürlich in gewisser Weise identifiziere. Aber das muß noch lange nicht heißen, daß ich alles und jeden, den ich in meinen Filmen zeige, lieben muß. Das ist mir zu einfach.

Ulrich Seidl

geboren 1952 in Wien, studierte von 1978 bis 1982 an der Wiener Filmakademie.

Filme : 1980 »»Einsvierzig«; 1982 Der Ball«; 1984 »Look '84« (unvollendet); 1989 »Krieg in Wien« (Co-Regie, zusammen mit Michael Glawogger); 1990 »Good News: Von Kolporteuren, toten Hunden und anderen Wienern«; 1993 »Mit Verlust ist zu rechnen«. Seit 1984 diverse Auftragsarbeiten für ORF und 3SAT.

Andreas Ungerböck

DIESES GAR NICHT SO NAIVE VERLANGEN
Götz Spielmann und seine Filme

»Hört man mich draußen?«, lautet der zentrale Satz in Götz Spielmanns drittem längeren Spielfilm *Vergiß Sneider!*. Es ist der erste Satz, mit dem ein Spielmann'scher »Held« versucht, aus der Isolation hervorzutreten. Vorher, sowohl in *Fremdland* als auch in *Abschied von Hölderlin* befanden sich die Protagonisten in – wenn auch unterschiedlichen – hermetischen Situationen: *Fremdland* zeigt uns einen Buben und einen Senner auf einer entlegenen Alm in Vorarlberg, völlig aufeinander angewiesen, was den zwischenmenschlichen Kontakt betrifft, wortkarg, nur mühsam eine Kommunikation aufbauend, nur hin und wieder durch »verirrte« Touristen in Kontakt mit der »Realität«, der Außenwelt.

In *Abschied von Hölderlin*, so scheint es, ist der Rückzug ein vollkommener, eine Wendung nach innen vollzogen: Der grübelnde, selbstzweiflerische Dichter, der sich in die Abgeschiedenheit seines Elfenbeinturmes flüchtet, dem Ideal Hölderlin hinterherdichtend, nur wenig mehr berührt von Raum und Zeit. *Vergiß Sneider!* führt diesen Ansatz zunächst weiter: Lange bleiben die Menschen in einem Raum zusammen, isoliert von einer (postapokalyptisch verseuchten?) Außenwelt. Nur aus zweiter Hand erfahren sie von dem, was draußen vorgeht. Fast leblos, wie angeordnet zu einer mikroskopischen Beobachtung, agieren die Protagonisten in den ersten drei Werken. Symptomatisch ausgedrückt ist das in einer kleinen, aber sehr wichtigen Szene in *Fremdland*: Aufgeregt deutet der Bub auf den Kalender, der seiner Meinung nach den falschen Monat zeige. Das sei egal, antwortet der einsilbige Senner, denn auch das Jahr stimme nicht. Das setzt sich fort in *Hölderlin*: Vergangenheit und Gegenwart, Erinnerungen und Erlebtes sind nur noch undeutlich zu unterscheiden, spielen auch keine wirkliche Rolle mehr, und es setzt sich fort in *Vergiß Sneider*. Es ist ein Musiker, also ein Künstler, der mit der Frage, ob man ihn »draußen« auch spielen höre, den Schritt aus dieser Abgeschlossenheit wagt.

Der Filmemacher (also Künstler) Spielmann, so kann man in der Folge beobachten, hat sich mit diesem Film aus einer stark von formalen Kriterien dominierten »Phase« verabschiedet – hin zu einem betont an den Geschichten orientierten Kino. *Erwin und Julia*, *Der Nachbar* und die Fensehfilme *Dieses naive Verlangen* und *Angst vor der Idylle* sind Ausdruck dieser Auslotung neuer Möglichkeiten. In den handwerklichen Voraussetzungen immer sicherer geworden, hat Spielmann den Elfenbeinturm der einigermaßen spröden Erstlingsfilme verlassen, um sich »den Menschen« zu widmen.

Ein solch groß angelegtes und an tückischen Fallen reiches Unterfangen kann nur jemand in Angriff nehmen, der die Zeit und die Geduld aufbringt, »den Menschen« zuzusehen und zuzuhören, ihre Beweggründe zu verstehen, ihre Stärken und Schwächen zu erkennen. *Erwin und Julia* führt zwei junge Leute zusammen, die nicht wirklich füreinander geschaffen sind – einen erfolglosen angehenden Schauspieler und eine desillusionierte Kellnerin. Es gehört zu den Stärken des Films, daß die beiden am Ende einander nicht »kriegen«, daß sie ihre zusammengeworfenen Einsamkeiten nicht als Zweisamkeit mißverstehen. Es zeugt von der Klarsicht des Regisseurs, dieses so unterschiedliche Paar nicht mit einem aus dem Hut gezauberten Happy-End in eine Scheinwelt zu entlassen.

Auch *Der Nachbar,* nach vielen Schwierigkeiten entstanden und nach – trotz internationaler Festivalerfolge – langer »Wartezeit« im Sommer 1993 doch noch in Wien ins Kino gekommen, verweigert sich der falschen Idylle. Auch hier zwei einsame Menschen: ein alter Mann und seine junge Nachbarin, eine Tschechin, die sich als Peep-Show-Girl verdingt. Die scheinbar rührenden Versuche des Pensionisten, sich um die junge Frau (und deren Tochter) zu kümmern, werden zusehends verzweifelter, fordernder, bedrohlicher. Man ist an Simenon erinnert, an Ödön von Horvaths *Geschichten aus dem Wiener Wald* (und Alfreds Drohung »Du wirst meiner Liebe nicht entkommen«). Indem er diese beiden Namen evoziert, ist auch die Qualität des Films hinreichend umrissen: eine universell gültige Geschichte, die doch – vom Milieu, vom Ambiente her – sehr gut nach Wien paßt, in die Welt der Zinshäuser in recht schäbigen, aber niemals denunzierten Vorstadtgegenden, mit Romantauschgeschäft und Kanarienvogel, dem Wirtshaus am Eck, in dem man sich sein Essen mitnehmen kann, und dem billigen Glamour trister Peep-Shows.

Ein Wien, das wie Wien ausschaut und nicht versucht, Manhattan oder die Bronx zu sein, das ist einer der Vorzüge dieser drei Filme. Auch die Personnage paßt dazu: Strizzis, Sentimentale und Selbstmitleidige, gescheiterte Bohemiens, Leute, die große Pläne schmieden und doch nirgendwo landen. Oder? Kehrt der ewig mit sich und der Welt unzufriedene Poet in *Erwin und Julia* noch desillusioniert nach Wien zurück, kaum daß er es für einmal verlassen hatte, bahnt sich in *Dieses naive Verlangen* ein Aufbruch an: nach Amerika, weg aus der trügerischen Sicherheit einer Gesellschaft von ähnlich mittelmäßig Erfolgreichen. Man muß die Metapher nicht dramatisieren, aber dieses »nach Amerika« verheißt einen weiteren Schritt weg aus der Isolation des Ewiggleichen, ist das »Hört man mich draußen?« der neunziger Jahre: eine dynamische Bewegung, die diametral der Statik der ersten drei Werke entgegengesetzt ist. Daß sein letzter Film dann *Die Angst vor der Idylle* heißt, kann da gar nicht mehr überraschen.

Beobachtet man die Entwicklung Götz Spielmanns über die Jahre hin, stellt man fest, daß er – mit seinen Figuren – einen weiten Weg gegangen ist. Von einer »nicht klar definierten Herkunft« ausgehend, dreht er mit siebzehn Jahren seinen ersten Film (*Es geht nicht, Steiner*), der im Fernsehen gezeigt wird – nicht zuletzt wegen seines »brisanten« Themas: Schülerselbstmord. Seine drei schon erwähnten Filme laufen bereits im Kino, während er an der Filmakademie studiert. Noch an der Akademie schreibt er einen sehr kritischen Aufsatz über die Zustände an der Hochschule. Aus seinem Bewußtsein heraus, nichts als selbstverständlich zu betrachten, sich alles erst erarbeiten zu müssen, aber auch aufgrund seines nicht unbedingt einfachen Verhältnisses zur österreichischen Filmkritik und zu einigen seiner Kollegen, sieht er sich gerne als Außenseiter, als derjenige, dessen Platz in der hiesigen Filmlandschaft zu definieren sich gar nicht erst lohne, weil er ohnehin darüber hinausstrebe. Der (Nicht-mehr-)Kämpfer gegen österreichische Film-Windmühlen, der romantische Desperado, das ist ein Image, das Götz Spielmann sorgsam hütet, auch und immer wieder im Gespräch. Es scheint so, als beziehe er aus dieser von ihm abgesteckten Position die Kraft, das Ganze zu sehen und sich davon ein Bild (bzw. die Bilder für seine Filme) zu machen. Doch auch hier ist Bewegung auszumachen: In dem Maße, wie Spielmann auf konkrete, nicht von der Realität abgekapselte Situationen zugeht, scheint ihm »die Welt« entgegenzukommen, nimmt man die positiven Reaktionen auf *Der Nachbar* und *Dieses naive Verlangen* zum Maßstab.

Die Spannung zwischen seiner Neigung, sich abseits zu halten, und seiner Sehnsucht, verstanden zu werden, mag ihn vorantreiben, wie sie seine Figuren vorantreibt. Der Optimismus, den er sich mittlerweile zugesteht, findet sich – wenn auch nicht linear und schon gar nicht bedingungslos – in seinen Protagonisten wieder. Die Überzeugung, etwas zu sagen zu haben, was auch andere hören wollen, ist der Antrieb zu seinen Geschichten, die er daher auch immer überzeugender erzählt.

Gespräch mit Götz Spielmann

Wurden Sie in Ihrem filmischen Schaffen durch Ihre Herkunft geprägt?
Was mich sicher beeinflußt hat, ist, daß ich keine klar definierte Herkunft habe. Ich bin in Wien in sogenannten Proleten-Gegenden aufgewachsen, zuerst in

Hernals, dann an der Peripherie, in Stadlau, wo ich ganz eindeutig nicht dazugehörte und mich nicht anpassen konnte. In meiner Kindheit war ich sehr oft in Tirol, weil mein Vater Tiroler war. Dort war ich dann wiederum der »Wiener«. Es war eigentlich, wo immer ich mich aufgehalten habe, nie etwas selbstverständlich für mich, und das, glaube ich, hat mich sehr geprägt. Insoferne bin ich vielleicht auf der Suche nach dem Wien, in dem ich arbeite und lebe – und das kommt in meinen Filmen vermutlich zum Ausdruck.

Gibt es dabei für Sie filmische Vorbilder?

Vorbilder nicht, weil ich sehr intensiv und – wie ich hoffe – relativ unbeeinflußt nach meinen Filmen suche. Es gibt eine Handvoll von Regisseuren, die ich für die größten halte: Fellini, Tarkovskij, Rossellini, Sternberg, Stroheim. Dann noch Ingmar Bergman – das ist ein großer Handwerker. Von ihm kann man viel lernen, wenn mir auch seine Darstellung schuldbewußter, sich die Haare raufender Menschen fremd ist. Fritz Lang weniger, der ist mir ein zu schematischer Regisseur. Wie Alfred Hitchcock, in dessen Filmen ich eine ungeheure Mathematik spüre – das behagt mir nicht. Die Filme pulsieren nicht. Das ist eiskalt, präzise, in Szene gesetzte Schablone, Demonstration von Regie. Das ist etwas, das mir nicht das Herz erwärmt beim Zuschauen, wenn auch die Geschichten geeignet wären, mich zu packen, aber dieses höchst gekonnte Kalkül, mit dem die beiden inszenieren – und sie sind sehr ähnlich von ihrer Haltung gegenüber der Formsprache –, das interessiert mich eigentlich nicht.

Das Perfekte interessiert Sie also nicht?

Das Perfekte eigentlich schon, aber nicht das perfekt Gekonnte. Wenn das bewußte Können ein dermaßen überrepräsentierter Bestandteil des Machens ist, dann ist es nicht mehr interessant, weil es nicht mehr lebendig ist.

Wie stehen Sie zu den großen Amerikanern? Hawks, Walsh oder Ford beispielsweise?

Das sind sehr zeitverhaftete Regisseure. Wenn man ein Filmliebhaber ist, freut man sich an dieser versunkenen Welt, wie ein Archäologe sich freut über irgend einen Maja-Tempel im Dschungel, aber für mich als in der Gegenwart lebenden Menschen ist das völlig unerheblich. Ich glaube, das spannendste Kino ist zwischen 1945 und 1975 in Europa gemacht worden.

Kritiker hoffen aber auf die Wiederkehr des Genrekinos ....

Das ist absurd, weil dieses Filmemachen in hohem Maße von dem System, das damals eben herrschte, geprägt wurde. Diese Bedingungen wird es nie mehr geben, genauso wie es keine Nouvelle Vague mehr geben wird ohne die damals herrschenden Bedingungen. Aber auch ein Fellini oder ein Tarkowskij können für mich kein Vorbild sein, denn die hatten beide perfekte Studiosysteme zur Verfügung. Und sie waren Meister darin, dieses ganz große Orchester einer perfekten Infrastruktur für künstlerische Zwecke zu nützen. Wenn ich mir das zum Vorbild nähme, wäre das nur lächerlich, denn ich muß mit ganz anderen Bedingungen umgehen und aus ganz anderen Bedingungen versuchen, etwas für mich Wesentliches zu formulieren. Insofern sind diese Träume von der großen Zeit kontraproduktiv, sowohl in puncto Schaffung einer hiesigen Filmkultur oder einer filmisch relevanten Situation als auch beim Beurteilen dessen, was wir hier machen.

Sie haben einmal einen kritischen Text zur Filmakademie geschrieben. Glauben Sie, daß sich seither etwas geändert hat?

Das weiß ich nicht. Für mich war es letztlich ziemlich gut, dort zu sein. Zu der Zeit, als ich an der Filmakademie war, hat sie, was die Filme betrifft, die dort gemacht wurden, sicherlich zu den besseren Schulen in Europa gehört.

Haben Sie Ihr Urteil etwa revidiert? Der Text zur Filmakademie hatte einen anderen Tenor.

Vieles an der Filmakademie ist auch positiv zu sehen, z. B. konnte man eine gewisse Freiheit haben, wenn man sie überhaupt wollte. Ich lebte dort drei, vier Jahre lang als Filmemacher, machte einen Film, wenn ich einen machen wollte oder wenn ich das Gefühl hatte, wieder etwas zu sagen zu haben.

Ich habe interessante Leute kennengelernt. Ich habe durch Axel Corti, bei dem ich studierte und der mich machen ließ, mich unterstützte, wenn es notwendig war, und mir ansonsten Freiheit gab, viel profitiert.

Was an der Filmakademie sicher schlecht war, war, daß von der Schule her sehr wenig für eine konstruktive Auseinandersetzung getan wurde. Es wurde nicht auf eine spannende Art und Weise mit der Zeit, mit neuen Strömungen im Filmemachen, mit gedanklich filmüberschreitenden Ansätzen gearbeitet. Schlecht war auch eine unerhörte miesmacherische Stimmung, die dort herschte, die teilweise von den Studenten selber kam und von der Atmosphäre der Stadt selbst. Wien ist ja überhaupt eine destruktive Stadt.

Inwieweit kann man Filmemachen »lernen«?

Ich glaube eigentlich nur an den autodidaktischen Weg. In der Renaissance gab es eine Malerschule, die die nächste Generation ausbildete. Da es diese Tradition nicht mehr gibt, kann es auch keine gute Schule geben. Das kann

GÖTZ SPIELMANN

man sich nur selber zusammenklauben aus dem Chaos der Zeit, dem Chaos der Gegenwart. Es gibt nicht mehr *das* Filmemachen, das man vermitteln könnte oder lernen muß. Es gibt handwerkliche Dinge, die nie aufhören, gültig zu sein, es gibt dramaturgische Grundregeln seit Homer, die man einmal lebendig verstanden haben muß, um sie selber anzuwenden oder sie zu durchbrechen. Aber letztlich muß man Autodidakt sein, und darum ist dieses Gejammer, wie schlecht eine Filmakademie ist, nicht sonderlich relevant.

Ihr Akademiejahrgang war ein recht vielversprechender. Warum haben so wenige von diesen Leuten bis heute als Filmemacher durchgehalten?

Das liegt in hohem Maße an der österreichischen Filmszene, in der es keine ernsthafte Auseinandersetzung mit dem Nachwuchs gibt. Es ist hart. Man muß obsessiv sein, um den permanenten Anfeindungen und der Miesmache standhalten zu können. Das ist sicher das Schwierigste, daran scheitern viele, das saugt einen aus, das nimmt einem die Kraft.

Zweitens muß man sehr lange sehr hart und sehr schlecht bezahlt arbeiten, etwas, das nicht viele durchhalten, wenn man doch schon in der Werbung arbeiten könnte oder beim ORF. Es gibt einige, die so dachten: Jetzt mache ich das einmal, dann habe ich Geld, dann richte ich mir die Wohnung ein – und dann schreibe ich wieder für meine eigenen Filme. Das geht natürlich nicht. Man muß dranbleiben und in der Ratlosigkeit umherwaten – und zwar solange, bis man sie überwunden hat. Man hat von den äußerlichen Existenzbedingungen her kein sehr attraktives Leben, weder vom geistigen Umfeld noch vom Materiellen her. Es ist kein Wunder, daß wenige versuchen, diesen Weg zu Ende zu gehen, daß viele abspringen.

Woher nehmen Sie die Kraft, weiterzumachen?

Ich habe gar nicht das Gefühl, viel Kraft zu haben. Mein Selbstverständnis ist: Ich wünsche mir häufig sehr viel mehr Kraft, Konzentration und Beständigkeit, als ich schaffe, aufzubringen. Wesentlich ist für mich, daß ich es eigentlich für das spannendste Leben halte, sich mit dem Leben zu beschäftigen. Da paßt für mich Filmemachen dazu, aber nicht notwendigerweise. Es geht mir zuerst um den Menschen. Mit Filmen kann ich dieser Obsession auch in der Arbeit nachgehen. Meine Arbeit ist dadurch sehr in Übereinstimmung mit meinem Leben. Das ist an sich ein großes Privileg, egal wie erfolgreich man darin ist.

Ihr Cutter Hubert Canaval beschreibt Sie als Regisseur, der »Kino gegen den Zeitgeist« macht.

Das ist schön gesagt. Es ist, würde ich sagen, meine größte Sehnsucht, daß die Dinge wieder zusammengehören, daß diese Zersplitterung im Denken, im Leben, im Tun aufhört, daß das wieder zusammenfindet unter einen gemeinsamen Nenner welcher Art auch immer. Ich sehe auch Ansätze dazu, aber nur im Untergrund unserer Gesellschaft, nicht im Zeitgeist. Ich versuche auf meine Art und in meiner kleinen Welt, mit meinen bescheidenen Möglichkeiten und meinem bescheidenen Vermögen, dem näherzukommen.

Deswegen interessiert es mich überhaupt nicht und ganz dezidiert nicht, mich in die Filmgeschichte einzuordnen. Die Zeit ist vorbei, wo das interessant war, es hat nichts mehr zu bedeuten, außer daß es eine Möglichkeit ist, mit postmoderner Zitatkunst noch ein bißchen zu glänzen und zu schimmern. Aber wirklich spannend ist es, ganz neu zu suchen und ganz neu zu beginnen. Ich habe auch das Gefühl, daß man das tun muß.

Das klingt jetzt absurd, aber daher kommt es, daß in meinen letzten Arbeiten das Formale sehr reduziert ist im Gegensatz zu etwa den Filmakademie-Filmen. Das ist natürlich eine Entwicklung, die mich auch angreifbarer macht. Aber für mich ist es deswegen eine Notwendigkeit, weil das Formale für mich das Alte ist. Die Kunst dieses Jahrhunderts hat von formalen Aufbrüchen gelebt, und das ist an einem toten Punkt angelangt. Daher habe ich eigentlich relativ viel Verständnis für Anfeindungen. Ich habe so sehr das Gefühl, zu suchen und mich gefährlich auf das Beginnen einzulassen, daß man schon sehr genau sein müßte, um das in meiner Arbeit zu entdecken. Wenn man das nicht ist, sieht man daher nichts in meiner Arbeit.

Höre ich recht: Verständnis für Anfeindungen?

Ich habe immer wieder den Vorwurf gehört, meine Filme seien altmodisch. Aber ich behaupte ruhigen Gewissens, darauf warten zu können, welche Filme älter ausschauen in ein paar Jahren: das, was jetzt hochmodisch ist, aktuell, am Puls des Zeitgeistes, oder meine. Meine Filme können nicht altmodisch sein, weil mein Denken und Leben nicht vergangenheitsorientiert ist.

Was bedeutet das Wort »modisch« für Sie?

Modisch zu sein ist nichts Neues. Modisches Verhalten gibt es seit Anbeginn der Kultur – ebenso eine un-modische Gegenhaltung. Was ich für neu halte in unserer Zeit, ist, daß mittlerweile die Gegenhaltung selbst nichts als modisch ist und systemimmanent. Die scheinbare Verweigerung, die scheinbare Subversion, die in Wirklichkeit schon im Feuilleton der *Welt* gelobt wird und niemanden stört, und niemanden regt es auf und niemanden attackiert es. Eine scheinbare Avantgarde beherrscht die Kunstwelt, ein scheinbares Außenseitertum. In Wirklichkeit ist es nur die Medaille, die man umdreht. Ich glaube schon, ein wirklicher Außenseiter zu sein, darum verstehe ich auch irgendwo, daß man es auch nicht wirklich bemerkt, weil das schon eine sehr eigenartige und seltsame Position ist. Das, was mir an äußeren Schwierigkeiten erwächst aufgrund dieser Haltung, das gleicht sich aber aus durch die tiefe Sicherheit, die sie mir manchmal gibt.

Wird es einem Künstler zu leicht gemacht, modisch zu sein?

Ja, vor allem in der Kunst fällt das Scheitern nicht so auf. Wenn man als Arzt mit Krebs zu tun hat oder mit Umweltkrankheiten, dann ist man gezwungen, über die klassischen Voraussetzungen seiner Wissenschaft hinauszudenken, wenn man die Kraft dazu hat. Das Scheitern wird einem drastisch vor Augen geführt. In der Kunst gibt es kein Scheitern mehr, weil sie viel zu beliebig geworden ist.

Welchen Platz nehmen Sie in der österreichischen Filmszene ein?

Ich habe aufgegeben, mich dafür zu interessieren. Ich tue mir sehr schwer mit diesen ganzen komischen Blöcken und Lobbies, die es hierzulande gibt und die schon extrem undurchlässig sind, und zweitens war das nie – in keiner Art und Weise – mein Maßstab. Was mich in Gang bringt, sind eigentlich nicht österreichische Filme. Ich schaue mir vieles an, und manches ist interessant, einiges nur aufgrund der Nähe, aber ... Ich habe überhaupt kein österreichisches Denken, ich habe auch nicht das Gefühl, das Selbstverständnis, ein österreichischer Filmemacher zu sein, obwohl ich es andererseits in hohem Maße bin, weil ich halt wirklich – zumindest in diesen letzten Filmen – mit hiesiger Realität umgehe, was ganz wenige tun, was sich ganz wenige trauen oder was ganz wenige interessant genug finden.

Es gibt ja so eine fatale Sehnsucht nach internationaler Anerkennung, in der sich nur falsches Selbstbewußtsein spiegelt. Mich freut das, wenn sich etwas tut, denn dann kriege ich ein bißchen mehr Spannung mit, und es ist mehr Elektrizität in der Luft, was sicher hilft. Andererseits habe ich mich schon lange anderswo orientiert und bin nicht mehr wirklich abhängig davon. Ich bin zu jeder Mitarbeit bereit, aber ich kämpfe nicht mehr darum, gehört zu werden, weil es mir zu klein ist. Mir ist tatsächlich Österreich zu klein. Das klingt komisch – ich bin ja nicht der Kreisky – , aber es ist so.

Ein Satz von Ihnen lautet: »Spielfilme macht man ja nicht zur Selbstanalyse«. Ist das wahr? Das erstaunt mich doch sehr – vor allem bei jemand, der auch die Bücher selbst schreibt.

Um es genauer zu sagen: *Ich* mache Spielfilme nicht zur Selbstanalyse. Natürlich arbeitet man in hohem Maße mit sich selbst, und letztlich kann ich auch keine Figur erfinden, die nicht doch auch irgendwie in mir drinnensteckt. Aber es ist doch ein Unterschied, ob man sich selbst als Material einbringt oder ob die Zielrichtung die Analyse seiner selbst ist. Da würde ich den Spielfilm für ein sehr ungeeignetes, weil sehr unbewegliches Medium halten. Man kann nur in sehr kleinem Maße spontan agieren, schon durch den Apparat, mit dem man arbeiten muß, durch die lange Planungszeit, usw.

Zweitens ist das Hauptmaterial des Spielfilms die Realität, die Oberfläche der Dinge und nicht die Innenseite. Das wäre für die Selbstanalyse eine der ungeeignetsten Methoden. Es gibt natürlich einen sehr konkreten und greifbaren Zusammenhang zwischen Leben und Kunst. Ich glaube, daß das Leben, das man lebt, die Kunst prägt, die man macht. Ich habe keinen Film gemacht, der sich Autobiographisches zum Ziel genommen hätte, ich habe aber auch keinen gemacht, der nicht auch von meiner Autobiographie geprägt ist, auch wenn das vielleicht nur eine »emotionelle Autobiographie« ist oder eine gedankliche, die da konkret einfließt. Mich interessiert es viel mehr, mit meinen Filmen etwas von der Welt zu verstehen als von mir.

Weshalb Sie die Welt und die Menschen sehr genau beobachten ....

Ja, ich hoffe. Ich habe mir mittlerweile eine sehr vorurteilsfreie Neugier auf Menschen erworben.

Wie vermeiden Sie die falsche Romantik »fremder« Milieus,
etwa die der billigen Peep-Show in »Der Nachbar«?

Ich vermeide das gar nicht. Aus der Neugier ergibt sich auch eine Klarsicht. So etwas passiert nur, indem man zu sehr in sich und zuwenig in die Welt schaut. Als Mann ist mir natürlich eine Hurenromantik vertraut, das ist ja eine männliche Sehnsucht, nur hat es nichts mit der Realität der Frau zu tun. Wenn ich einen Film mache, in dem eine Frau vorkommt, interessiert mich da die Frau und nicht, wie ich sie sehe. Es ist auch etwas Merkwürdiges, daß Figuren von selber zu sprechen beginnen, daß sie Dinge sagen, die man nicht geplant hat, man wundert sich, was die Figur, die man erfunden hat, sagt. Ich glaube, das kommt aus einer Konzentration auf die Sache. Das ist etwas sehr Würdiges, sich auf Dinge konzentrieren, sich auf Gegenstände zu konzentrieren. Man kann das nicht im Bereich der Analytik, des Bewußtseins. Konzentration ist etwas viel Höheres als Intellektualität. Wirkliche Konzentration entsteht aus einer Verbindung von Emotion und Intellekt. Es ist etwas Ganzheitliches. Auch wenn sie auf ein winziges Detail gerichtet ist, steckt in ihr der Kosmos.

Darum kann man sie sich nicht erklären, weil sie sich eben in hohem Maße aus nicht intellektuellen Mechanismen aufbaut.

Wie wichtig sind Gefühle, Emotionen in Ihren Filmen?

Ich glaube an die subversive Kraft der Emotion, weil sie nicht so leicht zivilisierbar ist wie das Denken. Man sieht das ja an bestimmten Schicksalen, wie da plötzlich bei irgend jemand eine Emotion aufbrechen kann, und der zerstört sich oder jemand anderen. Ich meine, daß im emotionellen Leben tatsächlich eine viel, viel größere Vielfalt und Lebendigkeit – wenn auch im Verborgenen – herrscht als im nichtemotionellen Bereich. Gedanken sind einander viel ähnlicher als Emotionen. Darum faszinieren sie mich so sehr, weil sie verborgen sind und weil sie sehr reich sind und weil sie deswegen so stark wirken im Hintergrund der Menschen. Diese Moden, über die wir zuerst gesprochen haben, die ich mit einer gewissen Verachtung und mit Haß betrachte, wenn es intellektuelle Moden sind: Auch da stecken eigentlich nichts als Emotionen dahinter. Das ist ja auch eine Art von Sehnsucht, die sich halt intellektuell verbrämt.

Wie filmt man Wien? Wo liegen da die Gefahren, die Fallen, in die man tappen kann?

Wenn ich hier drehe, dann filme ich ja nicht Wien, sondern ich mache einen Film, der in Wien spielt. Was mir wichtig ist, was vielleicht überhaupt für meine Arbeit wichtig ist, ist, daß ich sehr genau und vorurteilslos – nämlich auch ästhetisch vorurteilslos – zu schauen glaube. Ich habe oft das Gefühl, daß in den Provinzen – auf der Welt – der Blick der Bewohner bereits von den Medienerzeugnissen der Metropolen getrübt ist und daß sie ihr Umfeld im Grunde so sehen wollen wie das, was sie hauptsächlich sehen, im Fernsehen zum Beispiel, oder was sie hauptsächlich spüren, in der Musik, die sie hören. Davon sehe ich mich relativ unbeeinflußt. Ich habe mir nie vorgenommen, Wien zu filmen, schon gar nicht, Wien anders zu filmen, sondern da waren halt mehrere Filme in Wien, und da schaut man halt genau. Wobei ich Wien für eine äußerst spannende Stadt halte von ihren Möglichkeiten. Es ist natürlich oft genug eine erbärmlich langweilige Stadt, gerade wenn man meinem Beruf nachgeht, aber als Stadt und als Möglichkeit ist das eine unerhörte Metropole – diese ganzen Schichten an Geschichte, diese Schichten an Traditionen verschiedenster Art und Weise, diese immer noch spürbaren Nachwirkungen des k.u.k. Reiches, die verschiedenen Völker, die diese Stadt mitgeschaffen haben, das ist eigentlich schon eine Kostbarkeit, wenn man von der schlechten Laune, die ihre Bewohner ausstrahlen, absieht.

Eine Gefahr steckt sicher in der langen und großen Kulturtradition Wiens. Eine Kultur bringt immer auch Klischees hervor; es besteht die Gefahr, daß man diesen Klischees verfällt, daß man ein Wien filmt, das es gar nicht gibt oder nicht mehr oder das es wahrscheinlich nie gegeben hat. Die andere Gefahr ist eher die der Gegenwart, daß man Wien nicht mag und es gern zu etwas anderem machen würde mit seinen Bildern, als es ist. Das geht ja: Wenn man in irgendeinem In-Lokal dreht, kann das genauso in Berlin oder Seattle stehen.

Wie arbeiten Sie mit Schauspielern? Man hört allgemein, Schauspieler seien von Ihnen sehr angetan, auch wenn sie noch nicht mit Ihnen gearbeitet haben. Wie kommt das?

Ich kann das sehr schwer sagen. Es fragen mich manchmal auch jüngere Kollegen, wie man mit Schauspielern arbeitet, und man kann es nicht wirklich erklären. Schauspieler sind für mich in erster Linie einmal Menschen. Wenn ich Schauspieler treffe, interessiert mich einmal der Mensch, der das ist, und ich versuche, dem Menschen auf die Spur zu kommen. Wenn ich eine Spur finde oder ein Gefühl habe für das, was der Mensch ist, dann habe ich auch eine Phantasie dazu. Das ist das eine, und Menschen sind sehr verschieden, also muß man sie auch ganz verschieden behandeln, wenn man mit ihnen umzugehen hat. Da gibt es nicht eine Vorgangsweise, die für »den« Schauspieler stimmt. Eines gilt aber immer: Ein Schauspieler geht völlig anders an die szenische Arbeit heran als alle anderen Beteiligten, nämlich von innen heraus. Es ist ein völlig anderer Blickwinkel und eine völlig andere Art, zu denken und zu empfinden, als z. B. die eines Regisseurs. Was, glaube ich, meine Fähigkeit ist, daß ich die völlig andere Gedankenwelt spüre, die in einem Schauspieler vor sich geht, und daß ich im Grunde auf seiner Ebene mit ihm rede, in seiner Art zu denken mit ihm rede und nicht auf meiner, der Ebene des Regisseurs. Mit meinem Kameramann rede ich ganz anders über eine Szene als mit einem Schauspieler, und wenn mir etwas nicht gefällt, was ein Schauspieler spielt, oder wenn ich etwas anderes haben will, dann beschreibe ich ihm nicht, was ich sehe und was ich gerne anders sehen würde, sondern ich spüre eigentlich seine Gedanken im Hinblick auf das, was mir als nicht richtig erscheint, und suche für ihn und gemeinsam mit ihm nach einem Blickpunkt und einem Gedanken, der das zur Folge hat, was ich mir vorgestellt hatte. Die Kunst beim Schauspielerführen ist, von dem Denken, das man selber hat, abzusehen und sich in der Gedanken- und Emotionswelt eines Schauspielers aufzuhalten, wenn man mit ihm kommuniziert.

Das heißt, es bleibt wenig Platz für Improvisation.

GÖTZ SPIELMANN

Ja, die gibt es eigentlich nicht in meinen Filmen. Ich will sie nicht und sehe sie auch nicht als sonderlich interessant an, auch deswegen, weil für mich alle Elemente eines Films sehr eng beisammen sind. Wirkliche Improvisation – wenn man sagt: So ungefähr soll das werden, schauen wir einmal, was passiert – bedeutet ja auch eine Kamera-Improvisation, bedeutet eigentlich auch eine Schnitt-Improvisation.

Schwingt da nicht die Angst mit, die Dinge könnten außer Kontrolle geraten, Ihr Arbeitskonzept könnte gestört werden?

Ich würde nicht sagen Angst, aber sicherlich würden da die Dinge außer Kontrolle geraten ...

Es interessiert Sie gar nicht, daß da – zumindest theoretisch – etwas Spannendes herauskommen könnte?

Für meine Arbeit, nein. Ich will nicht improvisieren. In meiner Arbeit ist genug Platz für alle Mitarbeiter, daß sie ihre Kraft und Phantasie einsetzen können – nur unter sehr präzis umrissenen Voraussetzungen eben. Im allgemeinen arbeiten die Leute auch sehr gerne mit mir und fühlen sich da nicht irgendwie tyrannisiert oder selbstentfremdet. Es ist ja auch nicht so, daß man eine vorgegebene Ordnung unbedingt als Unfreiheit empfinden muß. Im Gegenteil, manchmal verzweifelt man doch an der völlig ordnungslosen Freiheit, in der es keinerlei Haltepunkt gibt. Ich inszeniere extrem genau mit Schauspielern, aber nie sie überfordernd, denke ich. Wenn ich spüre, daß ein Schauspieler ein Gefühl von Überforderung oder zu großer Einengung hat, dann ist mir sofort die Ungenauigkeit lieber. Das ist zwar dann schade für mich, aber es ist das Wichtigere. Die Arbeit mit Schauspielern ist etwas ganz, ganz Spannendes, eben weil es eine Arbeit mit Menschen ist, und etwas sehr Wichtiges, weil ich von Schauspielern schon sehr viel von der Kraft zurückbekomme, die ich investiere.

Als Regisseur haben Sie also alles im Griff?

Ich weiß nicht. Mein Selbstbild ist in erster Linie das eines Künstlers, der Filme macht, Spielfilme obendrein, wobei Film sicher die Kunstform mit dem aufwendigsten und dem ungenauesten Apparat ist von allen, am ungenauesten zum Handhaben, die Kunstform, bei der man am meisten abhängig ist von allem möglichen. Schon das Gesicht eines Schauspielers ist von einem Leben geprägt, das mit dem Film nichts zu tun hat, und trotzdem ist es Bestandteil dieses Films, dieses andere Leben. Mein Bild vom Künstler ist schon das von einem Menschen, der ein persönliches Werk zu schaffen versucht, und das bedeutet für einen Filmregisseur, daß er auf sehr vielen, gänzlich unterschiedlichen Gebieten eine Art Fachmann sein muß, um da nicht von Zufällen abhängig zu sein, die mit seinem Bild, das er im Kopf oder in der Seele hat, im Grunde nicht konform gingen. So ein Regisseur zu sein ist auch handwerklich eine höchst mühsame und höchst schwierige und langwierig zu lernende Sache. Von der Wirkung einer Kamera etwas zu wissen, von den Möglichkeiten von Ton oder Musik so viel zu wissen, um selber Einfluß nehmen zu können, wo es Spezialisten gibt, das verlangt schon sehr viel. Ich habe immer versucht, das dadurch zu erreichen, indem ich nicht größer gefilmt habe, als ich es verstanden habe. *Fremdland* ist formal ein ganz einfacher Film, fast ohne Kamerabewegungen, mit Laien, nicht mit Berufsschauspielern, außer den zwei Touristen, die da auftauchen. In *Vergiß Sneider!* gibt es erstmals eine Explosion an Kamerabewegungen, das war ein formal höchst komplizierter und stringenter Film, da sind ja fast nur Kunststücke drinnen. Ich täusche auch formal nichts vor, was ich nicht spüre.

In *Der Nachbar* gibt es erstmals einen bewußt souveränen Umgang mit den Möglichkeiten, mit allen kinematographischen Erzählmethoden. Das war für mich, so rein emotional, der Film, wo ich formal nicht Neuland betrete, sondern wo ich das Bisherige in konzentrierter Form anwende, in einer gewissen Gelassenheit. Das hat aber nichts mit Routine zu tun, routiniert ist da überhaupt nichts. Wir können uns da sehr quälen, ob man mit einer Szene Schuß-Gegenschuß macht oder nicht, das kann eine qualvolle Entscheidung sein.

Was ist Ihre Schuß-Gegenschuß-Philosophie? In Ihren Filmen scheint mir das eher prägnant und sparsam eingesetzt, oft fast schon vermieden, könnte man sagen.

Jeder Dutzendregisseur bei Fernsehserien hat nichts leichter parat, als einander ständig anquatschende Köpfe wechselseitig abzufilmen. Es ist aber andererseits die Urerfindung des Films. Als der Film erstmals Schuß-Gegenschuß verwendete, hat er erstaunt innegehalten und festgestellt, daß er jetzt absolut nicht mehr Theater ist. Es ist – so oft das auch aufs Dümmlichste mißbraucht wird – eine der schönsten filmischen Möglichkeiten und die mit Abstand schwierigste. Schuß-Gegenschuß ist unerhört kompliziert zu inszenieren und richtig einzusetzen. Vor allem ist es schwer, weil bei Schuß-Gegenschuß ein großer Reichtum an sehr subtilen Möglichkeiten vorhanden ist.

Ebenso wie Schuß-Gegenschuß ist auch der Schnitt etwas unerhört Mißbrauchtes. Wir bemühen uns darum, daß Schnitte etwas bedeuten. Das macht die Sache natürlich komplexer und schwieriger, wenn man den Schnitt als filmische Möglichkeit begreift und nicht als Notwendigkeit. Im Grunde ist ein

Schnitt ja eine unerhört vehemente Aussage: Wenn man ein Bild verläßt und ein anderes hart dranschneidet. Wir sehen das heute vielleicht nicht mehr so, weil wir z.b. aus den amerikanischen Filmen gewöhnt sind, daß permanent Schnittsalven und eine Scheinbewegung durch rasante Schnitte stattfinden.

Wie wichtig ist für Sie die Musik? Bisher haben Sie sie ja relativ sparsam eingesetzt.

Ja, aber doch von Film zu Film immer mehr. In *Fremdland* gibt es eigentlich keine Musik, in *Abschied von Hölderlin* gibt's eine Musiknummer, die in ganz verschiedener Gestalt auftaucht, die sich im Grunde zum Menuett findet, zu dem er, der Verrücktgewordene, dann tanzt. In *Vergiß Sneider!* gibt es ironisch eingesetzte Musik, Musikzitate. In *Erwin und Julia* empfinde ich den Einsatz der Musik gar nicht so als sparsam, das ist ein eher unbekümmerter Umgang mit Filmmusik, und in *Der Nachbar* ist die Musik sehr präzise durchkomponiert.

Wie ist eigentlich Ihr Verhältnis zur Filmkritik?

Es geht nicht um einzelne Kritiken, sondern um das Grundgefühl, und das war bei allen – bei allen – Filmen ein eher ablehnendes, sagen wir einmal, am stärksten bei *Abschied von Hölderlin*. Und trotzdem: Über längere Sicht dreht sich das plötzlich um, treffe ich Leute, die etwas über die Filme wissen, mir Geschichten aus den Filmen erzählen. So sehr ich mich mißhandelt fühle in der raschen, vordergründigen und auch oberflächlichen Rezeption, wie sie einfach Journalismus bedingt, so sehr habe ich immer mehr das Gefühl, daß meine Arbeit langfristig und langsam und auch auf unspektakuläre Weise Wurzeln schlägt. Es passiert mir gerade in letzter Zeit oft, daß ich ganz starke Reaktionen bekomme auf meine Arbeit, meistens nicht von Intellektuellen, aber auch natürlich nicht von irgendwelchen Menschen von der Basis – die sehen ja die Filme nicht. Ich bin mittlerweile relativ optimistisch geworden, was die Wirkung meiner Arbeit betrifft. Nur: Die Rezeption meiner Arbeit ist auch vielleicht ein bißchen so wie die Arbeit selbst: Es kommen schwer und kaum rasche Effekte zustande; die Filme selbst haben auch keinen raschen Effekt, da ist nichts die Nerven Kitzelndes, Vordergründiges.

Ist der Eindruck richtig, daß Sie seit dem »Nachbar« optimistischer geworden sind?

Ich spüre in mir einen ganz starken Optimismus, der seltsamerweise parallel läuft zu einem immer größerem Pessimismus oder, besser gesagt, Realismus, was die Entwicklung dieser Welt – und auch meine Möglichkeiten in ihr – betrifft. Trotzdem wächst eigentlich meine gute Laune und mein Optimismus dem Leben gegenüber. Ich hoffe, daß sich das in meinen künftigen Arbeiten zeigen wird. Dabei gibt es natürlich schon auch ein gewisses gestalterisches Problem. So wie Schuß-Gegenschuß das Schwierigste ist, formal, so ist erzählerisch das Happy-End das Schwierigste, weil es eine dermaßen mißbrauchte Form ist, weil es eine billige Zufriedenheit auslösen kann, weil es im Grunde sehr leicht eine Ruhigstellung des Zuschauers darstellt. Darum habe ich da eine gewisse Vorsicht, sagen wir einmal, und bin vielleicht noch nicht so weit, um ein Happy-End zu können, oder auch nicht so weit, es zu wollen, bzw. diesen meinen prinzipiellen Optimismus, der sich ja, denke ich, auch in meiner Zuneigung zu meinen Figuren zeigt und auch darin, daß ich überhaupt Filme mache, dazu zu benützen, es meinen Figuren leicht zu machen und auch nicht den Geschichten und auch nicht dem Zuschauer. Ich habe eine gewisse Sehnsucht danach, meiner Arbeit eine auch vordergründig positive, optimistische Ausstrahlung zu geben. Aber für diese Sehnsucht bin ich und sind meine Figuren nicht bereit, zu schummeln. Es geht aber in keinem meiner Filme darum, Ausweglosigkeit zu zeigen, ich zeige immer einen Kampf, eine Bewegung, einen Versuch, das zu überwinden, einen ungeschickten, vielleicht untauglichen, aber immerhin einen Versuch: Das heißt, ich zeige Figuren, die sehr stark handeln, und das empfinde ich prinzipiell einmal als etwas Optimistisches. Das empfinde ich auch als etwas, was erzählenswert ist. Zu zeigen, wie furchtbar alles ist, im Unglück zu wühlen und zu waten und aus ihm ausschließlich zu schöpfen, das genügt nicht, um etwas mitzuteilen. Das ist eine platte, uninteressante Mitteilung.

Ein großes Kunstwerk besteht für mich darin, daß es einerseits realistisch eine gewisse Ausweglosigkeit zeigt, daß es andererseits aber Kräfte entwickelt, die um ein bißchen stärker sind als die Hoffnungslosigkeit, der es sich aussetzt. Also Ausweglosigkeit und Utopie. Nur die Utopie zu zeigen, weil man die Realität nicht sieht, macht Spaß, ist vielleicht besser, als verzweifelt zu Hause zu sitzen, aber ein wirklich kräftiger Zugang zur Welt ist das nicht.

Können Sie sich vorstellen, einmal keine Filme mehr zu machen?

Ja. Man muß das ja alles nicht tun, es geht ja vor allem ums Leben. Man muß ja nicht ein Künstler sein, um gut oder richtig zu leben. Filmemachen ist für mich halt bis jetzt die richtigste und spannendste Form, zu leben und zu arbeiten. Ich arbeite sehr viel. Arbeit ist kein störendes Element in meiner sonstigen Existenz. Das ist vielleicht auch eines der faszinierenden Dinge am Filmemachen, vor allem beim Drehen, daß in einer unerhörten Spannung und Dichte Leben und Arbeiten eins sind. Man dreht diesen Film, aber man lebt auch sehr stark dabei, mir geht es zumindest so. Man lernt so viele Dinge kennen, man hat so viele intensive Auseinandersetzungen mit Menschen, daß ich gar nicht auf die Idee komme, eine Arbeit zu tun. Würde man es als reine Arbeit sehen, das wäre entsetzlich.

Götz Spielmann

geboren 1961 in Wien, 1980 bis 1986 Studium an der Wiener Filmakademie, lebt als Autor und Regisseur in Wien.

Filme (Auswahl): 1984 »Fremdland«; 1985 »Abschied von Hölderlin«; 1987 »Vergiß Sneider!«; 1990 »Erwin und Julia«; 1992 »Der Nachbar«; 1993 »Dieses naive Verlangen« (TV); 1994 »Die Angst vor der Idylle« (TV).

Bert Rebhandl

WAHRHEIT IN FALSCHEN TÖNEN
Peter Zach und seine Filme

»Malerei, Lyrik und Musik sind Kommunikationsformen, die über den gewöhnlichen Gebrauch von Wörtern hinausgehen und die nichtsdestoweniger fundamental wahr sein können. Ich komme nicht darum herum einzugestehen, daß fast alles, was ich mache, für die Mehrheit der Leute marginal ist.« (Fred Frith)

1.

Würde der österreichische Jazz-Musiker Walter Malli zu knappen Formulierungen neigen, das einleitende Zitat seines britischen Kollegen Fred Frith könnte ohne weiteres auch von ihm stammen. Und würde man den österreichischen Regisseur Peter Zach, der über Malli seinen ersten abendfüllenden (Dokumentar-)Film gedreht hat, fragen, ob nicht auch für seine derzeitige Position als Filmemacher gelte, was Frith für die niemals mehrheitsfähigen Dichter, Maler und Musiker festgestellt hat, er würde vermutlich beipflichten.

Berechtigtes Selbstvertrauen bei weitgehender Nichtbeachtung durch eine Öffentlichkeit, die in den Mainstream-Spielarten von Kultur genug Zerstreuung hat, findet seinen Ausdruck häufig in interessanten Crossover-Allianzen. Walter Mallis Kooperationen mit dem Wandergitarristen Eugene Chadbourne oder mit den Free-Jazzern Radu Malfatti und Harry Sjörström kann man dabei durchaus ähnlich werten wie sein Einverständnis, mit Peter Zach einen Film zu machen: als Experiment, in dem sehr unterschiedliche Beteiligte sich in etwas sehr Originäres finden.

In Gesprächen mit Peter Zach kehrt dieser Gedanke in vielen Variationen wieder: Was muß alles zusammenkommen, daß am Ende etwas Substantielles entstehen kann? Den Film *Malli – artist in residence* kann man unter diesem Aspekt getrost als exemplarischen Glücksfall betrachten. Er setzt mit filmdokumentarischen Mitteln eine Anatomie der österreichischen (Lebens-)Künstlerexistenz fort, die in jüngerer Zeit unter anderem in den (Selbst-)Inszenierungen Thomas Bernhards (zum Beispiel auch für Ferry Radax) und in dessen Monologkünstlern einen Höhepunkt erreicht hatte. Die prekäre öffentliche Rolle des Künstlers und sein ambivalentes Verhältnis zum »Staat« läßt sich aber als österreichisches Grundthema bis zu Grillparzer zurückverfolgen.

Über Malli in diesem Zusammenhang nachzudenken, ist eine der möglichen Lesarten von Peter Zachs Film, die dieser zwar nicht forciert, aber sowohl thematisch wie auch formal nahelegen könnte.

2.

»Ich darf alles sagen. Von mir erwartet man sich, daß ich sage, was man nicht sagen darf«, äußert Malli an einer Stelle zu seinem Sohn. Er weiß nur zu gut, was die Öffentlichkeit (und sei sie auch nur durch ein kleines Filmteam vertreten) von ihm erwartet: den stellvertretenden Exzeß, den Skandal, mindestens ein starkes Wort. Malli und Zach genügen dieser Konvention aber nur für einen Augenblick, augenzwinkernd fast. Sie ist nicht das eigentliche Thema ihrer Zusammenarbeit.

Trotzdem: die Erwartungen. Als Künstler könnte er der Allgemeinheit wesentlich mehr nützen, meint Malli, denn als Schloßbediensteter in Schönbrunn, als der er sein Brot verdient und den er ja trotzdem nur »spielt«: »Aber der Staat läßt mich ja nichts machen.« Der Staat läßt zwar sehr wohl, nämlich den Künstlern die Freiheit zu sehen, wo sie bleiben, aber irgendwann stellt er sich dann doch mit einem Großen Staatspreis ein. Auch das hat Malli mit Thomas Bernhard gemeinsam.

Alleingelassen vom Staat (und von den aufgescheucht anderswo herumhechelnden Medien) übt sich der Künstler in dem, was er allein oder im kleinen Kreis am besten kann: im Monolog, im Räsonnieren, in der »immer neuen Anordnung des immergleichen Blödsinns« – mit einem Wort, er redet Jazz. Es zählt zu den Qualitäten von *artist in residence,* daß er dem Sprech-Jazzer und dem Jazz-Musiker Malli gleichermaßen Raum gibt zur Entwicklung jenes unverwechselbaren Tons, den man gewöhnlich nicht immer auf Anhieb findet.

In einer Sequenz, in der Malli während einer Autofahrt eine These riskiert (»In Wirklichkeit gibt es gar kein Verständnis«), deren Begründung nicht richtig funktioniert, läßt Jiři Volbracht die Kamera laufen, bis der kurze Zeit in Gedanken versunkene Konzertreisende ins Gespräch zurückkehrt: »Deswegen sage ich ja immer, ich bin kein Musiker, sondern ein Instrumentalist.« Wie auch immer, der Gedanke erweist sich auch nach eingehender Überlegung als nicht monologisierbar.

Anders als dem Schlagersänger, der einprägsame Wahrheiten in kurze, womöglich mit Endreim versehene Verse schmiedet, steht dem Jazzer die Wahrheit nicht als Sentenz zu Gebote: Er findet sie beim »Umeinanderdenken«, oder er spielt sie auf seinem Instrument.

3.

Ganz ähnlich geht Peter Zach in seinem Film vor: Statt zu gliedern (ein Leben in seine Lebensbereiche), zu unterscheiden (Privatleben, Kunst, Brotberuf), zu konterkarieren (Pflichtbewußtsein im Beruf, Bohèmeabende bei Wein und Gesang), also: statt etwas auf den Punkt zu bringen, bringt er die Dinge in

Fluß, in Bewegung. Statt Bedeutungshierarchien zu erzeugen (schnödes Leben, hehre Kunst), widmet er den alltäglichen Verrichtungen eine geduldige erste halbe Stunde. Selten hat man etwa die Arbeitsroutine hinter den Kulissen einer Touristen-Schleuse schöner und unaufdringlicher dokumentiert gesehen als in der Szene, in der ein Schloßbediensteter in Schönbrunn seinen Rundgang macht, um die Aschenbecher zu leeren.

Was dabei auch gelingt, ist eine unaufdringliche Geographie von Wien, wie es gewöhnlicher kaum mehr sein könnte: Öffentliche Verkehrsmittel, der Naschmarkt, ein Heuriger, ein alternatives Veranstaltungslokal (in dem Volbracht mit sicherem Blick das Faktotum des Hauses, einen »Sandler«, findet und mit einer kurzen Einstellung würdigt) sind sicher nicht die Orte, aus denen »Stadtbenützer« ihre Route zusammenstellen. Die modrigen Dachböden von Schönbrunn passen da schon eher in das Bild einer Stadt, die mit dem »Weltuntergang als Institution« (Karl Kraus) lebt. So aphoristisch würde Malli aber kaum werden: »I derf an Wien net denken«, eröffnet er seinen improvisierten Talking Blues beim Spiel mit dem Musikerkollegen und Freund Oskar Aichinger.

Gelegentlich gestattet sich Zach sogar irritierende Impressionen, die schon aus dem Film hinauszuweisen scheinen, jedenfalls aber einer Bedeutung im herkömmlichen Sinn entbehren: Signifikanten, wie Zach an einer Stelle des nachfolgenden Gesprächs sagt, die auf nichts Konkretes verweisen und gerade deswegen für den Rhythmus des Films von entscheidender Bedeutung sind.

Symptomatisch dafür ist die Montage zweier Musikstücke, die Malli mit Oskar Aichinger spielt: Zuerst Malli am Saxophon, Aichinger am Klavier, beide im B.A.C.H.; dann wechseln sie mit einem kaum mehr wahrnehmbaren Schnitt die Positionen, und im Verlauf des Stückes (wieder verblüffend unsichtbar montiert) sogar das Veranstaltungslokal. Diese Lösung mag auch pragmatisch nahegelegen sein, sie bringt aber ein monologisches Prinzip zum Ausdruck, in dem das Gewicht nie auf dem einzelnen Satz (respektive Musik-Stück) liegt, sondern im Gesamten des Räsonnements.

Nebenbei findet damit die Einheit von Kunst und Leben, die im Film sogar der Friseur für sich beansprucht, auch tatsächlich eine filmische Form, die nicht sofort wieder implizite Begründungen für dies und jenes anbietet, wie sie konventionelle biographische Kurzschlüsse so oft in künstlerische Existenzen einschreiben.

4.

Die zugrundeliegende Dramaturgie nennt Peter Zach »komplementär«. Elemente des Films erhellen und nuancieren einander in ständig wechselnden Facetten. Die Begriffe, in denen Zach darüber spricht, sind nicht selten der Naturphilosophie entlehnt und suchen einen Vergleich bei Entwicklungsgesetzen des Organischen. Als »Autopoiesis« (so viel wie: »Selbstschaffung aus einem Bedingungszusammenhang«) bezeichnet er das, was der Filmemacher entstehen läßt (in Abgrenzung zu dem, worin sich der Filmemacher »selbstverwirklicht«).

Nicht zufällig hat der gebürtige Grazer, der in den achtziger Jahren auch als Filmjournalist an die Öffentlichkeit ging, 1990 ein Interview mit Peter Kubelka in der Zeitschrift *blimp*[1] in eine Erörterung des Begriffs »Poesie« münden lassen. »Die Poesie hat unmittelbare biologische Auswirkungen auf die Entwicklung der gesamten Gattung Mensch«, antwortete Kubelka damals auf die Frage nach »Poesie als evolutionäres Attribut«.

Es ist gleichermaßen Vorzug und Problem des Selbstdenkers Zach, daß ihn sein autodidaktischer Weg zu einer nicht immer leicht zu vermittelnden Sprache über Film geführt hat. Seiner Rede von »Komplementaritäten«, von »Wahrhaftigkeit im Dokumentarischen« haftet stets ein Rest Skepsis gegenüber diskursiven Annäherungen an das eigene Werk an. Von ersten Filmerlebnissen beim Grazer Forum Stadtpark über eigene Super-8-Versuche, von Aktivitäten in der Filmbranche als Publizist und Ausrichter von Veranstaltungen bis zu den verlorengegangenen ersten längeren Filmen sucht er eigenwillig und eigensinnig nach Äußerungsformen.

Die »Balkan-Situation« in Österreich, die er 1986 in einem Bericht von den Solothurner Filmtagen befand, verließ er 1989 in Richtung Berlin. Die räumliche Distanz hat seinem Film *artist in residence* vermutlich gut getan. Von seinen Arbeitsbündnissen (vor allem mit dem Cutter und Filmemacher Stephan Settele) und von einem Leben zwischen Graz, Wien und Berlin handelt das folgende Gespräch.

Gespräch mit Peter Zach

Sie scheuen sich nicht, als Bezugspunkte für Ihre Arbeit eine ganze Reihe bedeutender Namen zu nennen. Was haben denn die Arbeiten so verschiedenartiger Dokumentarfilmer wie Klaus Wildenhahn, Frederick Wiseman, Robert Gardner, Richard Leacock, Joris Ivens an Gemeinsamem im Verschiedenen?

Warum sollte ich scheuen, was ich liebe und schätze? Das Gemeinsame ist eben der Dokumentarfilm, also einen Film zu machen, der mit Wirklichkeit arbeitet und die darin enthaltene Wirklichkeit zeigt. Das ist doch die grundlegende Suche der Dokumentarfilmer, vorgefundene Wirklichkeit in einen Film zu übersetzen, der diese Wirklichkeit weiterführt oder nahebringt oder Vermittler ist zwischen den Ebenen. Die Nähe, die Robert Gardner in seinem ethnologischen Film aus der indischen Stadt Benares vermittelt, würde man gar nicht bekommen, wenn man selbst hinfährt. Die bekommt man nur, weil er dort war und es so aufarbeitet, daß Leben und Sterben in Benares fast mikroskopisch vermittelt werden. Ich meine das in einem fast phänomenologischen Sinn, daß der Dokumentarfilm Ausschnitte von Realität zu Augenblicken der Sensibilität des Sehens und Hörens verdichtet, in denen Wahrnehmen in Erkennen umschlägt.

Die von Ihnen genannten Dokumentarfilmer bevorzugen ganz unterschiedliche Gegenstandsbereiche: Wiseman dreht sehr viel in Institutionen, Gardner interessierten vor allem Rituale ...

... Leacock macht Menschenporträts, auch Joris Ivens. Klaus Wildenhahns letzter Film *Freier Fall Johanna K.* ist von der Herangehensweise ähnlich wie *artist in residence*, also einfach sehr »free«.

Wildenhahn hat den Dokumentarfilm einmal begrifflich getrennt vom »synthetischen« Film. Er unterscheidet den synthetisch Arbeitenden insofern vom strengen Dokumentarfilmer, als der eine die Wahrnehmung stärker durch seinen Autorenstandpunkt strukturiert (bis in die Verzerrung durch TV-Journalisten, die ihre Bilder als Bestätigung – und nicht als Kritik – dessen suchen, was sie zu argumentieren trachten). Während der andere offen ist für das Geschehen vor Ort. Ist dieses Begriffspaar für Sie noch von Bedeutung?

Für mich ist das ein technisches Problem. Für dokumentarisches Arbeiten braucht es ein möglichst kleines Equipment und möglichst hautnahen Zugang, Direct Cinema eben. Das hat sich mit High-8, Videotechnik oder auch Super-16 sehr verbessert. Aufgrund der technisch verbesserten Mittel ist man inzwischen näher dran, hat nicht mehr den Riesenaufwand, den etwa Richard Leacock damals noch hatte, mit der 35er-Mitchell oder Panavision. Heute hat man kleinere Geräte, man fällt nicht mehr so auf, ist eingebundener in die Wirklichkeit. Wie bei allen Experimenten gilt auch dabei die Erkenntnis des Physikers Heisenberg: Man muß sich der Beobachterposition immer bewußt sein. Diese Diskrepanz wird es immer geben, das ist eine positive Dynamik, aus der entwickelt sich etwas.

Das heißt, ich würde da nicht unbedingt mehr eine Unterscheidung treffen wie Wildenhahn.

PETER ZACH

Überspitzt ausgedrückt meint Wildenhahn: »Zeit im Bild«-Material versus Bilder, deren Inhalt zu komplex für News-Häppchen ist.

In dieser Hinsicht hat Wildenhahn natürlich recht, denn eigentlich ist jede Handlung, jede Arbeit eine Frage der mentalen Einstellung. Eine Frage, wie sehr man mit »inszenatorischen Scheuklappen« herumläuft. Aber selbst, wer so arbeitet, kriegt immer noch das Dokumentarische, worunter ich die Wahrheit einer Geschichte in ihrer Zeit verstehe, mitgeliefert, auf das er eigentlich nicht scharf ist, das er eigentlich ausklammern will.

Das Dokumentarische zeigt ja immer ein ganz bestimmtes Zeitgefühl, eine bestimmte Aura, eine Möglichkeit der Sicht, das Alter eines Gesichts. Aber es altert nicht. Denken Sie an den Picasso-Film von Clouzot. Der verläßt die Dimension der Zeit und zeigt sehr präzis etwas, was schon vergangen ist und dennoch aktuell. Der Dokumentarfilm sucht ja diese Historie. Im Inszenierten, industriell Gefertigten wird das verdrängt.

Gilt das auch für ausdrücklich Partei nehmende, politisch engagierte Filme wie beispielsweise die von Joris Ivens über Vietnam oder das China der Kulturrevolution? Mißgünstige Kommentare könnten das als Propaganda abtun.

Ivens ist überhaupt nicht veraltet, sondern gewissermaßen utopistisch im Sinne eines denkbaren Lebens. Das hat nichts mit Beschönigung zu tun, sondern mit Engagement und Sympathie.

Klaus Wildenhahn wiederum, von dem Sie in Wels beim »Film Fest 1994« einen Film über den Jazzorganisten James Smith präsentiert haben, verbindet mit Jazz eine Haltung der Opposition, des Nonkonformismus, des Widerspruchs. Teilen Sie diese Haltung?

Die Idee von Opposition: Jein. Nicht nur über die Musik, sondern überhaupt über die Lebensform. Dieser ganze Anachronismus ist schon Opposition, aber die lebbare Variante davon. Für den Wildenhahn war das nach dem Krieg, nach diesen ganzen Propagandaliedern, Wanderliedern, Märschen, nach dem ganzen Gestampfe war das irgendwie eine freie swingende Musik. Jazz hat ja unheimliche Facetten, von Gospel bis Acid-Jazz. Politisches Engagement ist für mich eher eine Frage der persönlichen Haltung, wie man mit den Deformationen umgeht, die die Gesellschaft den Menschen antut.

Aber war es nicht gerade das Sperrige, Unangepaßte, Widersprüchliche am Walter Malli, das Sie bewogen hat, einen Film über ihn zu machen?

Für ihn gibt es den Widerspruch ja nicht, weil er sich als Gesamtkunstwerk sieht. Der Film sollte zuerst heißen: *Unter Aufsicht* – ein sehr existenzieller, von Genet inspirierter Titel, wo sich für ihn die Widersprüche zwar stellen, aber er sie immer überlebt. Wo er sagt, Kunst ist meine Musik nur deswegen nicht, weil sie nicht bezahlt wird wie Kunst. Ich wollte eigentlich diese Existenz zeigen, die wie Charlie Parker in der Nische lebt und sich mit einem Job in Schönbrunn durchfretten muß. Da habe ich das noch eher als Widerspruch gesehen, und deswegen hat sich dann auch der Titel geändert, weil ich im Laufe der Arbeit draufgekommen bin: Das stimmt ja so nicht, und der Film hat sich in eine andere Richtung entwickelt. Nicht mehr so »Hardcore-Zeigefingerexistentialismus«, sondern wirklich. Der Film ist jetzt einfach komplementär, sich selbst ergänzende Gesamtheit.

Was heißt das genauer?

Ich wollte die dialektische Ebene, die da drinnen ist, aufheben zum *artist in residence*. Wo es eine künstlerische Ebene ist, wo wirklich diese Risse und Widersprüche unter der Oberfläche des Gesamtkunstwerks verschwinden, wo sie also nicht mehr als einzelne Strukturelemente sichtbar sind, sondern einfach dazugehören und sich zudem die andere Seite der Medaille noch einmal sehen läßt.

Jemand hat allerdings moniert, Mallis politische Haltung hätte ausdrücklicher vorkommen können.

Ja, aber das ist eigentlich in allem drinnen, in jedem Ausdruck. Schon in diesem Wienerlied: *I derf an Wien net denken.* Da kommt es musikalisch für mich, diese ganze politische Haltung und die Situation, in der er lebt. Die Texte sind auch immer sehr autobiographisch, über das Schloß und über die Schlüssel.

Beim Pressegespräch anläßlich der Präsentation von »Malli – artist in residence« in Wels 1994 kam auch eine Frage, ob ein Dokumentarfilm nicht mehr ausdrückliche Informationen respektive so etwas wie eine explizite Message transportieren sollte. Ohne diesen Standpunkt zu teilen, fällt mir doch eine Stelle im Film ein, die ohne Hintergrundinformation über Mallis Übertritt zum Islam weniger gut verständlich ist, ja sogar als bloß kurios mißverstanden werden kann: der erste Monolog im Auto.

Wir haben damit Probleme gehabt: Man versteht den Anfang nicht. Deswegen haben wir das Bild Muhammed Malli noch mit hineingenommen, weil Malli ja mitten im Redefluß beginnt, so sprunghaft wie er ist, damit man wenigstens einigermaßen die Chance hat, mitzukriegen, um was es da geht. Wenn man den Film das zweite Mal anschaut, versteht man das ohne weiteres. Also es ist keine perfekte Stelle, irgendwie.

Es ist eine symptomatische Stelle.
Man muß das auch zulassen, daß man nicht alles versteht. Es geht eben nicht um die reine Information. Malli selbst sagt kurz darauf im Film, daß es Verstehen nicht gibt, daß es eine Illusion ist und wie ein Kameraausschnitt funktioniert. Das ist diese Position.

Diese Lösung mit der Montage verlangt aber höchste Konzentration.
Das Bild Muhammed Malli ist eine extrem kurze Einstellung.
Das ist ein Plakat von Ulrichsberg, wo er aufgetreten ist und seine Zeichnung dafür verwendet hat. Das ist ein Signifikant, der – trotzdem er so offensichtlich ist – zurückgedrängt wird durch diesen Fluß. Es ist zum ersten Mal, daß der Film zu fahren anfängt. Dort, wo es über den Wechsel in die Steiermark geht.

Wodurch erklärt sich der Ort dieser Einstellung in der Dramaturgie
des Films?
Der Film folgt quasi einer Tagesbiographie und einer Lebensbiographie. Ohne jetzt überdeutlich zu sein. Für mich ist er nicht so sehr gepflastert mit signifikanten autobiographischen Topoi, sondern eine Abfolge der »Geschichten«, die der Malli so durchlebt hat, seine musikalische Entwicklung, seine künstlerische Ader von den Tagen in der Ausbildungsklasse Albert Paris Gütersloh an, sein Weg aus der Vereinzelung bis zu Konzerten mit Freunden.

Nun könnte man gegen den Malli-Film einwenden, daß er durch
seine Form eine sehr heterogene, zumindest lange Zeit sehr zerrissene
Existenz harmonisiere. Weil der Film einen sehr abgerundeten,
abgeschliffenen Gesamteindruck hinterläßt – von seiner
Fertigungsweise, nicht so sehr von der Person Malli.
Ich habe eigentlich nicht das Gefühl, daß da etwas harmonisiert wird, sondern es soll eine Form kriegen. Es wirkt sehr homogen, aber im Prinzip nur im nachhinein. Es sind ja viele Widersprüche drinnen, wenn er am Anfang sagt, er möchte eigentlich nur daheim spielen, und dann fährt er immer auf Tournee; wenn er sagt, er möchte nur noch Fehler machen: Wenn er im Schloß Schönbrunn mit dem Telefonisten redet, dann spießt sich das ja ziemlich. Die Homogenität entsteht nur im Überblick, in der Kugelform des Lebens. Vom Weltall aus betrachtet ist die Erde sehr homogen, aber von innen her brodelt es.

Der Einsatz der Musik beispielsweise scheint mir einem fast pädagogischen, didaktischen Prinzip zu unterliegen: zuerst die leichter konsumierbaren Heurigenlieder, gegen Ende dann der radikale Free Jazz. Und insgesamt wirkt das ganze fast wie eine Bewegung in das Innere einer Musik, der sich der Film schließlich immer unmittelbarer hingibt.

Wir haben den Musikteil, der nach der ersten Dreiviertelstunde beginnt, nach dem Prinzip von Komplementaritäten gestaltet. Österreichischer Folk steht neben amerikanischem Folk, *Hip Hop Finger* hebt sich im Free Jazz auf. Am Anfang, beim Friseur, spielt er eine kurze Komposition von sich selbst, und später spielt er eine Obertonübung, die schon auf Radu Malfatti am Schluß verweist, aber noch sehr vage ist. Interessanterweise hören manche gar nicht, daß da vorn im Film schon Musik ist.

In Wildenhahns Film über James Smith gibt es einen besonderen Moment, wo sein Kameramann Rudolf Körösi Smith filmt, während der Dizzy Gillespie beim Spiel zuhört. Es ist einer jener privilegierten Augenblicke der Intensität, die bedeutende Dokumentarfilme auszuzeichnen scheinen.

Martin Schaub hat in Duisburg das Wort »Geschenk« gebraucht, für den Moment, wo eine Intensität da ist und alles zum Funktionieren bringt. Das ist der Augenblick, wo es passiert, und du bist dabei und hältst es auch noch fest. Das ist, wie wenn man einen Blitz fotografiert.

Wie hält man am Drehort, beim Warten auf das »Geschenk«, die Balance zwischen Konzentration und Entspannung?

Das pendelt ohne richtige Kontinuität. Das verdichtet sich oft plötzlich, hängt ab von Situationen und Tageseinflüssen – ob du am Vortag etwas getrunken hast beispielsweise. Man muß auch mit Kleinstgeschenken zufrieden sein.

Sie sind als Filmregisseur gewissermaßen Autodidakt. Könnte das dabei sogar ein Vorteil sein?

Eine akademische Ausbildung ist immer schlecht, man hat den Vorteil der Strukturierung und den Nachteil der Erfahrungslosigkeit. Natürlich sind alle Unis verschieden. Die Berliner Filmakademie könnte ich mir ohne weiteres vorstellen, die ist nicht so edukativ. Andererseits muß man sowieso immer die Leiter wegwerfen, auf der man raufgestiegen ist.

Sind die geglückten Momente schon beim Drehen erkennbar oder erst beim Schneiden, beim Sichten des Materials?

Das mit den Wienerliedern in der Wohnung vom Aichinger war schon beim Drehen klar, oder wie der Direktor von Schönbrunn zur U-Bahn geht und über den Arbeitsalltag spricht. Beim Konzert der *Hip Hop Finger* hingegen bin ich verzweifelt. Das war ein unglücklicher Tag, da haben wir beim Schneiden mit dem Stephan Settele einiges ausgebügelt, da war kaum Material da, und dann probiert man halt herum, und dann stimmt es doch einigermaßen. Das muß man sich eingestehen, daß es nicht nur perfektes Material ist. Das Leben ist eine Hutschen.

Wie gestaltete sich die Zusammenarbeit mit dem Kameramann?

Mit Jiři Volbracht zu arbeiten war mit vielen Schwierigkeiten verbunden, aber eine tolle Erfahrung. Am Anfang wollte ich viel schneller arbeiten, aber nach einer Woche haben wir uns im Tempo angepaßt. Für ihn war es unangenehm, eine Rolle Filmmaterial durchlaufen zu lassen. Das war für ihn Materialverschwendung, aber es ist einfach wichtig. Man braucht ein hohes Drehverhältnis, damit man diese Elemente dann hat. Unser Drehverhältnis lag etwa bei 1 zu 20. Jiři meinte, er sei zu 60 Prozent mit den Bildern zufrieden.

Warum schwarzweißes Filmmaterial?

Malli mußte Schwarzweiß sein, weil Schönbrunn so ein Gackerlgelb hat. Ich wäre genau dort hinein gefallen, wo ich nicht hin wollte. Ich hätte das Klischee bedient, diese Mozartkugelromantik. So kriegt es eine gewisse Struktur, die zwar als Schönbrunn zu erkennen ist, aber nicht unbedingt für Schönbrunn steht. Ich habe nie irgendwie eine Form bevorzugt. Malli hätte sich als Spielfilm ja auch angeboten, mit seiner Playbackmusik eine Erzählung aus dem Leben eines österreichischen Charlie Parker. Das war drinnen, aber die Wirklichkeit ist immer besser. Wenn man es dokumentarisch drehen kann, dann muß man das auch so machen.

Beim Schneiden liegt Ihnen dann sehr daran, die Verschiedenheit des Materials zu verbergen. Sie haben einmal gemeint, ein guter Schnitt müsse verheilen wie bei einem guten Chirurgen.

Genau. Am liebsten wäre mir ein Film in einer Einstellung, also neunzig Minuten durch – ein sehr natürlicher Ablauf, ein sehr natürlicher Fluß. Aber nachdem das technisch nur auf Video möglich ist ... Das müßte man inszenieren wie ein Theaterstück. Beim französischen Sender *Antenne 2* haben sie eine Serie gemacht mit Regisseuren, die eine Stunde lang eine Hi-8-Kamera nicht aus der Hand geben, quasi in einer Einstellung eine Stunde lang etwas schildern sollten. Robert Frank hat einen Teil gemacht, der irrsinnig gut ist, für den er Leute angerufen hat und gesagt hat, wir treffen uns an der und der Kreuzung zu dem und dem Zeitpunkt, dann fahren wir dorthin und so weiter. Er hat so eine Route festgelegt durch seinen Bezirk in New York, das ist ein atemberaubender Film. Eine Stunde lang geht's wirklich total zu, er trifft dauernd irgendwelche Leute, irgendwelche Betrunkene schreien im Bus herum. Das hat so etwas von dem, was ich mir wünschte: nicht einzugreifen, sondern kontinuierlich eine Geschichte zu erzählen.

Glauben Sie, daß diese Erzählform näher an der Wirklichkeit bleibt?

Ja, eben weil das ohne chirurgischen Eingriff vonstatten geht, weil das ohne Schnitt auskommt.

Ich würde gern besser verstehen, woraus diese Haltung – oder ist es eine Vorliebe? – kommt. Andere Dokumentaristen und Filmregisseure preisen die Möglichkeiten, die ihnen die Montage bietet.

So ist die Montage organischer, man montiert in der Kamera. Das kann man eben auch mit Montage erreichen, indem die Schnitte so fein gesetzt werden, daß sie nicht mehr spürbar sind oder quasi nicht vorhanden sind. Das hängt wiederum mit der Intensität der Bilder und der Geschichte zusammen. Es muß aber natürlich auch Brüche und abrupte Änderungen geben, die die Wunden zeigen, die das Drehen geschlagen hat.

Halten Sie den Malli-Film in dieser Hinsicht für gelungen?

Nein. Also, es sind sehr wenig Einstellungen. 267 sind für 100 Minuten wenig, das ergibt alle 20, 25 Sekunden einen Schnitt.

Teilt Stephan Settele, Ihr Cutter, eigentlich diese Philosophie?

Im großen und ganzen schon. Für ihn ist jeder Cut eine Notwendigkeit, er ist da viel pragmatischer als ich. Er ist viel mehr am Notwendigen interessiert, aber das reibt sich nicht. Er arbeitet unheimlich fachlich, direkt, genau. Unsere Arbeitskopie, das Muster hätte man projizieren können, so sauber war das gearbeitet.

Könnten Sie Ihre gemeinsame Vorgehensweise genauer beschreiben?

Zuerst haben wir einmal, zwei, drei Wochen jeden Tag das Material angeschaut, Notizen gemacht, ein sehr genaues Script erstellt und langsam Strukturen herausgearbeitet und dann eine Quasi-Dramaturgie entwickelt – nach hinten immer ausgefranster. Beim Ausmustern haben wir dann die einzelnen Teile genau bearbeitet und den Ausstiegspunkt bestimmt. Dann haben wir eine zweieinhalbstündige Version gehabt, die eindeutig zu lang war. Dann haben wir gekürzt, ohne die Dramaturgie noch einmal zu verändern, und dann putzt man halt im Feinschnitt noch aus, wo man wirklich erst Effizienz findet. Und so ist es auch in die Mischung gegangen. Wir haben ja nur mit zwei Bändern gearbeitet. Settele hat zum Beispiel viel besser bestimmte Töne als Schnittpunkt getroffen, das ist wahnsinnig schwer. Da braucht man schon große Sicherheit.

Einen verblüffenden Übergang gibt es innerhalb eines Lieds zwischen zwei Konzertorten, ein Schnitt, der beim ersten Hinsehen tatsächlich überhaupt nicht auffällt.

Diese Lösung fiel uns ein, als wir beim Schneiden an diese Stelle kamen. Aber auch aus einer sehr praktischen Überlegung heraus, weil der Ton in dem Wienerlied im B.A.C.H. schlechter ist als der beim Heurigen. Und nachdem wir ja immer auf Reduktion aus waren, haben wir an der Stelle gesagt: Da könnte man ja das Lied – weil es ohnehin drei Strophen hat – wechseln. Da haben wir dann lang herumgebastelt.

Aber ganz ohne schroffe Schnitte kommt auch dieser Film nicht aus.

Ja, es gibt auch diese Szene, wo er von den Fehlern redet, die er gern machen würde, und dann kommt dieser ganz harte Cut. Aber auch da ist es nicht so sichtbar, weil es dann ja genau das wieder betont, was davor gesagt wird. Er spielt ja nicht falsch, aber man könnte meinen, er spielt falsch. Da ist wieder dieses Pendeln, dieses Yin/Yang-Prinzip.

Sie haben einmal ihre Liebe zu Plansequenzen erwähnt. Woher rührt die?

Sicherlich von Godard her. In *Weekend*, wo es fast immer um zehn Minuten lange Einstellungen geht. Aber auch bei Willi Forst und bei Max Ophüls war das immer im Vordergrund. Wahrscheinlich ist es das Gefühl der Fahrt, die mich interessiert, die kontinuierliche Bewegung. Eine Art Dahingleiten im unablässigen Lebensstrom.

Ihre erste einschneidende Begegnung mit Film war aber ganz anderer Art.

Das war Peter Kubelka, meine erste Begegnung mit dem »Film an sich«. Er hat eine Vorführung gehabt im Kulturhaus Graz. In der Zeitung habe ich von einer »Filmvorführung« gelesen, keine Ahnung, was für eine, und dort treffe ich dann auf Kubelka, der mir vorgekommen ist wie ein 80jähriger – so mit Bart und irgendwie ergraut. Er war damals wohl Ende 30. Ich habe eine ganz komische Vorstellung vom Kubelka bekommen. Noch dazu hat er dort sein Lebenswerk präsentiert (er hat auch so gewirkt auf mich, wie ein verstaubter Professor). Das Lebenswerk war sehr verstörend, nachdem ich das in keinster Weise zuordnen konnte. Völlig »out of order«. Und das war schon ein Auslöser, sich zu beschäftigen. Bücher habe ich dann zu lesen angefangen, Filmanalysen, und ich habe Super-8-Filme gedreht – von Familienfilmen bis zu irgendwelchen Experimentalfilmen, wo ich Musik und Schnitt ausprobiert habe. Ich war damals 13, 14 Jahre alt.

Das war gewissermaßen Ihre Phase avant Godard.

Stimmt, dann sah ich Godard-Filme – im Forum Stadtpark. Entscheidend war die Möglichkeit, das so komprimiert zu sehen. Ich hatte die phantastische Möglichkeit, die Sachen rauf und runter zu sehen, auch in Wiederholungen (ich habe damals auch beim Vorführen mitgeholfen), und durch die Wiederholungen kommt man den Sachen auf die Spur.

Was waren dann die ersten Kurzfilme, die Sie öffentlich gezeigt haben?

Da sind einige verloren gegangen. Ein Film war über Pamplona: *Mein Kampf oder Torerrorismus*. Der Einlauf der Stiere in die Arena durch die Straßen der Stadt passiert dort mehrmals am Tag. Ich hab das mehrfach gedreht und auch als wiederholendes Moment montiert, zur Musik des *Bolero*. Der Film dauert so lang wie der *Bolero*, und es werden immer wieder Massen von Stieren und Massen von Leuten in die Arena geschwemmt. Am Ende kommt der eigentliche Stierkampf, bis der Stier dann getötet aus der Arena geschliffen wird.

Kannten Sie damals schon die Stierkampf-Filme von Budd Boetticher?

Die habe ich später dann gesehen. Ich habe auch später erst Hemingway gelesen. Damals, so um 1981, bin ich einfach herumgereist mit einer Super-8-Beaulieu-Kamera.

Wann kamen Sie in Kontakt mit der Idee der Film-Workshops, die Sie gelegentlich als wichtigen Einfluß nennen?

Wir haben einmal versucht, über die Zeitschrift *blimp* ein Workshop-Movement in Österreich zu initiieren. Ich war mit Heinz Trenczak in Hamburg und in England. Dort werden die Workshops von den Gewerkschaften (Unions) und Kulturabteilungen finanziert und von *Channel 4*. Wenn *Channel 4* einen Film zur Ausstrahlung übernimmt, dann zahlen sie das übliche Salär, das man also reinvestieren kann. Nachdem die Workshops union-orientiert waren, haben sie aus Gruppen heraus beispielsweise Programme mit jugendlichen Arbeitslosen gemacht. Die *Amber Group* in Newcastle gehört als Gründungs-

PETER ZACH

mitglied dazu wie auch *Cinema Action*. Wir haben versucht, das auf Graz zu transformieren, aber da hat niemand irgendwie Interesse gezeigt – weder Stadt noch Land noch ein Ministerium. Bei den Workshops basiert das ja wesentlich auf einer Solidaritätsebene. Diese Solidarität gibt es in Österreich nicht. Das ist eine Mentalitätsfrage. In England haben auch die Gewerkschaften einen ganz anderen »Mind«.

Wie steht es heute um den Workshop-Gedanken?

Die Idee existiert in Graz rudimentär über das *blimp*-Büro mit kleiner Ausrüstung. Man könnte etwas drehen, aber halt wirklich sehr spartanisch.

Würden Sie selbst eigentlich auch mit Videomaterial drehen oder ziehen Sie aus prinzipiellen Gründen Film vor?

Das ist eine Frage der Qualitätsrelationen. Die Form bestimmt ja den Inhalt und umgekehrt. Mit Video verändert sich auch der Inhalt, und man muß für jeden Inhalt die richtige Form finden. Nimmt man Öl für ein Bild oder malt man ein Aquarell, nimmt man Holz oder nimmt man Stein. Mein nächstes Projekt, über das Scheunenviertel in Berlin, wird auf Video gedreht werden. Auf Hi-8, was schon eine Herausforderung ist, ohne viele Mitarbeiter, man muß ganz anders herangehen.

Aber könnten Sie sich auch andere Themen vorstellen, die Sie interessieren?

Ich würde ja auch gern einen Film machen über den ORF oder über das AKH. Über den ORF einen Dokumentarfilm zu machen ist sicher irre komisch. Die Komödie der Eitelkeiten, die da abläuft – ich weiß nicht, ob sich das inzwischen geändert hat –, so etwas würde schon Spaß machen, weil man in Österreich immer das Skurrile dabei hat, das Verquere, wo man meinen könnte, das ist undenkbar, genau das passiert dann. In dieser ganzen Neidgesellschaft.

Spiegelt sich nicht auch in Mallis künstlerischer Existenz ein prinzipielles Problem von Avantgarde-Kunst, zumal in Österreich?

Sicher. Im Jazz ist der Free Jazz peripher, aber ein Peter Brötzmann kann auch davon leben. Nur in Österreich ist das noch viel schlimmer, weil das ja alles verteufelt wird: Da werden Leute als Idioten hingestellt, als Dilettanten, die nichts können – bis sie dann plötzlich einen Staatspreis bekommen. Bei der Filmavantgarde hat sich die Situation ja auch erst mit Peter Tscherkasskys Auftreten verbessert. Und daß ein Bundesminister zu Martin Arnolds Premiere kommt, das wäre wiederum in Deutschland praktisch undenkbar.

Zum Abschluß: Welcher Teil der Arbeit an einem Film ist Ihnen der liebste?

Montage ist die Kritik des Drehens, und das Drehen ist die Kritik der Idee. Das sind verschiedene Prozesse. Zum Beispiel dreht man im Winter in eisiger, arktischer Kälte, und dann sitzt man am Schneidetisch und schaut sich die Bilder an, wie eiskalt es war. Das sagt eigentlich alles aus, vor allem wie angenehm es ist, in Ruhe überlegen zu können, den Feinschliff zu machen, die Kanten zu schleifen. Da ist man dann Regisseur und greift ein. So verstehe ich meine Regiearbeit am Dokumentarfilm. Ich versuche natürlich, die Schnitte gut vernarben zu lassen, als guter Chirurg versuche ich nicht zu vertuschen, aber zusammenwachsen zu lassen. Dort setzt dann irgendwo in der Rezeption dieser Heilungsprozeß ein, dort verschwinden diese Mauern, diese Einschnitte.

Gibt es dahinter eine Philosophie?

Grundsätzlich kann man davon ausgehen, daß es keinen Zufall gibt. Wo immer man hingeht, entsteht etwas aus einem Anreiz. Aus einem inhaltlichen Anreiz entsteht so etwas wie ein Biotop, eine Symbiose aus verschiedenen Energien, die zusammen agieren: die Kamera, der Regisseur, der Produktionsleiter. Mit dem Begriff der Autopoiesis gerät man unheimlich ins Abstrakte, aber das Grundprinzip, so wie ich das verstehe, als Lebensentstehung, das ist eigentlich der wichtigste Zugang, daß es nicht eine von außen initiierte Situation ist, sondern etwas aus sich Entstehendes.

Also wohl Widersprüche, aufgehoben in einer größeren Perspektive.

Genau. Es gibt ja auch keinen Widerspruch, der nicht auszuhalten ist. Selbst Bosnien und Kroatien, es ist trotz allem auszuhalten, wie man hört und sieht.

Anmerkungen

1 Peter Kubelka, von Tina M. Stadler und Peter Zach, blimp 15/ Winter 1990, S. 4–9.

Peter Zach

geboren 1960 in Graz, Studium der Soziologie, lebt als freier Filmemacher und Autor in Wien und Berlin.

Filme (bis 1993 Kurzfilme): 1980/81 »Mein Kampf oder Torrerorismus«; 1982 »Faustschlag, Gewidmet den Helden«; 1983/84 »Reservat«; 1985 »Zeitalter H., Helmut-Eisendle-Porträt«; 1989–93 »Drivers & Bikers«; 1993 »Malli - artist in residence« (erster »abendfüllender« Film); in Vorbereitung: »Gestern, Mitte, Morgen«.

DIE AUTOREN

Christa Blümlinger, geb. 1963 in Linz, freie Filmpublizistin und Medienwissenschafterin, lebt in Wien und Paris. Forschungs- und Lehrtätigkeit an den Universitäten Wien und Salzburg, Mitglied der Gesellschaft für Filmtheorie, Kuratorentätigkeiten im Rahmen verschiedener Filmfestivals und -symposien. Bücher: *Sprung im Spiegel* (Sonderzahl 1990) und *Schreiben Bilder Sprechen. Texte zum essayistischen Film* (gem. mit Constantin Wulff; Sonderzahl 1992).

Elisabeth Büttner, geb. 1961 in Würzburg, M. A., Filmwissenschafterin. Lehrtätigkeit an der Freien Universität Berlin. Dissertation: *Projektion. Montage. Politik. Die Praxis der Ideen von Jean-Luc Godard (Ici et ailleurs) und Gilles Deleuze (Cinéma 2)* (Berlin, 1994).

Christian Dewald, geb. 1960 in Wien, Theaterwissenschafter. Dissertation: *Formen des Experiments. Theater als Organ der gesellschaftlichen Selbstverständigung. Benno Bessons HORIZONTE Versuch an der Volksbühne Berlin (DDR) 1969.* (Wien, 1995).

Gemeinsame Publikationen zu den Arbeitsschwerpunkten: Faschismus; Film in Österreich (zuletzt: *filmbrunch 20–27. Dokumentation. Material. 1991–94.* Hg. Filmbühne Mödling, Mödling/Wien 1994.). Gemeinsame Konzeption und Realisierung von Vorträgen, Veranstaltungen und Projekten im Rahmen der Kooperative Das Kino CO-OP seit 1990; u.a. *Werkschau Johan van der Keuken* (Wien 1990); Reihe Filmgespräche: 1) *Bewegung Identität Propaganda;* 2) *Ideologieproduktion formalistischer Filme* (Wien 1990; 1991); Viennale-Retrospektive *BoxKampfKino* (Wien 1992); *Der Sieger ist der Gottbegnadete.* Essay und Vortrag zu ... *reitet für Deutschland,* im Arsenal Kino (Berlin 1993).

Birgit Flos, geb. 1944 in Weimar, Studium der Komparatistik an der City University in New York. 1982–1985 Gastprofessur für Medientheorie und -praxis an der HdK, Berlin. Seit 1988 Lehrauftrag für Filmgeschichte an der Filmakademie, Wien, Mitarbeit an Ausstellungs- und Medienprojekten. Schreibt in Wien.

Stefan Grissemann, geb. 1964 in Innsbruck, Studium der Linguistik und Amerikanistik in Wien. Freier Filmpublizist *(Die Presse),* 1993 bis 1994 Kurzfilm-Kurator der *Diagonale,* verantwortlich für das Festial *Brain Again* (1995, gemeinsam mit Claus Philipp).

DIE AUTOREN

Peter Illetschko, geb. 1962 in Wien, studierte Publizistik und Theaterwissenschaften, schrieb für mehrere in- und ausländische Blätter ehe er 1988 als freier Mitarbeiter in die Filmredaktion des *Standard* eintrat. Seit 1990 Redakteur des *Standard.* Beiträge für das Hörfunk-Filmmagazin *Synchron* und die *Neue Zürcher Zeitung.*

Alexander Ivanceanu, geb. 1971 in Wien, Studium der Philosophie, freier Filmjournalist u.a. für *Ö3-Musicbox, Ö1-Synchron, Die Presse,* seit 1992 Konsulent des Poly-Film-Verleihs, gemeinsam mit Bady Minck Konzept und Organisation der Werkschauen *Jan Svankmajer, The Best of Tex Avery, Aaardman Animations.*

Heinrich Mis, geb. 1953 in Wels, Studium der Kommunikationswissenschaft und Politologie in Wien und Bologna. 1974 bis 1979 IBM Österreich. 1980 bis 1981 Generalsekretariat der OPEC in Wien. Seit 1983 beim ORF, Redakteur bei Hörfunk und Fernsehen, Schwerpunkt Film. Seit 1992 Leiter der *Kunst-Stücke.* Für 1995 und 1996 zum Intendanten der *Diagonale – Festival des österreichischen Films* bestellt.

Robert Newald, geb. 1956 in Klosterneuburg, Studium der Geodäsie und Architektur an der Technischen Universität Wien. Architektur- und Pressephotograph, seit 1989 ständiger freier Mitarbeiter der Tageszeitung *Der Standard.* Weitere Veröffentlichungen in: *Profil, Falter, Spiegel, Die Zeit, Neue Zürcher Zeitung.* Mehrfacher Gewinner von APA-Fotopreisen. Seit 1992 Lektor am Institut für Publizistik der Universität Wien.

Michael Omasta, geb. 1964 in Wien, Studium der Theaterwissenschaften und Publizistik. Seit 1991 Kulturredakteur der Zeitschrift *Falter.* Veröffentlichungen über David Cronenberg, Ferry Radax, Michael Haneke, Brothers Quy, Fritz Lang und Fred Zinnemann. Herausgeber des Buches *Aufbruch ins Ungewisse* (gemeinsam mit Christian Cargnelli, Wespennest, 1993).

Claus Philipp, geb. 1966 in Wels, Studium der Theaterwissenschaften und Germanistik in Wien. Freier Filmpublizist *(Der Standard, epd-Film).* Texte über Michael Haneke, David Cronenberg und Franz Novotny. Verantwortlich für die Retrospektiven *Jesus – Walking On Screen* (1994) und *Brain Again* (1995).

DIE AUTOREN

Bert Rebhandl, geb. 1964 in Kirchdorf/Krems (Oberösterreich), ab 1983 Studium der Gremanistik, Philosophie und Katholischen Theologie in Wien. Seit 1993 freier Filmpublizist *(Der Standard, Synchron, Falter, springer).*

Drehli Robnik, geb. 1967 in Wien, Studium der Film- und Medienwissenschaft und der Philosophie. Freier Filmpublizist seit 1991 *(Der Standard, Falter).* Buchveröffentlichung: *Und das Wort ist Fleisch geworden. Texte und Filme von David Cronenberg* (gemeinsam mit Michal Palm), Vorträge und Publikationen über Genretheorie und Italowestern, Dracula-Filme, electronic cinema, interaktive Skulpturen, Hollywoods Anti-Nazi-Propaganda und Kino-Architektur.

Sonja Schachinger, geb. 1968 in Wien, Studium der Geschichte, Sprachwissenschaft und Politikwissenschaft ebendort, 1991 Forschungsaufenthalt an der University of California, Los Angeles, filmtheoretische Vorträge und Veröffentlichungen.

Peter Tscherkassky, geb. 1958 in Wien, 1979 bis 1984 Aufenthalt in Berlin (West). Philosophiestudium. Dissertation: *Film und Kunst – Zu einer kritischen Ästhetik der Kinematographie* (1985/86). 1989 Förderungspreis für Filmkunst. Konzeption und Organisation diverser internationaler Avantgardefilmfestivals. Zahlreiche Publikationen und Vorträge zu Geschichte und Theorie des avantgardistischen Films. Lehrt Filmpraxis an der Kunsthochschule Linz. Erster Intendant des österreichischen Filmfestivals *Diagonale* (1993 und 1994). Eigene Filme seit 1979.

Andreas Ungerböck, geb. 1960 in Wien, Studium der Theaterwissenschaft und Publizistik, Dissertation über Rainer Werner Fassbinder. Seit 1987 freier Filmjournalist *(FilmLogbuch, Falter, Salzburger Nachrichten, epd Film).* Mitveranstalter der Retrospektiven *Neuer Deutscher Film* (1990), *HongKong in Motion* (1990 und 1991). Mitarbeiter der *Austrian Film Commission* und der *Viennale,* seit 1994 Pressesprecher der *Viennale.*

Robert Weixlbaumer, geb. 1966 in Mödling bei Wien, Studium der Philosophie, Politikwissenschaft und Germanistik. Seit 1990 freier Filmjournalist, u.a. für *Die Presse, Synchron.* Lebt in Wien und Berlin.

DIE AUTOREN

Constantin Wulff, geb. 1962 in Hamburg, 1968 Übersiedelung nach Bern, Schweizer Staatsbürger, 1985 bis 1988 Studium an der Wiener Filmakademie; Filmkritiker *(Falter, Der Standard, Synchron)* und Filmemacher *(Spaziergang nach Syrakus,* 1992; zusammen mit Lutz Leonhardt); Buchveröffentlichung: *Schreiben. Bilder. Sprechen. Texte zum essayistischen Film* (gemeinsam mit Christa Blümlinger, Sonderzahl 1992). Gründungsmitglied von *Navigator Film,* seit 1994 Produktionstätigkeit bei *Navigator Film* (u.a. Filme von Wilhelm Glaube und Johannes Holzhausen), lebt in Wien.

Cargnelli/ Omasta (Hg.)
AUFBRUCH INS UNGEWISSE
Österreichische Filmschaffende in der Emigration vor 1945

2 Bände, Englische Broschur,
cellophaniert, 14 x 22 cm
75 z.T. ganzs. Abb., insg. 484 Seiten.
ISBN 3-85458-503-9
öS 398,–/ DM, sfr 60,–

Künstler aus (Alt-)Österreich leisteten in der Emigration einen wesentlichen Beitrag zur Filmkultur der USA, Großbritanniens, Frankreichs und anderer Länder. Friedrich Torberg arbeitete in Hollywood als Drehbuchautor, Robert Stolz als Komponist, Georg Kreisler als Arrangeur, Fritz Kortner als Schauspieler; Billy Wilder, Fred Zinnemann, Otto Preminger machten als Regisseure international Karriere.
Neben diesen Prominenten emigrierten freilich mehrere hundert weitere Filmschaffende. Ihnen blieb allerdings bis heute – vor allem hierzulande – jede Anerkennung und Würdigung verwehrt. Wer erinnert sich heute noch an Namen wie Max Steiner (Musik zu »Casablanca« und »Gone with the Wind«) und Joseph Schildkraut (Hauptdarsteller in mehreren frühen Klassikern des amerikanischen Kinos, vor allem bei D.W. Griffith).

Die Publikation besteht aus zwei Bänden: einem kulinarischen, großzügig illustrierten und spannenden Leseteil und einem Lexikon, das die Bio- und Filmographien von rund 450 österreichischen Emigranten ausführlich darstellt. Mit diesem Buchprojekt wird ein bislang nicht geschriebenes Kapitel der Kulturgeschichte des 20. Jahrhunderts erstmals ausführlich dargestellt.

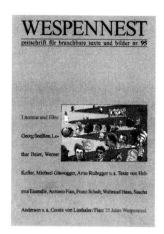

WESPENNEST 95
LITERATUR UND FILM

ISBN 3-85458-095-9 öS 90,–/ DM, sfr 14,–

Georg Seeßlen: Bilder lesen/Sprache sehen. Kurze Anmerkungen zu Roman und Film. **Thomas Gruber:** Dreiteiler. **Michael Glawogger:** Der Schatten der Bücher. **Arno Rußegger:** Mimesis in Wort und Bild. Der fruchtbare Widerspruch. **Siegfried Kaltenecker:** Die Komödie der Dinge.»Professor Unrat« im »Blauen Engel«. **Thomas Rothschild:** Schnitzler, Stephan Zweig und Max Ophüls. Aspekte der Literaturverfilmung. **Werner Kofler:** Im Museum. Ein Filmfragment. **Lothar Baier:** Schindlers Liste, ein deutscher Film.

Im Abonnement kostet WESPENNEST (4 Hefte) öS 320,– (DM, sfr 50,–). Als Abonnent erhalten Sie unsere Bücher zum begünstigten Vorzugspreis. Fordern Sie unseren Verlagsprospekt an:

WESPENNEST
zeitschrift & edition
A-1020 Wien Rembrandtstraße 31/9
Telefon +43/1/(0222)332 66 91 Fax 333 29 70